黑格尔与马克思思想研究丛书

韩立新 | 丛书主编

黑格尔
法哲学研究

韩立新　陈　浩　主编

The Study of
Hegel's Philosophy
of Right

H E G E L　&　M A R X

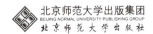

北京师范大学出版集团
BEIJING NORMAL UNIVERSITY PUBLISHING GROUP
北京师范大学出版社

《法哲学》初版时的扉页

黑格尔的墓碑

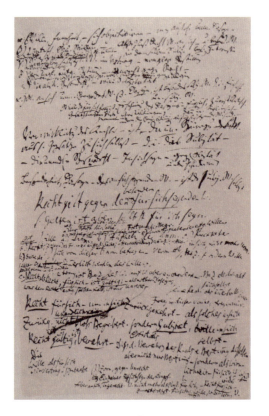

黑格尔为《法哲学》写的"笺注"

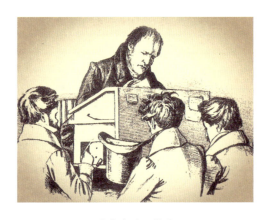

讲演中的黑格尔

《黑格尔与马克思思想研究丛书》总序

　　对任何一个专业领域而言，对其基本文献的收集、分析以及对经典文本的理论研究都处于基础的地位，马克思主义哲学也不例外。同样，正如马克思所言，"任何真正的哲学都是自己时代的精神上的精华"，文本研究必须以自己所处的时代为背景，反映时代甚至超越时代。当前，我国正处于从传统社会向市民社会的转型时期，迫切需要我们在理论上能对这一转型作出合理的说明。在这样一个历史的紧要关头，中国学人能否像黑格尔和马克思那样，"在概念的高度把握"（begreifen）这个时代，预示中国以及世界的未来，这不仅是中国学人不可推卸的历史使命，而且也是上天赐给中国学人的良机，因为这一切毕竟发生在中国。

2011 年 11 月 10 日，清华大学批准成立"清华大学马克思恩格斯文献研究中心"（Center for Marx-Engels Literature Research，Tsinghua University）。清华大学成立这一校级机构的主要目的，在于提升清华大学马克思恩格斯文献收藏水平；开展以《马克思恩格斯全集》历史考证版（新 MEGA）为核心的马克思研究；增进与国内外马克思恩格斯文献研究组织之间的交流；培养研究马克思恩格斯文献的专业人才。该中心自成立以来，在文献建设方面，已经建成了两个重要的文献库："马克思恩格斯文献库"（"服部文库"）和"清华大学马克思恩格斯文献研究中心资料库"。收集了包括《德意志意识形态》的"费尔巴哈"章、《1857—1858 年经济学手稿》和《资本论》第二卷和第三卷手稿的图片、影印件等，由于这些珍贵资料的存在，我们即使不到荷兰阿姆斯特丹国际社会史研究所或者莫斯科，也照样可以进行手稿研究，这在以前是无法想象的。

在对经典著作的研究上，我们力主从经典文本出发，在做精深的思想解读的同时，还要立足于当代中国的社会现实，把理论研究和时代课题结合起来。在研究方法上，我们注重批判性地吸收黑格尔哲学的精华，重视从德国古典哲学，特别是从黑格尔哲学出发来解释马克思的路径。经过几年的努力，中心目前在黑格尔哲学和马克思哲学、德国政治哲学与马克思哲学的关系、新 MEGA 研究和日本马克思主义等方面已经积累了一定的研究成果。本丛书的第一辑就选择了以《法哲学原理》为核心对象的黑格尔法哲学研究。

从 2017 年起，中心获得清华大学文科"双高"计划"马克思恩格斯文献的整理与研究"（项目号 2017TSG03401）的支持，其中包含出版

《黑格尔与马克思思想研究丛书》的计划。我们试图通过这套丛书，有步骤地公布清华大学马克思恩格斯文献研究中心所拥有的珍贵文献及其相关研究成果。我们相信，通过学界的共同努力，《黑格尔与马克思思想研究丛书》必将为中国的学术进步做出应有的贡献。

韩立新
清华大学马克思恩格斯文献中心主任

目　录

导　论　│　黑格尔的《法哲学原理》及其
当代意义 *

韩立新

　　近年来，黑格尔的法哲学成为国内外学界黑格尔
研究的焦点。一方面，这是由于法哲学讲义草稿等新
资料的出版，使得法哲学的研究领域扩大，出现了许
多新成果；另一方面，是由于第二次世界大战以后对
法哲学的自由主义阐释，使得黑格尔的保守形象发生
了转变，其理论已经被广泛应用于当代政治哲学、伦
理学和法学等领域。改革开放以来，随着我国社会的
巨大变迁，法哲学的对象原型近代市民社会也出现在
我国的现实当中，结合这一社会现实，重新审视黑格
尔的《法哲学原理》，并使其在这一历史的紧要关头发
挥积极作用，也日益成为我国学术界的理论任务。本

　　*　本章的主体部分已经发表在《学术月刊》2019 年第 4 期上，收录在本书时做了一
定的修改。

书就是在这一国际和国内大背景下对黑格尔法哲学的集体研究成果。

一、法哲学研究的新局面

《法哲学原理》是一本教科书，由黑格尔本人撰写的书稿和听课学生所做的部分笔记组成。该书最早由黑格尔本人出版于 1820 年，黑格尔死后又经爱德华·甘斯、拉松、格洛克纳、霍夫迈斯特等人的编辑还出版过很多版本，目前最流行的当属以 1833 年甘斯编辑的《法哲学原理》——其弟子甘斯曾从黑格尔的两次讲义笔记(1822/1823 年和 1824/1825 年)中抽取了一部分作为"补充"添加到 1820 年版的《法哲学原理》中——为底本的"理论著作版"《全集》的第 7 卷，我国对《法哲学原理》的两本翻译也是以此为底本的。① 不用说，本书所使用的《法哲学原理》也是这个版本。

一般来说，所谓的法哲学就是指这部《法哲学原理》。但是，从 20 世纪 70 年代起，由于黑格尔法哲学讲义草稿的出版，这一状况有所改变。作为一个事实，除了《法哲学原理》这一正式的出版物以外，黑格尔

---

① 　G. W. F. Hegel, *Grundlinien der Philosophie des Rechts oder Naturrecht und Staatswissenschaft im Grundrisse*, In: *Georg Wilhelm Friedrich Hegel Werke 7*, Suhrkamp, 1986. 我国出版了两个《法哲学原理》的译本：商务版([德]黑格尔：《法哲学原理》，范扬、张企泰译，商务印书馆 1961 年版)和人民版([德]黑格尔：《法哲学原理》，邓安庆译，人民出版社 2016 年版)。本书所采取的译文遵循的是商务版，对正文的引文采取了直接标出节序号的形式。另外关于《法哲学原理》的版本问题，请参照邓安庆为人民版《法哲学原理》所作的"译者序"。

自 1817 年起至 1831 年去世为止，一共在他所供职的大学讲述过 7 次"自然法和国家学"课，分别是海德堡大学 1 次，柏林大学 6 次，留下了授课用的讲义以及由听课学生所做的笔记。进入 20 世纪 70 年代，这些讲义笔记开始陆续面世。1973 和 1974 年，伊尔廷编辑出版了其中的第二次讲义（1818/1819 年）、第五次讲义（1822/1823 年）、第六次讲义（1824/1825 年）、第七次讲义（1831 年）。[①] 1983 年黑格尔专家亨利希编辑出版了法哲学第三次讲义（1819/1820 年）。[②] 同年，黑格尔档案馆和伊尔廷又分别编辑出版了法哲学第一次讲义（1817/1818 年）。[③] 2005 年，洪珀编辑出版了黑格尔的第四次讲义草稿（1821/1822 年）。[④] 这样一来，黑格尔全部 7 次讲义笔记就已经出全。但是，在这些讲义笔记中，究竟哪些真正属于黑格尔本人的思想，哪些属于做笔记者的思想？甚至哪些可称得上黑格尔本人的讲义笔记？这些问题在黑格尔学界一直存在着很大的争议。2013 年和 2015 年，校订版《黑格尔全集》的编者出版了该全

[①] Hegel，*Vorlesungen über Rechtsphilosophie 1818－1831．Edition und Kommentar in sechs Bänden von Vorlesungen über Rechtsphilosophie*，hrsg. von Karl-Heinz Ilting，Bd. 1，Stuttgart-Bad Cannstatt 1973，Bde. 2-4 Stuttgart-Bad Cannstatt 1974。关于第七次讲义，由于黑格尔只上了两次课就去世了，留下的讲义笔记不多，据说这个笔记是由青年黑格尔派的开创者施特劳斯做的。

[②] Hegel，*Philosophie des Rechts，Die Vorlesung von 1819/20．*hrsg. von D. Henrich，Frankfurt am Main 1983.

[③] Hegel，*Vorlesungen über Naturrecht und Staatswissenschaft（Heidelberg 1817/18）*，Nachgeschrieben von P. Wannenmann，hrsg. v. C. Becker u. dgl.，mit einer Einleitung von Otto Pöggeler，Hamburg 1983. Hegel，*Philosophie des Rechts*，Die Mitschriften Wannenman（*Heidelberg 1817/18*）und Homeyer（*Berlin 1818/19*），hrsg.，Karl-Heinz Ilting，Stuttgart 1983.

[④] G. W. F. Hegel，*Die Philosophie des Rechts，Vorlesungen von 1821/22*，hrsg.，von Hansgeorg Hoppe，Frankfurt am Main 2005.

集的第 26 卷，其中包括 3 个分册，据称是对上述问题给予了确实的回答，只收录了那些属于黑格尔本人思想的讲义笔记。[①] 关于黑格尔法哲学讲义草稿的详细情况，请参照本书的附录。

随着这些讲义草稿的出版，黑格尔研究中出现了一个所谓的《法哲学原理》与讲义草稿之间的差异问题。这一问题是由讲义笔记最早的编者伊尔廷提出的。他认为，以往的法哲学研究存在着一个重大的缺陷，即忽略了黑格尔的讲义笔记与《法哲学原理》著作之间的思想差异，而这一差异对于解决研究史上争议不休的所谓黑格尔的思想矛盾——即自由主义与复古的保守主义——提供了新的解释路径。他以黑格尔对君主权的阐释为例指出，在讲义草稿中君主权被描述成一个橡皮图章，而在《法哲学原理》中君主却拥有了实质性的权力。"在这一问题上，毫无疑问，黑格尔曾在《法哲学原理》公开发表前后表达了与 1920 年出版的《法哲学原理》文本不同的见解。"[②]他还提出，黑格尔之所以在正式出版物中采取了保守主义立场与当时普鲁士的政治状况以及出版检查制度有关。为了躲避卡尔巴斯德决议(1819 年 9 月 20 日生效)以后将在普鲁士生效的书报检查制度，黑格尔在《法哲学原理》出版以前，曾对已交给出

[①] GW 26：*Vorlesungen über die Philosophie des Rechts.*

GW 26/1：*Nachschriften zu den Kollegen der Jahre 1817/18，1818/19 und 1819/20*，hrsg. von Dirk Felgenhauer，2013.

GW 26/2：*Nachschriften zu den Kollegen der Jahre 1821/22，1822/23*，von Klaus Grotsch，2015.

GW 26/3：*Nachschriften zu den Kollegen der Jahre 1824/25 und 1831*，von Klaus Grotsch，2015.

[②] Hegel，*Vorlesungen über Rechtsphilosophie 1818－1831*．Bd. 1，S. 32.

版社的书稿进行过修改。① 使得出版的《法哲学原理》相较于讲义草稿，在内容上表现出更多的保守主义倾向。而讲义笔记不是正式出版物，不受上述外部条件的限制，故在内容上更具有自由主义倾向，也更能代表他的真实思想。

当然，伊尔廷的这一新解释也遭到了反对。譬如，卢卡斯和拉梅尔认为伊尔廷的所谓修改《法哲学原理》原稿的假说并不能成立。② 豪斯特曼认为讲义草稿和《法哲学原理》之间并没有实质性的差别，因为在《法哲学原理》中也同样存在着对君主权的橡皮图章式解释（§279 补充）。③ 亨利希则认为，讲义草稿和《法哲学原理》只是在不同时期强调的"侧重点有所变化"④，这一事实并不能说明黑格尔本人的思想有了什么改变。希普也认为，将君主权视为国家权力的最终环节，这是自耶拿时期以来黑格尔"自己有关法哲学发展一直坚持的观点"，即使在最具自由主义色彩的 1817/1818 年第一次讲义中也是如此。⑤

尽管这一争论迄今没有定论，但是在客观上推进了黑格尔的法哲学研究，使研究者们不得不关注讲义笔记，从而拓宽了法哲学的研究范

---

① *Vgl.*, Hegel, *Vorlesungen über Rechtsphilosophie 1818—1831*, Bd. 1, S. 102.

② *Vgl.*, H. C. Lucas & U. Rameil, *Furcht vor der Zensur? Zur Entstehungs- und Druckgeschichte von Hegels Grundlinien der Philosophie des Rechts*, in: *Hegel-Studien*, Bd. 15, 1980, S. 74.

③ *Cf.*, Rolf Peter Horstmann, *Ist Hegels Rechtsphilosophie das Produkt der politischen Anpassung eines Liberaren?* in: *Hegel-Studien*, Band 9, 1974, p. 244.

④ Hegel, *Philosophie des Rechts*, *Die Vorlesung von 1819/20.* hrsg. von D. Henrich, Frankfurt am Main 1983, S. 16f.

⑤ Ludwig Siep, *Hegels Heidelberger Rechtsphilosophie*, in: *Hegel-Studien*, Band 20, 1985, S. 287.

围，使得对它的研究上升到一个新的水平。我们以日本为例。日本不仅翻译了黑格尔的全部 7 次讲义笔记，有的讲义笔记还翻译了几遍，而且还出版了大量研究讲义笔记的文献。① 其法哲学研究的代表人物滝口清荣在本书中的"黑格尔《法（权利）哲学》——对传统解读水平的反省、对新解读可能性的探索"一文中，把讲义笔记和著作的差异问题视为法哲学研究的新的生长点，号召人们花精力去研究讲义笔记，以便早日实现对法哲学解释框架的突破。由此看来，我国的黑格尔学界也应该尽快展开对讲义笔记的翻译和研究工作，力争早日达到国际先进水平。

其实，伊尔廷之所以提出《法哲学原理》与讲义草稿之间的差异问题，实际上与第二次世界大战以来对黑格尔的自由主义解释潮流有关。我们知道，作为一个诞生于近代的哲学家，黑格尔本人一直把自己视为启蒙和法国大革命的传人，是近代价值观的捍卫者。在《法哲学原理》中，他把自由视为法的本质，"自由就构成法的实体和规定性"（§4），"法的体系是实现了的自由王国"（§4），"国家无非就是自由的概念的组织"（§261 补充）。因此，对黑格尔本人来说，自己属于自由主义阵营这一点毫无问题。

但是，与黑格尔本人的自我认识相反，从 19 世纪四五十年代的卢格、马克思、鲁道夫·海姆到 20 世纪的罗素、波普尔，在他们那里，《法哲学原理》被看成是普鲁士王国的官方教科书，黑格尔本人也更多地

---

① 譬如，[日]寄川条路编『ヘーゲル講義録入門』法政大学出版局、2016 年版。[日]加藤尚武·滝口清栄编『ヘーゲルの国家論』理想社、2006 年。[日]権左武志『ヘーゲルにおける理性·国家·歴史』岩波書店、2010 年。

被看作是"公认的复古哲学家以及普鲁士官方哲学家"①，一个让个人彻底从属于国家的整体主义者，甚至是"开放社会的敌人"②。这种倾向直到第二次世界大战以后才得到彻底扭转。诺克斯在《黑格尔和普鲁士主义》（1940 年）中，重新分析了黑格尔写作《法哲学原理》时与普鲁士政府之间的紧张关系，肯定了黑格尔对弗里斯和德国大学生协会批评的积极意义③；马尔库塞和卢卡奇等人则从近代哲学革命和产业文明角度对黑格尔的法哲学予以了高度肯定。卢卡奇甚至说："黑格尔不仅在德国人中对法国革命和拿破仑时代有最高和最正确的见解，而且他同时是曾认真研究了英国**工业革命**问题的唯一的德国思想家；只有他把英国的古典经济学问题与哲学问题、辩证法问题联系起来"④；而后，J. 利特在《黑格尔和法国大革命》（1957 年）中，M. 里德尔在《黑格尔法哲学研究》（1969 年）中，都从实践哲学的角度重新解释了黑格尔，恢复了黑格尔和启蒙之间的继承关系。⑤ 到了 20 世纪 70 年代，随着伦理学和政治哲学的强势复苏，以阿维纳瑞、伍德、斯蒂芬·霍尔盖特等人为代表，终于将这场为黑格尔正名的思想运动推向高峰，即黑格尔不再是自由的敌人，而是一位自由主义的进步思想家。

---

① R. Haym, *Hegel und seine Zeit*, Berlin 1857, Hildesheim/New York：1974，S. 367.

② ［英］卡尔·波普尔：《开放社会及其敌人》第 2 卷，郑一明等译，中国社会科学出版社 1999 年版，第 61—74 页。

③ T. M, Knox, *Hegel and Prussianism*, Philosophy, January 1940.

④ ［匈］卢卡奇：《青年黑格尔》（节译本），王玖兴译，商务印书馆 1963 年版，第 23 页。

⑤ *Cf.*, J. Ritter, *Hegel und die französische Revolution*, Köln-Opladen, 1957. Manfred Riedel, *Studien zu Hegels Rechtsphilosophie*, Suhrkamp Verlag, Fankfurt am Main, 1969.

尽管如此，黑格尔的自由主义并不是一般意义上的自由主义，它与通常意义上的自由主义理解，即近代自然法有一定的区别。近代自然法是一种个人自由优先的自由主义。它把个人的自由和权利当作国家的绝对的出发点，把国家的使命视为对个人的自由的保护。黑格尔反对这种个人主义的自由观，认为这种自由观没有把国家的实体性或者共同体的普遍性作为前提。缺少这一前提，个人自由不但"破坏了绝对的神物及其绝对的权威和尊严"（§258），而且会带来自由的泛滥，从而最终无法使自由真正实现。因此，自由必须以实体性或者普遍性为中介，个人自由的实现必须在符合实体性意志的基础之上。

这种实体性自由观，在近代自然法的个人主义传统下，显然是异端，很难得到认可。对此，在自由主义世界中长大的欧美学者有着比较深刻的认识。豪斯特曼指出："自由概念应该只与近代自然法思想结合在一起。而黑格尔的自由概念是从近代自然法批判中得来的，以此为基础来证明他的政治哲学从根本上说具有自由主义的特征是困难的。"①以色列哲学家阿维纳瑞也指出："对于一位毫无疑问并不完全符合个人主义的自由主义范畴的德国哲学家，西方人也不会给予太多的同情。"②但是，面对第二次世界大战以后因个人主义泛滥而引发的种种社会问题，个人主义的自由观作为唯一合法的自由理解遭到了怀疑。譬如，英国的黑格尔专家斯蒂芬·霍尔盖特反驳了个人主义者对黑格尔的批评："他们认识到，对于黑格尔而言，真正自由的意志是自愿使自己服从法律的

---

① R. P. Horstmann, "Ist Hegels Rechtsphilosophie das Produkt der politischen Anpassung eines Liberalen?", *Hegel-Studien* Bd. 9, 1974, S. 244.

② ［以色列］阿维纳瑞：《黑格尔的现代国家理论》，朱学平、王兴赛译，知识产权出版社 2016 年版，"英文版序"iii。

意志。但是他们没有认识到，自由意志使自己服从的那些法律、义务和责任是由自由意志自己产生的，而不是来自什么外在的权威。"① 伍德也说："如果自由国家没有普遍性的、集体性的目标，而只是为服务于成员的个别想法和欲望而存在，则黑格尔式的伦理理论就会指出，自由国家的成员，他们享有的人格自由、主观自由和市民自由，从根本上来说都是不自由。"② 的确，如果黑格尔的自由观被证明是有道理的，那么要改变的就不是黑格尔对自由的理解，而是我们对自由的理解！

正是从这一角度出发，本书中陈浩的论文"自然与契约的彼岸"提出黑格尔的人格财产权以人格的"自我决定"能力论证私人财产权，捍卫了个体自由，并用人格的"主体间性"防范私人财产权的固化，捍卫了社会等。刘佳宝的论文"黑格尔论善与良心：个体自由的实现"以"善"与"良心"为例，梁燕晓的论文"黑格尔：个体与共同体冲突的成功和解者?"以市民社会中贫困问题为中心，考察了法哲学中的自由问题。

二、主观性批判和客观性的重建

以上，我们简单概括了国际上黑格尔法哲学研究的现状。下面，我想结合中国的现实，阐述一下黑格尔法哲学的核心内容及其当代意义。这一阐述将从三个角度即主观性批判、国家学和市民社会概念来进行。

---

① [英]霍尔盖特：《黑格尔导论：自由、真理与历史》，丁三东译，商务印书馆2013年版，第295页。

② [美]伍德：《黑格尔的伦理思想》，黄涛译，知识产权出版社2016年版，第426页。

第一个是黑格尔的主观性批判问题。

正如我们在《法哲学原理》"序言"中所看到的那样，该书直接针对的是当时德国流行的主观主义。众所周知，黑格尔撰写《法哲学原理》时恰逢德国大学生协会在德国境内掀起了爱国主义狂潮，主观主义大行其道，外部的法律制度受到严重冲击的时代。1817 年 10 月，德国大学生协会在瓦特堡（Wartburg）召开纪念路德宗教改革 300 年和莱比锡会战胜利的大会，在这个大会上，一部分学生烧毁了他们不喜欢的著作，其中还包括在当时具有进步意义的《拿破仑法典》。耶拿大学教授雅各比·弗里德里希·弗里斯在这次大会上公开支持学生们的行为，强调了心情和主观意愿对评价行为的重要性，在客观上起到了煽动学生的作用，之后学生运动日趋激进。1819 年 3 月 23 日该协会成员卡尔·桑德从狂热的爱国热情出发，刺杀了被怀疑为俄国间谍的德国戏剧家科策布。

这一事件在德国引起了轰动。一方面，以弗里斯、第·维德、施莱尔马赫等人为代表，他们站在同情桑德的立场上，以动机的纯粹性为由替桑德的杀人行为做辩护。第·维德还给桑德的母亲写信，赞扬了桑德的爱国热情，对桑德的行为予以了肯定。另一方面，1819 年 8 月，保守的梅特涅政府以这一事件为借口，在卡尔斯巴德召集各邦大臣会议，通过了所谓的《卡尔斯巴德决议》，制定了包括大学法、新闻法、关于临时执行权的规定、设立联邦中央机关等四项法律。普鲁士政府也借机对学生运动以及学术自由进行压制，并处分了弗里斯、第·维德等人，剥夺了他们的教职。在这种情况下，如何引导学生不能仅仅从自己的爱国热情和主观道德出发，而要在尊重理性规律和现实法律制度的前提下实现自己的政治主张和德国的政治民主化，就成为哲学的重要使命。在这一大背景下，主张客观性哲学的黑格尔受到了普鲁士政府文化大臣的青睐，1818 年被招聘到柏林大学任教。

黑格尔从维护理性规律和伦理秩序权威的立场出发，在《法哲学原理》的"序言"中，批评了当时代表主观主义和情感主义的费里特里希·冯·施雷格尔和弗里斯等人，把弗里斯讽刺为"自封为哲学家的那批肤浅人物的头目"①。认为"这种自封的哲学明白表示，真的东西本身是不可能被认识的；关于伦理的对象，主要关于国家、政府和国家制度，据说各人从他的心情、情绪和灵感发出的东西就是真理"②。这种把真理归结于人的主观性的做法，会使法律制度，甚至神圣的伦理世界彻底崩溃。黑格尔不无愤怒地写道："这些原则是把法的东西安置于主观目的和私见之上，安置在主观情感和私人信念之上的。从这些原则出发，其结果不仅使内心伦理和公正良心毁灭，使私人之间爱情和权利毁灭，而且使公共秩序和国家法律毁灭。"③这是黑格尔决不能接受的结果，称这种主观主义风潮是对哲学的"侮辱和轻视"④。

其实，黑格尔采取这一态度并不是为了迎合当时的普鲁士政府，实际上是跟他耶拿以来一贯的哲学立场密切相关。我们知道，黑格尔登上历史舞台的时代，正值法国大革命以后，欧洲进入反动的梅特涅体系时期（1815—1848 年）。在这样一个时代，他一方面要积极继承启蒙和法

---

① ［德］黑格尔：《法哲学原理》，范扬、张企泰译，商务印书馆 1961 年版，"序言"第 5 页。

② 同上书，第 5 页。

③ 同上书，第 8 页。

④ 同上书，第 5 页。

国大革命以来的成果，对霍布斯、洛克、孟德斯鸠、卢梭、斯密、康德、费希特等自然法思想家所确立起来的近代的基本价值，譬如国家主权、基本人权、自由和平等的思想予以肯定；另一方面，他又需要对这一过程中出现的"自由的暴政"，特别是主观主义对宗教、伦理秩序、世界历史等的破坏予以纠正，以使走过了头的启蒙重新回到正确的轨道上来，为当时的德国乃至整个世界提供一条新的发展道路。

从这一初衷出发，他给自己提出的任务并不是发扬光大德国观念论传统中的主观性哲学，而是要建立一种新型的客观性哲学。众所周知，主观性哲学的代表是康德。康德确立起了近代的主体性原则，把责任的根据归结为人的自由意志，从而实现了责任根据从人之外到人之内的转变。康德哲学的后继者雅各比和费希特进一步将主体性原则极端化。雅各比将道德的根据纯化为人的感情和情绪；而费希特则把道德的根据纯化为人的自我意识。尽管他们的这些主张未必就等于情感主义和主观主义，但是在当时主观主义的风潮下，主观性哲学在客观上对理性秩序起到了破坏作用。人的主观意图被抬高到行为唯一合理的根据，外部的法律制度和伦理规范反倒成了阻碍自由实现的障碍。其结果，就如同人们从法国大革命过程中所看到的那样，国民主观自由的释放，非但没有建立起良好的社会秩序，反而还带来了恐怖主义的泛滥。

黑格尔大约是在1800年，意识到主观性哲学本身所包含的固有问题。在耶拿早期的《费希特和谢林的哲学体系的差别》（1801年）、《信仰和知识》（1802年）、《论自然法的科学探讨方式，自然法在实践哲学中的地位及其与实证法学的关系》（1802—1803年）等几篇论稿中，他就提出了要克服由康德、雅各比和费希特等人所建立的"主观性的形而上学

(die Metaphysik der Subjektivität)"①的任务。而到了写作《法哲学原理》时期，正像桑德事件所反映的那样，他发现自己早年提出的任务并没有完成。于是，除了在"序言"中对主观主义兴师问罪以外，他还在正文中着重对康德和费希特等人的"道德（Moralität）"学说予以严厉的批判。在他看来，他们的"道德"所涉及的仅仅是人的主观世界的"形式的良心"，而缺乏与外部客观世界之间的联系，结果容易使"这里决定客观的东西的，仅仅是意识本身的主观性"（§140附释），即将善恶的标准归结为人的主观性，故堪称是有史以来"主观性的最高峰"（§140附释）。这种将善恶标准归为主观性的做法在实践中危害极大。它不仅会导致对法律和伦理秩序的破坏，还会使主观性哲学走向自己的反面，即放弃积极的道德实践，陷入消极的自我陶醉或玩世不恭。因为，既然善和真理只存在于人的内心深处，那么人还有什么必要再去追寻外部的绝对的善和客观真理，去从事主观见之于客观的实践呢？就像历史上曾经出现过的斯多葛主义、伊壁鸠鲁主义、怀疑主义那样，人向内心追寻的结果反而导致了遁世主义和虚无主义。因此，要纠正"道德"哲学的这些缺陷，就必须使"道德"见之于客观，让人的主观道德与外部的伦理规范和法律体系联系起来。这种与外部世界相结合的"道德"就是"伦理（Sittlichkeit）"。"伦理"高于"道德"，在"伦理"中，"形式的良心"转变为"真实的良心"，行为善恶也有了客观的标准。法哲学的使命就是要建立克服了"道德"的

――――――――――――

① Georg Wilhelm Friedrich Hegel，*Glauben und Wissen，oder die Reflexionsphilosophie der Subjektivität，in der Vollständigkeit ihrer Formen，als Kantische，Jacobische，und Fichtesche Philosophie*，*Gesammelte Werke*，Bd. 4，Felix Meiner Verlag Hamburg，1968，S. 412.

"伦理"的哲学，他也以《法哲学原理》一半的篇幅遂行了这一使命。

在当时看来，黑格尔对主观性哲学的批评是不无道理的。但遗憾的是，他的意图并没有被后人很好地理解。黑格尔去世以后，以鲍威尔为首的青年黑格尔派以此为由来攻击黑格尔的客观性哲学，认为他的精神概念和实体概念是对自我意识的压制，是其哲学中的保守部分。因此必须革掉精神或者实体的命，为自我意识的发展开辟道路。为此，鲍威尔建构了自我意识一元论的自我意识哲学，号召向主观性哲学复辟。而且，这次复辟要远比雅各比和费希特们走得远，整个外部世界都被归结为自我意识的产物，主观性的地位被提升到远超过《法哲学原理》所批判的程度，达到了前所未有的高峰。[1] 青年黑格尔派以后，海姆也把黑格尔的主观性批判看成是对启蒙的背叛，对《法哲学原理》将"道德"置于"伦理"之下这一点表示了不满："道德被置于抽象法和伦理的中间，因此它只能是自由和理性的东西生成的中转站。"[2]认为在《法哲学原理》中，主观"道德"同实体性"伦理"相比，只具有从属的地位，黑格尔的这种安排只会使自我意识沦落为伦理实体自我运动的一个环节，结果使近代自由主义遭到否定。

其实，黑格尔的主观性批判，并不像鲍威尔和海姆等人所批判的那样，是对近代价值观的挑战。作为启蒙的传人，他绝非要反对主观性本

---

① 参照韩立新：《鲍威尔、黑格尔和马克思——兼论马克思对鲍威尔批判的当代意义》，见《哲学家（2015—2016）》，人民出版社 2016 年版；韩立新：《客观性哲学的重建及其意义——以黑格尔、鲍威尔和马克思的思想发展为主线》，《哲学动态》，2017年第 10 期。

② R. Haym, *Hegel und seine Zeit*, S. 375f.

身。他深知，主观性是不能反对的，反对
它就等于放弃了启蒙，否定了近代。他之
所以对康德、费希特以及雅各比、弗里斯
等人进行批判，是要批判他们对主观性的
片面理解，即那种把主观性与客观性割裂
开来的"主观性的形而上学"（康德和费希
特），以及那种把主观性矮化为主观情感、
善良意志等的主观主义、情感主义（雅各
比和弗里斯）。因为，在他看来，就像在

黑格尔的纪念雕像

自由问题上，个人自由的实现必须与实体性伦理相符合一样，在主观性
问题上，"主观性在它的对立物中即在那种与实体性的意志同一的主观
性中，才达到真正现实性"（§320）。也就是说，真正的主观性必须是与
客观性相统一的主观性。本书中黄志军的论文"论黑格尔的伪善概念及
主观性问题"就是以黑格尔对"伪善"的批判为例，探讨了黑格尔主观性
批判以及对马克思哲学的影响。

　　黑格尔的主观性批判对于反思我国哲学界的现状是有益的。1978
年以来，为适应改革开放和思想解放的需要，我们在哲学上突出了人的
主体性和实践的作用，一时间康德哲学、"实践哲学"、"主体性哲学"和
"实践唯物主义"成为我们时代的旗帜。这些旗帜对于我们打破过去僵硬
的教科书体系发挥了积极的作用。但是，随着以非理性为特征的后现代
思潮和后马克思主义思潮的大量涌入，近年来我国学术界也出现了一些
鼓吹主观主义、情感主义的倾向。譬如，用欲望、冲动、无意识等非理
性主观因素来代替历史规律的客观必然性；在对马克思哲学的解释上，

把主观性和实践说成是马克思哲学的唯一特征，甚至把马克思哲学康德化、费希特化等。诚然，出于思想解放的需要，强调马克思哲学中的主观性方面是可以理解的，但是这种强调必须有一定的限度，不能违背马克思哲学是以强调历史规律客观性为根本特征的历史唯物主义这一事实。

总之，在如何对待主观性这一问题上，《法哲学原理》中的黑格尔堪称楷模。尽管 19 世纪初到 19 世纪 20 年代，德国也同样面临着启蒙和思想解放的理论任务，但是，他在明明知道高扬主观性之于启蒙和思想解放的意义的情况下，仍然坚持恢复客观性的权威，对主观性进行批判。他的这一做法，是值得我国哲学界深思的。

三、国家学与近代自然法

第二个是黑格尔的国家学问题。

在研究史上，黑格尔法哲学中最引人注目的地方无疑是他的国家学。早在 170 多年以前，初出茅庐的马克思，就曾对黑格尔的国家学作出过这样的评价，"德国的法哲学和国家哲学是唯一与正式的当代现实保持在同等水平上的德国历史"[①]，是唯一能够与英法的社会现实以及思想界相抗衡的理论领域，而"德国的国家哲学和法哲学在黑格尔的著

---

① 马克思：《〈黑格尔法哲学批判〉导言》，《马克思恩格斯选集》第 1 卷，人民出版社 1995 年版，第 7 页。

作中得到了最系统、最丰富和最终的表述"①。事实上,马克思本人也把他 1843 年撰写的《黑格尔法哲学批判》当作是自己的第一部著作,声称自己是通过"对黑格尔法哲学的批判性的分析"而走向历史舞台中央的。②

黑格尔的国家学之所以引人注目,完全是因为它与流行的近代自然法国家观不同,是一种特殊的伦理国家观。那么,什么是伦理国家?众所周知,《法哲学原理》的原题中还有一个副标题"自然法和国家学纲要"(Naturrecht und Staatswissenschaft im Grundrisse)。这一副标题不仅是他一直讲授的"自然法和国家学"课程的题目,而且还反映着他对国家的独特理解,即国家必须是近代自然法和古代国家学的结合。自然法自古有之,但是近代以后,经过霍布斯、洛克、卢梭以及康德、费希特等人的努力,它从古典政治学中分离出来,拥有了与古典政治学不同甚至相反的内容。近代自然法,就像其典型形态社会契约论所展示的那样,个人的自由和权利相对于实体性国家而言具有优先性。而国家学则是自柏拉图的《理想国》和亚里士多德的《政治学》以来的传统学科。在这一传统中,人被看成是"政治的动物",国家以其实体性为根本要义,国家的目的在于维持共同体的存在。也就是说,两者在思想倾向上相反,如果说国家学的目的在于如何使个人融入国家,那么近代自然法的目的则在于如何使个人免受国家的干涉。黑格尔的目标显然是要把两者统一起来,即实现"客观自由(即普遍的实体性意志)与主观自由(即个人知识和他追

① 马克思:《〈黑格尔法哲学批判〉导言》,《马克思恩格斯全集》第 3 卷,人民出版社 2002 年版,第 206 页。

② 参见《马克思恩格斯全集》第 31 卷,人民出版社 1998 年版,第 412 页。

求特殊目的的意志)两者的统一"（§258 附释）。本书中魏博的论文"论不法对伦理的作用：主体与伦理实体的和解"，在某种意义上，就是以黑格尔的"不法"概念为例，探讨了法哲学中个人与共同体的和解过程。

在黑格尔那里，实现了个人与伦理实体统一的国家就是所谓的伦理国家。因此，伦理国家需要包括三个规定：第一，"国家是实体性**意志的现实性**"（§258）；第二，"国家是具体自由的现实性"（§260）。前者与古代的国家学相对应，而后者与近代自然法相对应。而两者的结合，即第三，"国家是伦理理念的现实性"（§257）。在这一规定中，如果说"伦理理念"代表着国家学传统的话，那么"现实性"则反映着近代自然法的基本立场，即国家必须建立在个人对其承认的基础之上。这里的"现实性"，按照法哲学的用法，是指经过人的自我意识的中介而出现在世界中的东西，其重点在于强调主观自由对于国家的作用这一点。

黑格尔之所以要提倡这一伦理国家观，是因为他发现近代自然法国家观存在着严重的缺陷。这种国家观把国家看作是以个人为前提而结成的社会契约，把国家仅仅视为对个人的自由和权利的保护机构。在个人的自由与作为整体的国家之间，它让前者优先于后者。这固然是近代国家的特征，因为承认了"单个人独立本身无限的人格这一原则，即主观自由的原则"（§185 附释）。但是，在黑格尔看来，仅仅从这一角度来理解国家的本质是不够的。因为这会把国家贬低为私人目的的工具，从而在事实上把国家降低到市民社会的水平。"**单个人本身的利益**就成为这些人结合的最后目的。由此产生的结果是，成为国家成员是任意的事。"（§258 附释）而且，由于国家的目的在于保障私人权利，当国家不能满足私人的需要时，就像我们从法国大革命中所看到的那样，国家的建立就会被"搞成最可怕和最残酷的事变"（§258 附释）。因此，要避免出现这一状况，就必须在对国家的规定上引入古代国家学中的实体性原则或者说共同体主义，以确保国家拥有至高无上的国家性，同时对近代自然法国家观中的个人自由原则予以肯定。毋庸置疑，这一方案对于纠正近代自然法国家观的缺陷具有积极的意义。

客观地说，黑格尔的伦理国家观优于近代的自然法国家观，可谓是迄今为止有关国家的最高认识。因为，它不仅承认了近代的"主观自由的原则"，确保了现代国家的基本价值观念。当"实体性意志"的立场有转化为整体主义的危险之时，就用主观自由的立场对其进行限制和矫正。而且，它还吸收了古代国家学的积极内容，当国家完全陷入个人主义的泥潭，成为私人利益的工具时，以实体性原则来确保国家的超契约论本性。这种既能保持近代的个人自由，同时又能实现高迈的共同体的国家难道不是人类的理想吗？在《法哲学原理》中，黑格尔不无自负地对这种实现了古代国家与现代国家的完美结合的伦理国家予以了高度赞扬："现代国家的原则具有这样一种惊人的力量和深度，即它使主观性的原则**完美**起来，成为**独立**的个人特殊性的**极端**，而同时又使主观性原则**回复到实体性的统一**，于是在主观性原则本身中保持着实体性的统一。"（§260）

但吊诡的是，这样一种先进的国家观却在很长一段时间内被当作落后、保守的复古主义一直得不到认可。当然，之所以会出现这种情况黑格尔本人要负一定的责任。因为，在《法哲学原理》中他发表了很多可招致复古主义批评的言论。例如，国家毋宁"应被视为神物，永世勿替的东西，因此，它也就超越了制造物的领域"（§273 附释）。这仿佛是在说，国家存在与每个人的个别意志无关！这当然和现代的国家观念格格不入。再比如，个人与伦理之间的关系是"偶性对实体的关系"，相对于客观伦理而言，"个人的忙忙碌碌不过是玩跷跷板的游戏罢了"（§145补充）。这明显有轻视个体之嫌。还有，国家是有机体，在三权分立、君主权等问题上，个人的作用要依照其对整体的贡献度来评定（§276，§278附释），这明显具有整体主义倾向。

除了这些言论以外，黑格尔的国家观不被认可的主要原因，还在于他在国家的两个要素，即实体性和个人的主观自由中，选择了把实体性本身看成是第一要素。譬如，"由于国家是客观精神，所以个人本身只有成为国家成员才具有客观性、真理性和伦理性。**结合**（*Vereinigung*）本身是这些个人的真实的内容和目的，而这些个人的使命是过普遍生活的"（§258附释）。也就是说，在对国家的规定上，他没有采取近代自然法思想家通常的做法，把个人看作是国家的原点，而是跟古代国家观相似，把实体性看作是国家的原点。同实体性原则相比，个人的主观自由原则处于从属的地位。海姆等人主要是根据这一点将黑格尔的伦理国家观断罪为复古的整体主义。

但是，公正地说，实体性优先并不能直接等同于复古主义。因为，就像我们前面对伦理国家所分析的那样，伦理国家中还有另外一条基本规定，即"主观自由的原则"或者说自我意识原则，这条原则是古代国家所没有的，是现代国家的原则。其实，就如同我们承认实体自由优先于个人自由不等于否定自由一样，承认实体性原则优先于主观自由原则也不等于否定国家的现代性。只有在国家规定中彻底剔除自我意识原则，将国家仅仅视为伦理实体自我运动的结果，把国家看作是与自我意识无关的超越性存在；或者让个人彻底地淹没于国家当中，以牺牲个人为前提维持国家的整体性，只有到了这一步，我们才能说他的国家观是复古主义。因为，现代国家与古代国家的最大不同，就在于国家不再是神授式的超越性存在，而是建立在每个人自我意识的基础之上；而且，现代国家还必须肯定个人的主观自由，否定这一点就只能是古代国家。黑格尔在阐述君主权时曾说，古代"那时自我意识还没有达到主观性的抽象，还没有了解到关于'我要这样'这一决断必须由人自己来宣示。这个'我要这样'构成古代世界和现代世界之间的巨大差别，所以它必须在国家这一大建筑物中具有它独特的实存"（§279 补充）。这句话很好地诠释了他的国家理解底线，即无论如何都必须在国家规定中保留主观自由的原则。

　　正是因为他承认了主观自由原则的绝对必要性，我才判断他的伦理国家仍然是一个现代国家。不过，海姆等人还批评说，即使黑格尔在规定国家时保留了主观自由原则，但这只是形式，实际上他又让这一原则与实体性原则相分离，只保留了实体性原则。对此，我在本书的"黑格尔伦理国家观的矛盾及其解决"一文中，进行了详细的反驳论证。在我看来，实体性原则与主观自由原则，正像《精神现象学》中的"自我意识和实体的同一性"原理所示，在《法哲学原理》中并非是分离的，两者也不是相互排斥关系。我们可以以"知识和意志（Wissen und Wollen）""情绪（Gesinnung）""政治情绪（politische *Gesinnung*）"（§267）或者"爱国心（Patriotismus）"（§268 附释）等主观性为中介来对普遍意志和个别意志之间关系的重构，来证明黑格尔的实体性原则包含着自我意识原则，两者是内在统一的关系。如果这一结论成立，那么我们退一步，即使承认海姆等人的批判，即黑格尔的伦理国家只保留了实体性这一条原则，但是由于实体性原则包含着自我意识原则，我们也完全可以说他没有废弃自我意识原则。不仅如此，我们还可以进一步说，在《法哲学原理》中，黑格尔和近代自然法思想家一样，也设计了一条从自我意识出发来解释国家的路径，其国家仍然建立在自我意识原则的基础之上。本书中周阳的论文"黑格尔良心论的两种逻辑构造"虽然不是以国家学为主题的，但是以《精神现象学》和《法哲学原理》良心理论的差异为例，探讨了主观性能否成为自我意识与伦理实体的中介问题。

总之，是到需要重新审视黑格尔国家学的时候了。国际上，这些年出版的具有代表性的黑格尔国家学研究成果，无论是阿维纳瑞的《黑格尔的现代国家理论》，还是神山伸弘的《黑格尔的国家学》①、滝口清荣的《黑格尔〈法（权利）的哲学〉形成和展开》②，其主要目的都是在为黑格尔的国家学正名。一方面，这是由于学术发展的必然性所致，随着研究的深入，过去那些对黑格尔国家学评价上的不公正需要得到纠正；另一方面，是因为在实践上，在西方自由主义国家，由于过度强调个人主义自由观和社会契约论的作用，导致了国家公共性的缺失和公共福利的下降，衍生出了诸多的社会问题。而黑格尔的伦理国家观，为解决这些问题提供了重要的思想资源。这也是为什么他的国家理论在当代政治学、法学和社会学领域被热捧的原因之所在。

具体到我国，重新评价黑格尔的国家学更具有重要的理论意义和实

---

① ［日］神山伸弘『ヘーゲル国家学』法政大学出版局、2016 年。
② ［日］滝口清荣『ヘーゲル「法（権利）の哲学」形成と展開』お茶の水書房、2007 年。

践意义。一方面，从整体上看，我国学界对黑格尔国家观的负面评价仍处于主导地位，贺麟先生那篇为中译本《法哲学原理》所作的"序言"①仍然有广泛的影响。由于受时代的局限，该文对黑格尔的国家学采取了彻底否定的态度，而在今天，我们有条件可以更客观、更公正地看待他的国家学。另一方面，从我国目前的发展阶段来看，也需要扭转对黑格尔国家观的负面评价。霍尔盖特在他那本著作的中文版中曾预言："和其他任何国家比起来，这一点尤其适合于中国。……因此，现在正是他的思想该在中国得到更广泛关注的时候了。"②他所说的"这一点"是指黑格尔关于自由的认识，即那一不同于个人主义的实体性自由观。的确，由于我国没有社会契约论之类的近代自然法传统，黑格尔的实体性国家观可能更适合我国这片土壤。

四、市民社会与现代的个人

第三个是黑格尔的市民社会概念。

里德尔曾说过："黑格尔通过'市民社会'上升到时代意识无非是现代革命的成果。"③这一说法是千真万确的，黑格尔继承了近代启蒙以来

---

① 贺麟：《黑格尔著〈法哲学原理〉一书评注》，见［德］黑格尔：《法哲学原理》，范扬、张企泰译，商务印书馆 2010 年版。贺麟先生的"序言"写于 1961 年 4 月。

② ［英］霍尔盖特：《黑格尔导论：自由、真理与历史》，丁三东译，商务印书馆 2013 年版，中文版序言。

③ Manfred Riedel, *Zwischen Tradition und Revolution*, Stuttgart，1982，S. 160.

的积极成果，他的市民社会概念无疑是现代的。首先，从历史背景来看，黑格尔的市民社会概念是西欧近代社会的理论反映。从 18 世纪中期到 19 世纪初，西欧的日耳曼世界进入了一个天翻地覆的时代。在这一时代，英国完成了产业革命，确立起了自由资本主义的市场经济；法国人完成了政治上的大革命，建立起了资产阶级民主政治；德国虽然在经济上和政治上落后于英法两国，但从康德开始，发动了一场思想领域的哲学革命。按照马克思在 1859 年的《〈政治经济学批判〉序言》中的说法，黑格尔对这一近代有着深刻的理解，"按照 18 世纪的英国人和法国人的先例"，把这一时代的"物质的生活关系的总和"，"概括为'市民社会'"①。

其次，在对主观自由的态度上，黑格尔的市民社会概念与他的国家观相反，具有鲜明的现代特征，这一点即使在黑格尔的批判者那里也没有多少争议。在国家中，实体性是第一条原理；而在市民社会中，个人的主观自由即"特殊性"（§182）原理取代实体性而成为第一条原理。在国家中，主观自由的发挥必须采取与实体性伦理相一致的形式，要受到实体性伦理的严格限制；而在市民社会中，主观自由可以尽情释放，甚至可以出于偶然性和任意。这是市民社会看起来"富有生气、使思维活跃、功绩和尊严的发展变得生动活泼"（§206 附释）的原因。当然，"由于特殊性必然以普遍性为其条件"，市民社会中主观自由的发挥和释放最终要受到"理性的节制"（§182 补充），个人仍然要把伦理实体视为自

---

① 马克思：《〈政治经济学批判〉序言》，《马克思恩格斯全集》第 31 卷，人民出版社 1998 年版，第 412 页。

己的发展目标和归宿。但是，无论怎么说，相较于他的国家观而言，其
市民社会概念对自由的认识与近代自然法思想家更为接近。

　　那么，黑格尔为什么要对市民社会中的主观自由给予如此的肯定
呢？一个重要的原因是其国家学说的需要，主观自由的发挥对于保障其
国家学说的现代本性具有决定性意义。前面说过，黑格尔的伦理国家是
实体性意志和主观自由这两个原则的统一。但是，真正能使现代国家与
古代国家区分开来的，无疑是"主观自由的原则"（参见§299附释）。在
法哲学中，黑格尔曾多次强调这一点："在古典的古代国家中，普遍性
已经出现，但是特殊性还没有解除束缚而获得自由"（§260补充）；而
"现代世界是以主观性的自由为其原则的"（§273补充），国家对主观自
由的承认以及主观自由对国家事务的参与构成了现代国家的基本特征，
同时也是现代国家相较于古代国家更为坚固、更为稳定的真正原因。黑
格尔说道："现代国家的本质在于，普遍物是同特殊性的完全自由和私
人福利相结合的……普遍物必须予以促进，但是另一方面主观性也必须
得到充分而活泼的发展。只有这两个环节都保持着它们的力量时，国家
才能被看作一个肢体健全和真正有组织的国家。"（§260补充）

　　正是基于这一认识，黑格尔才在他关于政治国家，譬如君主权、行
政权和立法权等的规定中，让主观自由参与进来，将主观自由与实体性
意志的结合视为国家规定的必不可少的内容。在他看来，政治国家（宪
法）本身只能是个人的"政治情绪""爱国心"与国家的法律、制度结合的
结果，"否则国家就等于空中楼阁"（§265）。君主权是国家主权与君主
的主观性结合而成的**国家的人格性（die Persönlichkeit des Staats）**"
（§279附释）；行政权的职能在于使特殊性从属于普遍性，其目的在于

让市民社会的特殊性与国家的普遍性统一起来；当然，更不用说立法权了。等级议会的设立是为了让主观自由进入到国家事务中去，至于公共舆论和出版自由等，也都是为了履行让市民社会中的主观自由上升到国家中去的手续而已。黑格尔有句名言，"国家成长为君主制乃是现代的成就"（§273 附释），他之所以敢把本来属于古代国家特征的君主制看作是"现代的成就"，其原因就在于他将自己的君主制建立在个人主观自由高度发达的基础之上。总之，黑格尔国家学的现代性是靠其主观自由的理论来支撑的。

既然主观自由的发达是国家现代性的保障，那么问题的关键就变成了如何培育主观自由。在《法哲学原理》中，培育主观自由的场所主要是市民社会，而非国家。尽管在"国家"章中，黑格尔也谈到了议会公开、公共舆论、出版自由等对于培育主观自由的作用，但是相较于"市民社会"章而言，要少得多且非本质。他之所以如此看重市民社会的作用，其实主要跟他对市民社会的认识有关。众所周知，黑格尔在创立自己的市民社会理论之初，曾遇到对两个思想传统的抉择：一个是以康德、费希特为代表的作为政治社会的市民社会谱系，这一谱系与霍布斯和洛克等人的政治自由主义传统密切相关；另一个就是以斯密和弗格森为代表的作为经济社会的市民社会谱系，这一谱系来自英国经济学的传统。但是，黑格尔并没有继承他的前辈康德和费希特的思想，而是舍近求远，吸收了以斯密为代表的英国的经济学传统。本书所收录的王俊博的论文"《法哲学原理》中的'市民社会'究竟是霍布斯模型还是斯密模型"所考察的就是这一问题。黑格尔之所以要选择斯密的经济学传统，是因为他发现，在斯密那里，"市民社会（civil society）"首先是一个"商业社会（a commercial society)"①。在商业社会中，每个人必须是一个自立的、自由的经济人，而且还必须通过分工和交换与他人有机地联系在一起，否则无法生存。每一个经济人正是在这一商业社会中形成着自由意识和权利意识。黑格尔发现了"商业社会"的这一功能。在"抽象法"章中，他强调所有权的确立和对所有权的保护之于权利意识形成的意义。本书所收录的王淑娟的论文"转让为什么是所有权的最终规定"所考察的就是黑格尔的所有权规定。到了"市民社会"一节，他把市民社会规定为"**需要**的体系(System der *Bedürfnissen*)"(§187)。在"需要的体系"中，个人通过分工和交换、契约等经济活动，会逐渐形成平等和自由意识，而在"司法(Rechtspflege)"和"福利行政(Polizei)"中，个人会逐渐形成独立意识和公共意识。总之，市民社会才是"陶冶(Bildung)"个人主观自由的场所，只有通过市民社会的"陶冶"，个人才能"成为主观性"(§187)，而这一主观性将为现代国家的形成奠定基础。本书所收录的蔺庆春的论文"黑格尔法哲学关于人的规定的双重路径"主要探讨的也是市民社会对于人的社会性，即这一更为高级的主观性的形成过程。王代月的论文"《法哲学原理》中劳动的政治哲学内涵研究"虽然主题与这里的论述不尽相同，但是也说明了劳动对于培育人的主观自由，将市民陶冶为公民的作用。而明石英人的论文"物象化下的'普遍财富'和所有权原理"比较特殊，它说明的是《法哲学原理》中个人参与市民社会"普遍财富"的方式及其物象化问题。而古特·策勒的论文"共同性存在和共产主义存在"则关

---

① Adam Smith, *An Inquiry into the Nature and Causes of the Wealth of Nations*, edited by R. H. Campbell, A. S. Skinner and W. B. Todd, Oxford: Clarendon Press, 1976，p. 37.

注了黑格尔和马克思有关市民社会与政治国家之间关系的讨论，重点考察了近代政治社会中被作为整体考察的全体公民的地位和功能。

当然，国家建构所需要的主观自由和市民社会中的主观自由并不能完全等同。市民社会中的主观自由主要是指以特殊性为特征的经济自由，而政治国家中的主观自由，是一种更高级、更发达的主观自由，譬如"政治情绪""爱国心""等级议会"等，它们更具有实体自由的趋向。但是，这些更高级的主观自由也必须要以市民社会中的主观自由为基础，也必须通过市民社会发育而来，因为没有"所有权""契约""需要的体系""司法"和"福利行政"等市民社会环节，就不可能形成法权意识、公民意识乃至"政治情绪"和"爱国心"。这一由低到高的发展顺序，其实也就是《法哲学原理》章节的顺序。由此看来，黑格尔并没有像很多自然法思想家那样，只从政治层面抽象地谈论人的主观自由，而是力图从物质经济关系对自由意识和权利意识的基础作用角度，揭示主观自由的形成过程。仅从这点来看，他的法哲学颇具马克思历史唯物主义的特征。

没有高度发达的主观自由，就不可能有现代国家。一个强大的现代国家，不仅要有先进的经济体系和政治制度，更重要的，是要拥有主观自由发达的个人。没有现代的个人，无论国家看起来多么发达，多么强大，都不能算是一个现代国家。这一点已经被与我国同属于亚洲的日本所证实。众所周知，明治维新以后，日本迅速引进了近代科学技术和西方国家体制，在第二次世界大战以前，其经济实力和军事实力已经跃居世界强国之列，成为一个"强大"的国家。但是，随着第二次世界大战的爆发和结束，日本暴露出其国家的前现代本质。即日本在实质上仍然是一个以天皇体制为核心的军国主义国家，一个落后的封建国家。第二次世界大战以后，学者们对这一奇妙的现象进行分析，提出日本之所以没能成为一个现代国家，究其原因，是其国民的主观自由不发达所致。因此，要想使日本的国家完成从前现代向现代的转变，必须首先从改造国民入手。从这一认识出发，丸山真男和南原繁等政治学家们掀起了旨在培育"独立的个人"的"大众社会"理论，试图以此来发育日本国民的现代政治意识。与此相呼应，日本的"市民社会派马克思主义"者们从斯密和马克思那里挖掘出市民社会概念，试图以此来发育国民的平等和自由意识。高岛善哉和内田义彦认为，由于市民社会中包含了"经济上的等价和正义的思想"①（高岛善哉语）以及"一物一价"②（内田义彦语）等原理，它为在实践上把日本建成民主主义国家具有推动作用。

总之，现代国家的基础是个人主观自由的发达；而发达的主观自由是要靠市民社会来陶冶、培育的。这是黑格尔市民社会概念给我们的两大启示，其市民社会概念之于当代中国的现实意义也在于此。诚然，西方有基督教和法国大革命的传统，在这一传统下，近代主观自由可以通过宗教改革和市民革命来发育、形成。中国不同于西方，我们不仅缺少基督教和市民革命的传统，而且社会形态也是典型的亚细亚共同体，具有"乡土中国""江湖社会"或者"伦理社会"的传统，在这样的传统中，个人的主观自由是很难发展起来的。正是因为看到这一点，有的学者才否认在中国出现市民社会的可能性。但是，要想建成一个真正意义上的现代国家，没有高度发达的主观自由是不行的。所幸的是，正如黑格尔的

---

①　[日]高島善哉『経済社会学の根本問題』初出日本評論社、1947年，『高島善哉著作集』第2巻、こぶし書房、1998年、127ページ。

②　[日]内田義彦『日本資本主義の思想像』岩波書店、1967年、81ページ。

市民社会概念所提示的，市民社会中的分工和交换、契约等经济活动也是培育、陶冶主观自由的渠道，也就是说，我们的主观自由还可以通过"需要的体系"，即作为经济社会的市民社会发育起来。事实上，东亚的日本和韩国走的就是这条路。

正是出于上述考虑，这些年来我才不遗余力地强调在中国建设市民社会的极端重要性。在拙著《〈巴黎手稿〉研究》的后记"文本中的时代"中，我曾这样写道："中国，作为一个亚细亚共同体的代表，同时又有社会主义建设的历史经验的东方古国，1978 年以前一直没有经验过市民社会，但是在 1978 年以后，却以独特的方式突然进入到了市民社会的历史进程，用短短三十几年的时间完成着西欧用几百年才走完的历程。"[1]我之所以对我国这几十年来的市民社会化历程给予如此高的评价，主要是希望它可以改变中国人的特质，使中国人成为一个主观自由高度发达的、现代的个人，而这，正如我在前面所阐述的，才是我们的国家实现现代化的根本保证。

五、结　语

早在一篇书评中，我曾提出"回到黑格尔"的倡议。[2] 在清华大学召开的几次"黑格尔与马克思"的会议上，我也曾多次强调研究黑格尔法哲

---

① 韩立新：《〈巴黎手稿〉研究》，北京师范大学出版社 2014 年版，第 505 页。

② 韩立新：《回到黑格尔——由〈国外马克思学论丛〉的出版所想到的》，《晋阳学刊》，2010 年第 5 期。

学的必要性。譬如，在 2018 年 3 月由清华大学与复旦大学共同举办的"国家与市民社会暨第四届黑格尔和马克思研讨会"上，我对会议的主题做了如下说明："'国家与市民社会'是黑格尔和马克思把握现代社会的基本框架。它不仅是黑格尔法哲学的核心内容，也是马克思唯物史观的应有之义。近年来，随着中国社会的迅猛发展以及黑格尔和马克思社会政治哲学的强势复苏，'国家与市民社会'论题又一次成为中国学界所关注的焦点。'国家与市民社会'框架的原型是近代的西方社会，作为东方社会的中国因其独特的历史和文化传统是否适应于这一框架？以中国为背景，黑格尔的国家学尽管备受争议，但其有别于社会契约论的国家构想是否更有合理性？市民社会是马克思和黑格尔都构想的人类历史所必经的发展阶段，这一道路构想是否具有普遍性？诸如此类的问题目前正以前所未有的方式与中国的命运联系在了一起。"①

此外，本书采取了按照黑格尔《法哲学原理》目录顺序编排的方针，即以各篇论文所探讨的主题在《法哲学原理》中的位置为序，将属于贯串整个法哲学的问题的论文作为"导论"置于前，而将分属于"抽象法""道德"和"伦理"的论文置于后。这样编排，不仅使本书看起来更像一个有机的整体，同时也可以使本书更好地发挥引导读者的功能。读者可以根据《法哲学原理》的目录去查询自己感兴趣的论文。

本书的中国作者和译者（按拼音顺序排列）：

_____

① 　参见清华大学马克思恩格斯文献研究中心与复旦大学哲学院编：《国家与市民社会暨第四届黑格尔和马克思研讨会》论文集，2018 年 3 月 17—18 日于清华大学。

陈　浩（第三章）　清华大学　人文学院哲学系　副教授

韩立新（导论、第十四章，后记，翻译第十二章）　清华大学　人文学院哲学系　教授

何雨星（黑格尔的主要著作目录）　清华大学　人文学院哲学系　硕士生

洪凯源（翻译第十三章）　德国波鸿大学　哲学系　博士生

黄志军（第六章）　首都师范大学　马克思主义理论研究所　副教授

梁燕晓（第九章）　清华大学　人文学院哲学系　博士生

蔺庆春（第二章）　中国政法大学　马克思主义学院　讲师

刘佳宝（第七章）　陕西师范大学　哲学与政府管理学院　讲师

单　森（黑格尔法哲学的研究文献）　清华大学　人文学院哲学系　博士生

王代月（第十章）　北京航空航天大学　马克思主义学院　教授

王俊博（第十一章）　北京科技大学　马克思主义学院　讲师

王淑娟（第四章，翻译第一章）　中共中央党校（国家行政学院）　马克思主义学院　讲师

魏　博（第五章）　清华大学　人文学院哲学系　博士生

吴振华（黑格尔年表）　清华大学　人文学院哲学系　硕士生

周　阳（第八章）　北京师范大学马克思主义学院　讲师

本书的日本作者（按五十音图顺序排列）：

明石英人（第十二章）　日本驹泽大学　准教授

滝口清荣（第一章）　日本法政大学、驹泽大学　非常勤讲师

本书的德国作者

Günter Zöller(第十三章)　慕尼黑大学　教授

第一章 | 黑格尔《法(权利)哲学》

——对传统解读水平的反省、对新解读
可能性的探索

滝口清荣

近年来，特别是 20 世纪 70 年代以来，由于新资料的发现以及对黑格尔与同时代哲学相互影响的研究所取得的成果，黑格尔研究取得了很大的进展。从考察黑格尔与同时代哲学相互影响关系的角度来看，《精神现象学》(1807 年)以前的耶拿时期，是黑格尔自身哲学形成过程中极为重要的时期，而且这一时期的资料已经比较完整了。就法哲学研究而言，1973 至 1974 年，伊尔廷(Karl-Heinz Ilting)出版了黑格尔柏林大学时期的法哲学讲义笔记，20 世纪 80 年代以来，黑格尔海德堡大学时期的法哲学讲义笔记、柏林时期其他年度的讲义笔记这些资料的发现和出版工作也都取得了新进展。由于新资料的发现和出版，黑格尔《法哲学》研究的重点有所转变，以往的研究是通过

对 1820 年《法哲学原理》的文本解读来讨论黑格尔法哲学的意义和界限问题等，现在则转为重视研究黑格尔法哲学的形成史以及与同时代哲学相互影响的历史。

《法哲学》是涵盖人的整个实践领域的总括性理论。从对现代问题的关注出发，阐明黑格尔法哲学现代意义的各类研究层出不穷。但是，其中很大一部分是建立在对黑格尔法哲学的旧的解释的基础上。重新考察到目前为止黑格尔法哲学的解读水平，弄清楚还有什么值得讨论的课题，是很有必要的。2007 年，我出版了一本书，旨在提出《法哲学》新的解读方向，描绘这部对于现代来说仍然富有生命力的经典。本章的第五部分和第六部分将会整理说明，为了刷新黑格尔旧的思想画像，开出新的解读可能性，哪些问题是必须加以讨论的。

一、黑格尔《法哲学》的思想画像——鲁道夫·海姆的束缚

黑格尔《法哲学》出版以来，在思想史上产生了很大的影响，可谓毁誉参半，褒贬不一。这种情况恐怕并不多见。

1848 年革命以后，随着思想潮流的巨大变化，黑格尔哲学很快丧失了影响力。鲁道夫·海姆在《黑格尔和他的时代》[1]一书中，将《法哲学》思想与推行反动政策的普鲁士政府形象联系起来，把书中的精神描

---

[1]　R. Haym, *Hegel und seine Zeit*，Rudolph Gaertner，Berlin 1857.『ヘーゲルと其の時代』松本芳景訳、白揚社、1932 年。

述为定式化的国家哲学。海姆所塑造的黑格尔法哲学思想的这种形象，此后一直保持着影响力。进入 20 世纪，魏玛时代的国家学学者赫尔曼·黑勒在《黑格尔和德意志的民族权力国家思想》[①]一书中，将黑格尔描绘为权力国家的思想家。卡尔·波普尔则在其著作《开放社会及其敌人》[②]中，批评黑格尔哲学是柏拉图以来否定个人自由的整体主义的正统嫡子，并通过希特勒实行普鲁士主义得以呈现。就这样，长期以来一直残留着将黑格尔思想视为反动的普鲁士国家哲学这种思想形象。

但是，必须解除这种束缚。马尔库塞在《理性与革命》[③]中提出，应当把理性和自由视为黑格尔哲学的核心。黑格尔抓住了近代社会的矛盾，为了超越这个矛盾而构想了国家理论，尽管仍含有官僚国家这样的局限性，但是其中包含着建设未来社会图景的可能性。英语学界中，《法哲学》的英译者诺克斯的著作《黑格尔与普鲁士主义》[④]，主张将黑格尔法哲学从普鲁士主义国家哲学的形象中解放出来。

第二次世界大战结束之后，摆脱了海姆以来的束缚而开展的研究很

---

① H. Heller, *Hegel und der nationale Machtstaatsgedanke in Deutschland*，B. G. Teubner，Leipzig und Berlin 1921. 『ヘーゲルとドイツにおける国民的権力国家思想』永井健晴訳、大東法学(大東文化大学法政学会編)第 20 巻 1 号、2010 年。

② K. Popper, *The Open Society and Its Enemies*，G. Routledge & Sons, Ltd.，London 1945. 『開かれた社会とその敵』2 巻、内田詔夫、小河原誠訳、未来社、1980 年。

③ H. Marcuse, *Reason and Revolution*，Oxford University Press，London and New York 1941. 『理性と革命』舛田啓三郎他訳、岩波書店、1961 年。

④ T. M. Knox, Hegel and Preussianism, in: *Philosophy*, Vol. 15, No. 57, 1940.

快就出现了。依照里特尔在《黑格尔和法国大革命》①一书中的看法，自由是黑格尔哲学的根本问题，黑格尔透过近代社会的分裂倾向，从正面对法国大革命提出的自由问题进行了研究。里德尔在其著作《黑格尔法哲学研究》②中将近代社会的政治解放问题重新置于市民社会问题之中，将黑格尔法哲学描绘为一种旨在统一政治社会和市民社会两个领域的理论。阿维纳瑞的《黑格尔的现代国家理论》③一书提出，黑格尔是在积极肯定近代社会的基础上，构想了一个由个人—各种中间团体—国家所构成的多元主义国家形象。总之，人们开始重新解释黑格尔法哲学基本主题，探索新解释的可能性。

二、文本和讲义问题——伊尔廷提出的问题

黑格尔法哲学研究中有若干争论的焦点。但是，对这些焦点问题迄今为止缺少深入的研究。从对这一点的反省出发，伊尔廷提出了下述问题。即，此前的黑格尔法哲学研究，几乎没有意识到《法哲学》正文与补充之间，也就是说文本正文与讲义内容之间的区别。伊尔廷则以这一区

---

① J. Ritter，*Hegel und die französische Revoltion*，Westdeutscher Verlag，Köln 1957.『ヘーゲルとフランス革命』出口純男訳、理想社、1966 年。

② M. Riedel，*Studien zu Hegels Rechtsphilosophie*，Suhrkamp Verlag，Frankfurt am Main 1969.『ヘーゲル法哲学研究』清水正徳他訳、福村出版、1976 年。

③ S. Avineri，*Hegel's Theory of the Modern State*，Cambridge University Press，London 1972.『ヘーゲルの近代国家論』高柳良治訳、未来社、1978 年。

别为基础，提出了一种关于《法哲学》的自由主义解释。①

其实，关于文本和补充的问题，在前面提到的海姆的《黑格尔和他的时代》一书中也能看到。就君主权而言，第 279、第 280 节中出现了君主权是"最后决断的自我规定的意志"的论点。在补充中出现了"在一个组织完善的国家中，问题仅在于作形式上决断的顶峰"（第 280 节补充）这样的论点。海姆无视这个补充，反而把主体性原理作为《法哲学》的基调，批判黑格尔没有将这个基调贯彻到底，最终回到了过度强调普遍性或者实体性的立场。② 也许罗森茨维格正是看到了《法哲学》中的上述论述才提出，君主权在体系上是"国家活动的源泉"，同时在实践上则是"完全不具有内容的'形式的意义'"，这是一种深刻的思想矛盾。③

伊尔廷批判并说明了上述解读正是由于没有认真区分文本和补充才出现的。伊尔廷认为，在此前的研究中，这种缺乏自觉的情况居于支配地位。

就这样，在黑格尔法哲学研究史上，文本和补充的有关主题开始逐步形成。《法哲学》原本就是讲课用的教案，是以讲课为目的的。伊尔廷

---

① K. -H. Ilting, *Einleitung zur „Rechtsphilosophie" von* 1820 *und Hegels Vorlesungen über Rechtsphilosophie*, in: G. W. F. Hegel, *Vorlesungen über Rechtsphilosophie 1818 —1831*, Bd. 1, hrsg. von K. -H. Ilting, Friedrich Frommann Verlag, Stuttgart-Bad Cannstatt 1973.

② Vgl., *Materialien zu Hegels Rechtsphilosophie*, Bd. 1, hrsg. von M. Riedel, Suhrkamp Verlag, Frankfurt am Main 1975, S. 385.

③ F. Rosenzweig, *Hegel und der Staat*, R. Oldenbourg, München und Berlin 1920; Vgl., *Materialien zu Hegels Rechtsphilosophie*, Bd. 2, hrsg. von M. Riedel, Suhrkamp Verlag, Frankfurt am Main 1975, S. 348.『ヘーゲルと国家』村岡晋一他訳、作品社、2015 年。

所指出的问题是很有道理的。为此，伊尔廷出版了 1822/1823 年法哲学讲义笔记（Hotho）、1824/1825 年法哲学讲义笔记（Griesheim）。①

伊尔廷编辑出版的四卷本《法哲学》

　　甘斯在编辑出版柏林版黑格尔全集的《法哲学原理》（1833 年）时，挑出了既存的讲义笔记中的有关部分，并附在有关各节下面，这就是"补充"部分。1839 年，保守派的论客舒巴特发现在黑格尔那里，在完成了的国家组织中君主只需要在最后阶段签字盖章，黑格尔的立宪主义实际上只是表面上实行君主主义的共和制。② 这正是看到 280 节补充（从 Hotho 笔记中摘出）中的论点所导致的结果。从文本最初出版开始，"君

---

　　① G. W. F. Hegel：*Vorlesungen über Rechtsphilosophie* 1818－1831，Bde. 1－4，hrsg. von K. -H. Ilting, Friedrich Frommann Verlag，Stuttgart-Bad Cannstatt 1973－74. 1824－1825 年冬季学期讲义笔记日译本：『法哲学講義』長谷川宏訳、作品社、2000 年。

　　② K. E. Schubarth，*Über die Unvereinbarkeit der Hegelschen Staatslehre mit dem obersten Lebens- und Entwicklungsprinzip des Preußischen Staats*，1839，in：*Materialien zu Hegels Rechtsphilosophie*，Bd. 1，hrsg. von M. Riedel，Suhrkamp Verlag，Frankfurt am Main 1975，S. 252.

主权"就构成了围绕黑格尔国家图像展开的争论中的一个焦点。在这个例子中,文本与补充的差别问题其实已经凸显。但是,正像伊尔廷所指出的,之后人们对这一问题一直缺乏认识。前文所述罗森茨维格在《黑格尔和国家》一书所述"整体的这一绝对决定性的环节"(第 279 节正文)与补充中论点的差异是"深刻的思想矛盾"这一事实,就可以看作是上述状况的佐证。

按照伊尔廷的说法,文本与讲义之间的差异在其他地方也可以看得到。譬如,1818/1819 年讲义序言中说,"1818 年的历史现实还没有显示出自由将在欧洲诸国得以实现",与此相对,1820 年《法哲学》序言则是"唤起了历史发展的目标即将实现这样的印象"。这反映在他那合理性—现实性的命题中,黑格尔教导人们要"维持与现实的平稳关系""与现实的和解"。再比如就自然法理论而言,文本与讲义也存在着不一致。伊尔廷指出,在 1819 年讲义(Homeyer)中"黑格尔说明了实质性的自然法与实质性的实定法之间可能存在着矛盾",而在《法哲学》中只不过是间接地提到了这种对立而已。

三、讲义笔记的出版带来了新的解读可能性吗

伊尔廷认为,正如维也纳体制下卡尔斯巴德决议被认为与黑格尔本人有脱不开的干系等所示,文本与补充之间之所以产生差异,还因为当时艰难的政治状况。"讲义笔记与 1820 年刊行的《法哲学》文本之间存在

差别，这从出版前后的情况中可以明确看到。这一点毋庸置疑。"①

特别是君主权问题，长期以来都是解读黑格尔法哲学的绊脚石。伊尔廷以《法哲学》出版时的政治状况为背景，认为《法哲学》是"政治立场转换"的产物，黑格尔的真实思想并不在《法哲学》的文本当中，而在讲义中。这样文本与补充之间的"矛盾"就失效了，可以以议会内阁制为基调对他的国家哲学进行自由主义解读。伊尔廷还出版了可称作法哲学底本的 1817/1818 年讲义笔记（Wannenmann）（1983 年）②，针对"君主立宪制"这个问题，他把这个讲义与同时代的法国立宪主义思想联系起来，使对黑格尔法哲学的自由主义解读得以加强。③ 这里，黑格尔法哲学与同时代的法国立宪主义有关思想之间的相互影响关系的问题就呈现了出来。

针对伊尔廷的观点，也出现了各种各样的反对意见。譬如，认为伊尔廷以卡尔巴斯德决议（1819 年 9 月 20 日生效）的政治状况为背景提出的黑格尔改变了原稿的文字这一主张不成立（卢卡斯和拉梅伊）④；"政

---

① K. -H. Ilting, *Einleitung zur „Rechtsphilosophie" von* 1820 *und Hegels Vorlesungen über Rechtsphilosophie*, in：G. W. F. Hegel, *Vorlesungen über Rechtsphilosophie 1818—1831*, Bd. 1, hrsg. von K. -H. Ilting, Friedrich Frommann Verlag, Stuttgart-Bad Cannstatt 1973, S. 32.

② G. W. F. Hegel：*Die Philosophie des Rechts • Die Mitschriften Wannenmann* (*Heidelberg 1817/18*) *und Homeyer* (*Berlin 1818/19*), hrsg. von K. -H. Ilting, Klett-Cotta Verlag，Stuttgart 1983.

③ K. -H. Ilting, *Zur Genese der Hegelschen* „*Rechtsphilosophie*", *in*：*Philosophische Rundschau*, 30. Jahrgang, Heft 3 • 4, 1983, SS. 161-209.

④ H. C. Lucas & U. Rameil, *Furcht vor der Zensur? Zur Entstehungs- und Druckgeschichte von Hegels Grundlinien der Philosophie des Rechts*, in：*Hegel- Studien*, Bd. 15, 1980.

治立场的转变"究竟是在什么意义上说的也不明确（霍斯特曼）[1]；即便将讲义笔记纳入研究视野，君主权作为最终的意志决定环节的优先地位并没有变化，所以黑格尔法哲学的"自由主义"本性是有限的（希普）[2]；等等。这些对伊尔廷的批判可归结为一个问题，即文本与讲义是否真有本质性的差异（霍斯特曼）。[3]

　　通过文本与讲义的差异问题，伊尔廷使原来解读黑格尔法哲学的框架陷入崩溃，为更积极的解读提供了可能。这个贡献必须被铭记（伊尔廷指出的普鲁士当时的政治状况对《法哲学》写作的影响问题，以及1817/1818 年法哲学讲义与同时代法国立宪主义之间的关联问题，这些都值得继续研究）。但令人遗憾的是，上述针对伊尔廷的批判意见，并没有为积极解读黑格尔提供新的可能性。

　　1983 年，海德堡大学法哲学讲义的伊尔廷版和波格勒版[4]出版。这个讲义是继耶拿时期精神哲学的讲义以后，最早的法哲学讲义体系。为《法哲学》做准备的时期，即 1819/1820 年冬季学期柏林大学的法哲学讲

---

① R. P. Horstmann，*Ist Hegels Rechtsphilosophie das Produkt der politischen Anpassung eines Liberalen?* in：*Hegel-Studien*，Bd. 9，1974.

② L. Siep，*Hegels Heidelberger Rechtsphilosophie*，in：*Hegel-Studien*，Bd. 20，1985.

③ R. P. Horstmann，ibid.

④ G. W. F. Hegel，*Vorlesungen über Naturrecht und Staatswissenschsft* (*Heidelberg* 1817/18)，hrsg. von C. Becker et al.，mit einer Einleitung von O. Pöggeler，F. Meiner Verlag，Hamburg 1983.『自然法と国家学講義、ハイデルベルク大学 1817・18 年』高柳良治訳（滝口、共訳者）、法政大学出版局、2007 年。他に尼寺義弘訳もある（晃洋書房、2002 年）。

义，也由亨里希出版（1983 年）。① 2005 年，《法哲学》出版后的 1821/
1822 年冬季学期的法哲学讲义也得以出版。围绕黑格尔法哲学研究所
需要的（资料）环境已经齐备。但遗憾的是，原有的解读水平还没有被超
越。例如出版了 1817/1818 年法哲学讲义的波格勒在解说中作了如下的
阐述：

"黑格尔体系的构成，尽管看起来是封闭的，实际上在许多未解决
的问题上是开放的。而且黑格尔不得不对周围不断变化的世界给予足够
的重视，这一点也不容忽视。在海德堡期间，黑格尔看重符腾堡秘书身
份，反对官吏的恣意妄为。在普鲁士，他必须考虑在行政管理上如何使
国家处于统一的控制之下。黑格尔必须要凸显世袭君主制，必须进行
要将它制度化这一困难的尝试，结果被卷入古董之中。如果不打算故
意隐藏黑格尔法哲学本来的现实性，那么今天就必须把这些古董搁置
一边。"②

波格勒尽管很好地描绘了黑格尔法哲学的发展史——黑格尔与时代
斗争的细节，或者与思想史的影响关系的讨论——但是最终没有对包括
君主权在内的理论，提供新解读的可能性。

---

① G. W. F. Hegel, *Philosophie des Rechts. Die Vorlesung von* 1819/20, hrsg. von
D. Henrich, Suhrkamp Verlag, Frankfurt am Main 1983. 『ヘーゲル法哲学講義 1819/20』
中村浩爾他訳、法律文化社、2002 年。

② G. W. F. Hegel, *Vorlesungen über Naturrecht und Staatswissenschsft* (*Heidel-berg* 1817/18), hrsg. von C. Becker et al. , mit einer Einleitung von O. Pöggeler, F. Mei-ner Verlag, Hamburg 1983, S. XLVff.

四、解读的多样性与可能性——19 世纪

直至今日，下述思想图景还具有影响力。即，黑格尔在市民社会论中提出了个人自由和权利的问题，进而深入社会的公正问题，将政治国家确立为市民社会的内在目的。但是，这样做的结果却是，黑格尔为市民的自由和权利，或者说市民的政治能力设定了限制，市民社会被回收到国家当中，国家被设定为与个人相对立的、不动的实体性的意志。此外，黑格尔的"立宪君主制"也残留着"君主权"这一"复古的"要素，不外乎是顺应时代的产物。

这种解读的背后是一直以来的传统理解，即在精神单方面的展开过程中，相对于个别意志，实体的意志具有优先的地位。伊尔廷所尝试的就是，把君主权理论作为黑格尔法哲学的争论焦点，通过对它的重新研究来转换上述思想图景，这一点是必须铭记的。

下面，我们再回顾一下黑格尔在世期间，或是其辞世之后不长的时间内，人们对于《法哲学》的反应。与自海姆以后的僵化解读相对照，实际上存在多种多样的反应，我们举几个例子加以说明。

让我们先回到海姆本人，海姆绝不想把黑格尔描绘为普鲁士体制的拥护者。在海姆看来，维也纳体制之下，改革的时代倒退，复古的精神盛行，自由主义的思想和制度与旧的绝对主义的残存物并存。究竟是实行 1815 年普鲁士国王宪法公约还是不实行，时代状况不断摇摆，晦暗不明。黑格尔法哲学表现出了那个时代的摇摆不定，也表现出了黑格尔自身的优柔寡断，这是海姆的观点。也就是说，所谓普鲁士国家哲学家这一标签是过度主观解释的产物。海姆对批判了自由主义的黑格尔持批

判态度。即便如此，他也留有如下的评价：

"黑格尔国家论的主要功绩及其本来的价值，在于它将有机体的概念解救出来。这一概念既与古代的、特别是僵化的绝对主义相对立，又与法国的关于国家的原子论和机械论相对立。"国家不是从上到下的抽象普遍性的统治，地方自治体中照样包含着国家的固有内容。所以"抓住了这个国家概念，深刻的真理性的内容就不再隐而不现。真正的、政治实践的精神，当然是以原本的蛹的状态，呈现在我们面前。……黑格尔的国家理论是以错误的经验哲学的形式，表现出真正的政治本质。"①

保守派的施塔尔提出了这样的观点，黑格尔哲学是理性主义的完成，国家则是在概念的展开中生成的，任何一个概念都会被扬弃，都无法以自身的存在为目的。自由也不是人格的自由，占主导地位的是思考规律的自由。② 直到现在，也会遇到这种解读方式吧！

在保守派的舒巴特看来，"立宪君主制国家只不过是具有君主主义外观的共和制。……黑格尔始终首尾一贯地坚持立宪国家的概念。在这样的立宪国家概念中，君主的性质只是说'是'的那个形式，其功能要受到限制。因为，在他的立宪国家中君主不是国家的实体，实体还不如说是由分成家庭以及各种身份阶层、同业公会、按职业划分的各种团体等

---

① R. Haym, *Hegel und seine Zeit*，1857，in：*Materialien zu Hegels Rechtsphiloso-phie*，Bd. 1，hrsg. von M. Riedel，Suhrkamp Verlag，Frankfurt am Main 1975，S. 393.

② F. J. Stahl, *Hegels Naturrecht und Philosophie des Geistes*，1830，in：G. W. F. Hegel，*Vorlesungen über Rechtsphilosophie 1818—1831*，Bd. 1，hrsg. von K. -H. Ilting，Friedlich Fromman Verlag，Stuttgart-Bad Cannstadt 1973，S. 566.

的市民社会那样的，通过对彼此相异的各个有机领域的概括而形成的总体。"①这种解读方式让我们想起阿维纳瑞的多元主义国家理论，尽管他们的立场不同。因此，舒巴特还从黑格尔关于成熟国家或者不成熟国家这样的发言（Hotho 讲义）中发现了"反叛和叛乱的要求"②。

19 世纪对黑格尔《法哲学》的解读很广泛，在此之后，对它的解读反而变得更为狭窄。这值得反省。

五、为提高解读水平——五个需要研究的课题

鉴于研究条件日趋完整，对于《法哲学》文本的解读，只阅读文本当然是不充分的，为了正确地解读，必须把同时代包罗万象的思想史纳入视野。但是，要想展开深入的研究，我们必须要面对以下五个问题。

(1)必须结合黑格尔的思想形成（过程），重视耶拿时期的成果

通过检讨这一时期黑格尔的法哲学思考，可以把握黑格尔如何批判或接受古典政治学、近代自然法、卢梭、康德、费希特等人的理论。通过讨论这些，有学者提出就市民社会和政治国家的关系而言，黑格尔法哲学的原型已经出现（霍斯特曼）。有的学者则从对于现代性问题的关注

---

① K. E. Schubarth, *Über die Unvereinbarkeit der Hegelschen Staatslehre mit dem obersten Lebens- und Entwicklungsprinzip des Preußischen Staats*, 1839, in: *Materialien zu Hegels Rechtsphilosophie*, Bd. 1, hrsg. von M. Riedel, Suhrkamp Verlag, Frankfurt am Main 1975, S. 254.

② Ibid., S. 256.

出发，着眼于相互承认理论，研究区别于后来黑格尔法哲学的其他（理论）展开的可能性（哈贝马斯、希普）。① 但是，他们只是断定，黑格尔没有对这些其他的可能性予以展开，结果还是把它归结为精神单向的展开过程。

例如，哈贝马斯在《劳动与相互作用》（1967 年）②中认为，黑格尔的社会哲学是以相互承认为立论基础的，这与《耶拿体系构想 I》（1803/1804）的"精神哲学"中单向的意识哲学不同，他想把这一其他可能性放大。但是，哈贝马斯认为，《耶拿体系构想Ⅲ》（1805/1806 年）的"精神哲学"中，虽然存在着相互承认论通过主体间的相互承认，达到几个层次，最后出现被承认的状态和被承认的制度这样的理路，但最终被承认的状态和制度还是沦落为"精神"单向自我展开的一个要素。也就是说，普遍意志是个别意志的前提，因此相互承认论无法实现体系性的功能。相互承认论在耶拿后半期登场的可能性遭遇了挫折，希普和霍耐特③也都这样看。

哈贝马斯、希普都认为 1805/1806 年的"精神哲学"同 1803/1804 年的"精神哲学"相比是一种退步，不过他们这种解读和评价本身值得商

---

① L. Siep, *Anerkennung als Prinzip der praktischen Philosophie*, Karl Alber Verlag, Freiburg 1979。『実践哲学の原理としての承認』の「イタリア語版序文」山内廣隆訳と訳者による解題、『政治哲学』（政治哲学研究会発行）第 6 号、2007 年。

② Jürgen Habermas, *Arbeit und Interaktion*, in: *Technik und Wissenschaft als "Ideologie"*, Suhrkamp Verlag, Frankfurt am Main 1968.『イデオロギーとしての技術と科学』長谷川宏訳、紀伊国屋書店、1977 年。

③ Axel Honneth, *Kampf um Anerkennung*, *Zur moralischen Grammatik sozialer Konflikte*, Suhrkamp Verlag, Frankfurt am Main 2003。『承認をめぐる闘争、社会的コンフリクトの道徳的文法』山本啓他訳、法政大学出版局、2003 年。増補版、2014 年。

权。因为，从这样的解读出发，就不可能对后来黑格尔将它体系化的法哲学构想给出积极的解释。因此，我们有必要重新结合黑格尔自身理论的展开，通过可靠的文本解读，弄清楚包括黑格尔实践哲学的哲学前提是什么等问题，来确定耶拿时期的黑格尔所达到的高度。

(2)黑格尔法哲学解读中作为绊脚石的"君主权"论

要讨论黑格尔法哲学的思想图景，就绕不开"立宪君主制"问题。前面已经提到，在这个问题上，波格勒把黑格尔视为"古董"。前面已经提到的希普，对包括海德堡大学 1817/1818 年冬季学期法哲学讲义在内的、后期黑格尔法哲学的思想图景，作了如下的描述。关于 1817/1818 年讲义，"与 1820 年相比，1817 年黑格尔实际上更接近实行议会主义君主制的'自由'西欧的前一阶段。这一点值得注意"（"黑格尔的权力分立理论"，1986 年）①。君主必须获得大臣的副署，政府必须得到议会多数的支持。"但是，黑格尔抨击不列颠的君主过于依赖议会，而且他也批评通过普遍选举产生国民议会是一种'法国式的抽象'。"这个讲义之后，即使重心转移到基于有机体结构的君主权、行政权、立法权之中，但是黑格尔始终坚持这样一个构想，即"君主拥有最终的决定权"，居于顶点的优先地位，诸权力在其之下统合起来，耶拿时期以来黑格尔在"自身法哲学发展的所有时期"始终坚持这一点。他指出，在这一点上，即使最具自由主义色彩的 1817/1818 年讲义也存在着这一局限性。无论是波

---

① *Hegels Theorie der Gewaltenteilung*，in：L. Siep，*Praktische Philosophie im Deutschen Idealismus*，Suhrkamp Verlag，Frankfurt am Main 1992，S. 254。「ヘーゲルの権力分立の理論」小川清次訳、上妻精監訳『ドイツ観念論における実践哲学』哲書房、1995 年所収。

格勒还是希普，都必须将新发现的讲义笔记作为重新检讨原来的黑格尔法哲学思想图像的素材。

前面已经介绍了伊尔廷提出的问题。伊尔廷在文本与讲义、补充之间的差异性中，抓住了君主权的两面性，并将重点放在讲义上来解决两面性的问题。在此基础上，他提出了对黑格尔的自由主义解释。

伊尔廷出版了海德堡大学法哲学讲义，指出了讲义可以显示出当时法国立宪主义对黑格尔的影响。而在此之前对于二者关系的研究都被批评为臆测。海德堡大学法哲学讲义时期，正是法国王政复辟的时期，同时也是改革者的君主立宪制理念登场的时期。这个 1817/1818 年讲义对于我们重新考虑黑格尔法哲学解释上的枷锁，即君主权论以及君主立宪制论的意义具有重大意义。尽管伊尔廷已经提出了问题，但是到目前为止这些问题还没有得到积极的回应。

黑格尔的君主权论、君主立宪制论究竟来源于什么样的问题意识呢？为了正确解读黑格尔法哲学，这个问题是不能避开的。在这个讲义发表之前，尼科林曾指出，要探究君主立宪制论这一主题，需要出版 1817/1818 年讲义笔记(1975 年)。[1] 1982 年，希卡指出黑格尔的君主立宪制论的形成与法国立宪主义存在着联系，黑格尔还在区别行政权与君主权这一点上受到了贡斯当(Benjamin Constant)的间接影响。[2] 黑格尔

---

[1]　F. Nicolin, *Hegel über Konstitutionelle Monarchie，Ein Splitter aus der ersten Rechtsphilosophie-Vorlesung*, in: *Hegel-Studien*, Bd. 10, 1975.

[2]　C. Cega, *Entscheidung und Schicksal：furstliche Gewalt*, in: *Hegels Philosohie des Rechts*, hrsg. von D. Henrich und R. -P. Horstmann, Klett-Cotta Verlag, Stuttgart 1982.

辞世后不久，黑格尔学派中作为法哲学方面继承人的甘斯，将当时法国的立宪主义与黑格尔的联系明确写在了 1832/1833 年冬季学期的法哲学讲义中，这一点在后来没有引起足够的重视。

(3)为什么是意志论？——重新捕捉法哲学构想的核心

《法哲学》采取了意志展开的形式。这一构想在耶拿时期 1805/1806 年《耶拿体系构想Ⅲ》的精神哲学中最早出现。由此我们可以清楚地看到，作为耶拿时期成果的意志论，在后来黑格尔法哲学的思考中得到了继承。对于理解黑格尔法哲学基本的主题而言，弄清楚为什么是意志论，或者意志论以什么为目标这些问题是不可或缺的。但是，这个主题没有得到重视。要深入探究这个问题，就必然会遇到黑格尔法哲学与思想史的影响关系问题。也就是说会遇到——卢梭和费希特也都是通过意志论来展开自由共同体构想的，他们为什么也重视意志论问题，这跟黑格尔采用意志论是否有关——之类的问题。

《法哲学》(29 节、258 节)或《哲学全书》(第三版，163 节补充)，肯定了卢梭把意志作为国家的原理这一功绩，但是黑格尔也批判卢梭存在这样的缺陷，即将普遍意志视为由个别意志中抽象出来的共同意志。从这里开始，产生了低估卢梭与黑格尔关系的倾向。连希普对于 1805/1806 年《耶拿体系构想Ⅲ》的"精神哲学"也只能作出这样的阐述，"关于普遍意志概念，尽管黑格尔追溯到卢梭，但这里不应对卢梭给予过高评价。普遍意志，就黑格尔而言，最早出现于劳动与商业的体系，但是在卢梭看来，商业领域是由与一般意志无法和解的对立物即虚荣心所支配的"①。因此，意志论究竟是什么样的，有必要做进一步的追问。

(4)为什么要确立市民社会与政治国家的区别？——必须回答这个问题

出于什么样的问题意识，黑格尔用市民社会和政治国家这样的结构来为人伦共同体奠定基础？市民社会概念与立宪君主制概念，最早是在海德堡大学时期出现的。从形成史的角度来看，在耶拿时期，为了使有机的人伦从自身出发实体化，黑格尔建立了将需要和法等非有机领域有机化的基本构想，这个构想一直维持到 1803/1804 年的精神哲学。黑格尔是在 1805/1806 年的精神哲学中才放弃了这一构想，并将市民社会和政治国家看作是两个分别拥有各自独立意义的领域。正确把握耶拿时期这个理论上的变化非常重要。由此我们可以发现一个问题意识，即如何从更高的视野来把握产生于近代世界的主体自由原理、需要和法的领域以及法的支配等成果。

在市民社会与政治国家的区别和相互中介中，黑格尔发现了近代世界"分裂"的积极意义，这是一种全新的近代认识。这个区别的意义，以及支撑这一区别的近代认识，我们还必须加以明确。

---

① L. Siep，*Der Kampf um Anerkennung*，*Zur Hegels Ausseinandersetztung mit Hobbes und den Jenaer Schriften*，in：*Hegel-Studien*，Bd. 9，S. 183。「承認をめぐる闘争―イエナ期著作におけるヘーゲルのホッブズとの対決―」山内廣隆訳、『政治哲学』（政治哲学研究会発行）4 号（上）、2006 年、27－54ページ、5 号（下）、2007 年、25－49ページ。

(5)政治论文与黑格尔的一贯思想：作为经验学家的黑格尔与作为《法哲学》思辨学家的黑格尔密不可分

黑格尔与法哲学相关的文献，有《法哲学》、耶拿时期的各个草稿、法哲学讲义笔记等。除此之外，还有被称为《政治论文》（中文版有《黑格尔政治著作选》——译者注）的文献。包括耶拿时期的《德国法制》、海德堡时期的《评1815年和1816年符腾堡王国邦等级议会的讨论》，还有柏林时期末期的《论英国改革法案》。金子武藏翻译了《政治论文》并附有详细解说。他认为，"黑格尔常常根据自己的见闻、观察、体验、调查、资料、史料、史实，就事论事，几乎不使用哲学用语，自如地运用在舆论中产生的形象（image）和概念。出现在这里的是经验学家黑格尔，而不是思辨学家黑格尔。所以必须要阐明的是，具体情况和时期如何，以及黑格尔是怎样写下了这些论文的"①。对于自己所关心的政治问题，黑格尔围绕当时争论的焦点，从自己的角度进行了评论。但是，还没有研究者从这些政治论文的角度，来解读黑格尔法哲学的基本主题。因此，为了发现黑格尔法哲学解读的可能性，我们需要扩大检讨的视野，探究作为这些政治问题背景的问题意识，以此来把握黑格尔法哲学的本来主题。

六、为了引出新的解读可能性

如何才能发现新的解读的可能性呢？最后，我想对于前面已经提到

---

① 『ヘーゲル政治論集』上巻、金子武藏訳、訳者解説、岩波文庫、245ページ。

的五个问题再做一点评论。

(1)耶拿时期的形成史的研究——立足于黑格尔近代理解的独特性

《耶拿体系构想Ⅲ》的"精神哲学"，标志着青年黑格尔关于人伦的思考所达到的高度。一些研究者将这个高度视为精神单向的自我展开，或者个别意志和普遍意志的非对称关系，即普遍意志具有优先地位。黑格尔对近代的理解是构想人伦共同体的前提，这些研究者没有对这个前提进行过正面的检讨。那么，也就出现不了结合黑格尔的文本进行的解读。

论及近代，"更高层次的抽象、更大程度的对立和教养的形成、更深刻的精神（的到来），是不可或缺的"①（GW8.262）。黑格尔被很多人看作是旨在扬弃二元分裂以实现统一的哲学家。但是，黑格尔在开始思索近代人伦之际，对近代的二元分裂给出了极高的评价，而且在肯定的意义上接受了这种分裂。要讨论黑格尔的思想，就必须对这一点加以注意。对于近代而言，分裂是不可避免的，而且，分裂还是在更高的舞台上构想自由共同体的基础。那是怎样的舞台呢？也就是说，"自己知道自己的个体性"（GW8.263）。尽管离开了普遍性，但是仍然能确信自己的自立性和普遍性，另一方面，与其步调相合，普遍的东西"进入到纯粹的知的要素"（GW8.264），这两个极端的出现，就构成了近代固有的舞台。个体性发挥"知"的作用，普遍的东西也同样出现在知的舞台上。

---

① "GW8"表示德文版《黑格尔全集》第 8 卷（G. W. F. Hegel, *Gesammelte Werke*, in Verbindung mit der Deutschen Forschungsgemeinschaft, hrsg. von der Reinisch-Westfälischen Akademie der Wissenschaftten, Hamburg 1968ff），后面的数字表示该卷中的页码。《耶拿精神哲学》(1803—1804 年、1805—1806 年)的日译本：『イェーナ体系構想』加藤尚武監訳(滝口、共訳者)、法政大学出版局、1999 年。

一般和个别都有各自的意义，各自拥有独立的领域。

以这种对近代的理解作为前提，1805/1806 年的《精神哲学》才得以展开。这种二元分离和媒介，构成了法哲学思考的大前提。以此为基础来解读 1805/1806 年的"精神哲学"，肯定会得出与哈贝马斯和希普不同的评价。

(2)公正的正义与主体自由的实现及其制度设想——立宪君主制作为设想之一

前面我们说明了海德堡大学最早的法哲学讲义与同时代法国立宪主义之间的联系。贡斯当提出了"立宪君主制"的政治概念。其最大的特征就是行政权与君主权的分离、君主权的形式化、并借以实现政治诸权力之间的稳定。君主权的形式化与促使公共政治空间安定的作用密切相关。而且"君主立宪制"的理念以维护市民权利为目标。黑格尔首次使用"立宪制"概念的时期，与贡斯当的《适用于所有政府的政治学原理》（1815 年）①在时间上相距并不远。在海德堡大学的讲义中，"市民社会"概念也第一次出现在人伦构想中。黑格尔阐述道，只有市民社会成熟，个人拥有了自由意识，立宪君主制才有可能建立。在这种情况下，对国家的叙述就等于对"普遍自由这一概念的叙述"。也就是说，只有在市民

① Benjamin Constant，*Principes de politique*，1815，in：*Cours de politique constitutinelle*，reprint of the 1872 ed. and published by Guillaumin，vol. 1，Arno Press Inc.，p. 18。这一时期法国立宪主义的有关内容可参照：佐藤功『比較政治制度』（東大出版会、1967 年）、深瀬忠一「バンジャマン・コンスタンの中立権の理論」（北海道大学『法学会論集』第 10 巻合併号、1960 年）、宮沢俊義「シャトブリアンの議院制の理論」（『憲法と政治制度』岩波書店、1968 年所収）、田中治男『フランス自由主義の生成と展開』（東大出版会、1970 年）、小野紀明『フランス・ロマン主義の政治思想』（木鐸社、1986 年）。

社会形成之后，公正的公共政治空间才成为可能。君主独特的功能是在这样的框架中被设定的。海德堡大学法哲学讲义必须仔细地加以研究。另外，在此基础上，《法哲学》第 279 节注解就君主制作了这样的规定，君主权是"自己规定自身的最终意志的决定的环节，作为国家的内在的有机的环节，这样才具有独立的现实性"，可以判明这一论述就是指贡斯当的行政权和君主权分离、君主权的形式化。

海德堡讲义中有如下一节。"在我们这个时代，国家逐渐成为理性的实存，而这在此前的 1000 年都没有发生过。让理性的权利生效，以反对私权。"①这里，法这一公正精神所包含的合理性与主体自由所包含的合理性，是互为表里的关系。

黑格尔基于安定公共政治领域和维护市民权利这一问题意识，采用了"立宪君主制"的概念，作为制度性的设想。有必要从这个视角出发，解读黑格尔的君主权论。同时，从这一点出发，我们就能够体会到，黑格尔如何通过制度设想来确立和维护公正的公共政治领域，如何注入理论的力量以形成能够支撑上述设想的政治意识。

与此相关的内容，可以在政治论文中读到。政治论文的深处所隐含的始终是以下主题，即一方面，批判公共的东西被私人的东西篡夺，公共的东西空洞化；另一方面，批判私人特权兴盛的状况。在公共领域，公共性还没有形成，私人的东西还没有成为经过洗练的现代的东西。黑格尔对公共的东西和私人的东西的这一现状提出了严厉的批评。

---

① G. W. F. Hegel, *Vorlesungen über Naturrecht und Staatswissenschsft* (*Heidelberg* 1817/18), hrsg. von C. Becker et al. , mit einer Einleitung von O. Pöggeler, F. Meiner Verlag, Hamburg 1983, § 125A, S. 175.

在从形成史的视角、从思想史上的影响，以及从同时代的思想影响关系进行解读的同时，我们还必须从黑格尔原来的主题出发进行解读，因为这是上述解读的基础。我认为，贯彻其中的主题是"公共的和私人的新的建构"，为此我还完成了一本书《〈黑格尔法哲学〉的形成与展开》（2007年）。

在《耶拿体系构想Ⅲ》的"精神哲学"、海德堡大学讲座以及政治论文的语境下，市民社会和政治国家的区别是与个别意志和普遍意志、权利和法律、私人领域和公共领域相对应的。而且，这两个领域必须互为前提，并且只有通过各种制度设计才能形成两个领域互为媒介的脱离性结构。

（3）知的作用和公开性是人伦原理即意志论的根本主题

海德堡大学讲义有如下的一段：作为人伦的"实体，是由所有人的真正的自我意识（所支撑的），从这种自我意识立场出发，所谓知成为普遍性就是精神进入所有人的知中，即（成为）共同精神"（129节）。"自我意识是知的作用本身"，正是因为知的作用，"自我意识，构成了权利乃至法、道德性，以及一切人伦（伦理）的原则"（《法哲学原理》第21节）。黑格尔最重视知的作用。知的作用渗透在共同体的构想中，这一点就是意志论的特质（1805/1806年《精神哲学》中有"知的共同体"（intelligentes Gemeinwesen）（GW8.237）的说法）。黑格尔法哲学，不是单纯的制度论，而是建立在制度与自我意识知的作用关系的基础上的。因此，公开性就成为一个重要的原理。从这一点出发，实体的意志和个别意志的关系，会呈现出与一般流行见解不同的一面。

上文我们举出了五个论点，如果对它们进行穷根究底的讨论，就必

然会带来对迄今为止黑格尔法哲学解读水平的重新认识。为了回答上述
课题，我将公与私的脱离性结构（"公と私の脱構築"）视为黑格尔的根本
主题，完成了《黑格尔〈法哲学〉形成与展开》（御茶ノ水書房，2007年）
一书。黑格尔《法哲学》的丰富内容，将会成为解决现代问题时富有生命
力的经典。

（王淑娟译　韩立新校）

第二章 | 黑格尔法哲学关于人的规定的
双重路径 *

蔺庆春

黑格尔的法哲学以法（Recht）的概念及其现实化
为对象（§1）①，是法经由抽象概念到在现实世界中实
现的过程。这就暗含了关于世界的两重设定：法的理
念世界和人生活的现实世界。两者本来是很难交融
的，如果说有什么东西可以使两者发生交汇的话，那
就是人的"自我意识"。一方面，自我意识是法的现实
化所必需的意志元素，法的理念只有通过自我意识才

能成为定在，即实定法（positives Recht）；另一方面，自我意识在法的理念的引领下，从抽象的人格上升到公民，在"国家"中实现主观自由与客观自由（现实性）、个别性与普遍性（社会性）的统一。按照伍德的说法，这是"使反思性的个体同世界达成和解"①的过程。

按照黑格尔在《法哲学原理》中的叙述，法作为理念，要经过从"抽象法"到"道德"再到"伦理"三个阶段，在"伦理"阶段，还可以再分为"家庭""市民社会"和"国家"三个阶段。通过这一运动，法摆脱了最初概念所具有的空虚性、抽象性，拥有了内容丰富的具体性和实在性，从主观精神发展到客观精神。与法的运动过程相对应，人的发展也呈现出不同的阶段形式：与"抽象法"阶段相对应，是抽象的"人格"（die Person）；与"道德"阶段相对应，是主体（das Subjekt）；与"家庭"阶段相对应，是"家庭成员"（das Familienglied）；与"市民社会"阶段相对应，是"市民"（Bürger，有产者）；与"国家"相对应，是"公民"；与作为人的普遍需要相对应，是"人"（der Mensch）。（§190）

希腊德尔菲神庙中刻有一句箴言："人啊，认识你自己！"

① ［美］伍德：《黑格尔的伦理思想》，黄涛译，知识产权出版社 2016 年版，第 11 页。

由此可以看出，与法的理念的现实化过程相对应，人的发展也经过了从抽象到具体、从个别到普遍的过程，这一过程可以被概括为人的现实化和社会化两条路径。其中，前者是指人从抽象"人格"上升到"具体的人""伦理性实体"的过程；后者是指人从市民社会中的孤立个体上升到具有整体性特征的社会化了的"公民"的过程。下面将依据《法哲学原理》对这两条路径进行分析，并简单地阐述一下这两条路径对青年马克思的影响。

一、从抽象"人格"到"具体的人"的现实化路径

法的概念的现实化是内在地包含于法的理念之中的一种理论必然性。"现实化"在黑格尔法哲学中，居于与"法的概念"相等同的地位。[①]在黑格尔看来，只有概念"才具有现实性（Wirklichkeit），并从而使自己现实化"（§1）。作为纯粹精神性的范畴，法的概念在"抽象法"阶段对应的是普遍人格（die Person），具有无规定性和直接性的特征，其所具有

---

① 在实际的理论研究中，很多研究者尽管将黑格尔哲学看作一种"客观唯心主义"哲学，但是落脚点还依然仅仅停留于第一重特征——"精神性"——上，把黑格尔哲学只是单纯地看作一种"唯心主义"哲学，将之简单地等同于存在"天国"中的"概念哲学"或者"精神哲学"，而对于黑格尔哲学对于具体性和现实性的追求，常常持漠视或者轻视的态度。这样，作为形而上学集大成者的黑格尔的哲学中所蕴含的对于传统观念论哲学有可能发生颠覆性影响的理论元素就被忽略掉了，直接导致马克思哲学与黑格尔哲学的内在思想延续性被简单化或者朦胧化和神秘化，进而弱化了黑格尔哲学在马克思思想形成过程中的重要性。解除这一误区的关键就在于揭示出法的概念现实化的方式和过程。

的现实性只是一种"抽象地自我相关的现实性",也即停驻于人自身内部的概念的现实性,而这种现实性,并不是黑格尔所要达到的现实性。"'现实'的东西只包含充分表达了自身本质和符合其本质的存在。"①符合其本质的现实存在是黑格尔所谓现实的重要标准。具体来讲,黑格尔法哲学所要实现的现实性,是概念突破其内在性,与外在实存相统一的现实性。这种现实性的实现过程,是形式与内容、主观与客观、普遍与特殊之间相互运动,并最终实现统一的结果。因此,法的概念的"现实化",就是法的概念的客观化和具体化。与之相对应,人的现实化过程,包括四个环节:(1)人通过反思,确立抽象人格;(2)抽象人格通过对于外在物的占有获得所有权,进而达到人格定在;(3)人再次通过反思,将留存于外在物之中的自在人格的外在定在收归自身,成为主体;(4)成为主体的人,借助良心,通过个体的行为,实现主观的善与客观的、自在自为的善的统一,进而成为"具体的人",也即市民。

　　人格在黑格尔的法哲学中,作为逻辑起点,具有至高无上的地位,与精神一样,是人之为人的根本条件。"人间(Menschen)最高贵的事就是成为人(Person)。"(§35)这里的人,就是具有人格的人。所谓人格,在现实世界中并没有与之相应的物质存在形式,只是黑格尔理论上的一种抽象设定。它具有三重规定。首先,人格是一种"权利能力",但这种"权利能力"只是一种"单纯可能性",既有可能存在,也有可能不存在,因此,具有人格性的人在初始状态下只是知道了自己,并没有采取外化行动,展开自身。其次,黑格尔的人格,是一种一般意义上的普遍界

---

　　①　[美]伍德:《黑格尔的伦理思想》,黄涛译,知识产权出版社2016年版,第17页。

定，而不是个体性层面的特殊规定。人的特殊性，也即个体规定的内容（现实个体的情欲、需要、冲动、偶然偏好等）还没有被包纳到抽象人格之中，并且是作为与人格和自由的规定相区别的东西而存在。作为"抽象法"下一阶段的"道德"阶段，对于主体的考察，也是如此，作为人格和主体层面的人都是抽象的形式的东西，不包含特殊性的内容，这也是"抽象法"和"道德"不同于"伦理"阶段的地方。最后，"抽象法"中，具有人格的人（Person），作为一种一般意义上的抽象的形式规定，与作为特殊性集合物的外在自然处于对立和相互关系之中。作为一种"权能"，人格要想获得定在，实现自身，必须突破其作为纯粹概念的抽象形式性，扬弃自身的单一性和纯粹直接性，将外在的自然作为对象纳入自身之中，并使之成为自己的定在，而人格获取定在的途径就是取得所有权。

取得所有权是人格权的题中之义，人格权在本质上是物权。"惟有人格才能给予对物的权利，所以人格权本质上就是物权。"（§40）与作为直接性的、一般的人格概念相对应，这里的物也是一种一般性的外在物概念，是一种"不自由的、无人格的以及无权的东西"，换句话说，是一种纯物。这种纯物，一方面，具有与人格相符合的纯粹性和无主性，可以成为人格取得占有的对象；另一方面，它必须与人格相结合，为人所有，才能避免成为康德"自在之物"意义上的一种"没有形式的东西的抽象"，从而获得规定性，成为定在。正因如此，人对一切物有据为己有的绝对权利。这种"据为己有"的结果，就是人把他的意志体现在了物中，从而使物成为我的东西。因此，人格通过占有物，可以获得定在，而物通过与人格相结合，可以获得形式规定性，从而成为一种合乎理性的存在。这样的一种人格与物相结合的过程，其实质就是作为一般意义上的人的本质的外化过程。

"抽象法"中，由于人格只是一种形式普遍性，并没有将特殊性的内容纳入自身之中，因此，人格通过所有权获得定在的过程，只是在一般性意义上来谈的，主观目的、需要、任性、才能、外部情况等个体的特殊的方面，没有被纳入讨论的范围之中。也就是说，"抽象法"只关注占有的权利本身的平等性，并不关心作为个体的人的占有的具体量的多寡。因此，"抽象法"中，人格成为一种自在的存在，但还只是作为一般意义上的普遍人格的自在的存在，停留于抽象的层面，缺少主观性环节，不具有现实性。这种缺少了主观性环节的人格，是一种康德意义上的普遍物权的人格，无法将外化于物的人的本质收归自身。而主观性环节的加入，是在"道德篇"中。

在黑格尔的观念中，"只有在作为主观意志的意志中，自由或自在地存在的意志才能成为现实的"（§106）。已经获得客观定在的抽象人格，其定在还停留于外在的物中，要想进一步获得现实性，还需要扬弃人格物化自身的直接性，并将投射到外在物中的自己的本质收归自身，从而进入主观性环节，成为主体。在"道德篇"中人由自在的人格实现向主体转化的途径，就是反思。所谓反思，就是以"抽象法"中已经获得外在定在的人格为对象，将其外在性剥离，收归自身，成为一种内在的定在，也即"概念的定在"。这一过程，不仅是意志的主观性得以建立的过程，而且也是自在的意志成为现实的过程。在这一过程中，意志进入"道德"环节，人获得了主观性的维度，被规定为主体。

主观性建立的环节，也是一种设定差别的环节。通过反思这一否定性活动，意志在扬弃外在定在的直接性并将之收归自身，成为主体的同时，作为外部定在的客观性成为与主观性的自我相对立的存在。表面看来，作为主观性的自我，起决定性作用的是我的判断、意图和目的，外界变得不再重要，但其实不然。作为意志概念和特殊意志的统一的理念的善，在道德环节，作为一种普遍物仍然是抽象的。因为"道德"环节对于主体的讨论同样是一般意义上的，个体的差异性并没有进入关注的范围之中。因此，"道德"环节中，作为主体的人依然是抽象层面的普遍的形式的人，尚不具有具体的现实性。

人要想成为具体的现实的人，就需要突破"抽象法"中的人格和"道德"中的主体所具有的形式普遍性，将"人格"设定之初就被剥离的人的特殊性内容（主观目的、需要、任性、才能、外部情况等个体的特殊的方面）重新纳入进来，实现形式与内容的结合。而实现的方式，就是以主观性为中介，借助特殊性的设立者——良心，在个体行为的作用下，实现内在的善与客观的、自在自为的外在的善的统一。这种统一，就是伦理。进一步说，人的现实性的真正实现是在"伦理"阶段。

在黑格尔的法哲学体系中，"抽象法"和"道德"是"抽象的环节"（§33），唯有"伦理"才是人的真正的现实生活领域。与之相应的人之发展图像也是如此，"人格"和"主体"都是人的属性的某一个侧面，是理性抽象设定的结果，只有"家庭成员""市民""公民"才是具体的、现实的人的真实样态。具体来讲，在"抽象法"中，人仅仅作为一种单一的意志——人格而存在，真正活生生的人的内部任性、冲动和情欲，以及直接外部定在等特殊性和具体性的内容都被排除出考虑的范围，缺少主观性的环节。而"道德"中的人，作为主体，则走向了另一个极端，意志以自身为对象，从外在的定在中完全抽撤到了内在的主观性领域，成为了一种完全囿于自身的主观性环节。因此,"法和道德本身都缺乏现实性(Wirklichkeit)"(§141)。而"伦理"是主观的善经由自我意识的行动达到现实性的自由的理念,它突破了"抽象法"和"道德"领域的抽象性,成为实体自由并作为现实性和必然性而存在的一种展现样态。在这一展现样态中,人不再简单停留于"抽象法"中一般意义上的抽象现实性,同时也不再停留于与现实基本无涉的,作为特殊性存在的道德领域的内在主观性,而是真正进入客观性的领域,实现了"抽象法"和"道德"的统一,主观与客观的统一,人以"具体的人"的样态而展现。

"伦理"阶段有家庭、市民社会和国家三个环节,在这三个环节中,人分别以"家庭成员""市民"和"公民"三种不同的"自我图像"而存在,它们都是主观见之于客观的"具体的人",都实现了主观与客观的统一,以及"抽象法"和"道德"的统一。但在现实社会中,作为"具体的人"的最典型代表是市民。一方面,"市民"不仅拥有"抽象法"的内容,占有外在物,同时,还具有与他人不同的独立人格,是带有特殊目的的人。这种人真正实现了"抽象法"与"道德"的统一,以及主观性与客观性的统一,是拥有客观性的、真正现实中具体存在的人。另一方面,不同于"家庭"和"国家",市民社会的基本原则之一就是"具体的人"。市民作为"具体的人",具有三个基本特征:第一,把自己的特殊性当作目的;第二,作为各种需要的整体;第三,作为自然必然性和任性的混合体。(§182)其中,前两个特征,以及第三个特征中的"任性",是人作为道德领域中的主体所具有的特征;第三个特征中的"自然必然性"是"抽象法"的人格所具有的形式普遍性的特征。这三个特征进一步表明,市民作为"具体的人",是一种客观的现实存在的人,是"抽象人格"和"内在主观性"相统一的人。

市民作为"具体的人"，就是"特殊的人"，反映了市民社会的特殊性原则。这种特殊性原则表现为，每个人都自私自利，完全以自身为目的，将他人看作工具和手段，彼此之间相互独立，相互斗争。如果停留于此，作为"具体的人"的市民虽然是现实中存在的人，但距离其现实的真正实现和获得还有一定的差距。具体的人要想达到他的真正的现实性，只有一条途径，那就是"成为定在（Dasein），成为特定的特殊性，从而把自己完全限制于需要的某一特殊领域"（§207）。也就是说，具体的人还需要通过自己的努力成为得到他人承认的有产者，从而使自己的人格在现实中获得定在。换句话说，个人要想达到真正的现实性，需要在自我选择和自我决定的基础上，通过自身的技能和努力，使自己被承认并保持为市民社会中某一个环节的一名成员。再进一步说，人的现实性，唯有通过个人努力，进入社会中的某一个领域，并从事一定等级的工作，得到其他社会成员的承认和肯定才能达成。这就需要进入人的发展的社会化路径之中。

二、从现实个体到自我实现的社会化路径

在本章第一部分已经点明，抽象的人格要想真正现实化，除了成为具体的人之外，还必须要克服自身的孤立性，通过劳动获得财产，并得到其他社会成员的承认。这一过程，就是法哲学中关于人的规定的另一重路径——社会化路径。市民社会中的市民是一种特殊的人，也即孤立

的个人。市民要想实现自身，必须以劳动为中介，进入社会，成为被社会中的其他成员承认的社会人。"伦理"阶段的"具体的人"已经是一种现实的人，但是"具体的人"作为特殊的人，它自身所体现的现实性还缺少普遍性的维度，因此，其所达到的现实性是一种缺乏稳定性和实体性的现实性。在黑格尔的叙述中，"具体的人"的现实性的真正实现，必须通过社会来完成——"不同他人发生关系的个人（der Einzelne）不是一个现实的人（eine wirkliche Person）"（§331）。也就是说，具体的人的普遍性维度的获取，需要在社会中来实现。这就进入了本章开篇部分我们所提出的人的社会化演绎路径，也即现实世界中的"直接的个人（unmittelbar Einzelner）"（§47），或者说"具体的人"，通过何种方式，将他者纳入视野，进而摆脱纯粹的个体性，进入到与他者并存的、具有形式普遍性的、社会性关系存在之中的过程。

真正的社会是在"伦理"篇中出现的，但是在之前的"抽象法"中，黑格尔已经对社会性问题有所触及，社会关系的萌芽已经存在。在"抽象法"中，对物取得所有权是人格真正获得实存的充分条件。单单将自己的意志体现于物内，人格还没有真正实现其定在，这体现的仅仅是一种占有，是取得所有权的前提步骤。在占有之后，还需将物所有，也即"占有表白"，不仅将物打上"我的"的标签，而且还要让他人认可这一事实。而认可本身已经明显地含有他者意志的承认意味。占有和所有具有很大的差别，这种差别是"实体方面和外表方面的差别"（§78）。占有只是意味着人格与外在的物发生了关系，是一种外部状态，不一定有意志的主观表现，只是意味着有将其收之所有的可能性，因为被占有的外在物也有可能是有主物，导致出现一种意志叠加的情况，而这种情况是不合法的。只有"不自由的、无人格的以及无权的东西"才是人格为了实现其定在而加以占有的对象，这种占有才有可能成为所有。除此以外，占有某物并使用它也并不意味着对物的所有，因为使用本身并不意味着完全的使用。真正的使用也即完全使用或利用一物，是"把物成为他的这种所有人意志才是首要的实体性的基础"（§59）之后的进一步规定。因此，对于所有权来说，仅仅停留于占有层面，还不是一种"自由的、完整的所有权"。只有被他者承认前提下的占有才有可能等同于所有。由此，我们可以得出结论，占有关涉个体，而所有权则关涉社会。因为占有通过他人的承认而成为所有，所以所有权是一种社会属性。①

通过所有权，物使得人格具有了客观实在性，同时，因为承认，所有权或者财产权成为不同个体意志之间连接的纽带和中介。承认，这一行为本身就是一种社会性行为。以承认为前提的所有权，是物权概念的根本内涵，具有强烈的排他性。这种排他性，把他者拉入了进来，体现了关系性的视角，社会的萌芽由此产生。但我们需要注意的是，"抽象法"中所有权的承认，还只是一种抽象的形式普遍性层面的承认，缺少特殊性的环节，不具有现实性。因为作为抽象的概念的存在，不同的人格是内在性的，彼此孤立的，各自封闭的，无法实现交流和互动。因此，"抽象法"中的他者视角，只是一种社会关系萌芽，还不能等同于真正的社会。因为，这种社会性维度在人格作为一种纯粹的形式的概念的时候是无法显现的。与之相类似，"抽象法"中作为人格合意的契约，也

---

① 韩立新：《〈巴黎手稿〉研究——马克思思想的转折点》，北京师范大学出版社2014年版，第109页。

并不是一种真正的社会关系。

　　财产或者说所有权是人格的外在的客观呈现形式，需要在他人的承认中才能真正实现。因此，财产成为连接我的意志和他人的意志的中介。与人格的相对封闭性不同，财产是可以转让的，其原因在于，作为一种外在的形式，凝结着我的意志的财产是可以和我的人格分离的。在财产的转让过程中，不仅不会削减我的人格，而且会让凝结在财产中的我的人格性重新复归到我自身，使我的人格在内容上得到充实，转让从而变为"真正的占有取得"。正是通过财产这一可以在不同意志间相互转让的中介，在对其占有上，不同意志之间可以达成共同意志，这种共同意志的达成就是契约。

　　契约起到了一种中介性作用，将彼此孤立的个别意志联系在了一起，使得一定区域内的、具有财产和独立人格的个体达成意志的同一。表面上看，似乎契约就已经是社会了，但事实上，这只是一种假象。在黑格尔看来，契约具有三个特点：其一，以任性为出发点。达成合意的当事人，是一种直接的个人，没有经过主观的反思环节，眼里只有抽象的自我，因此，契约的达成与否，全凭个人喜好，不具有稳定性。其二，契约所实现的是一种共同意志，不具有普遍性，换句话说，不具有外在的必然性，是一种主观任意的结果。其三，"契约的客体是个别外在物"（§75）。正因如此，契约是当事人可以肆意瓜分的"小蛋糕"，每个人都把它看成自己的私有物，它对当事人不具有任何外在的普遍性的约束力。因此，契约所达成的这种共同的意志，所具有的普遍性上只是一种被设定的普遍性，在其根本性上，契约是奠基于特殊意志的基础之上的，也即建立在单一个体意志的任性的基础之上的。所以，契约所达成的，依托于特殊性的合意，非常容易陷于"不法"，也即非常容易被破坏甚至坍塌。因此，契约虽然具有社会的样貌，但是并不具有社会的实质，只是一种虚假的社会形式。

作为意志发展的"抽象法"和"道德"环节，还停留于抽象阶段，具体的、现实的个人还没有出现，因此，根本不能产生真正的社会关系，真正的社会关系需要到二者相统一的"伦理"环节去探寻。同时，在"伦理"环节的三种形态——家庭、市民社会、国家——中，家庭"作为直接的或自然的伦理精神"，还建立在爱这种感性情感的基础之上，每个家庭成员都淹没于直接的实体性里面，也即无反思环节的共同体中；而国家，尽管是"伦理理念的现实"，同时也是个人的自我意识获得自己"实体性的自由"的环节，但是，在国家中，个人的人格已经上升为"国家人格"，国家已经成为特殊性和普遍性真正统一的，以君主为现实代表的"伦理共同体"。因此，从特殊性与普遍性相互区别、相互交融的角度来说，真正的社会既不是国家，也不是家庭，而是处于二者之间的，作为"差别的阶段"的市民社会。

市民社会作为近代意义上的哲学和社会科学概念，真正定型于黑格尔。① 黑格尔把"具体的人"和"普遍性的形式"看作市民社会的两个原则。其中，"具体的人(die konkrete Person)作为特殊的人(die besondere Person)本身就是目的"；是"各种需要的整体以及自然必然性与任性的混合体"(§182)。这两个原则也可以称之为"特殊性原则"和"普遍性

---

① 韩立新：《〈巴黎手稿〉研究——马克思思想的转折点》，北京师范大学出版社2014年版，第26页。

原则"。所谓特殊性原则，是指市民社会中的每个人都以自身为目的，他人只是实现个人目的的手段，除此，一切皆是虚无。单从这一点来看，这样的一种社会状态，用黑格尔的话来说，完全"是个人（individuell）私利的战场，是一切人（aller）反对一切人（alle）的战场"（§289）。给人一种极其阴冷、残酷的感觉。不过黑格尔在此之前已有交代，"如果不同别人发生关系，他就不能达到他的全部目的"（§182）。也就是说，他人不仅是实现个人目的的手段，而且还是相互依存的对象。这就意味着，在市民社会中，个人与个人之间是一种既相互利用、又相互依赖的关系。这样就形成了一种"需要的体系"（§188）。这也是普遍性原则的题中之义。"需要的体系"将原本孤立的个体，通过普遍性的形式关联了起来，人与人之间的关系，由彼此孤立走向了必然的统一。

在市民社会中，特殊性作为本质的层面被纳入了进来，如同自在的法变成了法律一样，个人权利的定在，通过他人这一中介，在获得承认的意义上，由原初的直接性和抽象性，达到了在实存的普遍意志和知识中的定在。市民社会中的每一个特殊的个体，都容身于需要的体系之中，借助劳动，将自己的主观利己心与其他一切人的需要的满足关联在了一起，每个人"在为自己取得、生产和享受的同时"，在客观意义上，也为其他一切人的享受创造了实现条件。（§199）

但是，市民社会作为一种社会形态，是以物为中介的外在条件主导作用的结果，人们作为具体的人，被物象所掌控，身陷于需要的体系中不能脱离。因此，市民社会又被看作"外部国家"。这样一种社会状态，特殊性居主导，人与人之间所达成的是外在的"形式普遍性中的联合"，市民社会成员还是独立的追求私利的个人。（§157）而这是黑格尔所不能容忍的。在黑格尔看来，形式普遍性必须上升到实体普遍性，换句话说，人的个体性，或者说个人的特殊利益必须和外在的社会普遍性相统一，人不仅要保有自己的主观性，同时又要把社会的普遍利益当作自己活动的最终目的，而这样的一种实体性的伦理形式就是国家。在国家中，作为公民的人与人之间，用《精神现象学》来说，是"他们为我，我为他们"①的关系。在这样的一种关系下，公民的内在普遍性和社会现实中的外在普遍性相统一，成为一种实体性的普遍性，人的现实性得以真正实现。因此，市民社会中的社会性是国家社会性的初级阶段，只有后者才是黑格尔最终所追求的真正的社会性。

如果说通过《精神现象学》，黑格尔实现了对于个人意识到达绝对知识的历程的描述，那么通过《法哲学原理》，黑格尔所要实现的，就是对于人作为一种有限与无限相统一的精神性存在物，如何从抽象的、自我规定的、个体内在的主观自由，走向现实的、他者承认的、社会关系中实现的客观自由的历程的描述。换言之，《法哲学原理》所要展示给人们的，是法这一自由理念如何从"精神的世界"下降到人世间，实现其自身概念与定在相统一，并在制度和实践的外在现象中现实化的具体过程。

---

① ［德］黑格尔：《精神现象学》上卷，贺麟、王玖兴译，商务印书馆1979年版，第266页。

三、黑格尔关于人的理解对马克思的积极影响

人的现实性和社会性建构，不仅是贯穿《法哲学原理》一书的两条逻辑线索，而且是黑格尔哲学区别于卢梭、康德、费希特等哲学家思想的重要理论领域，同时也是把握德国古典哲学演进脉络的一个重要切入点，有着非常高的学术价值。尤为重要的是，黑格尔为我们把握马克思早期思想中的"个人"概念提供了重要的切入视角。社会契约论和自然法关于自然状态的假定仍然是想象的产物，具有"抽象"的特征，只相当于法哲学"抽象法"阶段形式普遍性的规定。而康德和费希特的"自由意志""人格"的理解只相当于"道德篇"中的人的主体维度，黑格尔在《法哲学原理》中多次批评了他们，说他们所理解的人只是一种形式的、向内追寻的、空洞无物的人，缺少客观性和现实性。

黑格尔对于人的界定方式的理论价值，主要体现在三个方面：首先，在黑格尔法哲学关于人的理解方面，变化和历史性的维度体现得非常明显，人不再是静态的自然直接性的存在，而是一个自我实现的动态的生成过程。他不是像康德、费希特那样一开始就把人理解为一个很高的自由意志的存在，或者像费尔巴哈那样的先天的"类存在"，而是把人理解为一个在后天形成的，他自身行动的产物。按照黑格尔法哲学的结构，人要想成为真正的现实的人需要经过六个环节：（1）通过反思建立自我意识，确立自己的人格；（2）通过取得占有，获得对于外在物的所有权，也即财产，使自己的人格获得定在；（3）通过主观意志，扬弃人格的定在，将其凝结在外在物中的自我本质收归自身，树立主体的观念；（4）通过劳动，将自己的主体本质在现实中加以实现，获得财产，

使自己进入社会中，成为现实的个体，也即市民或具体的人；（5）财产作为具有普遍性的外在本质，将自我和他人在市民社会中紧密地连接起来，自我实现了特殊性与普遍性的统一；（6）个人成为公民，在国家中获得自我的最终实现。这六个环节前后相继，不断深化，始终贯穿着人的现实性和社会性的建构趋向。人始终在特殊性与普遍性、内在性与外在性、个体性与社会性的对立与统一中不断转换，最终实现形式与内容的完美结合。可以说，黑格尔的人是历史的产物，而且是他自身发展的产物。从马克思的早期著作来看，马克思把人理解为"社会存在""社会关系的总和"，都有从后天人的自我形成规定人这样的视角，同时，马克思对异化的扬弃理论也包含了人的自我形成、自我完善的含义，这与法哲学关于人的形成的描述有很大的相似性。

其次，黑格尔思想中，存在着"现实的个人"向"完整的个人"发展的维度。这与马克思在《德意志意识形态》中关于"现实的个人"到"完整的个人"的演进的描述是十分相似的。黑格尔视野中的个人，指的是最初从主体间承认其法律能力当中获得认同的这样一个个体。完整的个人，指的是首先从主体间对他的特殊性的承认中获得认同的这样的个体，但另一方面，主体为了获得更大的自主性，也就必须更多地认识到他们之间的相互依赖关系。通过"现实的个人"向"完整的个人"的过渡，黑格尔让名誉的斗争由单个个体直接的冲突转化为社会共同体之间的对质。①马克思对于未来社会的构想，就是要克服人的分裂，恢复人的完整性本

---

① ［德］阿克塞尔·霍耐特：《为承认而斗争》，胡继华译，曹卫东校，上海人民出版社 2005 年版，第 28 页。

身。为此，马克思和恩格斯批判并克服了以往传统哲学的弊端。首先抛弃的是德国观念论的唯心主义传统将"意识等同于人"的错误做法，同时也抛弃了理性主义将"理性等同于人"的类似做法。个人是社会中的个人，社会是个人组成的社会。在真正的社会中，个人与社会并不是一种外在的对立关系，而是你中有我，我中有你，相互交织在一起。

最后，黑格尔为马克思哲学的"现实的个人"转向提供了思想资源。"现实的个人"是马克思唯物史观的起点，以生产性活动也即实践作为根本规定性。在马克思看来，"现实的个人"，也即现实的、感性的人，不是单纯肉体的、动物性的或者只把思想活动作为活动的人，而是立足于一定经济基础的，存在于一定的社会关系之中的，历史的生成的人；其对于感性世界的把握不能诉诸单纯静止的、感性的直观，也不能诉诸纯粹的概念抽象，需要在生产实践中来实现。马克思"现实的人"的思想来源于费尔巴哈，而"生产实践"作为人的根本规定性是马克思"现实的个人"区别于费尔巴哈"现实的人"之设定的关键。同时，费尔巴哈的"现实的人"缺少时间、社会和历史的维度，只能是一种静态的、抽象的人，不具有真正的现实性。而马克思立足于实践基础上的"现实的个人"脱离了孤立的个体性，受其自身所生活的社会关系和物质条件的制约和影响，呈现为历史性和社会性的产物。这与黑格尔市民社会中的"具体的人"到"现实的人"的发展极为相似。可以说，马克思借助费尔巴哈发现了黑格尔思想的不足，同时借助黑格尔克服了费尔巴哈思想的局限。

在《第 179 号〈科伦日报〉社论》中，马克思提出，马基雅维利、康帕内拉和其后的霍布斯、斯宾诺莎、胡果·格劳秀斯，以及卢梭、费希特、黑格尔等，在对于国家的思考和观察上，已经开始"用人的眼光"，也就是说，他们对于国家的自然规律的把握不是从神学中，而是从理性和经验中实现的。① 其中，黑格尔"用人的眼光来观察国家"的最重要体现，就是对国民经济学思想的吸收，并将之积极运用于哲学建构中。尽管黑格尔对于国民经济学尚缺乏批判的视野，但是其对于市民社会的重视，为马克思走出观念论，建构历史唯物主义提供了理论准备。

黑格尔的哲学虽然从某种程度上说是对传统形而上学的变革，即他把辩证法引入形而上学，以一种辩证的方式理解主体，这在很大程度上克服了传统形而上学用超感性的、永恒的、绝对的本质解释现有感性世界时所陷入的僵化性、绝对性和不变性。但作为黑格尔哲学核心范畴的"绝对精神"，仍是一个超感性的本原性的东西。他把一切都归结为"精神"，"精神"统摄一切，现实的世界不过是它自我展现的结果，"现实的人"成为精神自我实现的工具和载体，人的能动性和主体性完全成为一种虚假的状态，沦为精神的形式必然性掌控下的一种纯粹的受动性。因此，尽管黑格尔在努力建构人的现实性和社会性，但因为方法和立足点的差异，导致他并没有破除形而上学带来的人之理解的抽象性和非现实性。从哲学史看，继亚里士多德将"存在的存在"规定为"第一哲学"的主题后，黑格尔不过是完成了一次"'形而上学'的大循环"②。因此，黑格尔哲学最终也难逃传统哲学本质主义的窠臼。

与黑格尔相比，真正把哲学从天国拉回人间，实现对传统哲学那种离开现实和时代而进行思辨和抽象的思维方式的根本转换的是马克思。

---

① 参见《马克思恩格斯全集》第 1 卷，人民出版社 1956 年版，第 128 页。
② 杨耕：《为马克思辩护》，黑龙江人民出版社 2002 年版，第 9 页。

《莱茵报》时期的工作经历，让马克思在思想上受到了现实的冲击，导致马克思开始注重分析各种现象背后的唯物主义因素，尤其是经济因素，并重新审视德国的观念论传统。其中，在对人的理解上，最具里程碑意义的转变，就是用"现实的个人"取代"精神"成为历史的起点和哲学研究的主要对象，把目光注目于"现实的个人"及其生存和成长于其中的活生生的现实的感性世界。

第一篇

抽象法

　|　# 自然与契约的彼岸

——黑格尔《抽象法》中的人格财产权 *

陈　浩

　　财产权是讨论近代社会理论与政治理论时无法回避的一大关键环节。对财产权的态度在很大程度上构成了划分不同学术流派、辨识不同思想阵营的重要依据。大体来讲，近代对于财产权至少存在两种态度，其中一种倾向于认为财产权是人之不可褫夺的自然权利，是自然人在进入社会之前就已经确立起来的权利，社会不过是确认并保护这种权利的手段，洛克和诺齐克可以视为这种立场最为典型的代表；另一种看法则否认财产权是人的先天自然权利，而倾向于将之视为后天的契约权利，断言自然人无所谓财产权，人

　　*　本章系北京市社科基金项目"黑格尔法哲学中的自由困境"（16ZXB007），国家社科基金项目"黑格尔的人格财产权理论研究"（19BZX015）的阶段性成果，曾刊发于《哲学动态》2018 年第 4 期，在收入本书时做了一定的调整和补充。

只有进入社会，与他人签订契约，才能确立所谓财产权，康德和费希特总体上倾向于这种立场。总体而言，支持自然财产权理论的思想家更关心财产权与个体自由的关系，认为只有确立起与社会无涉的绝对财产权，才能更为有效地保证个体自由；与之相对，契约财产权理论强调的重心则是社会平等，关注权利在不同个体之间的动态平衡，相信不同个体在社会范围内就财产权所达成的承认、同意和契约，是实现社会平等的必要条件。

就其实践意义而言，一种理想的财产权理论，应当既能够充分地尊重私人财产权，从而维护个体自由，又能够考虑到财产在全体社会成员之间的公平分配，以防止财产过分不均引发社会撕裂。洛克式劳动财产权，将财产视为人格的自然权利，有效排除了社会对于财产权的随意渗透与侵害，非常有利于维护个体的自由，但是洛克对主体间性维度的严格排除，导致其无法在不同个体之间实施财产的再分配，难以对社会公平的呼声做出合理的回应；与之相对，费希特式契约财产权强调不同人格之间的相互承认对于确立财产权的重要性，诚然能够有效地照顾到社会公平，但对于财产的这样一种过度调整与再分配，又使得基于私人财产权的个体自由无法得到应有的保障，从而走向了另一个极端。

为了克服上述困境，黑格尔以人格概念为核心，构筑了自身的财产权理论。以往的研究诚然注意到了黑格尔财产权理论的独特之处，但关注点更多局限于财产与自由的关联，而对于黑格尔人格财产权所具有的整合个体自由与社会平等的潜在意义，却较少关注。因此，本章以此为切入点，将主体论证划分为两大部分：（1）以黑格尔的人格财产权为基准，重构并勘定洛克式劳动财产权和费希特式契约财产权的根本问题所在；（2）阐明黑格尔基于人格所构想的财产权理论，何以既能够维护私人财产权，尊重个体自由，又能够调节财产在不同个体之间的分配，兼顾社会平等，从而在自然财产权和契约财产权之外开出第三种道路。

一、洛克与费希特——自然财产权与契约财产权

在某种程度上，由于洛克的自然财产权着重强调个体自由，费希特的契约财产权主要关注社会平等，这样两种财产权似乎恰好构成了财产权理论上不可调和的南北两极。为了更好地彰显黑格尔财产权理论对于整合这样两个极端的优势，在具体展开黑格尔的理论构建之先，这里有必要先行运用黑格尔的视角，对洛克和费希特各自的财产权理论重作一番梳理，以期明确标识出这样两种财产权各自的问题所在。

（一）洛克与劳动财产权

先来看洛克的自然财产权理论（通称劳动财产权）。大体而言，洛克的核心观念可以概述为以下三点：（1）人天然拥有自身的"人格"（person）①，以及基于自身人格的劳动能力。（2）劳动能力是财产权的源泉。只要有人愿意运用自身劳动使对象脱离其原有的自然状态，此一对象就

---

① 中译本此处将洛克原文"person"译为"人身"。参见［英］洛克：《政府论》（下篇），商务印书馆1964年版，第18页。此处关于"person"的译法，遵循的是邓晓芒先生的提议：以"人格"对应"*Person*，person"，"人格性"对应"*Persönlichkeit*，personality"。参见邓晓芒：《关于*Person*和*Persönlichkeit*的翻译问题——以康德、黑格尔和马克思为例》，《哲学动态》，2015年第10期。

可以成为这个人的财产。人"只要他使任何东西脱离自然所提供的和那个东西所处的状态，他就已经掺进他的劳动，在这上面掺加他自己所有的某些东西，因而使它成为他的财产"①。（3）财产权是一项自然权利。无需其他人的承认和同意，即无需借助契约进入社会，财产权在自然状态中即可宣告成立。虽然洛克认为自然界的一切对象最初是所有人的共有物，但洛克同时认为个体基于自身劳动即可确立对于对象的排他性私人占有，而"无需一切共有人的明白同意"②。

与洛克一样，黑格尔建构财产权理论的核心概念亦是"人格"（Person）。依据黑格尔，在"人格"与"物"（Sache）的关系中，物是"某种不自由的、无人格的以及无权的东西"（§42）③，而人格是能够进行自我决定的普遍意志，是可以在活动中充当原因而非结果、能够将自身的目的设定在物之中的要素，人格因而可以充当财产权的基础。"人格有权把他的意志体现在任何物中，因而使该物成为我的东西；人具有这种权利作为他的实体性的目的，因为物在其自身中不具有这种目的，而是从我意志中获得它的规定和灵魂的。这就是人对一切物据为己有的绝对权利"（§44）。由于洛克同样认为，确立财产权的过程，即人格将自身的

---

① ［英］洛克：《政府论》下篇，叶启芳等译，商务印书馆 1964 年版，第 18 页。

② 同上书，第 19 页。

③ 本章有关黑格尔的引文，主要引自《法哲学原理》中译本（［德］黑格尔：《法哲学原理》，范扬、张企泰译，商务印书馆 1961 年版），个别地方在译法上参照德文本（Hegel, *Grundlinien der Philosophie des Rechts*, Suhrkamp Verlag, Frankfurt am Main 1970）和英译本（Hegel, *Elements of the Philosophy of Right*, Allen Wood（ed.）, trans. H. B. Nisbet, Cambridge: Cambridge University Press, 1991）做了改动。引文标注方面根据学界通行做法，用符号"§"和阿拉伯数字表示相应的节数。

劳动能力灌注到自然物之中的过程，就此看来，我们似乎有理由认为，黑格尔与洛克均把能够将自身的内在目的注入外在对象，即人格的"自我决定"（*selbst-bestimmung*）能力，标识为确立财产权的首要根据。

不过，我们不应过分高估黑格尔与洛克之间的这种一致性。其原因在于，在黑格尔那里，真正能够充当原因，进行自我决定的是人所共具、人所共通的"普遍人格"（*allegemeine Person*）。而参照黑格尔的标准，洛克的劳动能力并不是普遍人格本身，而是普遍人格所具有的一种特殊能力，或者更确切来说，是一种因人而异、因人而殊的"特殊人格"（*besondere Person*）。在证成财产权时，洛克对于特殊人格，即劳动能力之重要性的过分强调，致使天生不具有劳动能力的智障人、后天丧失劳动能力的残疾人等无法拥有洛克意义上的人格的群体，被彻底排除在财产权之外。但是对黑格尔来讲，有无劳动能力并不构成有无人格的条件，能否具备自由的能力，即有无自我决定的能力，才是判定有无人格，即能否确立财产权的关键。换句话说，根据黑格尔的人格理论，洛克式劳动能力作为人格所驱使的一种工具，其对于确立财产权既非必要，亦非充分。说其非必要，是因为对黑格尔而言，劳动能力对于形成财产权来讲并非不可或缺的要素。比如黑格尔曾指出，奴隶虽然具有劳动能力，但奴隶在能够意识到自身的普遍人格之前，即意识到自身的自由之前，始终仍然是奴隶，奴隶因此也仅仅因此才无法建立起基于自身劳动的财产权（§57 附释）。① 说其非充分，是因为黑格尔严格区分了

---

① 对于这一点，黑格尔在《1819/20 法哲学讲演录》中的说法更为直白："谁拥有权利，谁就是人格。奴隶本身没有权利，所以不是人格。"参见 Hegel, *Vorlesungen über die Philosophie des Rechts*，*Berlin 1818/1819*，Felix Meiner Verlag，Hamburg 2000，S. 15-16.

"占有"(*Besitz*)和"所有"(*Eigentum*)，占有是物理式、临时性的财产权，所有是法权式、长期性的，即真正的财产权。"取得占有的这种现实与所有本身不同，因为所有要通过自由意志(注：即普遍人格)来完成的。"(§52附释)依据黑格尔这种区分，洛克意义上的劳动能力所能做到的，充其量只是对物的"占有"，而非对物的"所有"，只有借助普遍人格的介入，占有才能上升为所有。"把物成为他的这种所有人意志(注：普遍人格)才是首要的实体性的基础。"(§59附释)

除了误将财产权建立在特殊人格(劳动)而非普遍人格(自由)的基础之上，依据黑格尔，洛克的劳动财产权理论还有一个问题，即其仅仅处理了财产权理论的一大环节——主体与物的关系，而未能处理财产权理论的另一大环节——主体与主体的关系。需要预先指明的是，这并非出于洛克的疏忽。确切来讲，洛克是故意为之。因为在洛克看来，财产权理论完全没有必要处理不同主体间的关系。按照他的证明，无需他人的同意，单个人的劳动业已构成了对于财产权的充分证明："我将设法说明，在上帝给予人类为人类所共有的东西之中，人们如何能使其中的某些部分成为他们的财产，并且这还不必经过全体共有人的明确协议。"①但在黑格尔看来，任何一种财产权理论都必须"预想到跟别人的关系"(§51)，必须处理主体与主体之间的关系。其原因在于，通过单个人格

---

① 〔英〕洛克：《政府论》下篇，第17页。虽然公平来讲，洛克并非完全未曾留意到财产权所牵涉的主体间性关系，比如他提出"自己不囤积浪费，且能留下足够多足够好的资源给别人"这一著名原则，但应当注意的是，这只是洛克对于劳动财产权原则的一种外在补充与限定，其既不是对其劳动原则的自然延伸或应用，亦未曾动摇其以主客关系为核心的财产权理论的基本架构。

占有外在物的行为所形成的财产权，只是财产权的初级形态，为了成为真正的财产权，尚且需要将其他人格的意志纳入进来。正如黑格尔所说："财产作为意志的定在，作为他物而存在的东西，只是为了其他人格的意志而存在。这种意志对意志的关系就是自由赖以获得定在的特殊的和真正的基础。"（§71）就这一点而言，单纯的占有如果缺乏主体间性要素，就无法上升为真正的所有，上升为现实的财产权。

简言之，将财产权建立在人格的基础之上，是洛克的过人之处；但不知道人格系指普遍的人格，而误将其窄化为人格的特定要素——劳动能力，并且未能较好地处理不同人格之间的关系，是洛克财产权理论的问题所在。

（二）费希特与契约财产权

再来看费希特的财产权理论。概括地讲，在讨论财产权时，费希特至少强调了下述三个方面：（1）财产权的前提是不同人格能够自行限制各自的自由。"一切法权判断的基本原则是：每个人都要依据关于其他人的自由的概念，限制自己的自由，限制自己的自由行动的范围（使其他人作为完全自由的人也能同时存在）。"[1]（2）财产权的基础是不同人格

---

[1]　《自然法权基础》，载《费希特文集》第2卷，商务印书馆2014年版，第370页。从某种程度上来讲，费希特之所以会认为构成财产权的人格所体现的是特殊意志，与其明确区分了法权领域与道德领域，并且认为普遍意志只能出现在道德领域的看法密切相关。黑格尔虽然同样区分了法权与道德，但是与费希特不同，黑格尔并未将这两个领域完全对立起来，相反却认为法权是道德的基础，道德是对法权的进一步推进。换句话说，在黑格尔那里，单独的法权是不完备的，因为法权只是意志的直接性阶段，法权的真正实现是在道德和伦理中，是在现实化的普遍意志或普遍人格中。参见 Paul Franco, *Hegel's Philosophy of Freedom*, New Haven and London: Yale University Press, 1999, p. 194.

之间的相互承认，同意和契约，"一切财产权均以相互承认为根据"，
"一切财产权都是建立在所有的人与其他所有的人签订的契约上的，这
个契约规定：我们大家各得其所，条件是我们也承认你的财产权"①。
(3)财产权不是自然权利而是契约权利。② "原
始权利是一个单纯的假定。"③

对于"主体间性"（*Intersubjektivität*）关系
之重要性的认知与处理，是费希特财产权理论
区别于洛克理论的核心所在，就此而言，似乎
洛克财产权理论之所失正是费希特理论之所
得。费希特曾明确指出，财产权处理的中心议
题是不同主体之间的关系，因为孤立主体不存

费希特(1762—1814)

---

① 《自然法权基础》，载《费希特文集》第 2 卷，商务印书馆 2014 年版，第 370、469 页。

② 关于费希特是否把财产权视为一种自然权利，学界是有争议的。本章认为费希特那里不存在自然权利意义上的财产权，理由有以下三点：(1)费希特虽然构建了一种关于财产的原始权利，但他曾反复申说，这种权利只是一种理论假设，在现实中是不存在的；(2)费希特数次明言只有在契约中，在共同体中才存在所谓财产权；(3)即便承认存在所谓的原始权利，亦是无意义的。因为这是一种绝对权利，费希特将原始权利定义为"人格在感性世界中只作为原因(而绝不作为结果)拥有的绝对权利"(同上书，第 371 页)，这种人格"有权把全部感性世界据为己有。他的权利确实是无限的，因为应当限制他的权利的条件是不存在的"(同上书，第 381 页)，因而我们完全无法依据这种权利构想社会。换句话说，费希特之所以将原始权利构想为无限的，正是要凸显他人的限制、主体间的相互承认，以及契约和共同体等因素对于财产权之成立的重要性。相关讨论可参见 Wayne Martin, "Fichte's Transcendental Deduction of Private Property", in *Fichte's Foundations of Natural Right：A Critical Guide*, Gabriel Gottlieb（ed.）, Cambridge：Cambridge University Press, 2016, pp. 157-176. David James, *Fichte's Social and Political Philosophy*, Cambridge：Cambridge University Press，2011, pp. 21-55.

③ 《自然法权基础》，载《费希特文集》第 2 卷，商务印书馆 2014 年版，第 370 页。

在权利问题，自然人并不具备洛克式作为自然权利的财产权，"任何原始法权的状态和人的原始法权都是不存在的"①。所谓人格，本身便是指与其他人格相关联的意思，因此唯有在与其他人格的关联之中，才有讨论法权的必要，也才有可能讨论财产权。"只有当人格被设想为人格，被设想为个体，也就是被设想为与其他个体相关联的个体时，我们才能谈论权利。"②

具体而言，费希特之所以强调主体间性关系对于财产权的意义，是因为他认为权利的实现，需要不同权利主体之间相互限制各自的自由，"那些起初仅在思辨视角看来构成人格性之条件的东西，只有通过其他存在者不会伤害这种人格性，才能成为法权"③。换言之，财产权的确立，必须以此一人格尊重彼一人格对物的占有，限制自身侵夺对方占有物的欲望与行为为前提。为了实现这种基于自我限制的"相互承认"(*gegenseitige Anerkennung*)，费希特指出，不同个体之间只有通过在普遍同意的基础之上签订契约，并进入以强制法权为基础的共同体，才有可能。"人格只有在一个与其他人格组成的共同体中才具有法权。""只有当此一人格与其他人格之间存在一个共同体……我们才能谈论法权。"④

与费希特一样，黑格尔同样承认主体间性要素对于确立财产权的重要性。在黑格尔看来，相对于洛克，费希特的财产权理论代表了一个更高的理论阶段。这种理解，从黑格尔对于"抽象法"章的谋篇布局——

---

①　《自然法权基础》，载《费希特文集》第 2 卷，商务印书馆 2014 年版，第 370 页。

②　同上书，第 369 页。

③　同上书，第 369 页。

④　同上书，第 369—370 页。

"占有和所有"①—"契约"—"不法"——中可以明显看出。黑格尔区分了契约财产权与直接占有，直接占有的基础是"特殊意志"（[*besondere Wille*]，黑格尔有时也称其为"主观意志"[*subjektive Wille*]），而契约财产权的基础则是不同主体之间经由相互承认的"共同意志"（*gemeinsame Wille*）。"在契约中我们看到了两个意志的关系，它们成为共同意志"（§81A），契约"是一种中介，有了它，我不仅可以通过实物和我的主观意志占有财产，而且同样可以通过他人的意志，也就是在共同意志的范围内占有财产"（§71）。

问题在于，依据黑格尔，费希特所构建的主体间性承认是不成功的，或者至少可以说是不稳固的。因为在黑格尔那里，真正能够构建主体间性承认关系的是能够进行自我决定的普遍人格，而费希特所承认的，只是建立在契约基础之上的一种共同意志。共同意志是特殊意志之间的一种临时性共识，在本质上构成其基础的并非普遍人格而是特殊人格。"在直接的人之间的相互关系中，他们的意志一般说来虽然是自在地同一的，而且在契约中又被他们设定为共同意志，但仍然是特殊意志"（§81）②。黑格尔的这一判定是对的。费希特自己就曾认为，财产

――――――――――――

① 这里采用的是黑格尔《1817/18 法哲学讲演录》"抽象法"章的目录，相比 1821 年版《法哲学原理》的目录，本章认为 1817/18 年版的目录更能体现"抽象法"章的逻辑结构。参见 Hegel, *Vorlesungen über Naturrecht und Staatswissenschaft*, *Heidelberg 1817/18*, Felix Meiner Verlag, Hamburg 1983, Inhalt.

② 《1817/18 法哲学讲演录》中对于契约的论述更为精致："在契约中，个体的任性（*Willkür*）即特殊意志业已被扬弃为普遍意志，但是这种普遍意志只是被设定的，因为契约不过是个体双方各自任性（*Willkür*）的设定物，其中一方虽然无法实现对任性的扬弃，但（契约）双方却可以通过相互协议实现对任性的扬弃。不过，这样一种协议并没有扬弃任性的其他部分，契约因而不过是普遍的个人自然任性和偶然性的一种例外情形。"参见 Hegel, *Vorlesungen über Naturrecht und Staatswissenschaft*, *Heidelberg 1817/18*, S. 44-45.

契约中的一方在限制自身的自由时，并不是出于自身自愿的限制，而更多是出于自身任性或功利的考虑，即所谓特殊人格的考虑，比如费希特曾指出，"共同意志的客体是相互的安全……每个人都使共同的目的服从于他的个人目的"①，"每个人只是为了自己可以做或不做某事，才为了他人做或不做某事，任何人都不是真正为了他人而行动的，而是为了他们自己，即便他们为了他人而行动，也只是因为不为了他人而行动，就不能为了自己而行动"，"签订契约是为了实现契约的权利，因此仅仅出于一种自私的原因，契约是相互争执的意志的统一"②。

在黑格尔看来，这样一种特殊的人格既不具备进行自我决定的能力，亦无法真正将主体间性吸纳为自身的构成性要素。构成费希特式契约之共同意志的"特殊意志是否与自在存在的意志相符合，乃是偶然的事"（§81），并且"由于缔约者在契约中尚保持着他们的特殊意志，所以契约尚未脱离任性的阶段，而难免陷于不法"（§81A），以致侵害他人的财产权。换句话说，只有从普遍人格出发，个体才能摆脱利己性和功利性，主动将其他人格纳入考虑，才能催生出一种作为人格之构成性要素的主体间性承认，才能真正证成费希特所主张的财产权。

就此而言，黑格尔会认为，费希特依靠契约处理不同主体之间关系的财产权理论并不成功，其与洛克的自然财产权理论之间，并不存在实

---

① 《自然法权基础》，载《费希特文集》，第 2 卷，商务印书馆 2014 年版，第 409 页。

② Fichte, *Rechtslehre*, S. 28。转引自张东辉：《费希特的法权哲学》，中国社会科学出版社 2010 年版，第 171 页。

质性的差异。① 两种理论的所谓不同，仅仅在于在证成财产权时，洛克所诉诸的是单数的特殊人格，即单个人的劳动能力，而费希特所诉诸的是复数的特殊人格，亦即不同特殊人格之间的承认与契约。尽管有这种不同，但究其本质而言，两者所主张的都是一种基于特殊人格的财产权。② 这种财产权并非建立在普遍人格的基础之上，因而既不能通过自我决定（即自由）来解释人格与物的关系，亦无法将主体间性纳入自身，真正处理好不同人格之间的关系。

二、黑格尔与人格财产权

不论是洛克看重的劳动能力，还是费希特依靠的相互承认，都只是特殊人格的体现，而非普遍人格的象征，但在黑格尔看来，只有普遍人

① 由于费希特是以高扬主体间性而闻名于世的，并且许多学者认为黑格尔的承认理论即承自费希特，因而此处有必要对费希特法权理论中的主体间性理论稍作澄清。总体上而言，本章同意 Neuhouser 的判定，即在《自然法权基础》一书中，费希特虽然同样言及了主体间性承认，但是此时论述的具体视角，与《知识学》将相互承认视为自我意识得以确立之构成性条件的做法大为不同，《自然法权基础》中对相互承认的论述，更多只是在同意和契约的基础上所达成的一种范导性状态。换句话说，虽然费希特在讨论自我意识的成立条件时，曾设定了严格的主体间性解释框架，但在讨论充当法权基础的人格时，却放弃了这一解释框架，将这种构成性的主体间性因素，降格为一种契约层面的外在范导性相互承认。参见 Neuhouser, "Introduction", in *Fichte's Foundations of Natural Right*, Cambridge: Cambridge University Press, 2000, p. xxxvi. 郭大为:《费希特伦理学思想研究》, 中国社会科学出版社 2003 年版, 第 118—143 页。

② 就这一点来讲，尽管 James 不愿承认，但 Neuhouser 对费希特法权理论所作的自由主义解读并非空穴来风。参见 David James, *Fichte's Social and Political Philosophy*, 2011, pp. 21-55。

格才能理性地进行自我决定，才能将主体间性当成自身的内在构成性要素。其根本原因在于，黑格尔认为只有普遍人格才能一方面悬置一切特殊性，从而进行自我决定；另一方面内在地包含规范性诉求，能够将他者纳入自身的考量之中。

（一）人格与自我决定

依据黑格尔，人格（*Person*）系指意志的这样一种普遍性，即意志在其单一性（*Einzelheit*）中对于自身同一性的自我意识与自我相关（§35）。人格因此具有两个方面的含义，一方面是指特殊性和有限性，即特殊人格，这是因为此一阶段的人格尚未摆脱特殊性，其"在一切方面（在内部任性、冲动和情欲方面，以及在直接外部的定在方面）都完全是被规定了的和有限的"（§35），人格当此阶段尚且不能进行自我决定，因而是不自由的。另一方面则是普遍性和无限性，即普遍人格。

对于特殊人格构成规定的那些因素，同样可以进一步细分为两个层面，其中一个层面与纯粹外部的自然因素有关，比如人（*Mensch*）的高矮胖瘦、出生背景、社会环境、政治地位和宗教信仰等，都是外在给定的因素，都个是人格可以自由选择的结果，因而对于人格来讲，这些因素构成了规定和限制；另一个层面是指内部的规定，比如人的"情欲、需要、冲动、偶然偏好等等"（§37附释）。在黑格尔看来，与纯粹外部的规定相比，这些内部因素虽然存在于主体内部，但同样只是一些给定的因素，而非自由选择的产物，因而仍然表现为对人格的一种限制。比如黑格尔就认为，在自由主义传统所认可的选择自由即任性（*Willkür*）中，由于包含着"对自内或自外所给定的内容和素材的依赖"（§15），究其实质而言仍然是一种不自由。① 黑格尔进一步认为，人格在行动时如果不能同时从上述两种限制中解放出来，自主地为自身规定内容，那么人格就尚不具备自我决定的能力。针对外部规定，黑格尔指出，"人格之所以为人格，正因为他是人格的缘故，而不是因为他是犹太人、天主教徒、基督教徒、德国人、意大利人等等"（§209 附释）。而对于内部规定，黑格尔又说："那种仅仅由自己的冲动规定的自然人并不在其自身中，即使他仍然颇为固执己见，他的意志与意见的内容也毕竟不是他自己的，他的自由仅仅是一种形式上的自由。"②

更为重要的是，只有能够同时从上述两种限制中摆脱出来，能够进行自我决定，能够将自身的目的体现在对象之中的普遍人格，才有资格充当财产权的基础；而特殊人格由于受制于上述内外两层因素的限制，无法进行真正的自我决定，致使其不能将自身的自由体现在对象之中，因而也就无法依靠自身的自由确立起财产权。在这种意义上，黑格尔会认为洛克和费希特证成财产权的尝试，虽然不乏其积极的意义，比如洛克预感到了在处理财产权证明时人格与外在物之间关系的重要性，费希特洞悉了如果不能解决不同主体间的潜在冲突，财产权就无法得到真正的确立，但是由于不论是洛克还是费希特，都将特殊人格用作其财产权理论大厦的基础，比如洛克式财产权所依赖的是作为人格外部特殊规定的劳动能力，费希特式契约财产权所看重的是充当人格内部特殊规定的

---

① 关于任性何以不能成为自由的一种表征，可参见《任性为什么不是自由的体现》，《复旦学报》，2016 年第 3 期。

② ［德］黑格尔：《逻辑学：哲学全书·第一部分》，梁志学译，人民出版社 2012 年版，第 72 页。

自由选择能力（任性），这就注定了此类尝试的必然失败。

而在黑格尔看来，特殊人格或特殊性只是人格概念一个方面的含义。除特殊性外，人格还有另外一方面的含义，即人格意指普遍性和无限性，意指普遍人格。在黑格尔看来，与特殊人格不同，普遍人格是"某种无限的、普遍的、自由的东西"（§35）①，是"对自身——作为完全抽象的自我——具有自我意识"，能够"以它本身为对象"，"达到对自己的纯思维和纯认识"（§35）。换句话说，普遍人格不仅能够从一切外在给定限制中摆脱出来，实现对于自身同一性的纯思维，而且是能够依据自身的内容和目的，进行自我决定的纯粹人格。一句话，普遍人格是自由。②

具体而言，在黑格尔看来，普遍人格首先具有一种消极的能力，即能够从一切特殊性或特殊人格中抽象出来，并保持自身不受其影响。"意志的特殊性诚然是意志整个意识的一个环节，但抽象人格本身还没有把它包含在内。所以这种特殊性虽然存在着，但仍作为与人格、与自由的规定有区别的东西，即作为情欲、需要、冲动、偶然偏好等等而存

---

① "自由意志，自为的自由，即是我们所说的人格（*Person*），人格性（*Persönlichkeit*）。"参见 Hegel，*Vorlesungen über die Philosophie des Rechts*，Berlin 1818/1819，Flix Meiner Verlag，2000，S. 15.

② Michael Quante 认为，"抽象法"章中的"意志"概念存在"广义"和"狭义"两种含义。广义的意志概念贯通法哲学全书，狭义的人格概念仅限于"抽象法"章。Quante 对于"抽象法"章意志概念的这种辨析表明，传统上将"抽象法"章与"道德"章、"伦理"章截然分开加以考察的做法是有问题的。在一定程度上，伦理才是抽象法的真正完成，或者说人格只有在伦理中，才能提升为普遍人格，才能确立真正的财产权。参见 Michael Quante，*Hegel's Concept of Action*，Cambridge：Cambridge University Press，2004，p. 15.

在"(§37)①。换句话说，黑格尔认为普遍人格具有将自身与特殊性相区分，从特殊性中抽身而出，暂时悬置特殊性发生影响与限制，并且借此实现对于自身的纯反思与纯认识的能力。正如黑格尔所言，普遍人格能够"摆脱一切东西，放弃一切目的，从一切东西中抽象出来"(§4A)。"作为这样一个人格，我知道自己在我自身中是自由的，而且能从一切中抽象出来的，因为在我的面前除了纯人格性以外什么都不存在"②(§35A)。"个人和民族如果没有达到这种对自己的纯思维和纯认识，就尚未具有人格"(§35附释)。

除了能够从一切特殊性或特殊人格中摆脱出来，维持一种抽象的自我反思状态，普遍人格还另有一个积极的功能，即它是一种自由的，能够重新进行自我决定的，"以其本身努力在自身中设定一切内容"(§4附释)的人格。而正是这种自我决定能力构成了黑格尔论证财产权的核心。因为在黑格尔看来，所谓财产权，即人格的定在，即人格在外在物

---

① 鉴于黑格尔将特殊性视为人格实现自身的一个必要环节，"意志的特殊性……是意志整个意识的一个环节"(PR§37)，所以在处理人格与特殊性，或者说普遍人格与特殊人格的关系时，本章主要使用"悬置"和"抽象"，而非诸如"取消"这样的说法。因为说意志的特殊性会对普遍人格的自我决定与主体间性造成影响，并不是说普遍人格就应当完全消除特殊性，确切的说法是，普遍人格既无能力亦无必要消除意志的特殊性，而只是对意志的特殊性进行悬置，使其不发生负面影响。当然，与"抽象法"章不同，在"道德"章和"伦理"章中，黑格尔会进一步要求对特殊性进行彰显和陶冶。

② "我是一个在所有方面都被规定了的特殊存在，有限存在……但是在这种有限性中我仍然是我(bin ich Ich)……我能够摆脱所有这些作用于我之上，不同于我的因素。"参见 Hegel, *Vorlesungen über Naturrecht und Staatswissenschaft*, Heidelberg 1817/18, S. 15-16。"人所具有的所有特殊性，不论具体是什么，其相对于前者(普遍性)来讲，都是第二位的。"参见 Hegel, *Vorlesungen über die Philosophie des Rechts*, Berlin 1818/1819, S. 16。

中以对象性的方式存在。人格要想实现这样一种定在，关键在于具备自我决定能力，即自由能力。只有能够自我决定，在与外在物的关系中能够作为原因而非结果出现的人格，才能形成对于外在物的排他性占有权。具体而言，普遍人格之所以能够占有物，就人格与物对比来讲，物是一种"欠缺主观性"的，"不自由的、无人格的以及无权的"，亦即不能进行自我决定的"外在的东西"；与之相对，普遍人格是具有主观性的、自由的、能够将自身的目的注入物中的权利载体。"人格有权把他的意志体现在任何物中，因而使该物成为我的东西；人具有这种权利作为他的实体性的目的，因为物在其自身中不具有这种目的，而是从我的意志中获得它的规定和灵魂的。这就是人对一切物据为己有的绝对权利"（§44）①。

（二）人格与主体间性

前文已述，一个成功的财产权理论，必须能够同时处理好两个方面的关系，其一是主体与外物的关系，其二是不同主体之间的关系。在黑格尔那里，相比特殊人格，普遍人格对于黑格尔确立财产权而言，之所以至关重要，是因为其不仅能够运用自我决定能力确立起人格对外在物的占有关系，而且能够通过自身内在的主体间性要素，解决好不同主体之间的关系。简言之，就其积极功用而言，普遍人格除了能够进行自我决定，同时还内在地包含有主体间性，或者说将主体间性作为自身内在

---

① 黑格尔对人格与物关系的理解，可能曾受到康德的影响。因为康德曾指出，人格"的存在本身就是目的"，本身就拥有绝对的价值；与人格相比，物是手段，只有相对的价值。参见 GMM，Ak 4，p. 428。

性、构成性要素。① 考虑到黑格尔在"抽象法"中的相关论述，我们似乎有理由将普遍人格的主体间性特征归纳为下述两点：

其一，对于黑格尔而言，普遍人格所包含的主体间性要素，表现出一种"规范性"的诉求。费希特在构建其财产权理论时，明确看到了处理主体间性关系的重要性，为此他指出只有基于不同人格之间的相互承认，财产权才能得到真正的确立。这一点无疑是正确的。问题在于，费希特同时指出，如果不同的人格之间不签订财产契约，不进入以强制法权为基础的国家或共同体，这种相互承认便如沙上之塔，脆弱而不可靠。因为费希特认为国家或共同体之外的相互承认，所能够依靠的只是不同人格之间自觉的相互信任与相互忠诚，但费希特断言这样的情感是不可靠的，正如善良意志之不可靠一样。因而从根本上讲，至少就其法权学说来看，费希特所构建的主体间性要素，即不同人格对于相互财产权的相互承认，是一种缺乏"规范性"的主体间性。与之相对，对于黑格尔而言，普遍人格所内含的主体间性要素，却内在包含了一种"规范性"的诉求："人格性一般包含着权利能力……权利的命令是：成为一个人格，并尊敬他者为人格。"（§36）不同的人格"知道他们直接是同一的，

---

① 为什么只有普遍人格才能将主体间性作为自身的要素？因为在黑格尔看来，阻碍主体间性的最大障碍在于主体的特殊性因素，特殊人格的特征在于其是不可通约的，是因人而异、因人而殊的。对于不同的人格而言，不论在度的方面还是量的方面，特殊人格都会呈现出相当大的差异。而普遍人格恰恰摆脱了这些特殊性因素，普遍人格的特征在于可通约性，它是人所共具、人所共通的一种状态或能力，由于存在这种共通性，并且充当这种普遍人格之基础的要素是一般的思维，普遍人格因而可以内在地包含主体间性要素。

并承认彼此为人格"①。黑格尔这里所说的显然是普遍人格，并且黑格尔认为，当个体意识到自身的普遍人格，即自身的自我决定能力时，个体同时意识到了普遍人格所包含的规范性要求，即其要求个体在承认自身是普遍人格的同时，承认他者亦是与自身同样的普遍人格。这一点对于黑格尔财产权理论的意义在于，个体由于具有普遍人格，因而有其占有财产的权利，但个体必须同时承认并尊重其他人格占有财产的权利。就这一点而言，财产权虽然要以相互承认为基础，但是相互承认的引入，并不意味着必须引入费希特意义上的借由外在国家保证的财产契约。

其二，黑格尔所构想的这种具备"规范性"诉求的主体间性要素，是一种内在于普遍人格的要素，是普遍人格的内在构成性要素，仍然以费希特的主体间性作为参照。前文已述，费希特认为不同人格之间对于财产权的相互承认与尊重，如果要发挥效力，只能依靠外在的财产契约与强制法权。不同的人格之间之所以能够相互承认，并不是出于对内在禀赋的主体间性法则的意识和尊重，而只是出于任性，出于自身利益最大化的工具性考虑，比如费希特曾指出："每个人只是为了自己可以做或不做某事，才为了他人做或不做某事，任何人都不是真正为了他人而行动的，而是为了他们自己，即便他们为了他人而行动，也只是因为不为了他人而行动，就不能为了自己而行动。"②套用费希特的另一种说法，

---

① Hegel，*Vorlesungen über Naturrecht und Staatswissenschaft*，Heidelberg 1817/18，S. 58.

② Fichte，*Rechtslehre*，S. 28。转引自张东辉：《费希特的法权哲学》，中国社会科学出版社 2010 年版，第 171 页。

强力法则的威慑作用，能够逼使人格意识到他这样自由地行动只会带来自由的反面，从而有效地克制自身侵害他人财产权的欲望。虽然黑格尔时有将人格权理解为"禁令"的倾向，比如他曾指出，人格权是指"不得侵害人格或从人格中所产生的东西"（§38）。但是充当这种禁令之基础的，却并不是一种外在的强制，而是一种内在的对于权利的尊重。换句话说，与费希特不同，黑格尔认为对于普遍人格而言，主体间性要素不是外在的契约或强制，而是人格内在的构成性要素。依据这种内在的主体间性要素，个体运用自我决定去占有对象的活动，并不是孤立人的一种任性而为，而是始终处于与他者的一种假想关系之中，充分考虑到了他人的需要，以及自身的行为对于他者所可能带来的影响。这并不是单纯出于契约式的、以个人利益最大化为目标的功利性考虑，而是一种基于尊重他者人格的理性考虑。换句话说，他者的维度对于黑格尔的人格概念而言，不是一种事后基于同意和契约的追加，而是事前就内在地包含在概念之中的。也只有根据这种理解，黑格尔才能说成为人格是一种义务："我对于一事物的权利不仅是占有，而且是作为人格的占有，这就是所有，即合法的占有，而占有事物作为所有物，也就是要作为人格，则是义务。"①其原因在于，并不是随便哪一种人格都能够充当占有财产的基础，唯有普遍的、能够进行自我决定的、内在地包含主体间性要素的人格才能做到这一点。

----

① 当然，与康德不同，黑格尔并不认为普遍人格是人的一种直接的自然属性，在他看来，这是一种需要后天陶冶教化的社会属性，或者说自然人所具有的只是潜在的普遍人格，这种人格尚且有其漫长艰辛的发展实现过程。"自我被理解为普遍的人格，即跟一切人格同一的，这是属于陶冶的问题。"（§209附释）

可以说，正是得益于将自我决定和主体间性这样两个方面同时设定为"普遍人格"的内涵，一方面动用"自我决定"去证成尊重私有财产，维护个体自由的合理性；另一方面借用"主体间性"去导出调节财产分配，照顾社会平等的正义性，黑格尔的人格财产权理论才成功走出了洛克和费希特式财产权理论所面临的困局。

三、自然与契约的彼岸

自由与平等之间的平衡与张力，堪称近代西方社会与政治理论进化的第一催化剂。劳动财产权和契约财产权之间的拉锯战，恰好位于这张进化图式的中心位置，可以具体而微地反映两方势力的此消彼长。劳动财产权对于自然权利的伸张，对于随意再分配的严厉抵制，诚然有助于维护近代社会的精神明灯——个体自由，构筑出西方社会迥异于古典古代的近代式心灵地图。但是面对财产严重分化所带来的诸多问题与各色困境，劳动财产权似乎逐渐背离了自身维护个体自由的理论初衷，而沦为一种维护现状的保守之音。当此之时，依据契约财产权施行再分配的呼声便会日益高涨，甚至于会发出要求彻底变革、再造社会的激越之声。

劳动所有权虽然有其问题，但其伸张个体自由的基本原则并未过时，如果能够从劳动本身引申出合理再分配的环节，劳动财产权并不一定会陷于保守。同样，契约财产权虽然有其激越之处，但其倡导社会平等的呼声并不激越，问题仅在于其所主张的外在强制性再分配，时有突破个体自由的边界之虞，但倘若能够将个体自由整合进契约财产权，契约财产权就能有其张弛有度、进退有节的表现。正是基于这种考虑，黑格尔的人格财产权，不仅将自我决定能力视为人格的核心特征，而且把主体间性维度吸纳为人格的内在构成性环节，俾使劳动财产权所注重的个体自由能够成为人格的第一旨趣，契约财产权所关心的合理再分配亦可以从人格之中引申出来，避开了单纯的保守与激越所可能带来的恶性轮回。就这一点而言，黑格尔的人格财产权，仍然有其关注的价值。

第四章　｜　转让为什么是所有权的最终规定
——黑格尔《法哲学原理》中对占有和所有的区分*

王淑娟

　　近代以来，所有权问题通常被视为关涉现代市民社会的基本原则与运行机制的核心问题。从凝聚了法国大革命成果的《法国民法典》到近年来我国所进行的关于《物权法》及至《民法典》的立法进程，所有权始终是广受关注的核心问题之一，关系到如何确立现代社会经济生活的基本秩序。在近代以来的思想史上，属于不同国家、不同时期、不同流派的思想家，尽管在如何理解市民社会的思路上存在差异，但是常常绕不开所有权和围绕所有权展开的法（或者说权利）的问题，或者直接把这一问题作为自己整个理论体系的出发点。在黑格尔的法哲学体系里，他将所有权作为人

　　*　本章系国家社科基金青年项目"马克思与施泰因社会哲学比较研究"（项目编号17CZX013）的阶段性成果。

的自由最初定在(§45附释)①，在《法哲学原理》第一篇抽象法第一章中，就详细讨论了所有权问题。其中，黑格尔区分了占有和所有权这两个概念，并将转让这个环节看作所有权概念中必不可少的最后的规定。这与康德在《法的形而上学原理》中将权利三分为物权、对人权与有物权性质的对人权的体系截然不同。而且在康德看来，以理性的实践法则为根据的占有才是构成权利的本质环节。② 黑格尔为什么区分占有和所有，并将转让环节而不是占有环节视为"真正的占有取得"(§65附释)？这种以转让为最后规定的所有权概念结构，对于理解人的自由及其最初定在具有什么样的意义？本章将以黑格尔《法哲学原理》所有权章(§41—71)为主要的文本依据，以当时仍在德意志各邦国作为普通法实行的罗马法概念为基础，对黑格尔的所有权概念，特别是转让这个环节进行解析，来说明黑格尔对于人的自由的独特理解及其对近代社会本质特征的深切洞察。

本章第一部分将回顾以往黑格尔研究者对这一问题的看法，提出值得进一步讨论的线索。第二部分主要分析黑格尔对罗马法所有权规定以及康德将权利分为物权、对人权与有物权性质的对人权的批判。第三部分将考察黑格尔是如何建构自己独特的关于所有权和转让的概念。第四

---

① 本章有关黑格尔的引文，主要引自《法哲学原理》中译本([德]黑格尔：《法哲学原理》，范扬、张企泰译，商务印书馆1961年版)，个别地方在译法上参照德文本(G. W. F. Hegel, *Grundlinien der Philosophie des Rechts, oder Naturrecht und Staatrissen schaft in Grundrisse*, in: *Georg Wilhelm Friedrich Heget Werke 7*, Suhrkamp verlag, Frankfurt am Main 1970) 做了改动，对正文的引文采取了直接标出节序号的形式。

② [德]康德：《法的形而上学原理》，沈叔平译，林荣远校，商务印书馆1999年版，第59—63页。

部分则是说明，黑格尔的所有权概念不以个人在共同体中的身份或个人之间的相互承认为前提，个人正是在获得所有权的过程中确立了自己与其他个体之间的关系，实现了个人自由的最初定在。

一、黑格尔为何要区分占有和所有权

黑格尔讲到所有权的三个环节，"所有权（Eigentum）在意志对物（Sache）的关系上具有它更进一步的规定。这种关系是（甲）直接占有（unmittelbar Besitznahme），这里意志是在作为肯定的东西的物内有其定在；（乙）使用（Gebrauch），即物比之于意志是一种否定的东西，这里意志在作为应被否定的东西的物内有其定在；（丙）转让（Veräußerung），即意志由物回到在自身中的反思"（§53）。也就是说，首先，黑格尔区分了占有（Besitz）和所有权（Eigentum）这两个概念，占有是所有权概念中的一个构成环节或者说一个规定性；其次，转让环节能够实现占有和使用这两个环节的统一，构成了黑格尔所有权概念中的最后一个环节，转让环节的实现，意味着所有权的确立。

这里首先涉及如何理解"转让"一词的问题。黑格尔在《法哲学原理》第 65—70 节集中阐述了所有权转让（Entäußerung des Eigentums）的有关问题。这几节中出现了几个相近或相关的德文词汇 Äußerung，Entäußerung，Veräußerung。德文的 Entäußerung 来自拉丁语 alien-atio，意指成为他者。《法哲学原理》的英译本译为 alienation，商务版的中译本则译为"转让"。笔者认为，这里将 Entäußerung 一词译为"转让"，主要是在经济生活和法律用语的意义上着眼的，并非不妥；但是，在黑格尔的哲学语境中，这个概念更重要的含义在于外化、异化。

对于黑格尔法哲学体系中的所有权和转让问题，以往的学者们从不同的角度进行了一些讨论。阿维纳瑞分析了黑格尔在不同的文本中对所有权概念的讨论。他以《实在哲学Ⅰ》和《实在哲学Ⅱ》为文本基础，提出了三个结论。第一，黑格尔将所有权和转让这两个问题分开进行了讨论。阿维纳瑞强调，对于黑格尔来说"占有关涉个体，所有权则关涉社会：因为占有通过他人的承认而成为所有权，所以所有权是一种社会属性"①。"所有权总是以社会共识、意识为前提，而不是以单纯的占有事实为前提。"②"所有权构成了人为承认而斗争的一个环节。"③ 在阿维纳瑞看来，这里黑格尔区分了占有和所有权的概念，并将他人的承认看作个人获得所有权的前提。第二，阿维纳瑞认为，黑格尔对于所有权概念并不满意，因为"在占有中，甚至当占有变成所有权之后，仍然存在一种偶然因素，因为所有权的对象以完全任意的方式关系到这个人或那个人"④。正是由于这种不满意，黑格尔将劳动概念引入他的体系当中，并且只有通过劳动才能扬弃上述偶然性。在阿维纳瑞看来，黑格尔发现了劳动在历史上的双重意义。一方面，"劳动是人的能力与潜能的外化

---

① S. Avineri, *Hegel's Theory of the Modern State*, Cambridge University Press, 1972, p. 88；中译本[以色列]阿维纳瑞：《黑格尔的现代国家理论》，朱学平、王兴赛译，知识产权出版社 2016 年版，第 109 页。译文有改动。

② 同上书，第 109 页。译文有改动。

③ 同上书，第 110 页。译文有改动。

④ 同上书，第 110 页。译文有改动。

与对象化";另一方面,"劳动也创造了阻碍使人自己融入其世界的条件"①。阿维纳瑞认为,对于黑格尔来说,表现为劳动的异化是人类社会结构根本的和内在的因素,异化的不断加剧正是现代社会的特征之一。第三,阿维纳瑞强调,黑格尔对于现代社会中劳动的认识"不是通过对当时德国社会或经济状况的经验研究而获得的……黑格尔这里的观点毋宁是对于提高到哲学范式层面的现代政治经济学所展现的社会模型的一个提炼"②。也就是说,黑格尔对于劳动异化的认识,是以亚当·斯密所代表的政治经济学所描绘的社会模型为蓝本的。在阿维纳瑞看来,在法哲学中,黑格尔继续保持着他在《实在哲学Ⅰ》和《实在哲学Ⅱ》中形成的对于所有权、劳动和异化的认识,没有实质性的变化。③

伍德没有特别区分黑格尔《法哲学原理》中占有和所有权的概念,在讨论针对人格自身的权利时涉及了转让这一环节。伍德把洛克的所有权概念作为一个参照系,来解读黑格尔的所有权概念,并且认为黑格尔的所有权概念存在着混淆和矛盾。④具体来看,伍德认为,第一,黑格尔以意志为基础来定义所有权,比洛克以劳动为基础来定义所有权更为抽象。占有是使某物成为我们所有物的意志活动,是将个体的意志置于物中。在所有权建立之后,赋予个体针对物的三种权利,包括使用物的权利、转让物的权利、使物成为契约标的的权利。也就是说,占有是所有

---

① ［美］伍德:《黑格尔的伦理思想》,黄涛译,知识产权出版社 2016 年版,第 111 页。译文有改动。

② 同上书,第 111 页。

③ 同上书,第 170 页。

④ 同上书,第 154—176 页。

权的唯一环节或者说唯一规定，而使用、转让、契约是以所有权为基础而展开的更进一步的权利。① 第二，虽然黑格尔将所有权定义为对"物"的权利，并在批判罗马法时强调"物"的范畴不应包括人格自身，但除此之外，他对于什么可以在总体上被视为"物"并成为所有权的对象，并没有做明确的限制。伍德认为，黑格尔与洛克接近，把生命、自由和财产视为个体所有权的三种不同形式。② 在伍德看来，对"物"的上述界定导致黑格尔的所有权概念在涉及针对人格自身的权利时，出现混淆和矛盾。个体对于自身身体、对于内在生活和良心的权利以及作为自由人的社会身份的权利都属于针对人格自身的权利。伍德认为，黑格尔一方面将这种权利纳入所有权中，以便确保其不受侵犯；另一方面，又借助罗马法中的"非常损失原则"（Laesio enormis）——即倘若交易价值显失公平，以致其中一方会因交易而遭受过度损失，则契约无效——强调这种针对人格自身的权利与其他的所有权不同，是不可转让、不可失效的，将针对人格自身的权利视为所有权的一个特例。在伍德看来，黑格尔的上述论证不具有说服力，似乎混淆了在逻辑上或根据自然不能被侵犯的东西与根据法权不得被侵犯的东西。也就是说，针对人格自身的权利虽然在法权上不得被转让，但是在逻辑上或者根据自然是能够转让的，奴隶制就是这种转让的现实例证。伍德批评黑格尔仅在法权上论证了针对

---

① Allen W. Wood，*Hegel's Ethical Thought*，Cambridge University Press，1990，pp. 94-107. 中译本［美］伍德：《黑格尔的伦理思想》，黄涛译，知识产权出版社 2016 年版，第 157 页。

② 同上书，第 159 页。

人格自身的权利不能转让，并没有为现实中这种权利的转让设定任何限制。①

　　上述关于法哲学中黑格尔的占有、所有权和转让概念至少留下了两个值得进一步讨论的问题。其一，以往的学者是在《实在哲学》的文本和语境中讨论转让（异化）的概念，将劳动的过程视为异化。在法哲学所有权章的语境中，转让常常被看作仅仅是一个法学术语。如果注意到其背后的哲学含义，也许就可以解开伍德所提出的黑格尔所有权概念中存在的矛盾。这是本章希望完成的一项工作。另一方面，以往的学者强调黑格尔的所有权和转让（异化）概念来源于他对现代政治经济学的研究。但是本章试图说明黑格尔在讨论《法哲学原理》抽象法章所有权问题时所涉及的语境是当时仍然在德意志各邦国作为普通法指导法律实务的罗马法。罗马法本身的历史演变和概念结构，也提供了理解异化与所有权、异化与人的自由的最初定在之间关系的语境和路径，反映了现代市民社会的诞生历程。笔者认为，黑格尔的所有权概念，可能不仅仅来源于对政治经济学的吸纳，也可能受到了罗马法及其历史演变的启发。

二、黑格尔对罗马法所有权制度的批判

　　罗马法的历史发展体现了历史上欧洲法律秩序的形成过程，也从一个侧面反映了罗马经济社会生活的变迁。在黑格尔看来，包括罗马和罗

---

　　①　[美]伍德：《黑格尔的伦理思想》，黄涛译，知识产权出版社 2016 年版，第 164 页。

马法在内的世界历史演进的过程，就是人的自我意识不断觉醒，逐渐与普遍性达成自在自为的统一的过程，亦即绝对精神展开的过程与人的真正自由臻于完成的过程。对于德国而言，罗马法更是具有特殊的意义。14世纪以来，在尚未形成统一国家的德意志诸邦国，罗马法作为"普通法"适用，这种状况一直延续到1900年。而且有些德国法学者认为1900年颁布《德国民法典》中的许多规定只是以现在的语言重述的罗马法。也就是说，19世纪初当黑格尔在柏林

《罗马民法大全》

大学的讲堂上讲授《法哲学原理》的时候，罗马法并不是一种历史性的法律遗迹，并不是大学课堂上的纯学问，而是与当时德意志的经济社会生活紧密地联系在一起的、不断变化的基本权利规范。

　　黑格尔是借用罗马法的概念和术语，并通过批判罗马法对于权利的规定，来建构自己的法权理论的。法学界的研究者对于罗马法中的所有权及其背后的罗马政治、社会、经济生活演变的研究，为我们理解黑格尔对罗马法所有权规定的批判，提供了历史性的根据。① 这一部分将结

---

① 汪洋：《罗马法上的土地制度：对罗马法立法及土地归属与利用的历史考察》，中国法制出版社2012年版；[英]乔洛维茨、尼古拉斯：《罗马法研究历史导论》，薛军译，商务印书馆2013年版；[意]彭梵得：《罗马法教科书》，黄风译，中国政法大学出版社2005年版；[德]孟文理：《罗马法史》，迟颖、周梅译，商务印书馆2016年版。

合这一类法学和历史学的研究成果，来具体分析黑格尔在《法哲学原理》
一书中对罗马法的所有权概念所作的批判。

1. 罗马法中的占有、所有权与转让

罗马法中，占有、所有权和转让的概念都属于物权的范围，讨论的是
主体对于物的权利。所有权（proprietas）可以定义为对物最一般的实际主宰
或潜在（in potenza）主宰。所有权的主体所享有的权利是不可能以列举的方
式加以确定的。一切其他物权均从属于所有权，并且可以说它们体现了所
有权。而占有（possessio）则是指对在法律上并不对其拥有所有权的物品行
使权利的问题，即法律将其归纳为一定程度的物权并加以保障的、行使权
利的事实状态。下面我们逐一对权利所指向的对象（即物）、权利主体、权
利主体对物形成权利的方式三个方面对占有和所有权的关系进行分析。

在罗马法中，所谓物，可以分为两类，一类是要式物（res manci-
pi），另一类是略式物（res nec mancipi）。这种划分构成了罗马私法的基
础。所谓要式物，是指属于罗马市民所有的、位于意大利的土地、房
屋、领地、奴隶、马、牛、骡子和驴，即所有用来牵引和负重的牲畜，
除这些有形物之外，还有乡村地役权。① 除此而外的一切其他物均为略
式物。这种区分一直持续到优士丁尼时期（6 世纪）才逐渐消失。我们可
以看到，就权利的对象来说，最重要的物就是土地。

---

① 所谓乡村地役权是指通行役权（iura itinerum）和用水役权（iura aquarum）。通行
役权包括三种，个人通行权（iter）是指在未遇到任何反对的情况下个人徒步、乘车或乘轿
通过他人土地的权利；负重通行权（actus）是指驾驭驮畜或车辆通过他人土地的权利；道
路通行权（via）是最广泛的权利，不但允许通行，而且允许通过固定的成形小路经他人土
地运输石头、建筑材料等物。用水役权是指从他人土地上取水或者经他人土地引水的权
利。参见《罗马法教科书》，第 192—193 页。

就权利的主体来看，罗马法中能够享有不受任何定语限制的所有权的主体，仅限于罗马市民；而且不是市民个体，而是由家父代表家庭共同所有。这种所有权具有几个方面的特点：第一，这种所有权的取得，实际上是以在罗马共同体中的身份为依据的，或者至少是与这种身份密切联系在一起的。如果缺乏在共同体中的特定身份，是不可能获得所有权的。就是说罗马治下的平民和奴隶都不能获得所有权，家庭中的女性成员和除家父本人之外的男性成员也都不能获得所有权。第二，这种所有权的转让需要经过以家父为代表的家庭共同体的许可，而且需要经过极其严格的法定程序，也就是说实际上所有权是很难进行转让的。

这种非常狭窄和固化的所有权与罗马帝国的扩张严重不匹配。随着罗马从城邦转变为一个横跨欧亚非的庞大帝国，治下的土地和人口不断增长，权利所能指涉的物远远不再局限于罗马原有的疆域，土地等生产生活资料的实际占有和使用者也绝不可能局限于罗马市民。从权利的主体来看，一是经济生活的基本单位，从罗马城邦时期的氏族（gens）和共同法家庭（familia communi iure），逐步解体为自有法家庭（familia proprio iure）①；

———————

① 罗马社会早期主要有三种社会组织体，从大到小依次为氏族（gens）、"共同法家庭"（familia communi iure）以及"自有法家庭"（familia proprio iure）。关于这三种社会组织体的实际情况和历史变化，罗马史和罗马法的学者们做了很多讨论，也存在诸多争议。大体上看，氏族的存在早于城邦，氏族成员之间大体上具有共同血统，或具有亲戚关系。若干氏族的联合构成了最早的罗马城邦。氏族更多地体现为一种主权特性，氏族的土地意味着神圣的边界，排斥任何限制与外来的影响。共同法家族与氏族之间可能只有逻辑上的区分，而不是历史性的区分。共同法家庭是指家父死后原从属于该家父权力下的自由人仍然维持在一起的一种集合体，在家父死后成为一个集中的经济性质的组织，并带有鲜明的政治性特征。自有法家庭，即小家庭则是围绕在一个家父权力下面的自由人组成的共同体，是随后氏族瓦解过程的终端组织，它不具有政治性。参见《罗马法中的土地制度》，第16—20页。

二是非罗马市民，即非家父本人的家庭成员、平民、奴隶、行省人或者
说异邦人，都在罗马帝国的治下进行经济生产和生活。这样就构成了一
个严重的矛盾：一方面，占社会成员大多数、数量不断增长的非罗马市
民，由于缺乏在共同体中的政治身份，都没有资格获得彻底的所有权；
另一方面，现实生活需要对包括土地在内的生产生活资料在这些不同身
份的主体之间进行频繁和广泛的占有、使用、转让。于是罗马法演化出
一系列的概念来解决上述矛盾：其一，产生了异常复杂的转让方式，而
转让所指向的也不是所有权，而是实际占有或使用的权利；其二，产生
了异常复杂的所有权和占有二元体系。

　　就转让的方式来看，罗马市民之间主要采用要式买卖/曼兮帕蓄仪
式（mancipatio）①和拟诉弃权（in iure cessio）②这两种方式。优士丁尼以
前的法，要求转让要式物必须采用这两种方式。实际上，这两种方式都
起源于远古的所有权诉讼。在两个程序中，一方通过声称自己为某物的
所有权人来主张该物的返还；如果另一方对其主张提出异议，则启动争
讼程序；而如果另一方未就对方的主张提出异议，则问题得到解决，主
张自己为所有权人的所有权得到确认。在古代罗马时期，作为农业经济
基础的重要财产的要式物根本不能出卖，或仅在征得家族长老同意后才

---

　　① 要式买卖或者音译为曼兮帕蓄（mancipatio）仪式，是一种象征性售卖，当着5名
作为见证人的罗马成年市民的面进行，另由一位市民担任司秤，手持一把铜秤。购买者
递上一块铜，庄严宣布：物是他的，他已经用那块铜和那把秤将其买下；随后司秤以铜
击秤，并将铜块递让与人，好像是交付价金。参见《罗马法教科书》，第162页。
　　② 拟诉弃权（in iure cessio），是在执法官前进行的转让，它采取要求返还之诉的
形式，转让者（即虚拟的请求人）在诉讼中不提出异议，因而虚拟的诉讼在"法律审"中完
结。参见《罗马法教科书》，第162页。

能出卖。罗马法的研究者如萨文理等①推测，上述虚拟诉讼的仪式实际上是为了使本来无法完成的交易成为可能。所以只能采用虚拟诉讼的程序来规避所有权的转让。略式物可以通过简单交付（traditio）直接进行转让。不过如前文所述，略式物所能够涵盖的物的范围是非常有限的，特别是在以农业经济为主的时期。行省的土地虽然属于略式物，但是由皇帝代表罗马国家或由元老院代表罗马人民握有所有权，所以也无法进行转让。

就所有和占有体系而言，所有权的主体仍然限于罗马市民中的家父。在无法获得所有权的情况下，其他主体通过令状占有②、用益权③、永佃权④等方式进行变通，实现对包括土地在内的要式物进行实际占有和有效利用。例如，家子不能独立所有家庭的土地，但是可以通过用益权，在土地上进行耕种，享有获取其孳息的权利；行省土地、市政当局和僧侣团体所有的土地，同样不能转让，但是可以通过永佃权进行实际的占有和使用。

简单地说，转让作为所有权的一个环节只能在罗马市民之间进行。

---

① 参见《罗马法史》，第 15 页。

② 令状占有，包括维持占有令状（interdicta retinendae possessionis）和恢复占有令状（interdicta recuperandac possessionis），前一种令状是当发生对占有人的侵扰或担心发生这种侵扰时所给予的保护，第二种令状是当发生特定程度的剥夺时所给予的保护。两种令状都是通过诉讼，请求令状，来保护占有。参见《罗马法教科书》，第 211—212 页。

③ 用益权（fructuarius）是指在不毁坏物的实体的情况下使用他人物品并收获其孳息的权利。参见《罗马法教科书》，第 195—196 页。

④ 永佃权（emphyteusis）是指一种可以转让的并可转移给继承人的物权，它使人可以充分享用土地同时负担不毁坏土地并交纳年租金的义务。参见《罗马法教科书》，第 203—204 页。

罗马市民可以转让物，就意味着他们享有完整的所有权。市民之外的其他人可以占有或使用物，但是他们几乎不可能转让物，特别是转让土地。

2. 黑格尔对罗马法所有权概念的批判

罗马法中，可以作为权利支配的对象的不仅仅是物，还有各种各样的占有和使用物的权能，甚至人本身。而在黑格尔看来，后两者都不能构成所有权的对象，因为这与所有权的概念本身是相悖的。在《法哲学原理》所有权章中，黑格尔特别批判了几种占有和所有形态。

第一，黑格尔批判了罗马法中对用益权与所有权的区分。"一个 proprietas semper abscendente usufructu［经常不行使用益权的所有权］不仅是 inutilis［无用］，而且不再是 proprietas［所有权］了。"（§62 附释）在黑格尔看来，对于用益权和所有权的区分是空洞的。这里的用益权已经包括对物的全部范围的使用权，意味着个体已经将自己的意志贯穿于物的全部范围，他人的意志已经没有进行支配的对象。所以这种全部范围的用益权和抽象的所有权是"一种绝对矛盾的关系。所以所有权本质上是自由的、完整的所有权"（§62）。罗马所有权制度演变史上出现的其他所有权区分，对于黑格尔来说，只是历史性的、描述性的区分，不属于他的论述范围，"因为它们同所有权的概念规定根本无关，而只是所有权史上的一些精制珍馐而已"（§62 附释）。

第二，黑格尔批判了永佃权的概念。就罗马公地分配和利用中的占有制度而言，在黑格尔看来"……领主所有权和臣民所有权的关系，永佃契约，关于采邑同佃租并其他租金、地租、移转税等进一步的关系（如这类负担不能偿付时还有各种各样规定）"中，表面看来设定了两个主人，即所有者和实际的占有者。但实际上"不存在着两个真正的主人（zwei Herren）[domini]，而只有一个所有人（Eigentümer）面对着一个空虚的主人（ein leeres Herr）。……可是他们并不处于一种共同所有（gemeinschaftliches Eigentum）的关系中"（§62附释）。"罗马的土地法包含着关于土地占有的公有和私有之间的斗争。后者是更合乎理性的环节，所以必须把它保持在上风，即使牺牲其他权利也在所不惜。"（§46附释）也就是说个体与物之间的关系，原本的结构是个体先要获得一种特殊人格，或者在共同体中获得某种特殊身份，而对物的所有权是通过这种特殊人格或特殊身份而获得的，也作为这种特殊人格的表征；而随着所有权状况的历史演变以及所有权概念的发展，个体的意志开始与物建立直接关系，个体以物为基础来确定自己的特殊性，并以物为基础来与他人建立交往关系。这种所有权更合乎理性的要求。

第三，黑格尔批判了罗马法关于家父对家子、对奴隶的所有权。按照与黑格尔同时代的法学家萨维尼的分类，在罗马法体系中，家庭中家父所享有的支配权，包含两种大的类型。其一，是作为自然法的家庭法，包括婚姻、父权、亲属三种家庭关系，其二，是人为扩展的家庭法，包括夫权（manus）、奴役权（servitus）、庇主权（patronatus）、受役权（mancipii causa）、监护（tutela）和保佐（curatio），以及优士丁尼时期增加的农奴制度（colonat）。[①] 黑格尔对家父的支配权的批判和对奴隶制、农奴制的批判都是针对罗马法中家庭法的有关问题进行的。

---

① [德]萨维尼：《当代罗马法体系》第 1 卷，朱虎译，中国法制出版社 2010 年版，第 268—284 页。

黑格尔首先批判了家父在法律上对家子及其他家庭成员的占有。黑格尔认为："按照罗马法那种不合法的和不合乎伦理的规定，孩子对父亲来说是物，因而父亲可在法律上占有他的孩子，不过他对孩子仍处于爱这种伦理关系中（自然不能不由于那种不法而大大减弱了）。因之在罗马法中产生了物与非物这两种规定完全不法的结合。"（§43 附释）在这种支配权中，家父并不是作为一个个体而享有支配权，而是作为整个自有法家庭的代表来行使支配权，他必须从自有法家庭整体的利益出发，而不能恣意妄为。而家子和家庭中的女性成员也不具备权利能力，只能作为自有法家庭的成员。也就是说，在这个支配与被支配的关系中，家父和其他家庭成员的关系属于家庭内部的关系，并不把对方看作独立的个体；家父与其他家父代表各自的自有法家庭，对物、对其他家庭成员及其劳动成果享有所有权，这也不是家父本人与另一个家父本人之间的关系，而是两个自有法家庭之间的关系；来自不同自有法家庭的非家父的成员之间不能直接建立关于所有权的关系。其次，黑格尔也多次对有关奴隶制、农奴制的问题进行过讨论。"为奴隶制辩护所提出的论证（包括它最初产生的一切理由，如体力、作战被俘、拯救和维护生命、扶养、教育、慈善以及奴隶自己的同意等等），以及为奴隶主支配权作为一般纯粹支配权所作的辩护，此外，一切关于主奴权利的历史上的观点，都从这一点着想：即把人（Mensch）看作一般自然的存在，看作不符合于人的概念的实存（任性亦属于此）。"（§57 附释）上文已经提到的罗马法中人为扩展的家庭法，大概就是根据上述"为奴隶制度所提出的论证"来设定的家父的权利。

黑格尔在两个层面上讨论了家父对于其他家庭成员和奴隶的所有

权。一方面，这种所有权制度将人本身视为所有权的对象当然违背了所有权的概念规定。另一方面，自由的理念不是单纯的概念，而是要求在外在领域中达到实存，这就表现为一个历史的过程。自由的概念必须经过从人的自然性向真正伦理状态的过渡，家父和奴隶制的消亡就体现了这种过渡。在黑格尔看来，奴隶制"产生于尚以不法为法的世界。在这一阶段不法是有效的，因此，它必然是有它的地位的"（§57 补充）。以往自然法的或是康德的法学体系，"认为奴隶制是绝对不法的那种论据，则拘泥于人的概念，把人作为精神，作为某种自在地自由的东西来看；这种主张是片面的，因为它把人看作生而自由，也就是把直接性中的概念本身而不是把理念看作真的东西。……自由的概念和自由的最初纯粹直接的意识之间的辩证法，就引起了承认的斗争和主奴的关系"（§57 附释）。也就是说，家父对于子女的所有权以及奴隶制确实不符合自由的概念，但是通过主奴辩证法，通过为承认而斗争，个体才能摆脱特殊身份的束缚，进而只根据自己的劳动和所有权来确定自己的身份、确定自身与其他个体的关系。随着奴隶制与符合奴隶制需要的法权制度逐步解体，个体开始独立拥有所有物，并建立起抽象的、形式上平等的所有权概念，这既是自由达到其最初定在的历史过程，也是自我意志觉醒和认识自身的过程。

进而，黑格尔认为像康德那样，将权利分为对物权、对人权与有物权性质的对人权是"乖谬而缺乏思辨思想的"（§40 附释）。康德所说的对人权，是指"占有另一人积极的自由意志，即通过我的意志，去规定

另一个人的自由意志去作出某种行为的力量"①，转让属于对人权；而
有物权性质的对人权是"把一外在对象作为一物去占有，而这个对象是
一个人"②，家庭关系和奴隶制度都在此列。在黑格尔看来，康德的这种三
分法，把人的积极的自由意志、甚至人本身都视为所有权的对象，仍然是对
罗马法分类方式的屈从，没有反映出近代社会不同于罗马世界的典型特征。

　　正如黑格尔所指出的"从罗马法中所谓人格权来看，一个人（Men-
sch）作为具有一定身份而被考察时，才成为人（Person）。……所以，罗
马的人格权不是人本身的权利，至多不过是特殊的人的权利"（§40 附
释）。也就是说，在罗马法时代，人之所以为人，首先是作为一个特殊
的人而存在的。每个个体都处在共同体内外等级序列或者说政治身份序
列上某个点。他与整个共同体的关系、在整个共同体中所处的位置，决
定了他与其他个人的关系。或者说某种政治身份构成了他与其他个人之
间相互连接的方式。个体与个体之间缺乏人格意义上的平等。直到近代
市民社会，个体才有可能摆脱在传统社会中的身份关系，才有可能与另
一个个体在人格的意义上获得对等的地位。而这种人格意义上的平等首
先就是通过个体平等地享有所有权体现出来的。

---

　　①　[德]康德：《法的形而上学原理》，沈叔平译，林荣远校，商务印书馆 1999 年
版，第 87 页。
　　②　同上书，第 93 页。

三、黑格尔对所有权的建构

黑格尔不仅对罗马法中占有、所有权这样的概念进行了辨析和批判，更重要的是他指出，所有权包含占有、使用和转让三个环节，而且只有完成了转让的这个环节，所有权才真正得以完成。为什么转让在所有权中具有这样重要的意义呢？这是本章第三部分分析的重点。

1. 转让环节作为所有权的确证和限度

第 45 节中，黑格尔给出了所有权的三个规定性，(1)"我把某物置于我自己外部力量的支配之下，这样就构成占有"，可以对应后面关于"占有"(Besitz)的部分，在这一环节，我把物置于我的外部力量之下，将自己的意志置于物之中，外在于我的物表现了我的意志；(2)"同样，我由于自然需要、冲动和任性而把某物变成我的东西，这一特殊方面就是占有的特殊利益"，这层含义大概可以看作"使用"(Gebrauch)所指的含义，即我为了满足我的意志的特殊需要，扬弃了物原本的形态；(3)"但是，我作为自由意志在占有中成为我自己的对象，从而我初次成为现实的意志，这一方面则构成占有的真实而合法的因素，即构成所有权的规定"，这句话所指向的应该就是转让或"异化"(Entäußerung)，即我把已经放进了我的意志的物，与我自己分离开来，使其成为无主物。(§45)契约概念是所有权概念建立起来之后的下一个概念，不在所有权概念之中。

黑格尔在第 53 节中用逻辑学的实有判断来阐述所有权概念的三个规定或者说三个环节之间的内在关系。直接占有、使用、转让分别构成意志对物的肯定判断、否定判断和无限判断(§53)。按照黑格尔在《逻辑》概念论中的阐述，"实有判断的主词直接是一个抽象的、有的、个别的东西；宾词是主词的一个直接的规定或特性，是一个抽象的普遍的东西"①。判断是建立起来的、被规定的概念。关于意志对物的关系的判断，就是建立、规定所有权概念的过程。以意志为主词，物作为宾词。肯定判断是指意志是占有某物的。占有、支配某物是意志这个直接、自为存在的主词的一个特性，而意志还具有其他特性。意志使用某物或者扬弃某物构成否定判断，因为通过使用，原来的物已经不复存在，但是说明原来的物可以被意志所支配。转让之所以构成意志对物的无限判断，是指因为我的意志的撤出，就使一物成为无主物，反过来说明了在我的意志撤出之前，这一物中只有我的意志而没有其他意志曾置于其中，说明了我曾对这个物拥有排他的、完整的权利，这才完成了对我的意志与这一物的关系的质的判断，完成了所有权的规定。

转让作为所有权的三个环节之一，一方面确证了我的意志对于物的独立的所有权。占有和使用两个规定可以将我的意志放置于物中，可以建立起我的意志对物的权利；但是尚不能保证这种权利是排他的、唯一的。另一方面，转让环节也设定了所有权的对象的范围，维护了意志自身的自由。所有权的对象主要不是单纯的自然物，而是个体将意志放入其中的物。生命、身体、自我意识、全部的劳动的能力，对于个体来说是直接的，可以占有，可以使用，但是不可以将其转让（异化），所以个体无法对上述对象建立起所有权的全部三个规定，也就无法完成所有权。而所有权所指向的物，虽然其中放入了自我意志，但是对于个体来说并不是直接的，而是可以与自我意识相分离的，不仅可以占有和使

---

① ［德］黑格尔：《逻辑学》下卷，杨一之译，商务印书馆 2009 年版，第 301 页。

用，而且可以放弃，可以转让给他人。这样，转让就设定了所有权的限度。所有权只能指向可以转让的物，不能指向人的意志，也不能指向人本身，从而取消了对人权和有物权性质的对人权这两种权利。所有权就是人格对物的权利。这样就取消了康德对权利的三分。第一部分提到的伍德所批评的黑格尔所有权概念的内在矛盾也就可以得到解决。

2. 人格整体不可转让（异化）

在黑格尔看来，在抽象法的范围内，个体的整个人格性、个体的自由意志本身是不能转让（异化）的，以个体的整个人格和自由意志为基础的个体的权利也不会因为时效而丧失。所有权是意志把自己异化出去的最初环节，意志本身是无法自我异化的。斯宾诺莎在《伦理学》第一部分《论神》的《界说》第一条中所讲到的"自因（causa sui），我理解为这样的东西，它的本质（essentia）即包含存在（existentia），或者它的本性只能设想为存在着"①。人的整个人格或自由意志就是"自因"，人的整个人格或自由意志本身只能存在着，没有可以异化出去的物。

个体通过占有、使用、转让对外在物建立其所有权，是意志自我认识的过程。"只有通过对他自己身体和精神的培养，本质上说，通过他的自我意识了解自己是自由的，他才占有自己，并成为他本身的所有权以对抗他人。倒过来说，这种占有，就是人把他在概念上存在的东西（即可能性、能力、素质）转变为现实，因而初次把他设定为他自己的东西，同时也是自己的对象而与单纯的自我意识有别，这样一来，他就成为有能力取得物的形式"（§57），即意志在对物形成所有权的过程中，认

① ［荷］斯宾诺莎：《伦理学》，商务印书馆 1955 年版，第 3 页。

识到自己可以将自身内在的、潜在的能力变为实存，拥有将物置于自己的外在力量之下、将自己的意志放进物之中、再将物从自身中异化出去的能力。意志只有在其所有物中才能改变自己无规定性的空虚性、抽象性、直接性而获得真正的现实性和真理性，在与自己相区别的物（对象）中确证自己。意志将自己异化得越彻底，那么也就越有可能实现这一目的。

3. 劳动产品和精神产品的转让

在黑格尔看来，劳动产品和精神产品都是可以转让或者说从自身异化出去的。"身体和精神的特殊技能以及活动能力"的全体，或者说"我的劳动中获得具体化的全部时间以及我的全部作品"就等于我的人格，这个全体或者全部就是主体本身，所以是不能从主体中异化出去或者转让给新所有者的。但是，"身体和精神的特殊技能以及活动能力的个别产品"和"这种能力在一定时间上的使用"对于"我的整体和普遍性（Totalität und Allgemeinheit）保持着一种外在关系"，这种个别产品或一定时间限度内劳动能力的使用对于人的整个活动能力来说是可以分离出去的，所以是可以转让的，这种转让之后，主体并没有丧失自身活动能力的整体。这种论述大概是为现代商品交换和雇佣劳动提供了哲学证成，二者不违背人格的理念（§67）。

与其他个别产品相比，精神产品的特殊性在于它是无法完全从主体中异化出去的。对于精神产品来说，异化出去的物是指其他人能够复制这一精神产品的普遍的方式方法。黑格尔举了著作和技术装置的例子。我们如果从具体的例子来看，比如作者把自己的思想写成了书稿，著作中所包含的思想是没有办法直接转让的，当作者把书稿转让给出版社时，书稿与作者相分离，出版社获得了书稿而且获得了将书稿出版发行的权利。对于著作中的思想，当我们引用时，我们仍会注明其属于作者本人，但是作者本人已经无权再出版发行自己的这一书稿了（§68）。

4. 从所有向契约的过渡

在完成对所有权概念的构建之后，黑格尔阐述了如何从所有权进入契约。从所有权向契约的过渡，实际上描述的是一个个体从自身异化出去的物从个别上升为普遍的进程，或者说人格放在物之中的个体性如何取得其普遍性的过程，本质上说是一个个体由"孤立人"转变为"社会人"、获得普遍性的进程。"作为外在物的定在"的所有权与其他同样"作为外在物的定在"的所有权之间的关系实质上表征的是"作为意志的定在"的所有权与其他"作为意志的定在"的所有权之间的关系，或者说就是意志与意志的关系。意志与意志无法直接建立关系，必须通过物、通过作为外在物的所有权才能建立起关系。而物、所有权本身不仅包含着个体放进其中的主观意志，而且包含着共同意志。个体与个体之间通过各自从自身异化出去的物的中介建立的关系，就是契约，物所包含的共同意志为契约提供了基础。

四、黑格尔所有权理论的两个特征

黑格尔的所有权理论表现出以下两个方面的特征。

第一，黑格尔对现代制度的思考中包含着对现代制度的参与者的自我理解本身的分析。就所有权概念的历史语境来看，经历了从传统身份社会向近代社会演变的过程。罗马法发展出了一整套理解所有—占有秩序的逻辑，是历史过程留下的遗迹，也是诸多罗马法制定者、诠释者、执行者的自我理解共同构筑的制度体系。黑格尔的所有权概念，不同于之前的政治学，不讨论什么是最好的秩序，而是对具体的现存的所有权制度进行思考。现存的制度可能并不完善，但是构成了精神的展开过程。①

第二，建立了不以在共同体中的身份为前提的个人所有权。罗马法中所有和占有的二元体系是历史产物。黑格尔虽然区分所有和占有，但并不把二者视为相互独立的概念，而且占有、使用的物就是通过转让环节，得到最终的确认，成为所有权。换句话说，解决所有权和占有二元分离的矛盾的关键环节就是转让。这一环节同时对权利主体和权利对象进行了规定。其一，要求所有权的主体指向单个个人，在一个物上不能同时存在两个权利主体。其二，要求被转让的物是完整的和彻底的，而不是附着在物上的某种或某些权能。这种所有权概念结构符合近代社会的基本要求。主体从身份社会中脱离出来。物的取得不再取决于主体的身份，而是取决于个人自我意志的决定和行动。黑格尔的所有权概念不需要个体与个体之间某种特定的先在的关系作为前提；个体与个体之间最初的关系就是通过物的所有权、特别是其中的转让（异化）环节而建立起来的。而且个体正是以所有权和转让的关系作为起点，以在这种关系中形成的抽象的平等地位开始进入近代以来自由的世界。

个体与物之间的这种所有关系、人格与人格之间以其所有物为中介的交往、人格与人格之间平等的权利能力，这种人格交往形态的形成，

---

① 皮平概括了黑格尔法哲学体系的三个特征，本章的思路与之有契合之处。不过皮平是以《逻辑学》为基础来诠释这些特征的，而本章则是在罗马法所有权概念的语境中展开的。参见［美］罗伯特·B. 皮平：《在什么意义上黑格尔的〈法哲学原理〉是以〈逻辑学〉为"基础"的》，高来源译，《求是学刊》，2017 年第 1 期。

无论是在历史进程中，还是在法权概念中，都经历了漫长的历史过程。正如黑格尔所说："人的自由由于基督教的传播开始开花，并在人类诚然是一小部分之间成为普遍原则以来，迄今已有 1500 年。但是所有权的自由在这里和那里被承认为原则，可以说还是昨天的事。这是世界史中的一个例子，说明精神在它的自我意识中前进，需要很长时间，也告诫俗见，少安毋躁。"（§62 附释）

第五章

论不法对伦理的作用：主体与伦理实体的和解 *

魏　博

一、问题的提出——不法在伦理中起何作用

1. 刑罚的证成视域下的不法与惩罚

20 世纪 60 年代末，在克鲁格(Ulrich Klug)提出"告别康德与黑格尔"，期望法学可以摆脱"对机械僵化的形而上学的回想"之后不久，情况却往相反的方向发展：随着弗莱希特海姆(Ossip K. Flechtheim)有关黑格尔刑法理论的著作于 1975 年得以再版，黑格尔的《法哲学原理》①

---

　　 * 　本章中的部分内容以《不法与伦理的和解——以黑格尔法哲学为中心》为题发表在《山东社会科学》2020 年第 1 期，以《黑格尔耶拿早期的不法理论：自然的不法与人伦和解的失败》为题发表在《哲学与文化》552 期(2020 年 5 月号)。

　　 ① 　关于本章使用的《法哲学原理》文本，德文版是著作版全集第七卷：Georg Wilthelm Friedrich Hegel, Grundlinien der Philosophie des Rechts oder Naturrecht und Staatswissenschaft im Grundrisse, Georg Wilhelm Friedrich Hegel Werke 7, Surkamp, 1970。本章的引用取自商务版译本([德]黑格尔：《法哲学原理》，范扬、张企泰译，商务印书馆 1961 年版。简称商务版)。引用采取了在正文中直接标出节号的方式。

再一次引起了法学家的讨论热情，形成了"刑法学理论中的黑格尔复兴"①。在法学视域下的黑格尔不法理论主要关涉这样一些问题，譬如惩罚的正当性的证成、惩罚的作用、惩罚的尺度以及不法的归责问题等，而这些都涉及如何给黑格尔的不法理论定性。一种比较强势的观点认为，黑格尔的不法理论是典型的报应论，譬如伍德（Allen W. Wood）、库伯（David E. Cooper）和帕夫利克（Michael Pawlik）等。另一种观点认为，黑格尔的不法理论是一种综合理论，譬如弗莱希特海姆、莫尔（Georg Mohr）和梅尔（Merle J.-C.）等。

（1）报应论的解读

伍德认为，黑格尔是一位"真正的报应论者"，"在他看来，一切想要通过从惩罚中获得好处从而为惩罚提供证成的理论都是肤浅的"，关键是"扬弃犯罪，不是因为犯罪产生了一种恶，而是因为它侵犯作为权利的法权"。"惩罚作为犯罪的扬弃或消除，只因为它是自在自为公正的，才能获得证成。"②其证成的核心在于"罪犯意志的虚无"，由此推出惩罚是基于罪犯对此的同意与接受——"惩罚之所以得到证成，是因为

---

① Vgl. Ulrich Klug, "Abschied von Kant und Hegel", in *Skeptische Rechtsphilosophie und humanes Strafrecht Band 2: Materielle und formelle Strafrechtsprobleme*, Berlin: Springer-Verlag Berlin Heidelberg（1981），S. 149-155. See Wolfgang Schild, "The Contemporary Relevance of Hegel's Concept of Punishment", in Robert B. Pippin and Otfried Höffe ed., *Hegel on Ethics and Politics*, Cambridge: Cambridge University Press（2004），p. 150. 参看陈金林：《从等价报应到积极的一般预防——黑格尔刑罚理论的新解读及其启示》，《清华法学》，2014 第 8 卷第 5 期。

② ［美］伍德：《黑格尔的伦理思想》，黄涛译，知识产权出版社 2016 年版，第 178—179 页。

在惩罚我的过程中，国家侵害的权利就是我曾明确放弃的权利。"①由于犯罪侵害的是作为法的法，那么惩罚的作用就在于恢复法权。这种恢复要求"对等"："犯罪人侵犯了或想要侵犯某一特定权利，在此过程中，他就放弃或丧失了相同的权利"，其尺度是价值。②

库伯认为，黑格尔对功利主义的惩罚理论提出了许多批评，而这些批评可能与报应主义的方法相混淆，黑格尔的正面的理论在于宣称"惩罚取消了犯罪"。黑格尔认为给予罪犯惩罚的理由在于他确实犯了罪，在于他"知罪"（guilt），而不在于他人对犯罪的改正和阻止的需要，而在这一点上功利主义者恰恰持有的观点是非道德性的。③ 而法是一种行为，它在逻辑上取决于对侵权者的惩罚：除非社会能够对侵犯权利的行为作出惩罚，否则这个权利实际上就不存在，这就是惩罚的意义。不法者的行为实际上是确立了一种虚假的法，只有当这种法被惩罚取消时才能证明这种法是虚假的。④ 因而，在库伯看来，黑格尔对惩罚的正当性的证明转变成对犯罪侵害的权利的证明了。⑤

帕夫利克认为，黑格尔在面对刑罚预防论的立场时，为报应论提供

①　[美]伍德：《黑格尔的伦理思想》，黄涛译，知识产权出版社 2016 年版，第 184—189 页。

②　同上书，第 197—198 页。

③　See David E. Cooper, "Hegel's theory of punishment", in Z. A. Pelczynski ed., *Hegel's Political Philosophy*: *Problems and Perspectives*, Cambridge：Cambridge University Press(1971), pp. 151-155.

④　Ibid. pp. 163-164.

⑤　这一点伍德并不认同，因为库伯所使用的证明方法"概念式论断"不是黑格尔的证明方法，将这一方法强加于黑格尔是不公正的。参看[美]伍德：《黑格尔的伦理思想》，黄涛译，知识产权出版社 2016 年版，第 182—184 页。

了强力的支持。预防论的立场有两点：其一，已经发生的事实不可能再改变，将一种恶害(Übel)赋予给实施恶害的人，这种惩罚行为并不能改变任何事实，因而无法为自己提供合理性证明；其二，报应和复仇是纯粹破坏性的行为，而刑罚的正当性只能从其对社会的正面作用的角度来论证。在抽象法中，黑格尔认为把报应论的要求理解为"用一种恶害无意义地、复仇性地转嫁到另一种恶害"的观点是片面的。[①] 报应论所要求的对不法的补偿是"服务于受到破坏的正义秩序的恢复"，这个目的与预防论强调的提高整体社会安全水平是一致的，也是一种"正面的、形塑社会的行为目的"。在现实的社会制度的维护上，在巩固公民的自由，"赋予该自由一种此在的任务的履行方面"，报应论与预防论没有分歧。[②]

此外，帕夫利克根据黑格尔的《法哲学原理》区分了三种不法：人格体的不法、主体的不法和公民的不法。做出这种区分的原因在于，"已经发生的同一刑法事件与可归责的义务违反这一上位概念一起，可以在不同的解释层面被议题化"，只有在区分和说明各自的规范结构之后，才能论证针对不同类型的不法，说明那样的反应才是恰当的。[③] 人格体的不法表现为"他人行为潜能不公正的减少"。主体的不法表现为"对他人生活规划的忽视"。公民的不法在于"对共同的和平秩序进行协力维护这一公民义务的违反"。帕夫利克认为，根据黑格尔(Grundlinien,

---

① ［德］米夏埃尔·帕夫利克：《人格体、主体、公民：刑罚的合法性研究》，谭淦译，中国人民大学出版社2011年版，第41—42页。

② 同上书，第44—45页。

③ 同上书，第60—61页。

§132)的说法，"一种前后一致的、与主体有关的归责模式将会把法律所向往的秩序的实现，慎重、适度地委托给单个的、对法表示服从的主体"。如果公民从自己的角度出发拒绝这种协力努力的"共业"（gemeinsame Projekte），那么他就是现实化了公民的不法，而"刑罚是对公民不法的回应"①。刑罚报应论的基本思想是"在作为公民的角色中，行为人要承担他对共同体的、合法的共同责任"②。

（2）综合论的解读

由于截取的解读段落的不同，会得出对黑格尔的不法理论的不同的定性——报应论的解读通常集中于抽象法部分，而威慑论的解读集中于伦理部分的司法环节中。③ 综合论的解读在于试图超出一种单一的解释思路来论证刑罚的合理性。一些学者，如弗莱希特海姆和普里莫拉茨（IgorPrimorac)认为黑格尔的惩罚具有主观和客观的双重根据。弗莱希特海姆认为在黑格尔的青年时期的理论作品中就有"行为的惩罚必然出自于行为"的倾向，而这个不法行为就是惩罚的客观根据，主观根据存在于"惩罚与罪犯的经验性意志的关系"之中。这个双重根据意味着要求罪犯与社会达成和解。④ 普里莫拉茨则从黑格尔的理论动机上说明黑格尔的不法理论存在着双重根据："黑格尔渴望在客观和主观意义上将惩罚正当化，这决非偶然。……他提出的反对柏拉图的根本理由是，柏拉

---

① ［德］米夏埃尔·帕夫利克：《人格体、主体、公民：刑罚的合法性研究》，谭淦译，中国人民大学出版社2011年版，第67—72页。

② 同上书，第79页。

③ ［德］梅尔：《德国观念论与惩罚的概念》，邱帅萍译，知识产权出版社2015年版，第127页。

④ 同上书，第129—131页。

图不认同主观性原则，也就是说，在他的共和政体中没有为个体留下空间。"①

莫尔以康德的刑法为原型提出黑格尔的不法理论是一种综合理论，惩罚的根据包含着报应主义和一般威慑理论两个因素——威慑理论使得作为制度的惩罚正当化，而报应理论为惩罚的力度提供根据。而梅尔则对这种综合提出了质疑：报应主义与威慑主义的冲突难以调和，强行综合的结果只能是使得黑格尔被解释成一个威慑主义者，而这个结论在黑格尔对费尔巴哈的威慑理论的批判中就已经被否定了。②

梅尔认为，黑格尔的不法理论既不是一种威慑主义，也不是一种古典的报应主义，要"重构黑格尔关于惩罚的法律根据"。这个重构的关键在于理解黑格尔的"强制"概念，惩罚的根据在于"第二种强制"对"原始强制"的扬弃不仅是合法的，而且在概念上是必然的。③ 因为"强制"在概念上是不法的，强制的自我破坏意味着理所当然的不可能，就像法律不可能反对法一个道理。这个概念的必然性使得惩罚的根据不建立在个体的行为或者动机上，而在于由国家展示的自由意志。④ 从这一根据出发，惩罚的目标就是特殊威慑，即为了维护社会的秩序，必须通过惩罚树立榜样。⑤

---

① ［德］梅尔：《德国观念论与惩罚的概念》，邱帅萍译，知识产权出版社 2015 年版，第 133 页。

② 同上书，第 137—139 页。

③ 同上书，第 145—149 页。

④ 同上书，第 152 页。

⑤ 同上书，第 161 页。

2. 承认理论视域下不法的作用

20 世纪 70 年代，随着德国学者对耶拿时期的黑格尔手稿的再研究，尤其是《伦理的体系》的研究，出现了一批以承认为原则解释和改造黑格尔不法理论的实践哲学，其中最具代表性的是希普（Ludwig Siep）和霍耐特（Axel Honneth）。[1] 希普认为，黑格尔运用斗争和不法概念是为了使得"古代的政治—伦理的理念与现代的观念的超验的自由概念相和解"，这种"为承认而斗争"实际上是为了达到个体与共同体的和解。[2] 在《基督教的精神及其命运》中就已经出现了承认概念的相关元素，黑格尔认为个体之间的争斗使得生命的统一体的恢复成为可能，使得个人服从于法律与惩罚。罪犯践踏的不是他的普遍性中的法律，而是他所敌对的具体的个人，那么由于自身的行为，他体会到生命的统一体被摧毁了。而与他人分离之"痛"成为了"重新统一"的前提。这一过程实际上预先表现了为承认而斗争的作用。[3]

在《伦理的体系》中，黑格尔用"为荣誉而斗争"试图说明，个体自由的绝对化倒转为对个别性的扬弃。伦理的"无机自然"，即作为"持存的现实性"的个体的关系，经由不同的方式而被扬弃；"自然伦理"以"个别性的原则"为基础，它在《伦理的体系》的第一个部分自为地展开，而在

---

[1]　参见邓安庆：《启蒙伦理与现代社会的公序良俗——德国古典哲学的道德事业之重审》，人民出版社 2014 年版，第 358 页。

[2]　Vgl. Gerhard Göhler，„Anerkennung als Prinzip der praktischen Philosophie？"，in hrsg. von Friedhelm Nicolin und Otto Pöggeler，*Hegel-Studien Band* 16，S. 222.

[3]　Vgl. Ludwig Siep，„Der Kampf um Anerkennung. Zu Hegels Auseinandersetzung mit Hobbes in den Jenaer Schriften"，in hrsg. von Friedhelm Nicolin und Otto Pöggeler，*Hegel-Studien Band* 9，S. 162.

第二个部分和第三个部分分别以为所有权和名誉斗争的双重方式被扬弃。① 在第二个部分，个体的自由从各种规定性中完全释放出来，这样"自然伦理"及其原则就部分地被扬弃了。因为那些与个体的经验意识相联系的关系与制度还不能被证明为民众的绝对伦理的特殊性，而只是将自己与个体所摧毁和放弃的一切关系的无限行动对设起来。② 这种否定性的无限行动在第二部分就是对所有权的侵犯。由于罪犯的"观念的倒转"，如良知、意识或"内在的不完满"，"复仇的正义"必然使得斗争发生"现实的倒转"。在这种倒转中会出现"死亡危险"，因而斗争中有可能会出现"总体性"和"和解"。③

希普认为，这种倒转表现的是"作为所有者的个人的相互承认"，而黑格尔将所有权与法权理解为与国家无关的自然伦理的形式，而不把所有权的相互承认理解为社会契约，因而在对法权的侵犯中仅仅涉及"前国家的自然状态"。④ 为所有权而斗争只涉及个体对个体的承认，而只有通过为名誉而斗争，个别才上升为整体。因为名誉不是个体的名誉，而是家族的名誉，斗争就演变为是全体家族反对全体家族。个体在家族的斗争中理解到自己与整体的联系，因而为名誉而斗争就表现为家族的相互承认，在这个承认中，不法与"坏良心"就达成了和解，个体就与共同体达成了和解。⑤

---

① Ebd. S. 165-166.
② Ebd. S. 167.
③ Ebd. S. 168.
④ Ebd. S. 169.
⑤ Ebd. S. 170-171.

霍耐特的承认理论与希普的承认理论颇有不同，他借助了美国实用主义的社会理论和现代心理学的方法来实现黑格尔的承认理论，试图在现代社会的规范体系的框架下来阐释为了个体与群体的相互包含而进行的社会斗争。① 他把黑格尔的共同体理解为"一切个体实现其自由的机会"，因而这种承认理论关注的是主体的自由，而不是共同体的命运，本质上是主体间的相互承认。在霍耐特看来，一切相互承认的关系结构都是一样的："一个主体自我认识到在主体的能力和品质方面必须为另一个主体所承认，从而与他人达成和解；同时也认识到了自身认同中的特殊性，从而再次与特殊的他者形成对立。"②

霍耐特认为，黑格尔的"自然伦理"代替了霍布斯的"自然状态"，是承认最初的基本形式，即父母和子女在"实践情感"上的承认关系。而犯罪是第一种承认关系遭到破坏的中间状态，它扬弃了"情感一体化"，转为"依靠契约保障的普遍的权利"。在这个中间状态中，"主体作为合法要求的承担者相互承认，并因此把对方塑造为物主"。之所以在第二个阶段会出现犯罪，霍耐特推测是因为存在着一种"不完整的承认状态"，即罪犯认为现有的相互承认水平并没有达到让他满意的程度。这之后的第三阶段是"社会成员之间质的承认关系"，它是主体在相互冲突中为了证明自己的人格的"完整性"的结果。尽管黑格尔

---

① Vgl. Ludwig Siep, *Anerkennung als Prinzip der praktischen Philosophie. Untersuchungen zu Hegels Jenaer Philosophie des Geistes*, Hamburg: Felix Meiner Verlag Hamburg(2014), S. 14.

② ［德］霍耐特：《为承认而斗争》，胡继华译，上海世纪出版集团 2005 年版，第22 页。

的论述含混不清，但是还是存在着一种引导黑格尔的信念："正是随着合法承认形式的破坏，我们才意识到主体间关系当中有一个环节可以作为伦理共同体的基础"。这个环节就是个体的权利和名誉的保障依赖于共同体的共识。①

3. 主体与伦理实体的和解思路中的不法理论

无论是法学视域还是承认理论，由于各自的理论目的的不同，它们对于黑格尔的不法理论的解释各有遮蔽。在法学视域中，黑格尔的理论仅仅是作为刑罚理论的证成手段而被利用，它在相当大的程度上被削弱了理论的宽度。黑格尔本人从未打算为法学理论提供任何证成，这一点参考《法哲学原理》导论第 3 节附释中探讨哲学与法学的关系的论述就一目了然："对于各种法律规定在时间上的出现和发展加以考察，这是一种纯历史研究……与哲学上的考察无关。"(§3 附释)尽管法学式的解读带来了许多新的视角与意义，但是在多大程度上是忠于法哲学理论本身的是可疑的。另一方面，法学的解读很大程度上人为地割裂了《法哲学原理》中抽象法与司法部分的有机联系。抽象法被大部分学者看作一种法的元理论，而司法部分不过是对这种理论的应用，因而出现了前述所说的抽象法是报应主义的，而司法部分则是威慑主义的这样令人困惑的观点。当然，也有学者抓住了黑格尔的理论目标在于人与共同体的和解。但仅仅在刑法理论的框架下理解，这种和解只能是罪犯与社会的和解。这种理解与其说是法学对于黑格尔的不法理论的新发现，不如说是

---

① ［德］霍耐特：《为承认而斗争》，胡继华译，上海世纪出版集团 2005 年版，第 23—29 页。

黑格尔不法理论本身就涵盖的应有之意。

　　承认理论的解释同样具有新意，但是同样也蕴含着将一个局部的早期的理论扩展为所有时期都可以通用的理论所带有的风险，譬如在《法哲学原理》的王权部分就不存在着承认原则。[①] 这个理论上的冒用主要在于误把黑格尔的伦理实体理解为费希特的主体间性，这是理论的原则性错误，在霍耐特的理论中表现得最为明显。当然这不是说承认理论在黑格尔的理论中从未发生过任何作用。在黑格尔耶拿早期的方案中确实存在着承认理论的身影，但是通过这个理论至多只能达到主体与主体的和解，而无法达到主体与共同体的和解。因而耶拿早期的和解方案本身是一个失败的方案，后文将对这一点进行详细的说明。

　　本章试图从黑格尔坚持的思路来对他的不法理论进行阐述，基本的理论框架在于"实体即主体"。作为主体的不是抽象的人格或法人，而是作为自由意志的先在的伦理实体。在不法及其扬弃的过程中，是作为自由意志的人返回于作为自由意志的伦理实体的过程，同样也是伦理实体与个体自由的双重实现过程。和解思路的关键在于道德主体认识到自身就是法，并且在市民社会中通过陶冶和司法制度的约束，摒弃心中对于社会的恶，而达成与伦理实体的和解。

---

　　① 这种风险的详细说明可以参看格哈德·格勒对希普文章的三点批评。Vgl. Gerhard Göhler，„Anerkennung als Prinzip der praktischen Philosophie？"，in hrsg. von Friedhelm Nicolin und Otto Pöggeler，*Hegel-Studien Band* 16，S. 222-230。

二、耶拿早期的不法理论——自然的不法与和解的失败

1. 自然的不法导致主体与伦理的分裂

在《论对自然法的科学处理方式、自然法在实践哲学中的地位、自然法与实证法学的关系》中，黑格尔对以康德和费希特为代表的形式主义自然法进行了批判：他一方面批评康德的实践理性法则的空洞性和实定性，另一方面揭露费希特的法权体系在现实中会导致自由异化为强制性的暴力。① 在批判中，黑格尔注意到形式主义自然法的推论基础是一种主观主义的自由意志，以它为原则推出的自然法其实是一种不法的状态，因而他得出了关于不法的第一个概念，即"自然的不法"。自然的不法包含三个层次的含义：其一，将特殊性当作普遍的自在的法；其二，以特殊性为普遍根据，特殊性对特殊性的暴力；其三，特殊性的原子领域撕裂了伦理有机体。

无论是康德的道德法则所遵循的"实践理性的绝对律令"，还是费希特的法权演绎的第一条原理，其根据都是每一个主体都具有的内在的纯粹的理性形式。这一纯粹的理性形式一方面是每一个主体都具有的，因而是普遍的；另一方面是对每个主体都有效力的，排除了各个主体的特殊内容，因而是形式的。如此，形式主义自然法将理性的立法根据完全与经验材料分开，试图将自然法的根据建构在纯粹抽象的统一形式之中。而在黑格尔看来，这种做法不过是表明："纯粹实践理性立法自主

---

① See Jean Hyppolite, *Introduction to Hegel's Philosophy of History*, trans. Bond Harris and Jacqueline Bouchard Spurlock, Florida: University Press of Florida (1996), p. 46.

的高明能力在于制造同语反复。"①如果向实践理性询问"何为权利与义务"，回答只能是权利就是权利，义务就是义务。真正的知识必须是包含有差异的同一，而不是纯粹的同一。普遍的真理恰恰是形式与内容的同一。而作为概念的权利和义务将自身的内容排除了，只留下一具空壳，它其实什么也不是，什么也没有述说。反过来，它又可以是一切东西，因为只要不和概念的形式规定性冲突，任何质料都是可以被接纳进来的。这样的法是绝对的，同时又是任意的东西，它只能停留在虚空之中或者主体的内心，是优美而脆弱的灵魂，一旦它接触现实，它就异化成完全偶然和个别的东西了。

对黑格尔而言，形式主义自然法将法设定为一个绝对的概念，因而它是绝对的一和不容侵犯的肯定的东西；但是另一方面这个绝对的概念又是每一个主体都具有的东西，因而是多，是大量的主体。而这个一和多在形式主义之下被外在地分裂成两个并列的东西而进行比较，一个是内部绝对的完整的东西，因而是"纯粹概念与主体的合一之在"，即道德性；另一个是"非合一之在"，即合法性。② 这种分裂使得主体对法的崇敬之情和遵守的行为分属于两个完全不相关的领域：对法的忠诚和信任不代表主体一定遵循法，而对法的遵循不代表主体对法忠诚和信任。行为和德性并不统一。法本来作为伦理的东西，就是生活于其中的民众对其未成文的风俗、习惯和规则的信赖和遵守，而这种状态被形式主义直

---

① Hegel, *Gesammelte Werke Band* 4，hrsg. von Hartmut Buchner und Otto Pöggeler，Hamburg：Felix Meiner Verlag Hamburg(2017)，S. 435. ［德］黑格尔：《黑格尔著作集》第 2 卷，朱更生译，人民出版社 2017 年版，第 313 页。

② Ebd. GW4. S. 442. 同上书，第 320 页。

接打碎了。这种分裂的后果在费希特那里以"更通俗的方式"被表现出来了，即平衡法的前提被抛弃，亦即"忠诚与信仰失落了"。这种形式主义的二元论使得"内心性、对失落的忠诚与信仰的重建、普遍的自由与个别的自由的合一之在与德性变得不可能"①。形式主义自然法将特殊性当作普遍的自在的法的根据，其后果之一就在于将法的根据设立在主体一方，而不是伦理实体一方，使得法在主体中是绝对的法，但是在伦理现实中却是主观任意的不法。

形式主义自然法还预设了"个人意志与普遍意志的对立"。这意味着一个人意志与其他人的意志都各是一个真实的东西，彼此只能进行外在的比较，双方都无法作为法的判定的根据，因此只能在他们外部设定一个强制的标准。而这个强制的标准宣称自己在形式上是每一个人都具有的理性，但实际上却没有任何内容。这个徒具形式的普遍性要求"设定强迫与监管进程"，以用来监视、防止和纠正每一个人的不法意志。因为如果没有外在的强制力，任何个人在内容上都是任意的东西，都是以自己为根据的没有边界的"自由的效用"②。这样，个人的内容就处于普遍的形式的强迫之下了。现实的个体不是思维中的那种抽象物，他们是完全的差异性的存在物，彼此的力量是不均衡的。个体间的斗争可以由外部强制法来制约，是因为强制法的力量远远超过了个体的力量，是一种不平衡的压制。但是现实的强制法也必须是和个人结合的，在个体失去

---

① Ebd. GW4. S. 443。[德]黑格尔：《黑格尔著作集》第 2 卷，朱更生译，人民出版社 2017 年版，第 321 页。

② Fichte, *Grundlage des Naturrechts nach Prinzipien der Wissenschaftslehre*, Hamburg：Felix Meiner Verlag(1979)，S. 17.

了对法的忠诚与信任等德性后，普遍性的强制法在现实中只能是一种工具，一种特殊意志镇压特殊意志的工具。如此，普遍的个体自由就有被践踏的危险，而践踏它的东西正是源出于它自己的、抽象的"自由的效用"。

当然，在费希特的体制中还可以安排监察院来监督行政权。从人民的共同意志中，选出那些有丰富阅历的年长者来担任这样的任务，用第二种强制力量去强制已经异化的第一种强制力量。但在黑格尔看来监察院不过是另一种特殊的意志，或"群氓"，他们"监督本身私事的一切，更不怎么过公共生活"，因而在他们心中也没有形成关于共同意志的意识，仍然具有异化的可能性。[①] 外在的东西的特点就是容易迷失在量的无限分化当中，没有内心对于法的真正的认同和统一，外在的强制力会无限异化——对行政权的监督产生监察院，对监察院的监督又会产生第二监察院、第三监察院，以至于恶无限。在这种特殊性对抗特殊性的无穷无尽的划分中，伦理实体也就丧失了自己的生命力，而成为个体或特殊的利益集团的机械集合。在黑格尔看来，"而——若无论负面还是真正正面作为对外表、对形式道德律令、对纯粹意志、对个人意志作抽象，然后对这些抽象作综合如强迫、通过　般自由概念限制个人自由等等来表示对自然法作规定——由于在奠定作为实在的此类否定时，使伦理的自然至为沉沦、不幸，自然法会成为自然的不法"[②]。形式主义自然法是将自然的不法当作自然法，因而它所设想的对不法的纠正，只能是对不法的保存。如黑格尔所讽刺的那样，只是形成了犯罪市场，将犯

----

① Ebd. GW4. S. 445.［德］黑格尔：《黑格尔著作集》第 2 卷，朱更生译，人民出版社 2017 年版，第 323 页。

② Ebd. GW4. S. 468。同上书，第 343 页。此处译文系根据原文含义修改而来。

罪明码标价而已。在私人的道德领域，道德在形式主义中异化为伪善，而私人的利益领域却上升为国家的公法，使得神圣而不可以被量化的东西成了一种可以交易的东西，因而法自身就威严扫地了。而真正的法就在于，"只有自由把正负、－A 与＋A 汇合起来，不再处于＋A 的规定性中，它才是自由"①。这种自由或者法就是"伦理的自然"。

2. 和解的尝试：对《伦理的体系》的不法理论的还原

为了扬弃前述所说的主体与伦理实体绝对分离的状况，使得普遍的法从伦理的自然出发，能够最终将主体与实体或个人与共同体统一起来，在《伦理的体系》中，黑格尔使用的概念工具是"统摄"概念。统摄的原则是将概念统摄于直观与将直观统摄于概念相结合。在黑格尔看来，犯罪与作为正义的复仇之间存在着绝对的联系，其伦理作用在于"犯罪将普遍的、客观的、观念的东西统摄为否定的生命，统摄为将自身组成为直观的概念"，而"复仇的正义"将"直观的否定"统摄为普遍的、客观的东西。② 显然，在这里黑格尔将"犯罪"与"复仇"设定为从第一个普遍到第二个普遍的中项。第一个普遍实际上是一种直观的东西，它是自然而然的、客观的存在；而第二个普遍是直观与概念统一于其中的普遍，即绝对的伦理。这个从普遍经由否定到达普遍的过程实际上是直观通过概念到达直观与概念的相互统摄的过程。

---

① Ebd. GW4. S. 447。[德]黑格尔：《黑格尔著作集》第 2 卷，朱更生译，人民出版社 2017 年版，第 325 页。

② Hegel，*Gesammelte Werke Band* 5，hrsg. von Manfred Baum und Kurt Rainer Meist，Hamburg：Felix Meiner Verlag(1998)，S. 312。本章涉及的《伦理的体系》的引文均由笔者译自该卷。

因而，在黑格尔的构想中，直观与概念的统一最为关键的环节就是犯罪向复仇的正义的过渡，或者说，将犯罪统摄于复仇的正义之下。真实的犯罪总是个别的个体的行为，其对象也是个别的个体，因而在观察中表现为一个个体生命对另一个个体生命的直接的侵害和否定。如此，真实的犯罪在经验环节中就表现为一种通过视觉观察直接获得的现象，即对生命的否定。当这个真实的犯罪行为被直观为"否定的生命"时，其实就已经将直观统摄于概念之下。或者反过来说，在思维中，犯罪作为一种概念统摄了对生命的否定这个直观的过程。

在这个统摄装置下，真实的犯罪就被转换成了观念的犯罪。这样犯罪就变成了一般的犯罪，或者说是对普遍性的否定。这个概念作为一种否定性获得了自身的规定性，或在观念中的形式。黑格尔说："进行否定的一方使自己成为原因，将自己设定成否定的无差异性，但因此设定必须在它自身中被倒转。"①在观念中，犯罪是开端和原因，因而必然带来报复和反作用。这种观念上的报复就是作为概念的复仇的正义。它是对犯罪的纠正和否定，以求在概念中恢复普遍性。但是如果对犯罪的纠正仅仅发生在观念中，即用"良知"颠倒"坏良知"，那么"它只是一种抽象和不完整的东西"。为了恢复"总体性"，"良知"必须体现为外在的"复仇的正义"。

根据犯罪与复仇的不同形式，黑格尔为这个真实的否定过程划分了三个级次：自然的否定级次、法权和人格的否定级次，以及名誉的否定

---

① Ebd. GW5. S. 312.

级次。① 黑格尔将否定的第一个级次设定为对自然的破坏，其前提有三个：缺乏、完全的无规定性和普遍性，以及对被教化的人的抽象。② 在这三个前提设定下的破坏是"自然的毁灭"和"无目的的破坏和混乱"。黑格尔在这里给出了与以霍布斯为代表的经验主义自然法类似的设定，都强调了自然的否定情况下的那种不法的状态，或否定的无规定性。但是黑格尔不同于霍布斯的地方在于，黑格尔并不强调对个体的原子式的抽象，而是对被教化的人的抽象，它是一种"不与个别性相关的东西"。这个概念所强调的是野蛮人的潜在的理智尚未从自然中觉醒的状态，因而黑格尔将自然被教化颠倒的可能性设定到了第一个级次中。

在黑格尔看来，"自然对着教化被颠倒，教化给予自然理智"。与自然尚未分野的野蛮人是只知道单纯吃喝的生命或有机体，他们与自然的关系"正如元素，即客体，被统摄于直观和生命之下，该元素反过来将有机体和个体统摄于自身，并否定它"。野蛮人对自然的最初的否定即是通过自身自然的需求将自然元素摄入体内，在生命结束的时候自身被自然分解为元素，从而否定地回归到自然中。但野蛮人毕竟是潜在的理智，"当教化破坏了无机自然足够长时间"，"被压制的无规定性就松动了，毁灭一切的野蛮走向教化"③，这样野蛮人就"处于知性的规定之中"了。具有知性能力的野蛮人在贫乏的自然中形成了"奢靡的享受"，

---

① 根据手稿的结构分为三个结构更为合乎本源，此处亦有学者分为四个级次，如邓安庆和郭东辉。参见邓安庆：《从"自然伦理"的解体到伦理共同体的重建——对黑格尔〈伦理的体系〉的解读》，《复旦学报(社会科学版)》，2011 年第 3 期。郭东辉：《青年黑格尔的思想转折——黑格尔承认理论的发生学考察》，《德国哲学》，2016 年下半年卷。

② Ebd. GW5. S. 313.

③ Ebd. GW5. S. 314.

这使得漫无目的的破坏变成有目的的否定。

破坏中的目的性给予了无规定的否定性唯一的规定性或内容，它使得野蛮人从自然的伦理中脱离出来，成为具有将直观统摄为概念能力的主体。这种人与自然分野的后果是，自然的否定在人自身内部的纯粹统一中发展为绝对的破坏，即愤怒。在概念中，愤怒是"绝对的抽象"和"绝对的直接的冲动"，它表达了作为总体性的人对享受的冲动或欲望。在贫乏的自然中，多样性不是无限的，因而这种冲动必然造成人与人之间的争斗，从而总体性从内部分裂，愤怒在各个主体中蔓延，形成了"无限的不安"。愤怒表明了人格层面的对立或斗争，而无限的不安进一步表明了这种人格斗争的极端情况——个别的人格对另一个别的人格的绝对的压制。

从这里，黑格尔就进入了否定的第二个级次，即法权与人格的否定，它包括抢劫和盗窃、统治与奴役两种形式。自然状态涉及的是人与物的占有关系，而法权状态是人格与人格的"承认的无差异性"，即所有权的关系。因此，对"承认的无差异性"的否定，就是"对法权的伤害，其表现是对承认的真实的否定和对规定性与主体关系的分离"①。这种否定首先表现为抢劫和盗窃。如果否定不仅仅针对客体，而且也针对主体时，这就是抢劫；反之，如果不针对这个主客关系本身时，就是盗窃。因为盗窃仍然承认主体对物的所有权，只不过是偷偷摸摸地将这个所有权的规定性下的客体与主体分离了，客体本身不受这个分离的影响，而法权本身的规定性也得以保留；但是抢劫就纯粹是一种"暴力"

---

① Ebd. GW5. S. 315.

了，它用"强力"和"优势"强行改变了之前被承认的法权关系。它完全不承认主体对客体的所有权，公开地将法权的规定性与主体分离。通过分离，抢劫排斥了主体的普遍性，使得主体停留在特殊性中。而抢劫本身也是一种特殊性，它企图用否定普遍性的办法，使人格与人格的关系在特殊性中持存。

抢劫和盗窃在法权状态中伤害了人格，但只是间接地伤害了人格，它表现为财产的减少，真正说来它针对的不过是个体的"全部人格的物象"。因而，正如黑格尔所说的那样，盗窃和"抢劫仅仅存在于统治关系与奴役关系不存在的地方"，人格与人格在法权和观念中是无差异的和平等的。[①] 但是抢劫毕竟在真实的过程中体现出了个体力量上的差异和不平等，抢劫者将自己的特殊的人格设定为总体性，而把被抢劫者的人格仅仅设定为特殊性。当否定既不针对客体，也不针对主客关系，而仅仅针对主体的人格本身时，统治和奴役就出现了。在统治与奴役关系中，仅仅恢复被掠夺走的东西是无法恢复和纠正人格受到的伤害，因为统治就是对人格本身的压制、奴役和侮辱。和解的办法要么是出于"对整个生命的关心的必要"，双方在斗争中取得平衡以恢复相互承认的状态，要么是人格的肉体的"死亡"或"绝对的征服"。

死亡是不可逆转的和解，因为肉体的死亡不仅意味着个别的人格的彻底湮灭，也意味着对个别人格的恢复是不可能的。如果说死亡是和解，那仅仅是说人格的现实斗争终止了，但是人格本身反而处于无限的屈辱之中。因为施暴者的人格没有从外部得到纠正，那么在观念中，它

[①] Ebd. GW5. S. 317.

就会继续无限地去伤害别的人格或者被别的人格伤害，从而威胁到作为总体性的人格本身。正如黑格尔所言，"双方的否定的总体性影响规定性的无差异性或生命和整个人格"[1]。这样，包括施暴者的人格在内，所有的人格就会遭到彻底的毁灭。为了避免这种彻底的毁灭，否定的级次进入第三级，即名誉的否定。在黑格尔看来，名誉在于"当以规定性被否定时，那么生命或规定性的总体性也受到影响，自身的生命必须被置于危险之中，因为只有这样，对个别性的那个否定才能成为对整体的否定"[2]。通过名誉，个别的人格变成了整体的人格，而个别人之间的否定就转变为对整体的伤害，从而引起"全部人对全部人的斗争"。

　　这种名誉斗争分为两种情况：危险的平等中的名誉斗争和不平等的名誉斗争。所谓"危险的平等"是指，在形式上，为名誉而斗争的双方没有哪一方先验地具有正义性，或者说他们都有各自正当的动机，因而是"最自由的危险"。引起斗争的动机只是一种形式的和可能的东西，"它本身可以被每一个以许多绝对的方式被设定的东西所使用，没有任何事物被排除，也没有设定任何限制"[3]。斗争的结果完全由"被设定和被个体化的暴力"决定，因而双方都有被击败的危险。而不平等的斗争压根"就算不上斗争"，因为"统摄纯粹是在某一边的，而不是从一边摇摆到另一边"，其表现形式是压迫和谋杀。[4] 危险的平等中的名誉斗争是双方都已知晓的斗争，彼此的攻击行为是可以预见的；而不平等的名誉斗

---

[1] 　Ebd. GW5. S. 318.

[2] 　Ebd. GW5. S. 319.

[3] 　Ebd. GW5. S. 318

[4] 　Ebd. GW5. S. 319.

争是完全不平衡的斗争，这不仅仅是指双方力量的不平衡，而是斗争信息的不对称——一方排除了另一方对攻击行为的知晓。黑格尔举出了意大利人暗杀的例子——"意大利人将诽谤引起的宣战作为刺杀的合法性的理由"——说明一方仅仅是名誉诽谤，而另一方却直接抹杀其人格的肉体。这种斗争并不区分名誉和生命，因而在方式上是不对等的。

危险的平等和不平等的斗争这两种情况会相互交替和过渡，一开始可能只是个别人格间为名誉而进行的斗争，但是由于并没有任何限制条件，名誉的斗争存在着向单方面的"简单谋杀"转变的可能性。然而名誉斗争中的谋杀毕竟不同于上一个级次中的统治与奴役关系中的死亡，它是精神的斗争或"神的审判"，因而精神本身必然要求复仇以恢复自身的规定性。个体虽然死亡了，但是家族（或古代家庭）会承担起复仇的责任。个体与他的家族的统一是直接的伦理生命或精神，因而"精神自身为已被杀死的精神创造了身体，这个身体表现为普遍性一般，因为它不再是被杀死的精神的同一个外在表象，精神以命运的方式得以复仇"。对个体的名誉谋杀只是伤害了精神的"肢体"，而作为"躯干"的家族所要做的事情就是对凶手所设定的东西进行颠倒，如此命运的复仇就是"进行统摄的关系被统摄了"①。

家族的复仇为斗争中的"关系的总体性"带来了理性。这种复仇形式带有报应和威慑的双重因素，一方面它是精神和理性的必然要求，从而取消了谋杀的合理性，一方面它会将复仇的效果在意识中传达给凶手——家族具有比个体更强大的力量，并且会不择手段地使用诡计来避

———————

① Ebd. GW5. S. 321.

免力量的平衡——以震慑他的谋杀行为，所以黑格尔说，"在复仇的总体性中，（复仇的）形式必须被设定为绝对的意识"①。由于担心报应和威慑，为名誉而斗争的双方在意识中，"只会进入危险的平等"。通过名誉斗争的环节，在总体性的"统摄的冲动"之下，"名誉受损的人将罪过的个别性完全从自身中拿走了"。总体性进入个体对利益的算计中，他们发现大家或多或少是相同的，而将自身的优势或力量用于其他的"自然必然性"，而不是斗争中。这样，彼此的"敌意"就减少了，"坏良心"和"自我毁灭的冲动"就都被扬弃了，双方"以完全平等的感情放弃了斗争"而回归和平与统一。不法实际上成为个体与总体性的统一的中项。

3. 人伦的悲剧与和解方案的失败

在对形式主义自然法的批判中，黑格尔认识到主观主义的法会带来自然的不法，这使得伦理自然与主体发生分裂，其后果是伦理实体的死亡，从而个体也丧失了自由。《伦理的体系》的和解方案实际上是承接这个批判而来的，黑格尔试图说明在自然的伦理的解体之后，通过不法，个体又重新回归于绝对的伦理之中，以达到个体与共同体和谐统一的状态。也正是由于黑格尔认为主观主义的自由只能带来任性和瓦解作用，所以他在过渡环节的选择上完全摒弃了主观道德的作用，而仅仅寄希望于不法作为中介环节来达成过渡。换句话说，在自然法批判中，黑格尔赋予自然的不法一种分裂性的作用，而在《伦理的体系》中又赋予不法一种统一的作用，试图将这两种相反的作用结合在一起。这种结合面临着巨大的困难：既排除主观自由，又保留主观自由。从结果来看，黑格尔

---

① Ebd. GW5. S. 321.

在这一时期的和解方案失败了。其失败表现在黑格尔最终选择了一种放弃个别性的整体主义方案，而回归到古典的共同体，这无疑是"伦理的悲剧"（die Tragödie im sittlichen）。① 这个悲剧的本质在于主体与伦理实体的二元划分，要么选择主体，使得伦理实体不可避免地丧失于主体的相互斗争之中②，要么选择伦理实体，而将个体性埋葬于总体性之中。

黑格尔选择整体主义方案的原因在于单纯依靠个别人格的力量无法达到整体。在人格的否定级次中，无论是抢劫和盗窃，还是统治与奴役，它们表现的都是霍布斯的"一切人对一切人的战争"的自然状态。③ 在没有利维坦的情况下，主体与主体之间的斗争的结果只能是恐怖与死亡的交替进行。在这种人格的战争状态中，毫无疑问人格与人格之间不存在任何信任和依赖，而只有冷漠和敌对。不法作为中介并不能给予敌对的主体产生联合的契机，而只能加剧这种分离。黑格尔试图通过死亡的威胁来使得一方屈从于另一方，这种屈服并不能带来整体与个体的和解，也不能带来个体对个体的承认，而只能带来个体对个体的绝对压制——一个个体上升为整体而其他个体的人格与自由完全丧失。正如黑格尔在《精神现象学》中谈到的"世界主宰"那样，这个拥有压倒性优势的

---

① Hegel，GW4，S. 458. Vgl. Ludwig Siep，„Der Kampf um Anerkennung. Zu Hegels Auseinandersetzung mit Hobbes in den Jenaer Schriften"，in hrsg. von Friedhelm Nicolin und Otto Pöggeler，*Hegel-Studien Band* 9，S. 163。参见韩立新：《〈巴黎手稿〉研究》，北京师范大学出版社 2014 年版，第 249—250 页。

② 参见邓安庆：《启蒙伦理与现代社会的公序良俗——德国古典哲学的道德事业之重审》，人民出版社 2014 年版，第 388 页。

③ Thomas Hobbes，*Leviathan*，ed. Richard Tuck，Cambridge：Cambridge University Press(1996)，p. 96.

暴力的个人成为"一切现实势力的总和"，成为"一个自视为现实上帝的巨大的自我意识"①。概念意义上的"承认的无差异"状态实际上就破产了：法权状态中人格之间的平等地相互承认就异化为单向度的承认，即只承认主宰具有人格，其他人不过是物。

　　黑格尔希望通过对自然的不法，从自然伦理中分离出具有法权的人格，但是由于并不存在现实制度对法权的保障，人格之间的不法斗争就异化为专制性的恐怖统治。为了避免这种结局，黑格尔引入了"为名誉而斗争"，期望借助家族的力量来遏制单一的个人成长为独裁统治的可能性。在黑格尔眼中，家族是作为精神的总体，依附于其中的个人只是精神的肢体，这使得总体与个体被区分成两极，为总体统摄个体提供了理论上的可能性。而进行统摄的办法在于由于个体害怕其他家族的无限复仇而终止斗争，重新回归到总体之中。这种统摄的办法实际上和第二个否定的级次没有任何实质性的区别，都是一种外在的威慑。区别仅仅在于一个是个体威慑了个体，另一个是总体威慑了个体。在威慑的过程中，实际上个体都放弃了自己的个别性，因而个体与共同体的和解并没有达成。导致这个失败的原因有三点：其一，直观与概念的统摄在方法上并不完善；其二，将不法放在整个体系的第二部分在结构上不妥；其三，方法和结构上的失败反映出黑格尔还没有为和解找到适当的中介。

　　在《伦理的体系》中，黑格尔并没有明确给出统摄（Subsumtion）的定义，但是给出了一段纲领性的文字："为了认识绝对伦理的理念，必须

---

① Hegel，*Phänomenologie des Geistes*，*Georg Wilhelm Friedrich Hegel Werke* 3，Suhrkamp(1986)，S. 358。[德]黑格尔：《精神现象学》下卷，贺麟、王玖兴译，商务印书馆 2009 年版，第 41 页。

将直观完全统摄于概念之下，因为理念本身无非是两者的同一性。"①他可能是从谢林处借用了级次（Potenz）概念，从而将统摄划分为三个级次：其一，将概念统摄于直观，其二，将直观统摄于概念，其三，前两个统摄相结合。② 其基本结构在于理念被分为概念的一方面和直观的一方面，两者相互过渡。③ 从其使用的情况来推测其含义，可能与康德也有关：直观指的是"综合的普遍性或作为整体的直觉"，而概念是指知性"从整体到部分"的运动。④ 无论是从谢林还是从康德的角度，理解黑格尔的直观与概念的相互统摄的关键在于他区分了真实的世界和概念的世界，其目标在于从一侧相互过渡到另一侧，并相互统一。但是这个方法的困难在于说明从真实世界到概念世界的相互过渡是如何可能的，而这恰恰是黑格尔在《伦理的体系》中没有给予论证和说明的。

这个论证的缺失使得黑格尔对不法的分析常常游离于现实的犯罪与概念的犯罪之间，从而混淆了概念与现实。这种混乱的混合论证在一个级次向另一个级次过渡的阶段表现最为明显。在自然向人格的过渡阶段，黑格尔利用了"愤怒"（Wut）概念，试图说明对自然的现实的破坏引起了缺乏，而缺乏在人格心中产生了彼此间的愤怒。如此，对自然的实现的不法就转换成了人格对人格的概念的不法。在人格向名誉的过渡阶

---

① Hegel，GW5，S. 279. See H. S. Harris，"Hegel's System of Ethical Life：An Interpretation"，in H. S. Harris and T. M. Knox ed.，*System of Ethical Life (1802/3) and First Philosophy of Spirit (Part III of the System of Speculative Philosophy 1803/4)*，New York：State University of New York Press(1997)，p. 10.

② Hegel，GW5，S. 279-280. Ibid. p. 12.

③ Ibid. p. 90. Footnote 28.

④ Ibid. pp. 13-14.

段，黑格尔利用"死亡"（Tod）概念，将人格对人格的现实的不法，如抢劫、盗窃、谋杀和奴役等，转换为人与人为了名誉而进行的概念的斗争。显然，这里出现了两次相同方向的转换：第一次由现实过渡为概念，第二次还是由现实过渡为概念。而在对人格的不法阶段则出现了含混不清的地方：一会儿是概念的不法，一会儿是现实的不法，并且没有中介概念帮助过渡。在第二个级次中最应该被说明的地方是愤怒引起的概念的不法如何转为现实的不法，解答这个问题需要构筑人格的内心结构，而这恰恰被黑格尔忽略了。

　　此外，将不法部分放在整个体系的第二部分也有不妥。从手稿的最初情况来看，第二部分的标题"否定或自由或犯罪"并不是由黑格尔本人提供的。[①] 但显然中间这个部分是为了从第一部分到第三部分提供某种必要的过渡。上面已经分析了，从方法上并没有办法得到这种必要的过渡，因为缺乏人格的内心结构。基于这样的分析，不法部分在结构上就无法承担起概念向现实过渡的任务。如果想要达成个体与共同体的和解，除了必须在方法上提供人格的内心结构，还必须在第二部分之外再加上一部分来扭转方法上的不利，即要涉及个体对共同体的认同。但是很显然，黑格尔在《伦理的体系》中没有预留下任何这样的空间。"自然伦理—不法—绝对伦理"的结构是一个"肯定—否定—肯定"的结构，否定到肯定的过渡环节完全是通过畏惧家族的复仇这类威慑性的情绪来达

---

　　① See H. S. Harris, "Hegel's System of Ethical Life: An Interpretation", in H. S. Harris and T. M. Knox ed., *System of Ethical Life (1802/3) and First Philosophy of Spirit (Part III of the System of Speculative Philosophy 1803/4)*, New York: State University of New York Press(1997), p. 11.

到的。这种威慑性的情绪不可能为个体保留下任何的主观自由，也不可能使个体产生对共同体的信任和认同。从第三部分一开始的讨论中，黑格尔也完全没有为个体的主观自由留下任何空间，尽管他谈及了"需要的体系"，但是完全不同于市民社会：《伦理的体系》中的"需要的体系"是一种"物理上的相互依赖性"，是个体生存的前提，共同体的成员的需要是通过共同体而进行分配的。①

从上述方法和结构的失败中反映出黑格尔还没有为和解找到适当的中介：其一是主体的道德，其二是客观秩序如何能够建构起保护主体性的空间和使主体对共同体的认同得到教化。从《法哲学原理》的结构中可以发现，这个中介在于道德和市民社会。道德中介使得主体内心能够建立起道德法，从而使得主体与主体的和解，主体与自在的法的和解有了可能性。而市民社会的中介作用一方面在于提供教化和知识，使得个体可以认识到彼此的普遍联系，另一方面在于为个人的私利与自由留下必要的空间。②

三、《法哲学原理》的方案——法的现实化与和解

在《法哲学原理》中，黑格尔要解决的问题与耶拿时期相比有一些变

---

① 参见邓安庆：《启蒙伦理与现代社会的公序良俗——德国古典哲学的道德事业之重审》，人民出版社 2014 年版，第 380 页。

② 黑格尔找到这样的中介开始于《精神哲学草稿Ⅱ》，参见韩立新：《〈巴黎手稿〉研究》，北京师范大学出版集团 2014 年版，第 253—259 页。

化。耶拿时期的黑格尔主要关注的是如何将个人从自然伦理中释放出来，而后再结合到新的伦理实体中，关键的环节是说明自我意识与个体的生成问题。而《法哲学原理》已然接受了现代性的原则，因而个人自由与作为伦理实体的国家的统一是直接建筑在自由意志的基础之上的。黑格尔将自然法放在抽象法部分，将康德与费希特的道德法纳入进来，成为主体的内在法，而强制法则放在司法和国家部分。

法在黑格尔看来就是自由意志的定在，因而在自由意志发展的每一个环节都有法的定在，譬如在"抽象法章"所谈论的那种定在就是自在的法，而在伦理章的司法环节涉及的就是作为法律的法。（§29）从总的方向上看，各个环节都是自由意志的实现过程，也就是法的现实化过程。但是从具体的环节来看又有不同的偏重："抽象法章"重在说明自由意志特殊化为"主观性的自我规定"（§104 附释），在没有外在的实定法的制约下，特殊意志与普遍意志的冲突会陷入"犯罪——复仇"的恶无限中，因而和解的办法必然转向主体的内在的法中去寻找；"司法"部分强调作为客观伦理的市民社会，"通过作为无限形式的主观性而成为具体的实体"（§144），具有良心的主体在"需要的体系"中通过双重方式发现自己与伦理实体的善的一致性，即通过"陶冶"认识到司法制度保护自己的权益，或者通过法院从客观和主观上纠正自己的不法来达到这种一致性。因而，不法在这两个部分对伦理的作用表现为推动客观性到主观性和主观性到客观性的双向运动。

1. 不法状态：承认的丧失与复仇的特殊性

黑格尔在两个意义上谈论"自由意志"（der freie Wille）：一个是作为法的"确定的地位和出发点"的"精神的东西"（§4），强调自由意志作为实体具有自在的、客观的、普遍的一面；另一个是"作为自我意识的那种形式的意志"(§8)，强调自由意志作为主体具有自为的、主观的、特殊的一面。不法就在于人格以特殊意志为法，而违反了以普遍意志为标准的自在的法(§82及补充)。这一点与"自然的不法"概念类似，强调以特殊性为法的状态是一种不法状态。在抽象法章，不法状态是人格作为法人所处的状态，这其中既没有道德主体所具有的道德律令，也没有伦理状态下的各种现实制度，因而自在的法只是人格的权源和应然的状态。根据特殊意志与自在的法的关系，不法状态可以分为三种情况：无犯意的不法、诈欺和犯罪。"不法意味着对承认关系的妨碍"，随着不法程度的加深，对法的承认和人格之间的承认就逐渐丧失了，法人对自在的法的信任与忠诚也就无从谈起。[1]

在"无犯意的不法"，即"权利冲突"中，特殊意志承认存在着自在的法，但是这种自在的法还只是作为权利根据潜在地存在着。对于它的理解和根据它进行现实的主张，却是由特殊的东西主导的。特殊意志根据自己的利益，认为自在的法是支持自己的，并在这种主张下否定了他人的权利(§86及补充)。正如莫尔所说："如果一个人处于无犯意的不法之中，那么尽管他本质上是承认法的，但其实他是把某种客观上是不法的东西在主观上当作了法。"[2]在诈欺中，自在的法是不被承认的，它仅

---

① Kurt Seelmann，„Hegel und die Strafrechtsphilosophie der Aufklärung"，in *Anerkennungsverlust und Selbstsubsumtion*，Freiburg：Verlag Karl Alber Freiburg/München(1995)，S. 41.

② Georg Mohr，„Unrecht und Strafe"，in hrsg. von Ludwig Siep，*G. W. F. Hegel*，*Grundlinien der Philosophie des Rechts*，Berlin：Akademie Verlag(1997)，S. 98.

仅是作为特殊意志的手段而存在，因而仅仅只是假象。在契约中取得物的所有权有两个条件：一个是"物的内在普遍性"或价值，一个是"该物原系他人所有"（§88）。诈欺就是在假装尊重后一个条件的时候，同时将第一个条件用欺骗的方式替换成主观和任性的意志的要求。这种替换行为本质上是将自身行为的合法性建立在他人的相信或者认同之上，而并没有客观的基础——诈欺者仅仅只将契约中的意见的一致性当作是"这一次单一的行为"，而暗地里隐藏了法权意义上普遍的一致性。[①] 从权利冲突到诈欺的过程中，法人对于自在的法的承认就完全丧失了而沦为以主观任意为法。

第三种不法状态是"犯罪"，即"自由人所实施的作为暴力行为的第一种强制，侵犯了具体意义上的自由的定在，侵犯了作为法的法"（§95）。自由意志只有达到定在才可能被侵犯，因而存在着对所有权和人格的肉体两种侵犯形式。对财产和肉体的侵犯，就是侵犯了固定在这两者中的自在的法。从人格的角度说，实施犯罪的一方本身也是自由意志的定在，那么以犯罪这种不法为法，就是一种"否定的无限判断"，也就是说，犯罪的概念成为虚无。这样的自由意志没有规定性，仅仅破坏包括自身在内的一切。自由意志特殊化的极端就是成为虚无和空洞的东西——不仅仅不承认自在的法，而且也不承认一切。[②]

从第一种到第三种不法，自由意志不断地特殊化，那个最初的自由意志分裂成自在的自由意志和自为的特殊意志。思维把这个差别以最普

---

① Ebd. S. 99.

② Ebd. S. 100.

1819 年 3 月 23 日，卡尔·桑德刺杀戏剧家科策布

遍的方式加以固定，就是绝对对立的正义和犯罪，但实际上这种固定的
存在却以向对方直接过渡为其灵魂。正义通过扬弃犯罪得到彰显，而法
也是通过扬弃不法而实现自身。或者说，犯罪由于其虚无性，它的本质
不在自身的概念之中，而是作为否定的法，其规定性在法的概念之中。
由于这种"概念的必然性"，即最终作为理念实现出来，不法必须被扬
弃。在抽象法章，对不法的扬弃是对犯罪的直接的强制或反作用，其主
要形式是"抵抗暴力"和"复仇"。而自在的法所要求的"惩罚的正义"还只
是一个应然的要求，因为抽象法仅仅是一个法权状态，它还不涉及法
律、法庭和具体的惩罚，所以惩罚的正义还不具有现实的效力，它只能
假借个体或特殊意志之手来表现自己的存在。① 如此，对于自在的普遍
的法的概念而言，"抵抗暴力"和"复仇"都是外在的以特殊性的方式表征
普遍性。

---

① See Dean Moyar，"Consequentialism and Deontology in Philosophy of Right"，in
ed. by Thom Brooks，*Hegel's Philosophy of Right*，Wiley-Blackwell(2012)，p. 27.

"抵抗暴力"是受害者的直接防御，虽然在概念和思维中是对正在发生的不法进行直接的、非反思性的抵御，但是在现实中，由于双方力量的差异，能否成功地抵御不法行为则带有巨大的偶然性，也有可能防卫过度而造成新的不法。"复仇"是对不法的事后强制，是对"强制的强制"。虽然其正义性的依据是一种观念的必然性，或者说自在的法的外在的客观强制，因而是一种报应论的理由。但是它进行"报复"的动机则是受害人的主观意志，这种报复行为只能纠正不法带来的损害，即"肯定的外在的实存"，而并不能恢复法的概念本身，因而是一种威慑论的理由。报复行为同样由于没有客观标准而陷入"不法——过度报复——新的不法"的恶无限中去。①

黑格尔说："对作为法的法所加的侵害虽然是肯定的外在的实存，但是这种实存在本身中是虚无的。"（§97）在外部可以扬弃犯罪带来的损害，但是在犯罪概念自身内部无法被扬弃。因而即使法在外在的一切地方获得恢复，犯罪带来的损失在一切地方被克服，仍然还有罪犯的内心这一处是法的空白，在这里统治着的仍然是不法。如果不区分犯罪的概念和犯罪带来的"祸害"，就会陷入威慑或预防主义的片面性中。仅仅从效果上来克服犯罪，会带来复仇的正义，但是同时也是主观性的正义，是主观性的无限报复，以一种犯罪去强制另一种犯罪，犯罪的效果虽然不断地被克服，但是又不断地被产生，因而犯罪概念本身反而持存。

黑格尔将上述不法状态中承认的丧失与复仇的特殊性所带来的矫枉

---

① See Dudley Knowles, *Hegel and the Philosophy of Right*，Taylor & Francis e-Library(2004)，p. 165.

过正称之为自由意志"返回于自身"的过程："普遍意志在自内映射中是对纯然自为存在的特殊意志的关系的否定。"①这种普遍意志的自我否定带有双重性：(1)普遍意志通过复仇的正义揭示出特殊意志本身不是普遍物；(2)通过否定特殊意志，普遍意志也摧毁了自身存在与发挥效准(Gelten)的地基。换句话说，在抽象法章，客观的自在的法是一种应然，反而主观的复仇的法是一种实然。人格本身是一种排他性的存在者，在自身内并不存在着对彼此信任和忠诚这一类情感，因而对于自在的法并没有任何主观上的情绪要求必然遵守。②

同时也不存在着任何普遍的组织和体系从外部制约人格的任性，自在的法也就因此没有任何制度的保障。所有权作为一种人格关心的只是保护"我的所有权""我的人格"和"我的生命"，在抵抗暴力和复仇的过程中他们不会关注和保护别人的所有权、人格和生命。然而保护一般的所有权、人格和生命是自在的法的概念要求，要使得这个要求在一切个体的人格中成为实然的东西，必须形成主体内部的绝对命令。

因此，依据普遍意志的天意而声张复仇的特殊意志实际上就不再是作为天意的法的直接存在，而是一个在自身之内映射的意志。这个自内映射的意志一方面在自身内部将自己设定为与普遍意志相对立的东西，另一方面它知道，只有当自己的意志被其他个别的意志所普遍承认的时

---

① Diethelm Klesczewski, *Die Rolle der Strafe in Hegels Theorie der bürgerlichen Gesellschaft*, Berlin: Duncker und Humblot(1991), S. 77.

② See Alan Brudner, "Hegel on the Relation between Law and Justice", in ed. by Thom Brooks, *Hegel's Philosophy of Right*, Wiley-Blackwell(2012), p. 187.

候，它的个别意志才有普遍性。① 这反映了道德概念的要求："虽然是特殊的主观意志，可是它希求着普遍物本身。"（§103）譬如，要求"不可杀人"——受害者依据自在的法要求"不可杀人"，这是对他人的要求，当罪犯杀害了受害人，则罪犯面对复仇时也会依据自在的法要求对方"不可杀人"——复仇使得施害者变成受害者，同时使得"你不可以杀人"变成"我不可以杀人"，如此"不可杀人"成为主体的道德"戒律"。通过道德戒律，特殊意志就在内心中获得了一种主观的普遍性，它要求道德主体通过自己的行动来赋予这种主观普遍性以客观的形式。②

2. 重建对法的信任与忠诚

正如上面所分析的那样，随着不法程度的加深，对不法的纠正只能诉诸特殊性，从而引起人格的无限报复。又由于并没有其他的外在制约，对不法的扬弃转而在内心中要求道德法则。黑格尔认为，"为了满足对他人的邪恶、对他人加于自己或别人、全世界或一般人的不法所抱的感情，因而消灭这种包藏邪恶本性的坏人，以期对杜绝邪恶至少有所贡献"，这些行为都出于善良意图，都是善行（§140 附释）。也就是说，出于对他人的恶的厌恶，进而对一切不法的厌恶都是一种善良的意图，这种意图期望通过消除恶来消除不法。而在黑格尔看来，"意志作为主观的或道德的意志表现于外时，就是行为"（§113）。根据善良的意图去行事，就能在外部消灭不法，同时内心也与普遍的法保持一致的状态。因而在概念中，扬弃不法的关键在于消除主体的恶意，反过来说，在于

---

① Vgl. Diethelm Klesczewski, *Die Rolle der Strafe in Hegels Theorie der bürgerlichen Gesellschaft*, Berlin: Duncker und Humblot(1991), S. 77.

② Ebd. S. 78.

在道德中重建良心，重建主体对法的信任与忠诚。

在抽象法通过主体的主观意图上升为主观普遍的道德意志的法的过程中，埋下了恶与良心的根源。黑格尔说："在反思的领域中，伴随着主观普遍性的对立，这种主观普遍性时而是恶，时而是良心。"（§114）主体根据自身的特殊性为自己的行为和目的进行评价：当行为的具体内容加入道德法的形式之中的时候，主体要依据利害关系判断自己的行动"应当"或是"不应当"。恶与良心的分野在于主体对自己的行为的判断是否与自在的法一致，它不同于康德的道德法，康德的道德法并不涉及任何功利和效果的判断，而仅仅停留在对动机的判断中，黑格尔则要求主体对自己行为的判断，因而效果和动机都要加以考虑。恶的根源就在于主体将意志的特殊性当作行动的普遍原则。其自在的形式就是主体将意志的自然性当作自由，将自身的任性提高到普遍物之上，并依据它为行动的原则而为非作歹。诸如情欲、冲动、倾向等意志的自然性本身并非一定就是恶的自为存在，但是如果将它们提高到普遍的规定性的高度，将它们作为行动的原则，这就是恶。①

除了表现为自然意志的恶，形式的良心则是恶的更为隐蔽的形式。在黑格尔看来，形式的良心与自在的恶在抽象的自我规定中有共同的基础。一般说来，良心（Gewissen）也是一种主观性，但并不是任性的主观性，而是在自身内部认识到和确信客观的自在的法，并自觉地遵守这个法。黑格尔说："这一主观性当它达到了在自身中被反思着的普遍性时，

---

① See Timothy Brownlee，"Hegel's Moral Concept of Evil"，in *Dialogue Vol.* 52 (2013)，p. 86.

就是它内部的绝对自我确信（Gewissheit），是特殊性的设定者，规定者和决定者，也就是他的良心。"（§136）但是，如果良心仅仅坚持形式的主观性，那么它就处于"转向作恶的待发点上"（§139附释）。因为尽管形式的良心在自身内部也追求普遍性，但是这种主观的普遍性仅仅是形式的和抽象的东西。或者说，它只是给出了一个一般的行动原则，而缺乏具体的内容。而在实际行动中，真正依据的不过是主体自己确信的主观的东西。譬如，"不可杀人"作为道德戒律是针对一般的普遍情况。但是具体的情况会使这个一般的规律出现二律背反：在保家卫国的战争中杀敌恰恰也是应该遵循的道德戒律。更恶劣的情况是，作恶者反而依据这个空无的形式而宣称自身恶行的相对的正确性。如此，形式的良心就沦为了伪善。

为了消除恶意与重建真实的良心，需要给主观的普遍性注入客观的内容。这个客观的内容来自伦理实体。在黑格尔看来，伦理实体是"活的善"，它通过主体的行动而成为现实的东西，而与此同时，主体的行动也在"伦理性的存在中"有其目的。（§142）换句话说，伦理实体的标准才是主体的行动的客观的原则。那么，主体在主观上按照伦理的要求而行动就是对伦理实体的信任。布朗利说："黑格尔强调伦理本身预设了其成员对它的信任，如果没有这种信任，某套制度就无法使自由的生活成为可能。这种信任有两种形式，即制度性的和主体间的。"[1]而道德章的顶点就在于消除了主体内心的不法与恶意，确立了真实的良心的地

---

[1]　See Timothy Brownlee, "Hegel's Moral Concept of Evil", in *Dialogue Vol.* 52 (2013)，p. 94.

位。这为主体对自在的法与伦理的信任和忠诚提供了可能性。而要在现实中维系这种信任，还需要客观条件：在这个客观条件中，主体"必须能够在参与伦理制度的过程中体验自己的利益得到了'保留和包容'，并且感觉到制度不是对自己的外在强制，而仅仅是表达自己对它的信任"①。

当主体遵循真实的良心而行动时，在外部他就是符合法的自由的存在者，在内部他就对自己的特殊性和任性设定了法则，因而自己是自己的立法者。借由真实的良心，主体就将恶的可能性控制在萌芽中。遵循真实的良心而行动，法就在主体身上达到了主客观的统一，外在的自在的法与内在的自为的法就在良心中结合为自在自为的法，因而也就是自由。但当主体的行为偏离了真实的良心时，则必须由伦理实体对主体进行纠正，并使得主体重新认识到客观的普遍性的权威。这一点只有在司法制度中才能做到。

3. 法在伦理中的实现与二体的和解

在市民社会里，特殊的自由意志和普遍的自由意志的分裂与对立以特殊性原则和普遍性原则的形式保留了下来。所谓特殊性原则是指"具体的人作为特殊的人本身就是目的"，而普遍性原则强调市民社会作为需要的整体具有"普遍性的形式"，因为"每一个特殊的人都是通过他人的中介"，"而肯定自己并得到满足"②（§182）。普遍性原则和特殊性原

---

① Timothy Brownlee，"Hegel's Moral Concept of Evil"，in *Dialogue Vol.* 52 (2013)，p. 94.

② 关于这一点的分析可以参见韩立新：《〈巴黎手稿〉研究》，北京师范大学出版集团 2014 年版，第 28 页。

则的矛盾就具体化为社会财富的普遍增加和分配不均，而正如不法的根据在于普遍性与特殊性的矛盾，市民社会的这种内在矛盾导致了贫困，而这是市民社会的不法的根源。

贫困表面上导致了穷奢极侈、道德败坏和贫病交迫等现象，但是实际上更大的问题在于市民社会的自由表现为通过财富和需要，人格达到自己的定在而实现自身，而贫困恰恰使得人格无法获得定在，自由无法实现。贫困会导致市民社会的形式普遍性的破裂，因为它导致了一个被排斥于这个自由的体系之外的群体。"在社会状态中，匮乏立即采取了不法的形式，这种不法是强加于这个或那个阶级的。"（§244补充）这种阶级就是贱民——从黑格尔的描述来看，贱民的概念包含两点：其一是贫困而不能自食其力，另一个是丧失了从自食其力中获得的"正义、正直和自尊的感情"。其中第二点是贱民的本质，它表现为对财富、社会和政府等普遍物的"内心抵抗"。这种内心的抵抗是一种"卑贱意识"，它"认定国家权力和财富这两种本质性都与自己不同一"①。一方面它只在财富当中意识到了自身的"个别性和享受的变灭性"（Vergangliclikeit），因而在贫困中固守自己贫瘠的精神本质，放弃了从劳动实践的教化中认识普遍物的可能性②，另一方面它视社会、政府和国家等普遍物都是对自己自由的束缚和压迫。所以贱民要么退回到自暴自弃的斯多葛主义者，将普遍物放置在自身之外而置之不理，只在乎自己清高的特殊性；

---

① ［德］黑格尔：《精神现象学》下卷，贺麟、王玖兴译，商务印书馆2009年版，第58页。

② Vgl. Diethelm Klesczewski, *Die Rolle der Strafe in Hegels Theorie der bürgerlichen Gesellschaft*, Berlin: Duncker und Humblot(1991)，S. 210.

要么堕落为暴民，敌视社会和国家，伺机进行犯罪和叛乱。

市民社会的司法体系会顾及"从这种状况和他们(贱民)所受不法待遇的情感中产生出来的其他罪恶"(§241)，但是仅仅依靠司法并不能完全限制贱民的增加和消除贱民对市民社会带来的负面作用，这是市民社会的必然性的矛盾。而贱民也不是马克思意义上的无产阶级，他们是完全陷入自身个别性当中的纯粹特殊性。贱民没有组织，也不会联合，他们对于社会的敌视完全是出于自私的情感，而对于处于相同情况的其他同类，他们是相互冷漠的。所以他们对社会的整体进行的犯罪表现为自己的一己之力的不法，这些不法行为也囊括了"抽象法章"中的不法，譬如盗窃、抢劫、赌博、拒绝义务教育和谋杀等。但是抽象法中这些犯罪行为针对的是个体的财产和人格，而在市民社会中它们伤害的是受害人以及他背后的"整个市民社会的观念和意识"(§218附释)。

司法的目的在于保护普遍的财富不受到不法的伤害，而更一般地说在于保护所有权不受到伤害。在抽象法中，所有权是由特殊的人格以抵抗暴力和复仇的方式自己进行保卫，形式上是特殊性保护特殊性；而在市民社会中，所有权是由社会的整个司法体系保障所有的所有权，形式上是普遍性保护普遍性。因此，总的说来，司法的目的在于以保障特殊的自由的方式，来保障普遍的自由。而犯罪不论是在抽象法部分还是在市民社会中都是个别的和特殊的，因而司法对不法的扬弃就是普遍性对特殊性的扬弃。

司法的普遍性在于它是"作为法律(Das Gesetz)的法"，这个普遍性来自两个方面：其一，它是被自在的法设定(gesetzt)到语言中"普遍有效的东西"，普遍性的第一层含义是立法的普遍性；其二，普遍性要求对法进行言说和公布，普遍性的第二层含义是法律的公开性(§211)。第一层普遍性在层次上比第二层普遍性更高，也更具普遍性，它属于国家的立法权的普遍性，即宪法(Verfassung)的普遍性。"立法权所涉及的是法律本身(因为法律需要进一步规定)，以及那些按其内容来说完全具有普遍性的国内事务"(§298)，因而较之一般的司法，宪法涉及的是公民对于作为最高普遍物的国家的一般权利和义务："个人从国家那里可以得到什么"和"个人应该给国家些什么"(§299)。这种权利与义务的关系的确定在根据上是由国家主权或作为单一性的主体的国家来决定的，但是这只是进行最终决断的国家主权的自我规定(Selbstbestimmung)，因而是完全形式的方面。被决断的内容在于等级及其代表、选民及其议员所进行的讨论和决议，同时也包括公共舆论的意见，这些内容或者具有真理，或者流于特殊性和任性，因而只是立法的补充和被规定的内容。黑格尔说："各等级对普遍福利和公众自由的保障，并不在于他们有独到的见解……部分地在于代表们的见解补充了高级官员的见解。"(§301 附释)这种最高的普遍性与普遍的特殊性的结合与统一是现实了的自在自为的法。在宪法(Verfassung)的统一中，作为自在的法的民族精神、伦理实体的风俗习惯就被书写(verfassen)出来，这种被书写的宪法就是具体的司法的普遍性根据。

此外，司法本身也应该具有公开性，即要求将司法的内容和规定传达到每一个个别意志的意识当中。从外部方式看，这意味着司法首先必须取得外在的形式，即成文法或者关于不成文法的书面的知识；其次得对更为具体的特殊问题作出一般的解释和规定。从内部方式看，法律的语言必须是有理性的人都能明白的语言，同时市民自身要有共同的公共生活，并在其中培养他们对法律的理解和意识，否则"他们诚然有权摆动两条腿，亲身跑去出庭"，但是他们却无法使用这些知识，法对于他们来说只是"外在的命运"（§228附释）。

但是仅仅有法律的条文和体系，法律本身还没有取得自己的"无限形式"，要成为活的、真实的法律，就得有法官和法院。他们是普遍的特殊性，一方面是个体，一方面是法律的主体，要通过自己的理智将自在的法的精神贯穿到法律之中，将伦理实体的真实意志贯穿到审判当中。尽管法律是面向特殊性的普遍性，但是它所处理的事务是完全偶然和繁杂的，案情的杂多表象不可能自动对应到某个法条，而总是必须由具体的个别的有理性的人来进行辨别和归纳，而惩罚的尺度总是在一个范围内确定的，这就得由法官和法院根据经验进行了。如果缺乏这些活的理性，法律就会沦为空洞的条文——要么过于死板导致严酷的惩罚，要么过于宽松而使得冤屈没有完全得到昭雪。

法官和法院毕竟是法律的主观理性，而不能凭借个人任性去处理法律事务，否则就沦为一种不法，使得法律成为专断的东西而完全堕落了。他们应当抛去自己对特殊利益的主观情感，但是"在历史上，法官和法院的产生可能采取过家长制关系，也可能采取过权力或任意选择的形式"（§219附释）。在诸如此类的情况中，法官和法院超过了自身的权力范围，僭越到了立法的环节当中，他们并不改变法律的形式，但是实际上却篡改了法律的内容。要限制这种情况，不仅仅要依靠法官们的个人的德性，还要有客观条件的限制。也就是说，要有一系列的程序来保证法律各个环节的客观性，诸如侦查程序、诉讼行为、专职法官对事件进行归类、证据的呈现、陪审法院、判决前的审议，以及公开审判等。

以上是司法体系的普遍性的来源和构成。当罪犯和嫌疑人来到法庭上的时候，当他身处于这个普遍性的结构和体系之中，他这个特殊性面对的不仅仅是受害人，更为根本的是代替受害人的受害的普遍物。他要在法庭上对自己的所作所为做出陈述，将自己的任性直接地、完全地暴露在普遍性面前。从而由于特殊性的力量的弱小，他完全地拜服于普遍性的权威之下，发现自己的任性并非真理的一方。另一方面，法院从外部实施强制，在证据确凿的情况下对他进行惩罚，从事实的必然性上纠正不法带来的损害，或是责令他直接进行补偿，有时往往为了预防的作用而加大补偿的力度，或是在等价值的情况下用其他的办法补偿。对他的不法进行纠正的正是作为普遍物的法律，因而司法对不法的扬弃是"法律同自身的调和，由于犯罪的扬弃，法律本身回复了原状，从而有效地获得实现"（§220）。综合上面的论述，在司法部分特殊性有一个走向普遍性的过程——从罪犯的任性，到法官的普遍的特殊性，再到司法系统的形式普遍性，最后到达宪法的真实普遍性。

一般说来，法律以强制的办法纠正不法就已经是对普遍性的恢复，但是黑格尔在强制法上不同于康德和费希特的地方在于黑格尔的强制法是依据伦理精神现实化而来的宪法而设定的，而不是依据于共同意志或契约论制造出来的。所以黑格尔的强制法还要求主体的内在环节也要恢复普遍性，这一点表现在罪犯不仅出于法的权威而伏法，而且出于内心对法的确认而认罪，换句话说，罪犯要重新认同自身与伦理精神的一致性。①

那么认罪何以可能？黑格尔认为，"行动只有作为意志的过错才能归责于我，这是认识的法"（§117）。认罪的第一步是归责的可能性：只有罪犯的不法行为和其意志的错误是一致时，他才能被归责。意志的过错不仅仅在于罪犯在动机上是恶的，而意志的主观疏忽也是可以被归责的——主动作为的恶和不作为的恶。第二步是罪犯对自己行为的主观认识："犯人在行为的瞬间必然明确地想象到其行为是不法的"，知道自己是要受到处罚的（§132附释）。这一点是为了判别犯人是否具有足够的理性，如果他本身的理性是不完整的，则在概念中他的存在既不是合法的，更不能是不法的。他应当受到限制，但是这是针对他可能带来进一步损害，而不是因为他是故意犯法的。

客观上的意志的错误和主观上认识到不法，这两点并不必然导致罪犯认罪，而只是为他内心的内疚提供了可能性，这种情绪上的倾向就是认罪的意向（Gesinnung）。当他认识到自己的过错时，他就是一个脆弱的灵魂，自知在道德上理亏，因而总在逃避与法的正面对视。他只是为了逃避惩罚，所以不愿伏法认罪，而隐瞒自己的真实情绪和行为。

促成认罪的意向成为真实的行为也需要一系列步骤。首先是保障罪犯的主观意识的权利，使他有为自己进行辩护的能力，以解除他对于法的恐惧，而不必过分担心受到多余的惩罚。其次在于保障法的程序与仪

---

① Vgl. Diethelm Klesczewski, *Die Rolle der Strafe in Hegels Theorie der bürgerlichen Gesellschaft*, Berlin: Duncker und Humblot(1991), S. 280-281.

式的威严，使得罪犯拜服在法的权威之下，同时唤醒他内在的对法的崇高感与尊敬。再次在于要有一个陪审制度以防止罪犯"赖皮"，陪审法院使得社会的表象有一个具体的实存："陪审团的成员与罪犯都是共同体的一部分，他们分享了同一个伦理实体，陪审团代表了罪犯的灵魂……并满足了'主观性和自我意识的权利'，他们的宣罪对于罪犯而言并非外在之物。"①作为普遍的法的中介，陪审团替罪犯的良心说："我犯了罪。"②作为最后一个环节，犯人的自白或者宣罪对认罪的确认起着三重和解的作用：（1）罪犯自身的法与普遍的法的和解；（2）罪犯与受害者的灵魂的和解；（3）特殊意志与社会的表象的和解。

四、结　语

在黑格尔的体系中，不法理论的作用在于促成个人与共同体的和解，这一点是自始至终未有改变的。黑格尔一方面试图避免形式主义自然法对伦理实体所造成的伤害，一方面又要在这个实体中保存个人的自由，他就不得不采取某种迂回的方法来达成这个目标。不法理论就是这个方法。在不法理论的耶拿早期方案中，黑格尔为不法设定了三个级

---

① Mark Tunick，"Hegel's Immanent Criticism of the Practice of Legal Punishment"，in *Hegel's Political Philosophy*，New Jersey：Princeton University Press(1992)，p. 122.

② Hegel，*Philosophie des Rechts nach der Vorlesungsnachschrift K. G. v. Griesheims* 1824/1825，in hrsg. von Karl-Heinz Ilting，*Vorlesungen über Rechtsphilosophie* 1818—1831 *Bd.* 4，Stuttgart：frommann-holzboog(1973)，S. 579.

次，以刻画"自然伦理——不法——绝对伦理"这个过程。不法所起的作用在于，一方面通过对自然的不法将个体从自然伦理中释放出来而成为原子；另一方面通过抢劫、盗窃、统治，以及奴役这类对法权与人格的不法，来刻画个体与个体之间的普遍的斗争状态，以凸显"总体性"对于伦理实体的必要性。最后，通过为"名誉而斗争"来促成古典家庭或家族对个体的精神复仇。至此，通过不法所造成的后果与其带来的威慑来强迫个体回归绝对伦理。

这个方案由于其整体主义的取向而使得主体淹没于实体之中，因而是"人伦的悲剧"。其失败的原因在于"统摄"的方法有缺陷，以及体系和结构不合理。究其根本在于黑格尔还没有找到合适的中介以在实体中保全主体。黑格尔的不法理论由早期走向成熟的关键就在于从"无限形式的主观性"的角度去把握主体与实体的关系。与耶拿的早期方案相比，晚期的法哲学方案有两点根本性的不同。第一是它吸收了康德与费希特的道德学说的成果，从而使主体有可能重建自身对法的忠诚与信任。第二是市民社会通过两种方式使这个可能性成为现实：其一，通过"需要的体系"，个体和个体之间形成了形式的普遍利益；其二，通过司法体系，包含个体自由的普遍利益得到了现实的保障。其中第二点是更为根本的，它的作用在于使罪犯在内心中伏法，以实现个体与法、个体与个体，以及个体与共同体的三重和解。

第二篇

道德

第六章 | 论黑格尔的伪善概念及主观性问题 *

黄志军

自近代哲学以来,主观性是切入哲学基本问题探讨的一个核心范畴,与此相照应的是,如何安置主观性则关涉对哲学基本问题的解决。那些试图构建主客观相统一的学说,是诸多哲学家的理论理想。如果说黑格尔完成了这一理想,那么青年黑格尔派,如鲍威尔和马克思等人则又解构了"统一"的方案。可以说,以何种方式对待主观性决定了他们的哲学基本性质和把握时代及其精神的基本方式。就 20 世纪 80 年代以来的中国而言,主观性问题在历经了人道主义、实践唯物主义等思想启蒙之后,对社会变革和精神塑造起了非同寻常的作用。但问题也随之而来,主观性的过

* 本章已发表于《山东社会科学》2020 年第 1 期。

度泛滥也对客观的社会准则和伦理精神造成了明显的震动和扭曲。从客观伦理压制主观意志，到客观伦理淡出、主观意志凸显，进而到主观泛滥、客观隐匿，这一主客观的转变过程是对时代进程的反映，同时也对社会的发展起着规范作用。于此，深入反思处于时代境遇中的主观性问题就成了现代哲学研究的重要任务。

在这个意义上，我们通过"伪善"范畴这一思想通道，来进一步探讨黑格尔和马克思对主观性的理解。选择黑格尔的伪善概念作为讨论的基点，不仅仅是因为他对伪善提出了深刻而独到的见解，尽管以往的研究大多仅局限于此，更重要的原因在于黑格尔把伪善视为主观性这一范畴实存的极致形态，因而对伪善的研究是理解主观性问题至为关键的环节。深入学理之中，对黑格尔和马克思的伪善概念进行探讨，是反思主观性的重要途径。由此，我们主要围绕《精神现象学》和《法哲学原理》中黑格尔对伪善的研究展开讨论，一方面早期黑格尔在《精神现象学》中重点揭示了伪善赖以存在的客观根据，即道德与自然之间的矛盾，或者说是感性对道德的倒置，并提出扬弃伪善的任务，另一方面晚期黑格尔在《法哲学原理》中把伪善视为道德法向伦理法过渡的关键环节，进一步揭露了"伪善"作为主观性的顶峰状态向客观伦理转化的客观逻辑。众所周知，黑格尔的这一理论努力在青年黑格尔派那里灰飞烟灭，说到底是其理论的内在矛盾使然。在此基础上，我们以马克思借助于感性世界这一理论地基对伪善所做的批判，进一步提出探讨主观性的重置这一任务。

一、伪善的形态——善与恶的颠倒

通过考察可以发现，把伪善视为一个哲学概念是近代社会以来的事情。伪善一词源于希腊文的"hupokrisis"，带有"戏剧表演""拟制""模仿"等含义。因此，它起初并不具有贬义，而是一个中性的表达，甚至有时具有褒义，比如演员演得"好"，事实上是"伪"的像。但这只是"伪"的层面，还没有深入对作为善恶颠倒的伪善进行反思。在西方哲学史中，康德是第一个明确将虚伪和伪善置于一切其他恶行（如偷盗、抢劫、凶杀、奸淫等）之上而视为人性之"根本恶"的哲学家。①当然，康德是以自由意志为地基来考察伪善的，即他是以主观意志的自我主张为根据的。也正是在自由意志的意义上，伪善才被近代以来的哲学纳入主客观的基本问题域中。康德的这一独特理论框架超越了关于人性善恶的无休止纷争，直接将人的本性视为自由②，进而重新奠定了探讨伪善问题的地基。可以说，以上论述构成了黑格尔伪善概念的时代背景和观念根基。

以主观意志的自我主张为形式规定，进而对善恶进行颠倒，是近代以来伪善概念的基本特征。就此，黑格尔认为："伪善须再加上虚伪的

---

① 参见邓晓芒：《康德、黑格尔论伪善》，《德国哲学》，中国社会科学出版社 2007年版。

② 倪梁康教授认为："最一般地说，任何一种伪善得以成立的最基本前提是本性之善的缺失和人为之善的存在。"他指出所谓本性之善即是先验的，与主体内心良知有关的道德意识的起源，而人之为善即是后天的，与普遍政治法则相关的社会伦理意识。参见倪梁康：《论伪善：一个语言哲学的和现象学的分析》，《哲学研究》，2006 年第 7 期。从康德的意义上来说，如果先验的确定人之善恶本性，也就无所谓伪善了，因为伪善的发生是基于自由意志的行为和选择的结果。这一点不是无关重要的。

形式的规定，即首先对他人把恶主张为善，把自己在外表上一般地装成好像是善的、好心肠的、虔敬的等等。"①简言之，所谓伪善是自由意志这种主观性出于各种理由对善与恶的颠倒行为，而且他能为这种颠倒找到任何理由。在此，他非常强调恶本身不是伪善，善的对立面也不是伪善，而是自由意志对自身的恶之行为采取了善的形式或外观。对于伪善来说，恶构成了伪善的实在内容，而善则是披在这种恶外面的"糖衣"罢了。在黑格尔看来，自我意识必须"自知"恶自身，无知和不知都不能成为赦免恶之行为的理由，因为"不把恶的行为作为恶而归责于他，那就等于不把人按其概念的尊严来处理了"（§140）。所以，按照这种逻辑，任何伪善的行为都应该予以惩罚、追责。当然，自我意识的主观性不会把自身暴露在光天化日之下，宣称自身为恶。这样的话，它们所遭受的惩罚便来得太容易。

如果说黑格尔继承了自康德以来对伪善的基本规定，那么他通过对伪善形态的研究则进一步批判了康德的理解。与康德一样，黑格尔认为伪善的第一种形态是盖然论的，即道貌岸然式的伪善。他的原则是："只要行为人能替某种行为找到任何一种好的理由，无论这种理由只是某一神学家的权威，而且行为人也知道其他神学家对这一权威的判断在意见上有极大分歧，这种行为就是许可的，行为人也可感到心安理得。"（§140）有时候自我意识即使认识到了这种盖然性，行为人也会感到心安理得，因为至少有一个理由靠得住即可。显然，所谓道貌岸然式的伪

① ［德]黑格尔：《法哲学原理》，范扬、张企泰译，商务印书馆1961年版，第140节。后文都以这个版本为准，如有引用只在正文中标注节。

善便是指行为的真正动机在于主观任性，但它偏偏要将它说成是有客观根据的，不管这种客观根据有多少，来自哪里，反正有了这一外在的根据，它便可以免责。于是，正像康德所说的那样，自我意识随便可以打着道德的旗号为自己的感性需求服务。然而，盖然论的形态是伪善较为初级的阶段，因为它还没有把自己的主观性看作是自我决定的原则。

与康德对伪善的理解仅停留于此不同，黑格尔进一步认为第二种形态即是隐晦于心的伪善。为什么康德只能看到盖然论的伪善，而没有深入隐晦于心的伪善？在黑格尔看来，因为康德的伦理学正是这种隐晦于心的伪善，他就是这种伪善自身的代表，即强调主观的善良意志动机，混淆主观臆想与现实行为之间的界限，为了世界和平便可以不择手段，甚至是摧毁整个世界，"主观意见终于被宣示为法和义务的规则"（§140）。与第一种形态从外在于自身的权威为自己的行为寻找客观理由不同，这种隐晦于心的伪善则把理由置于内心的善，即主观动机的善或善良意志。显然，这是更高一层次的形态。在此，自我意识把善良意图视作行为的本质，不管所作所为在其他规定看来是多么的邪恶和不堪！在这里，善是抽象的善，而行为则是特殊意愿的感性欲求。也就是说，可以把随便什么内容塞给抽象的善，进而主观认定这种内容就是善的。黑格尔认为，如果把这种原则贯彻到底的话，那么善恶的区别便也会随之消失。因而所谓"只要目的神圣，可以不择手段"这一命题便显得格外庸俗和毫无意义。

按照在《法哲学原理》中黑格尔对三种伪善形态的逻辑演进来说，第一种伪善形态没有把主观意见视为作出自我决定的原则，而是把外在的某种权威视为根据，而在第二种伪善形态中，主观意见终于亮出了自我主张，把自身宣布为法和义务的规则，因而第三种伪善形态即是前面两种形态的合题，即它所采取的是主观意见和客观理由的统一。这是一种更高级的伪善。在这里，它赋予主观意志以一种客观的法则，或者说将主观意志视为一种普遍性的法则，比如信念这样的东西。其实，这是康德的贡献也是他的局限，一方面他使主观动机接触到了这一客观伦理，但另一方面他又仅仅把它限制在主观性之中。于此，黑格尔尖锐地指出，这样一来，某种伦理具有客观性的假象也就完全消失了，这其实是康德伦理学中存在的道德和自然之间的矛盾的必然结果。因为这种伪善的原则在于："在行动中所抱的善良意图以及我对这一点的信念，就可使我的行为成为善的。"（§140）这是一件更为危险的事情，因为主观任性可以把任何或真诚或虚伪的信念作为原则，并确信自己忠诚于这种信念，使他成为自己所履行的义务的唯一尺度，进而为所欲为。

从消极的意义上来说，这种伪善是对伦理之客观性在程度上最为深刻和最为激烈的侵犯，必须予以扬弃，否则主观性便会坠入深崖，自我摧毁。从积极的意义上来说，主观性在这里找到了一种新的或正确的归宿，那就是将自身置于伦理的客观性之中，试图在自身的主观意志和客观的善之间搭建一个桥梁，尽管它内部所包裹的是主观意志的感性欲求。

二、伪善的根源：自然与道德的倒置

以上论述说明了伪善的三种典型形态及其内在的逻辑结构，那么进一步要追问的是伪善的根源何在呢？黑格尔认为，良知作为形式的主观性是道德心与恶的共同根源。"恶的根源一般存在于自由的神秘性中，即自由的思辨方面，根据这种神秘性，自由必然从意志的自然性走出，而成为与意志的自然性对比起来是一种内在的东西。"（§139）这里，黑格尔给出了理解恶的根源的基本理解。但是尽管伪善必然是恶的，但恶的不一定是伪善的。所以，要理解伪善的根源必须再往前走一步。也就是说，恶是出自意志的自然性，但是伪善却是出自意志的这种自然性与必然性之间的对立，并且试图以必然性来掩盖或消弭这种自然性。这才是伪善之根源。所以，我们在探讨伪善的根源的时候，就必然地要回到道德与自然之间的矛盾，即黑格尔的道德世界观，或者说是黑格尔对康德道德世界观的批判当中。实际上，也只有揭露道德与自然之间的内在矛盾，揭露道德和自然之间的倒置才能进一步理解伪善之根源。由于在《法哲学原理》中，黑格尔并没有对此做充分的说明，所以深入这一探讨的任务必然要求我们回到黑格尔的《精神现象学》，特别是它的第六章"精神"章的道德篇当中去。

事实上，我们可以把何为伪善的根源转化为主观意志的特殊性为何总是要以道德意志的普遍性作为自身的根据这一问题。在康德那里，他的道德世界观是一种悖论性的。这个道德世界观由道德的自在自为存在与自然的自在自为存在的关系构成，康德对此作了如下两个规定：一方面假定自然与道德是彼此漠不相关和各自独立的，即道德与自然的二元论；另一方面又假定道德是本质性的存在，而自然却没有独立性存在的资格，即它不是本质性的。换言之，道德才是本质，而自然是现象而已，这又成了他道德世界观的一元论。问题在于，道德要实现出来就必须通过自然这一维度。这是康德道德世界观的根本矛盾所在，由此黑格尔紧紧抓住了康德的这一矛盾。那么何为自然？康德对道德与自然的关系有两个公设，即作为世界终极目的的道德与客观自然的和谐，与作为自我意识本身的终极目的的道德与感性意志的和谐。从这里我们可以看出，自然一方面是指客观的自然，即自在存在意义上的自然，另一方面又是指意识的自然，即自为存在意义上的自然。对于主观意志来说，第二种自然才是其本质性的维度，黑格尔认为："这种自然，这在意识看来是属于意识的自然，乃是以意愿的形态、作为冲动和情欲而出现的感性，而感性自为地有着一种为它自己所固有的特定的本质性，也就是说，有着个别目的；因此它是与纯粹意志和它的纯粹目的相对立的东西。"①由此，进一步处理道德与自然的和谐问题，就应该深入到意志的自然当中。换句话说，康德意义上的纯粹道德是不存在的，那种出于纯粹的道德义务使自然回到它自身的任务不可能完成，因为现实的道德必须面对道德与自然之间的冲突，或者说只有将意志的自然纳入道德自身并确认它时，纯粹的道德才转化为现实道德。

在完成的道德世界观中，纯粹义务和现实得到了统一，它们都同时作为一个环节被安置在其中，各自都成为被扬弃了的东西。黑格尔认为这种道德世界观里的意识，一方面总是有意识地创造自己的对象，到处按照根据进行推理，设定它所创造的对象性本质或客观本质，这种意识"它知道客观本质即是它自己本身，因为它知道它自己即是产生对象的

---

① ［德］黑格尔：《精神现象学》上卷，贺麟、王玖兴译，商务印书馆 1997 年版，第 128 页。

那个能动的东西(das Tätige)"①。但另一方面，它又不安于这种宁静，意识总是把它自身的对象设置在自身之外，当作一个彼岸来看待。因此，道德世界观里充满了由此生发出的各种矛盾。这些矛盾正是以倒置或颠倒的方式出现的(Verstellung)，是意识带有欺骗性的运动。就第一个公设而言，即道德与自然的两相和谐，本来呈现于意识中的情况是这样的，即道德被当成现成的东西，而现实则被认定为与道德不和谐。但是，在行动自身之中，道德仅仅呈现为一种行动意识，而真正现实存在着的是行动自身。所以，道德与自然的位置出现了颠倒。第二个公设，即道德意识与直接在其自身中的自然亦即感性的和谐。一方面，道德自我意识把自己的目的就设定为纯粹的，进而是与欲求和冲动无涉的东西，进而感性的目的在这里被清除掉了；另一方面，道德意识要使自己实现出来，就必须要借助刚刚被清除掉的感性，因为这个感性正是纯粹意识与现实之间的中介，纯粹意识要将自身实现出来，就必须借助于冲动、欲求这样的感性工具。在此，道德意识和感性的位置又发生了倒置，感性又非本质性地变为了本质性的存在。

这后一倒置是非常重要的，因为感性在这里获得了自身的确定性，击穿了纯粹道德对它的包裹。同时，感性也在意识当中被承认，以致超越了道德意识自身，"因为感性是一种自然，这种自然本身中就有它的固有的规律和弹簧；因此不能认真地把道德看作冲动的发动弹簧、欲求的调整尺度。因为，既然冲动和欲求都有它们固定的规定性和独特的内

---

① ［德］黑格尔：《精神现象学》上卷，贺麟、王玖兴译，商务印书馆 1997 年版，第136 页。

容，那么与其说它们符合于意识，倒不如说意识符合于它们；而这后一种符合，乃是道德的自我意识所不可以做的"[①]。但即使如此，感性仍然不能居于道德之上，宣称自身的独立性和本质性。因为道德在道德意识中由感性所激发，因感性的制约而产生，所以它非常不满足于这种关系，即道德自身只是作为自由意志的偶然结果，这是道德所意识到的自身的不完满性，它要把它与自然和感性的肯定关系倒置过来，进而在与它们的否定关系中实现自己的本质。显然，感性在其中扮演了举足轻重的作用。感性使纯粹的道德变得不纯粹了，同时也使道德在具体的行为中陷入困惑。

事已至此，道德最终发现它所追求和坚守的真理性原来是一个假冒的真理性。它既要保持自身的纯洁性和完满性，又不得不借助于冲动和欲求这些感性中介将自身实现出来。当道德自我意识怀着厌恶的心情逃回自身时，它又受到纯粹良心的鄙视，"可是它又不能不始终用这个假冒的真理性混充它的真理性，因为它不能不一方面把自己表述和呈现为对象性的表象但同时又明明

黑格尔的画记载着黑格尔的个人献词：我们的知识只是认识，知道我的人是由我的这句名言才认识我的吧！

---

① ［德］黑格尔：《精神现象学》上卷，贺麟、王玖兴译，商务印书馆 1997 年版，第 140 页。

知道这样做只是一个蒙混、颠倒。它因此事实上就是伪善，而且对于上述颠倒蒙混所采取的那种鄙视态度，已经就是伪善的初步表现"①。由此看来，伪善的根源不在于恶自身，也不在于感性，而在于道德意识在面对冲动和欲求等感性时所发生的意识错乱和颠倒。道德意识所要求的纯粹必然会导致对感性的否定，而要使自身的这种纯粹得到完满，感性这个中介又必须在场。从这个意义上说，扬弃伪善就不得不正视感性，不是羞羞答答，不是遮遮掩掩，而是光明正大让它立足于现实世界中，首当其冲的就是要戳掉套在道德自我意识头上的那顶闪闪发光的皇冠。

三、扬弃伪善：主客观的和解

对伪善之根源的揭示表明，伪善在自我意识的成长中是一种必然，而且随着道德世界观中道德和感性之矛盾的进展，意识越来越倾向于返回自身当中，将自身打扮成优美的灵魂，凭着良心随心所欲、心想事成。"良心因而就凭它凌驾于一切特定法律和义务内容之上的至高尊严而把随便一种什么内容安置到它的知识和意愿里去；良心就是这样一种创造道德的天才……"②于是，这种道德的天才即优美灵魂返回自身，孤芳自赏，静观自身的纯洁，这样它就不承认任何内容，并且对一切被规定的东西作出绝对否定的姿态。因而它害怕行动，因为行动会造成它

---

① ［德］黑格尔：《精神现象学》上卷，贺麟、王玖兴译，商务印书馆 1997 年版，第146 页。

② 同上书，第 164 页。

自身的局限性。怎么办？这种优美的灵魂只好而且只能在语言中表现自己，以防止感性世界的侵扰，其现实表现即伪善的最高形态便是讽刺。

要扬弃伪善，就必须历经讽刺这一主观性的最高形式。显然，黑格尔并不是在柏拉图或苏格拉底的意义上使用讽刺（Ironie）一词。因为在他们那里，讽刺既不是嘲笑，也不是伪善，而是一种思想的助产术，一种谈话的方式，通过这种方式使人们趋向真正的善，领会和理解普遍的理念。但是，在黑格尔这里，讽刺是自我意识的优美灵魂的最高伪善形态。这种讽刺意味着"事物说不上是优越的，我才是优越的，才是规律和事物的主宰者，我可以玩弄它们，如同我玩弄我的偏好一样，而且在这种讽刺的意识中，我使最高的东西毁灭，而沾沾自喜。这种形态的主观性不仅使权利、义务和法的一切伦理的内容变成虚无——它就是恶，甚至是彻头彻尾的普遍的恶，——而且还加上它的形式是一种主观的虚无性，它知道自己是缺乏一切内容的虚无，并在这种知识中知道自己是绝对者"（§140）。至此，自我意识之主观性已经无敌了，没有了任何对立面，更何患感性世界！这种缺乏内容的绝对者也是堕落者，是袖手旁观、指指点点的小人罢了。

在貌似伟岸、真理附身的这种主观性中，它已悄然产生了对客观性的渴求，黑格尔指出人们宁愿贬低自己而在客观性中降为奴仆，完全依附，为的只是摆脱空虚性和否定性的痛苦。主观性自身由此在心态上经历了大喜大悲、过山车式的转变和过渡。那么，如何才能扬弃伪善？如何处理伪善中出于感性目的的行动与义务感和良心之间的不一致性呢？

通常的看法是，伪善本身并不是不承认义务和德行，只是以义务和德行的普遍性来掩饰它自身的特殊性欲求罢了，所以，伪善在本性上是尊重义务和德行的，因而伪善内部就不存在不一致的情况。黑格尔认为，这种看法并不能解决伪善的不一致问题，因为当它口头上承认义务和德行的时候，事实上就已经放弃了这种承认并且返回了自身，即返回了自身的行动当中，仅仅抱住感性不放，是对道德的真正蔑视，而非承认。此外，黑格尔深刻地意识到伪善中所蕴藏的不一致性，既不能通过恶的意识片面坚持自身而达到一致性，也不能通过普遍意识的判断而达到一致性。一方面，因为如果恶的意识片面地坚持自身，进而否认自己违反义务和德行，把恶自身说成是符合自己的内在规律和良心，从而保证这种一致性，那么其他的意识也能这么干或者不承认这种保证，这样的话，这种保证就缺乏普遍性，就是无效的。反过来说，如果意识完全招认自身是恶的，也就是说它承认它是在按照其内在的规律和良心行事，那么这就不是伪善，也谈不上是在揭露自己的伪善。"因此当一个人说他依照他自己的规律和良心来对待别人的时候，他事实上是在说他虐待别人。"①因为这种规律和良心其实就是意识的个别性和任意性，而不是什么普遍的被承认的义务和道德，否则它就无须招认。进言之，在康德看来，一个刻意说自己罪该万死的人，以此来表现自己的虔诚和博取上帝的怜悯时，他不仅没有扬弃伪善，反而是一种隐藏得更深的伪善。另一方面，如果普遍意识坚持自身的判断，只是从自身立场和根据自身来斥责伪善，那么这和恶的意识同样根据自己的规律坚持自身无罪一样，两者都是依据自己的规律来判断和行事，这不仅不能说明孰优孰

---

① ［德］黑格尔：《精神现象学》上卷，贺麟、王玖兴译，商务印书馆 1997 年版，第 169 页。

劣，反而会使恶的意识自身的规律获得与普遍意识一样的合法性和自为存在的权利。这样的话，真是得不偿失！所以，如果恶的意识和普遍的意识都固执各自的坚持，那么伪善是不能被扬弃的。

由此，在意识自身的历史进程中，伪善的扬弃需要借助于善的普遍意识与恶的意识之间的和解，需要双方各自抛弃自身的固守性。对于已付诸了行动的恶的意识来说，精神将其撤销，把它收回到自身当中去，而行为中的个别性方面则是可以直接消逝的东西。对于善的普遍意识来说，它也必须做出改变，即必须抛弃它的片面的没有得到承认的判断，"它对前一意识所表示的宽恕，实际上就是它对自己的放弃，对它的非现实的本质的放弃……并把那曾被称为恶的东西——行为在思想中曾取得恶的东西这一规定——当作好的东西予以承认"①。于是，双方在这里握手言和，达成和解。这样的结局看似有些不太现实，但当它们经历了上述斗争如固守、招认等活动之后，它们都将作为善迈向客观性这一整体进程中的一个环节而和解。

黑格尔对和解作了如下辩解："和解这个词就是这样一种实际存在着的精神，这种精神在它的对方中，亦即在作为绝对存在于其本身的个别性的那种纯粹自身知识中，直观地认识到作为普遍本质的那种纯粹自身知识，——这种精神就是一种相互承认，也就是绝对的精神。"②也就是说，善的普遍意识、义务与道德的意识此时放下身段，并且深入那感性的世界中，即在自身的对立面中才能发现进而确立自身真正的普遍

---

① [德]黑格尔：《精神现象学》上卷，贺麟、王玖兴译，商务印书馆 1997 年版，第176 页。

② 同上书，第 176 页。

性。此时，感性获得了善的普遍意识的承认，它不用再为自身的个别意识即恶的意识寻找理由，不用再向善的普遍意识保证、许诺，甚至是招认，因为善的普遍意识给予它行为的地盘。简言之，感性，意识的自然、冲动和欲求在这里终于可以获得安宁，不用再为获得自身而伪装。但和解也就意味着这种感性是被扬弃、提升过的感性，而不再是那个为所欲为、心想事成的感性了！那么，如何评价黑格尔在意识中促成的这种和解呢？有承认者，亦有指责者。但问题在于，无论和解成功与否，伪善是时候该扬弃自身迈向真正的善了，即善与主观意志的具体同一。

四、重置主观性：感性世界的恢复

在自我意识的成长中，特别是在伪善这一环节，是主观性"闹得最厉害"的阶段。因此，如何安置主观性就成了黑格尔扬弃伪善，进入真正的善即伦理法阶段的关键。可以说，在这一问题上，黑格尔体现出了他作为辩证法大师的真正本质。其基本框架是，在客观的伦理法中，伦理性的实体对于主观性而言是绝对的权威和力量，国家作为伦理理念的现实性，是在世间行进的神，因而作为主观性之体现的个体，只有把自身当作是国家的一个环节时，才具有客观性、真实性和伦理性。至此，黑格尔似乎要将主观性推进黑暗之中，并死死地将其按在地上，使这种主观性处于绝望和虚无之中。

但是，这显然不是黑格尔的"套路"。他要做的事情是解放主观性，只不过是在义务中才能获得解放。在他看来，客观伦理所规定的义务所具有的约束力，仅对无规定的主观性、自然意志的冲动以及由任性而来的道德意志的冲动等才是限制，对于经历了客观伦理陶冶的主观性则不仅不是限制，反而是一种解放的力量。在这里，主观性摆脱了对赤裸裸的自然冲动的依附状态，也摆脱了主观性在道德反思中所陷入的受压制状态。同时，主观性还摆脱了他的无规定性状态，即缺乏现实性，没有达到定在，也没有达到行动的客观规定性的状态。因此，"在义务中，个人得到解放而达到了实体性的自由"（§149）。事实上，这种个人的实体性自由是要到国家那里才具有真正的现实性，"现代国家的本质在于，普遍物是同特殊性的完全自由和私人福利相结合的……所以普遍物必须予以促进，但是另一方面主观性也必须得到充分而活泼的发展"（§260）。而且主观性即自由意志要与普遍物即国家都要保持强势，国家才能被视为一个真正意义上的伦理实体。黑格尔就是如此周全地安置着主观性。在这里，主观性似乎又看到了光明、未来和前程。

显然，必须要看到黑格尔的这种努力及其积极意义，他不仅给予了主观性以如此高的地位，而且还给予这种地位以国家为前提的保证。似乎在这里，一切都变得安宁了、平静了。但是，这种情况并没有延续多久，黑格尔所构想的这一切，特别是对主观性的安置受到了青年黑格尔派的激烈批评。为什么会出现这样的情况？是黑格尔对主观性的安置有问题吗？还是青年黑格尔压根就不理解黑格尔的用意？还是出于一种外在的现实需要即批判普鲁士制度的需要？这些因素可能都存在，但最为核心的问题是青年黑格尔派重置自我意识的欲求远比黑格尔要强烈得多，其立场要比黑格尔激进得多。

众所周知，以鲍威尔和马克思为代表的青年黑格尔派对主观性的重置，开启了否定黑格尔的主观性安置方案。最先对黑格尔的方案发难的是鲍威尔。他对黑格尔关于实体与自我意识的关系进行了倒置，这一倒置的结果是自我意识成了决定性的要素。因此，所谓鲍威尔对黑格尔实体的消灭不是一般意义上所理解的清扫实体，而是将实体放到自我意识之下，看作自我意识的附属物，进而确立了自我意识的支配地位。但鲍威尔的解决方案是失败的，原因在于他仅把自我意识当成精神领域的事情，进而与人自身割裂开来，而不是奠基于人的感性世界中，所以在无法跨出精神领域的同时，他一不小心又退回到了精神的"黑洞"之中，这一点与黑格尔相比，有过之而无不及。至少黑格尔还曾经或始终惦记着那感性的世界，尽管这种感性世界常以精神的纠缠者面世。"或许只有从现实的感性世界出发的探讨，才能真正克服伪善，推动人类道德的进步。"①这样的提示是有益的，但很少被青年黑格尔派的成员认真地对待，而马克思正是沿着这条正确的道路找到了重置主观性的方案。

在马克思看来，通过自我意识的自身运动来扬弃伪善只能是一场幻想。他说："意识的一切形式和产物不是可以通过精神的批判来消灭的，不是可以通过把它们消融在'自我意识'中或化为'怪影'、'幽灵'、'怪想'等等来消灭的，而只有通过实际地推翻这一切唯心主义谬论所产生的现实的社会关系，才能把它们消灭；历史的动力以及宗教、哲学和任何其他理论的动力是革命，而不是批判。这种观点表明：历史不是作为被称为'源于精神的精神'消融在'自我意识'中而告终的……"②这一对

---

① 王强：《论伪善的道德形而上学逻辑及其演进》，《哲学研究》，2013 年第 8 期。

② ［日］广松涉编注：《文献学语境中的德意志意识形态》，彭曦译，南京大学出版社 2009 年版，第 52 页。

德意志意识形态的批判，其首要的目标显然是针对鲍威尔的自我意识学说而言的。再明确不过的事情在于，诸如伪善这样的精神困境不是通过精神的批判就能扬弃的，其唯一的办法只有实际地推翻产生这一谬论的现实社会关系方有可能。也就是说自我意识的学说不是终点，意识的真正终点在于意识赖以存在的那个感性世界，即一定的物质环境、一定的生产力总和以及一定的生活条件。

在这个意义上，我们可以看到马克思对"伪善"一词的使用或批判都是基于感性世界而言的，他既没有在自我意识的意义上来谈伪善的起源，也没有在客观伦理的规范下来谈伪善的克服，而是转换到了感性世界的语境中来看待伪善的表现及其扬弃。在早期作品《第六届莱茵省议会的辩论（第一篇论文）》中，马克思指出："起败坏道德作用的只是受检查的出版物。最大的罪恶——伪善——是同它分不开的。"①他在此明确指出伪善作为最大的罪恶与现实的普鲁士书报检查制度下的出版物具有密切的联系，这种书报检查制度代表的是资产阶级对社会关系的绝对统治，而受检查的出版物则要以伪善的方式迎合这一统治。因此，马克思从一开始谈论伪善便是在感性世界的语境中进行的。特别是在《1844年经济学哲学手稿》中，马克思更是青睐于这种感性世界，如感性的外部世界、感性的形式、感性的展现、感性的丰富性等。简言之，在那里，马克思所要揭开的正是被资产阶级伦理道德，准确地说是由其理论代理人即国民经济学家所遮蔽的人的感性世界。以感性的人的生命活动回应国民经济学家理论的伪善是一种直接的方式。

---

① 《马克思恩格斯全集》第1卷，人民出版社1956年版，第78页。

　　马克思（与恩格斯合著）使用"伪善"一词最频繁的作品应该是《神圣家族》，一共有 16 处之多。比如他批判鲍威尔对犹太精神的批判时指出："因此，鲍威尔先生就没有发觉，现实的世俗的犹太精神，因而宗教的犹太精神，是由现今的市民生活所不断地产生出来的，并且在货币制度中获得了高度的发展。他之所以不能发觉这一点，是因为他不知道犹太精神是现实世界的一环，而只把它当做是他的世界即神学的一环；是因为他作为一个上帝的虔诚信徒，把现实的犹太人不是看做进行日常活动的犹太人，而是看做安息日里的伪善的犹太人。"①言外之意，鲍威尔将犹太人的精神仅视为神学世界的因素，而没有看到它所赖以立足的感性的市民生活，没有看到这种犹太精神本身就是现实世界的一环。因而，鲍威尔不可避免地把犹太人理解为那个大写的存在安息日里的犹太人。在整个《神圣家族》中，马克思批判鲍威尔把自我意识看成是一种实体，并指责他把自我意识同人割裂开来。所以，对于鲍威尔来说，所谓伪善及其扬弃仅是意识的环节，仅是意识领域的变革。而马克思正是在这里，在把伪善的根源奠基于感性世界的这一点上超越了鲍威尔。

　　这一批判方式的根本转变，使得马克思把整个资产阶级社会及其文明看作是伪善的历史形态和感性载体。他在《不列颠在印度统治的未来结果》中指出："当我们把自己的目光从资产阶级文明的故乡转向殖民地的时候，资产阶级文明的极端伪善和它的野蛮本性就赤裸裸地呈现在我们面前，因为它在故乡还装出一副很有体面的样子，而一到殖民地它就

---

　　①　《马克思恩格斯全集》第 2 卷，人民出版社 1957 年版，第 140 页。

丝毫不加掩饰了。"①在马克思那里，资本主义社会充斥着伪善道德、假慈悲、伪善的自私自利的世界主义、法制的伪善等，其中更为根本的是为资产阶级的经济动机和行为辩护的政治经济学的伪善。无疑，在这个意义上，伪善是资本主义社会及其文明的基本特征，这是其消极的一面。因为资产阶级作为统治阶级，它需要把自身的利益说成普遍利益，即代表了无产阶级利益的整体利益。但马克思所经验的感性世界却与此不同。进言之，伪善作为资产阶级社会的最危险的意识形态，感性的世界就像是立在它面前的一座大山，不能视而不见。

五、结　语

由此，黑格尔所讲的现代国家的本质在这里没有实现出来，而那个作为伦理理念的国家与现实存在的经验国家却构成了现代伪善形式的两极，前者是普遍理念，而后者则是资产阶级追逐私利的感性场所。在这个意义上，马克思宣告现代资本主义国家的必然灭亡从根本上来说是一种逻辑上的现实性，即必然性。换言之，现代资本主义国家是最大的伪善，也是最为系统的伪善，是伪善的现实形态和最高形态。所以，马克思对所谓永恒伦理、永恒道德、公平、正义的讨论根本不是在意识领域来谈的。他要揭露的是这些意识形态背后的经济本质，即客观存在的社会结构，进而说明这些总的意识形态作为客观的思维形式的必然性。他

①　《马克思恩格斯全集》第 9 卷，人民出版社 1961 年版，第 251 页。

说："对于这个历史上一定的社会生产方式即商品生产的生产关系来说，这些范畴是有社会效力的、因而是客观的思维形式。因此，一旦我们逃到其他的生产形式中去，商品世界的全部神秘性，在商品生产的基础上笼罩着劳动产品的一切魔法妖术，就立刻消失了。"①可见，笼罩在感性世界之上的主观性最终以一种客观的思维形式呈现出来。其内在的结构和逻辑联系获得了超越感性世界的先在性。

　　总而言之，马克思重置主观性的方式与黑格尔将主观性扬弃于客观伦理的精神中不同，也与鲍威尔将自我意识与人自身割裂开来不同，一方面，他把自我意识根植于人的感性世界之中，实现自我意识与人的生命活动的统一。对于马克思而言，与其说自我意识创造了其对象的感性世界，倒不如说感性世界才是自我意识的发源地；没有感性的外部世界，就没有自我意识的栖身地；没有感性的生命活动，就没有自我意识的展开。另一方面，确立感性世界的本体论意义，将客观的自然纳入意识的自然之中并使其获得历史意义，进而消解了国民经济学家对于资产阶级永恒伦理与道德的论证。正是在这里，马克思以一种无可置疑的精神确认了感性世界的先在性和前提性，洞察了隐藏于其中的伪善的现代形态和表现。在这里，感性的世界使得伪善的面具不仅显得多余，而且颇为难堪。然而，我们也必须意识到通往感性世界的道路远没有那么便捷，摆在眼前的任务便是清醒地认识资本主义社会所呈现出来的那些客观的思维形式，是它们为现代伪善形式建立了看似坚不可破的围墙。

---

① 《马克思恩格斯全集》第 44 卷，人民出版社 2001 年版，第 93 页。

第七章 | 黑格尔论善与良心：个体自由的实现[*]

刘佳宝

黑格尔通常被视作"个人主义"的批评者。他最受争议以至于令人费解的地方不止于他对于个人主义的反对意见，还在于他堂皇地将自相矛盾的思想呈现在其体系性的哲学论著中。一个典型而又非常重要的例子是，黑格尔在《法哲学原理》中明确地宣称"个人对这些力量的关系乃是偶性对实体的关系"，另一方面，紧接着黑格尔又指出，"正是在个人中，这些力量才被观念着，而具有显现的形态和现实性"（§145）^①。

很多对于黑格尔的质疑都集中在其哲学中个体性地位的问题之上，或者用黑格尔的话来说是如何理解

---

* 本章的底稿已经刊登在《甘肃理论学刊》2019 年第 2 期上，在收入本书时，做了一定的修改。

① 本章有关黑格尔的引文，引自《法哲学原理》中译本（[德]黑格尔：《法哲学原理》，范扬、张企泰译，商务印书馆 1961 年版），引文采取直接标注节序号的方式。

"主观意志的法"。一方面，黑格尔的"伦理"篇给人的印象是，个体或者主观自由被淹没在作为实体或者整体的共同体之中，另一方面，黑格尔尤其强调了每一个个体的"主观意志"的重要意义，并且认为这是现代生活的要义（§124附释，§136）。实际上，黑格尔认为，主观的自由与客观的社会规范之间的"对立"只是矛盾的一个方面，这两者最终在他所谓的"伦理生活"中达成了和解。那么，如何理解这个"和解"？在这一和解中个体的主观意志居于何种地位？下面我们将以《法哲学原理》为主要的文本依据来解释这一问题。

　　本章的第一部分将在《法哲学原理》的整体框架下对"主观意志的法"作出定位和解释；第二、第三部分分别解释"善"与"良心"，尤其关注在其中自由在何种程度上得以实现，又遇到了哪些问题；第四部分解释黑格尔何以认为自由只有在伦理生活中才能得到实现，以及这样实现了的自由在何种意义上仍然保持着主体性和本真性。

一、主观意志的法

　　黑格尔整个《法哲学原理》都是围绕着"自由的实现"这一主题展开的，为了展示自由实现的更为丰富的内涵，黑格尔采取了一种独特的说明策略，他通过一种类似叙述性的辩证演进的方式来讲述它。我们不妨将这个历程理解为"自我"（意识）的不同形态。黑格尔概括说，"在法中对象是**人**，从道德的观点说是**主体**，在家庭中是**家庭成员**，在一般市民社会中是**市民**"（§190附释）。在"抽象法"中，每一个"人格"都是平等的，每个人都是权利的承担者，彼此承认对方的权利。而在"道德"中，自我被理解为，在"主体"之中，行为者不再只是像在"抽象法"中那样认为我对财产拥有权利（或认为财产属于我），而是能够认出某些行为是属于我的，是我应该对之负责的，并且，这里也会涉及与主观性相关的欲求、激情、福利等。

黑格尔是以"某个行为可以合理地归属于我"来理解自由行动的，但他并未仅从一种因果决定的意义上将自由理解为"某个行为归属于我"①。在"抽象法"阶段，尽管说每个"自我"都有自己的欲求，但是他们对于自己的欲求并无反思。而作为主体的自我，则对于自己的行为或者欲求有所反思，这样就存在着一个发生在我身上的行为或者欲求是否真正属于我的问题，在黑格尔看来，这需要满足一系列条件。其一，我对我的行为不能是浑然不觉的，我需要反思性地而非直接地来"知道"或者"理解"我的行为、欲求。其二，我并非随意地、被动地接受什么是属于我的，而是，什么是属于我的必须得到我的认可，或者说，我作为主体对此拥有权威。由此，我必定是根据某种理由来理解什么是属于我的。这理由正是自己对于自己的规定。黑格尔所谓自由，正是"意志的自我规定（self-determination）"。"道德"篇的主张在于，主体对于这规定有着至高的权威。

---

① 很多黑格尔的诠释者都追随泰勒（Charles Taylor, Hegel and the Philosophy of Action, in Arto Laitinen & Constantine（eds.）, *Hegel on Action*, Palgrave Macmillan, 2010），认为黑格尔采取了某种表现主义（expressive theory）的方式来理解自由，并以之与以因果决定的方式对自由的理解相对立，另见 Robert Pippin, *Idealism as Modernism*, Cambridge: Cambridge University Press, 1997, p. 430.

黑格尔"道德"篇中所要完成的任务正是指出，"只有在作为主观意志的意志中，自由或自在地存在的意志才能成为现实的"（§106）。所以，黑格尔所谓的"道德"篇，其实质并非像某些现代道德哲学那样提出一个行为道德正当性的至高原则，它所强调的其实是"主观意志的法"。"按照这种法，意志**承认**某种东西，并且**是**某种东西，但仅以某种东西是**意志自己的东西**，而且意志在其中作为主观的东西而对自身存在者为限"（§107）。因而，所谓主观意志的法，正是指出，实践活动的理由或者规范，必须以得到行为者主体的认可为准，一个行为的规范性必须是源自行为主体，这个行为才是一个自由的行为。当然，"规范性源自主体"只是实践活动之自由的条件之一。并且，"规范性源自主体"也有各种丰富的层面，黑格尔是以诸多的辩证的环节的展开的方式将其中的诸多层面揭示了出来。

在整个逻辑演进的过程中，至少从大的环节来说，后面一个环节总是在前面的环节出现了某种"问题"而作为对此问题的克服来出现的。比如，抽象法阶段，"犯罪"显示了抽象法的不足，从而过渡到了道德篇。既然道德篇的重点正是"主观意志的法"，那么，"道德"如何过渡到"伦理"将是解释黑格尔哲学中个体性自由之地位的关键环节。"善与良心"一章正是这一从"道德"到"伦理"的过渡环节。值得注意的是，黑格尔认为，"善"和"良心"并不限于"道德"篇，它们在"伦理"篇中仍然存在（分别被黑格尔称作"活的善"以及"真实的良心"），或者应该说，它们作为主观意志的法，在伦理篇中才得到最终的实现。下面我们就分别来解释黑格尔对"善"和"良心"的理解。

二、善与道德自由

黑格尔和康德都认为，自由绝对不可以止于"人格"的自由，或者说对于外在所有物的自由。自由必定是"主体"的意志的自由，这是一种自律（autonomy）或者说自我规定的自由。《法哲学原理》的"善"这一部分专门谈到了他对于以"自律"为标志的康德道德哲学的继承和批评。

康德明确地区分了"自律"和"他律"，他认为，以往的伦理主张通常都是认为人应该以某个外在给定的东西作为规范性的来源。比如说，在古代会认为行为规范性的权威来自人性依据自然所要实现的某个既定的完善状态，或者会认为这个权威应该是上帝的理性规定或者上帝的意志，在现代，又出现了情感主义的道德主张，认为道德所遵循的

康德（1724—1804）

原则就是来自人的自然的情感。康德认为，以上这些主张都将道德的根源设定在主体之外从而不能够把握自由的真正含义。自由正是在于人有能力将自己抽离于任何给定的外在权威、欲望、情感之外，这尤为典型地体现在康德对于"善"的理解中。

在《道德形而上学奠基》中，康德分别讨论了不同的善，当我们说到"善"（或"好"）的时候，我们可以说一个行为的后果是"好"的，也可以就行为所指向的福利、幸福来说"好"，或者一个人拥有好的禀赋或好的运

气。这些诚然都是"善"（或"好"），但是康德认为唯一无条件的善在于意志本身，运气或者幸福可以降临到某个人身上，但是假如这并非是因为他的善良意志而得到的，他也并不配享受这种善。① 其实康德也并不仅就"善良意志"来理解善，在《实践理性批判》中他认为"至高善"体现在善良的义务与其诸特殊需求、倾向之总体满足（福利）的相互匹配与共同实现，为了实现这个匹配，康德提出了诸多需要我们认定为真的条件。黑格尔在《精神现象学》中针对"至高善"存在的模棱两可提出了批评，而在《法哲学原理》中，他对康德的"善"的批判主要着眼于善良意志或者纯粹义务。

康德将主体的自由理解为设定目的的自由。主体所设定的目的要超越任何既定的禀赋和倾向，超越对于欲望或幸福的直接的满足。因而，善并不在于后果，而在于行动主体在主观上运用的善良意志。康德认为，只有出于义务而行动才具有道德价值。我们说过，康德所认为的自由的要义就在于意志不受制于一个外在给定的东西，但这并非意味着意志不受规范而可以为所欲为或任意而为，而是说，意志必须仅仅受到它自己的规定。如上所述，如果善的规定性不在于外在的幸福而在意志自身，那么这就满足了康德所理解的意志自由的条件，这样的意志并非不受规定，而是进行"自我规定"。

就幸福自身不足以规定善，以及自由在于主体意志的自我规定而言，黑格尔是赞同康德的主张的。"着重指出纯粹的不受制约的意志的

---

① ［德］康德：《道德形而上学奠基》，杨云飞译，邓晓芒校，人民出版社 2013 年版，第 12 页。

自我规定，并把它作为义务的根源，这诚然很重要，又，意志的认识——多亏通过**康德**哲学——只有通过它的无限自主的思想，才获得巩固的根据和出发点。"(§135 附释)《法哲学原理》也处理了幸福或福利的问题，黑格尔的观点与康德有一致之处，他认为幸福或福利作为一种主体特殊性的要求，仅仅是主观意志的法其中一个临时性的环节，这个环节有待进展到"善"。"由于幸福的种种规定是现有的，所以它们不是自由的真实规定。自由只有在自身目的中，即在善中，才对它自己说来是真实的。"而紧接着他又指出"人有权把他的需要作为他的目的。生活并不是什么可鄙的事，除了生命以外，再也没有人们可以在其中生存的更高的精神生活了。只有把现有的东西提升为某种自己创造的东西——这种区分并不含有两者极不相容的意义——才会产生善的更高境界。"(§123 补充)可以看出，黑格尔并不认为需要、倾向、热情这些主观性内容的满足直接地就可以算作是自由，它们尚有待于以某种更充分的理由的形式被主体纳入自身之中。[①] 尽管分析地来看，在纳入之后，主体所追求的内容并未变化。"采取**义务**的形式、然后采取德的形式的那种内容，与具有**冲动**的形式的那种内容是相同的。"(§150 附释)

由上可以看出，黑格尔是坚持了康德以主体性的自我规定来理解自由的思路的。但是，黑格尔与康德对何为"自我规定"仍有不同的理解。

康德将一个人的实践活动区分为质料的部分和形式的部分，这两者

---

① 黑格尔与康德将自由理解为将某个备选的欲求、冲动、需求纳入意志之中，从而自由也就是按照理由而行动。见 Terry Pinkard, *Freedom and the Lifeworld*, in Sandis, Arto Laitinen & Constantine (eds.), *Hegel on Action*, Palgrave Macmillan, 2010, pp. 144-146。

是相互独立的，而善必须来自纯粹的形式的部分，这个部分才是主体能够自我规定的部分。如果就行为而言，这才是主体可以宣称自己对之拥有权利的部分，或者说主体可以认为属于自己的部分，同时是应该对其负责的部分。康德是通过"绝对命令"这样一种方式来理解纯粹的实践意志的决定作用的。康德认为，一个人假如能够抽离于其直接的质料性的欲求倾向，使他行为的准则符合一个诸多理性存在者都能够承认的普遍法则，那么，他就是自我规定的。质言之，康德所理解的善或自由就意味着行动者能够从自己的直觉欲望中退出来，并反思性地让自己服从基于纯粹理性的普遍原则。

黑格尔对康德的一个重要质疑在于，指引人们行动的义务或者规范都是具体的，而康德所谓的"绝对命令"却是纯粹形式化的，它太过空洞，并不能对行为者提出有实质意义的指引。"任何行为都显然地要求一个特殊内容和特定目的，但义务这一抽象概念并不包含这种内容和目的。"（§134）就本章论题而言，在这一"空洞性批评"中值得关注的是，康德是以一种知性的分析的方式将人的纯粹理性的部分同人的社会性的欲求、情感、承诺、身份等独立出来加以理解。黑格尔指出，对具体处境之下的特定个体而言，仅仅诉诸这样一个抽象的原则，他其实并不知道应该如何具体地行动。另一方面，黑格尔批评康德的另一点在于，他认为康德无法解释行动者何以能够具有动机来执行他所谓的纯粹的道德义务。这些都是黑格尔在"良心"的部分中所要处理的问题。

康德实践哲学对于抽象的道德义务的理解也延续到当今的康德主义伦理学之中，这种伦理学理论相信存在着解释一切道德合理性的简洁的原则。隐藏在这一理论性探究方法背后的假定正是认为实践理性或者说自由的依据是某个纯粹形式化的原则；他们假定一切具体的"义务"都需要在某个形式化原则之下得以证成。伯纳德·威廉斯（Bernard Williams）已经对此康德式的伦理学思路做出了深刻的诊断和批评。威廉斯曾引用一个康德伦理学者尝试讨论的案例。当一个公职人员面对他的妻子和另一个陌生人同时落水时，他是否应该优先救他的妻子。姑且不论康德主义伦理学将对其所提的这一问题给出怎样的答案和解释，这个问题在一开始就假定了出于人伦关系的规范并不能够得到充分的自我证成而是需要上溯到某个更为形式化的至上原则之上。威廉斯对此给出的一个著名诊断是，这是一种多此一举（one thought too many）。① 在这种上溯性证成的要求背后，正是试图将人在伦理共同体关系中的承诺与"主体"相剥离，这一思路赢得的自由是一个无个性（characterless）的抽象主体的自由，而非拥有诸多身份认同和真切承诺的个体性的自由。由此可以看出，黑格尔对康德道德哲学的两个批评可以归结为康德仅仅以抽象的纯粹理性主体的方式来理解实践活动中的自我，却未能将其作为特定的个体来把握，这一点将在下节得到更进一步的展示。

三、良心与本真自由

在上一节对"善"的讨论中，我们可以看出康德是以一种非个人（impersonal）的方式来定义实践理性或者实践意义上的规范性的，自由在于

---

① ［英］威廉斯：《道德运气》，徐向东译，上海译文出版社 2007 年版，第 25—27 页。

行动者仅仅遵循他作为纯粹理性存在者而为自己制定的法则来行动，这个法则超越了行动者偶然的经验性的欲求、性格以及对幸福的追求，等等。按此思路，主观意志的权威只是落实在非个人的抽象主体之上。而在讨论"良心"的部分中，第一人称视角之下的"自我"则成为焦点，这里，黑格尔指出，良心是"主观性达到了在自身中反思着的普遍性"，是"绝对自我确信"（§136）。这种良心的观点其实也就是"本真性"。黑格尔进一步认为，良心被赋予如此崇高的地位的观点，是过去较感性的时代未能达到，而在现代世界才首次达到的（§136补充）。这个重要的补充意味着，如果黑格尔最终并未放弃这种良心的观点的话，那么，他的观点显然也并非回到古代伦理共同体的复古式主张。

"良心"虽然与"善"的主张不同，但是在这里，作为道德主体的自由仍然得到了保持甚至得到了发扬。良心的权威在于，行动者认识到自己不再受到任何特殊目的、义务的束缚，他可以按自己的意愿抛弃或者认可任何外在义务的要求，而所有这些要求的权威效力现在都来自他主观的"自我确信"。在康德式的"主体性"那里，作为"自我规定"的规范性权威尚且需要服从普遍的法则，而在这里，规范性仅仅基于行动者对于"我这么做是合理的"这样的自我确信或信念。

本节首先要回答的问题是，作为个体性的"良心"如何可能回应康德式道德那里的"空洞性"问题以及缺乏内在动机的问题。黑格尔指出："[良心]既是作出**判断**的力量，只根据自身来对内容规定什么是善的，同时又是最初只是被观念着的、**应然**的善借以成为**现实**的一种力量。"（§138）这里可以看出，黑格尔认为，在康德式的作为应然的"善"那里尚且缺乏着将"善"现实化的力量，而正是在"良心"这里我们找到了这种力量。"规定善本身，即把作为无限的自为地存在的主观性的善，予以特殊化。这种内部的规定活动就是良心。"（§131补充）关于康德式的"善"或者"道德世界观"的局限性，黑格尔在《法哲学原理》中提示我们，他在《精神现象学》中有更为详细的解释。

"当良心抛弃了那种认为义务和现实性互为矛盾的意识，也就抛弃了道德世界观的所有这些设定和颠倒。在那种认为义务和现实性互为矛盾的意识看来，当我**意识到**自己仅仅是去履行纯粹义务而不是以**别的什么东西**为目的时，我采取了一个道德的行动。但这实际上等于说，**当我什么都不做**的时候，我采取了一个道德的行动。当我在做什么的时候，我意识到一个**他者**，意识到一个明摆着的**现实性**，以及我想要促成的一个现实性，我怀着一个**特定的**目的，去履行一个**特定的**义务……事情本身的情况是，纯粹义务立足于纯粹思维的空洞抽象，只有通过一个特定的现实性才获得它的实在性和内容，而这个特定的现实性，作为意识自己的现实性，不是隶属于一个作为思想物的意识，而是隶属于个别的意识。"①

黑格尔指出纯粹义务那种观点其实是无法落实到实际的行动中的，比如说"关怀他人福利"这样一条义务，它过于抽象，而有待落实为一个有特定内容的义务。一旦考虑义务的特殊性，就不可避免地包含着经验性的成分，于是，只有"什么都不做"才能保证义务的纯粹性。其实，如果认为康德对于义务如何应用全无考虑，那对康德也是不公正的。康德

---

① ［德］黑格尔：《精神现象学》，先刚译，人民出版社2013年版，第391—392页。原译本是"良知"，为求一致，本章改作"良心"。

甚至也试图去触及"个体性"的问题①，但是囿于其将普遍性（纯粹的理性的部分）与特殊性（偶然的、质料性的或者欲望的部分）严格对立的观点，行动者将始终处于一方面是纯粹的主体，另一方面现实上又不可避免的是一个有特定情感、欲望、关怀、倾向的人的紧张之中。而在黑格尔这里，特定的行动并非基于纯粹的"普遍义务"的应用，比如说"孝敬我的父母"是呈现在我"良心"中的一个"明摆着"的"现实性"的规范，这并非"关怀他人福利"这个普遍义务对作为思想物的"主体"的应用，而是家庭这样一个伦理机制对于我这个个体的规范。

所谓"纯粹义务"（被观念着的、应然的善）其实不过是思想抽象的产物，而现实的义务则必定是特定的、个别性的。"良心"就是由于把握到了这一"个别性"而具有了现实性的力量。良心所保证的"现实性"不仅在于它将义务理解为特定的个体所有的，而且在于，这样的义务出自作为一个整体的自我的确信。某个行为是完全为"我"所认同的，这个自我并不以其"纯粹理性"这样一个部分作为"代言人"，它是作为一个完整性（integrity）出场的，与康德式的道德心理学不同，这里并没有自我内部的斗争。

从自由之实现的思路来看，良心正是将"道德篇"中主观意志的法发挥到了极致。我们曾指出，自由的一个重要条件在于坚持行动的规范性来自行动者的主观性。不过，康德和黑格尔也都认为，自由绝非任意而为，而是出自理性或者基于理由，良心从主观性角度对于这个理由提出

---

① Christopher，Yeomans，*The Expansion of Autonomy*，Oxford：Oxford University Press，2015.

的条件就是，一个理由必定是与行动者的动机相符的。威廉斯的"内在理由"可以恰当地理解作为实践理性的"良心"的意义。① 威廉斯认为，一个行动的理由成立的充分必要条件在于：理由必须来自（基于实践慎思的）"主观动机集合"（这个集合可以包括"评价的倾向、情感反应的模式、个人的忠诚以及各种各样的计划这样的东西，即被抽象地认为体现了行动者的承诺的一切东西"②）。要言之，如果行动者基于他主观的动机集合对某行动选项已经进行了充分考虑，而并没有发现自己想要这么做，那么他就并没有这么做的理由。如果我们将良心理解为理由成立的条件的话，那么它说的是理由必须包含动机，这也说明了良心何以具备将某个行动真正实行出来的力量。

威廉斯也曾化用康德的绝对命令而提出"绝对欲求"（categorical desire），这是一个"无条件"的欲求，是行动者能够为之奉献生命的欲求，如果绝对欲求是"主观动机集合"的一个典型例证，那么显然，这里对自由或者自我的理解并非基于"理性"与"欲求"的二分。行动者在如此这样做的时候体会到了这种行动是来自其作为一个整体的"本真性"的自我，这种本真性的自由在于，行动者相信这么做是有意义的，或者说行动者在行动时能够过一个属于自己的生活。

必须注意的是，以上都是以一般的方式来论述良心。其实黑格尔在《法哲学原理》中明确区分了形式的良心与真实的良心。尽管他对于良心以及随之而来的基于信念的思想做出了连篇累牍的批评，但是，我们并

---

① 借助威廉斯的"内在理由"说来理解黑格尔的"良心"，参见 Dean，Moyar，*Hegel's Conscience*，Oxford：Oxford University Press，2010，pp. 47-53.

② ［英］威廉斯：《道德运气》，徐向东译，上海译文出版社 2007 年版，第 150 页。

不能据此就认为良心的主张是被黑格尔所否定的，正如我们不能因为"善"的局限性而否定善作为伦理的环节。相反，恰恰是真实的良心保证了在伦理生活中仍然存在"主观意志的法"。形式的良心的局限性在于就其本身的实质而言它仍然是抽象的、缺乏内容的，尽管相对于"善"的普遍性而言，在良心这里因其从个体或者本真自我出发，行动者能够做出有特定的内容规定的行动。当然，这种本真性的自由已经不再是那种任性的自由了，因为欲望并不再是以外在的偶然的方式来决定主体，而是行动者以无限反思的方式对欲求有所理解或认可，从而有决定权。行动者将欲望理解为被他自己所采纳的，而非直接受欲望摆布。但是必须承认，就形式的良心而言，行动者如何在诸多内容中选择，这尚且没有客观性保证。

在这里，黑格尔至关重要的一个理解是，良心作为一种实践的理性，内在地要包含着对于其理由内容之合理性或真实性的承诺。"良心是服从它是否**真实**这一判断的，如果只乞灵于**自身**以求解决，那是直接有悖于它所希望成为的东西，即合乎理性的、绝对普遍有效的那种行为方式的规则。"（§137 补充）行动者诚然可以信赖他本真的信念，但实践信念之为信念内在地要求这个信念朝向"善"。这也解释了为什么黑格尔会以"伪善"作为良心到伦理的过渡。"伪善制造出义务和德行的**假象**，并利用这个假象来达到自欺欺人的目的时，这些做法恰恰表明它是尊重义务和德行的。"①以形式的良心为至高原则的人假"良心"之名而为所欲为，他们这么做其实是内在地假定他们的"良心"以（客观的）"善"为目

---

① ［德］黑格尔：《精神现象学》，先刚译，人民出版社 2013 年版，第 407 页。

的。在黑格尔对主观主义信念伦理或伪善的批评中，有两个方面的批评值得注意。其一，如果仅仅基于信念就能证明行动是好的，"在应付他人反对我的行动所采取的行为方式时，我得承认他们是**完全正当的**，因为至少他们依据**他们的**信仰和信念主张我的行为为**犯罪**；根据这种逻辑，我不仅自始得不到任何东西，甚至反而从自由和光荣的地位降到不自由和不光荣的情况"。其二，形式良心或者主观主义的最极端体现在于"反讽"："事物说不上是优越的，我才是优越的，才是规律和事物的主宰者，我可以**玩弄**它们，如同我**玩弄**我的偏好一样，而且在这种反讽的意识中，我使最高的东西毁灭，而沾沾自喜。"（§140 附释）前者证明了，良心内在地要求一种相互承认的伦理共同体，而缺少承认的良心其实走向了自由的反面。而后者则显示了良心必须要承认善的内容的客观性，否则沿着主观主义诚然玩弄了一切，但必将通向虚无主义以及自身行动意义之毁灭。

四、伦理生活与个体自由

黑格尔明确指出，"道德的观点和伦理的观点是有分别的，前者只涉及形式的良心……真实的良心包含在下一章所讨论的伦理性的情绪中"（§137 附释）。由于良心内在地要求朝向自在自为的善，而这种善必须以伦理生活的种种机制为条件，因而，由道德过渡到伦理并非意味着个体自由被抹消，相反，个体自由在伦理生活中才能够真正得以实现。"**个人主观地规定**为**自由**的**权利**，只有在个人属于伦理性的现实时，

才能得到实现，因为只有在这种客观性中，个人对自己自由的**确信**才具有**真理性**。"（§153）

前面我们说过，良心的现实性体现在，它能够将自己与某个特定的行动选项或内容结合起来，并加以实行。但是就此而言的现实性仍然是不充分的。如果良心坚持它的形式性或者主观主义的一面，那么，它与内容的结合仅仅是外在性的，因为它仅仅将自己的本质理解为纯形式的"自我确信"。自我作为一个黑格尔所谓的"优美灵魂"，一个游离于其真实内容的孑然的个体，其空洞性相对于康德式的抽象的道德主体有过之而无不及。黑格尔认为，形式良心有待继续推进其现实性。"作为一个环节，良心意味着**得到别人的承认**。**实存着的纯粹意识**得到承认。但这个环节并没有包含在道德自我意识之内，因此道德自我意识根本不是一种行动着的和实现着的意识……然而良心的**存在着的现实性**是这样一种现实性，它是一个**自主体**，也就是说，是一个自觉的实存，是一个促使意识得到承认的精神性要素。就此而言，行动仅仅是把他的个别的内容转化为一个**客观的**要素，让内容在那里成为一个普遍的和得到承认的东西，而正是由于内容得到承认，一个行为才具有现实性。"①

我们可以以"相互承认"为脉络重构黑格尔的自由观，其中，承认作为行动自由的现实性，并不是一蹴而就的。在抽象法阶段，只有人格之间对于彼此抽象权利的承认，并且这个相互承认仅仅是否定性的，即相互之间在遵循某些禁止性的要求之下的初步的承认。在康德式的道德主体阶段，相互承认则发生于纯粹的理性存在者之间，他们共同遵循形式

---

① ［德］黑格尔：《精神现象学》，先刚译，人民出版社 2013 年版，第 393 页。

化的道德法则，组成了"目的王国"。等到进展到"良心的共同体"，形式
的良心(优美灵魂)之间也做出了相互承认的努力，从而也会组成一种共
同体，"相互保证善心善意，欢享这种彼此的纯洁性"①(§140 附释)。
这样一种承认仅仅发生在遵循纯粹主观的"自身确信"的个体之间，可谓
一种"伪善的共同体"。由于诸个体之间仅仅因为其行动的形式(而非内
容)而相互承认，它无法保证实行出来的行动的特定内容也必定得到相
互承认。② 它必将遭遇上一节末尾我们谈到的伪善所陷入的两个困境，
这两个困境其实恰恰揭示了承认的两个方面。一方面，作为特殊个体的
行动者将某个特定内容实行出来之后，他不得不接受其他特殊个体的评
判。③ 另一方面，个别的行动者不得不去承认一个普遍的评判意识，而
评判意识也要承认行动者。"这样一种相互承认就是绝对精神。"④黑格
尔在《精神现象学》的精神章末尾所重点阐发的其实是后面这种相互承
认。这种承认的意义在于对两种自我意识之同一性的理解：既"认识到
自己是一个完全存在于自身之内的**个别性**"，又"认识到自己是一个**普遍
的本质**"⑤。

　　如上所述的相互承认的历程与黑格尔在《法哲学原理》5、6、7 节所
阐释的意志经过"普遍—特殊—个别"三个环节最终实现为自由意志的过
程是相契合的。承认体现了"自我在它的限制中即在他物中，守在自己

---

①　[德]黑格尔：《精神现象学》，先刚译，人民出版社 2013 年版，第 397、400—
403 页。

①　[德]黑格尔：《精神现象学》，先刚译，人民出版社 2013 年版，第 397、400—
403 页。
②　同上书，第 399 页。
③　同上书，第 406 页。
④　同上书，第 413 页。
⑤　同上书，第 413 页。

本身那里"（§7 补充）。此时，行动者不再认为自己独享对于其行动的解释权，而是认识到他在按照自我确信行动时也有责任保证这个行动符合伦理生活中的普遍价值。他将自己的行动的内容理解为一种具体的普遍性，从而，行动的合理性不仅在于它对于行动者自己而言是有意义的，同时也在于其符合共同体机制（"家庭—市民社会—国家"）在历史中形成的被普遍承认了的规范，这种规范不是空洞的形式化的，它作为其成员的生活意义的源泉具有"理一分殊"的性质。"代替抽象的善的那客观伦理，通过**作为无限形式的**主观性而成为**具体的**实体。具体的实体因而在自己内部设定了**差别**，从而这些差别都是由概念规定的，并且由于这些差别，伦理就有了固定的**内容**。这种内容是自为地必然的，并且超出主观意见和偏好而存在的。这些差别就是**自在自为地存在的规章制度**。"（§144）

自由经过了善和良心这两个环节，最终在伦理机制中找到了他最终的现实性的地基。黑格尔也以诸环节辩证演进的方式阐释了伦理生活机制的内在丰富性，限于篇幅，这里不再展开分析。下面我们将着重阐明的是，从总体而言，这种伦理生活中的自由的实现是如何收摄、扬弃（而非背离）了前面这两个环节。这也是对于那种批评黑格尔背离了主体性和本真性的观点的回应。

黑格尔与康德一样，都认为行动的自由意味着行动遵循理由或者说合理性，在此意义上，自由也就是"自律"或者说"自我规定"。依据康德，主体性的自由就是将自己置于道德律的规范体系之下。在此视角之下，每个个体都仅仅就其是服从普遍法则的主体而言是自由的，用康德的话说，是就其作为理性存在者组成的"目的王国"的成员而是自由的。

而在《实践理性批判》中，康德对于自由与道德的关系提出了"理性事实"的解释。"可以把对这个基本律令的意识称为一个理性事实，因为人们并不能通过微妙的论证从已有的理性材料中得出这种意识……它[道德律]不是经验事实，而是纯粹理性的唯一事实，它[通过这个事实而]宣布自己是原生的律令。"①可见，康德的这个"理性的事实"并不是人通过任何感官经验能力所能够观察到的事实，其实质毋宁说是一种特定的"自我意识"，具体说是作为"主体"的理性存在者对自己必须服从道德律之至上权威的意识。② 康德在此也正是依据这个"事实"而对"自由"做出确证。其实，黑格尔正是将"目的王国"换成伦理共同体中理性的社会机制，相应地，"理性的事实"也就是行动者必须承认自己是生活在一个共同体的规范性空间中的成员，只有在此他才能找到其存在的意义。康德以主体反思性地认可自己作为遵循普遍法则的成员来理解主体性的自由（"自我规定"），而黑格尔则是将康德的普遍道德法则置换为包含着具体的合理内容的社会机制性的规范。如果说在康德那里，主体性的自由在于主体走出了对自己的浑然不知或为所欲为的状态，反思性地承认自己作为纯粹的理性行动者的身份，那么在黑格尔这里，只有当行动者反思性地承认自己作为具体的合理的伦理生活的成员时，这种自由才得以充分实现。由此，黑格尔所理解的自由仍然是一种"自我规定"，并且相对康德而言，这是一种更为充实的自我规定。

如果说良心可以被理解为本真性，那么，伦理正是这种本真性自由

---

① ［德］康德：《实践理性批判》，邓晓芒译，人民出版社 2003 年版，第 62 页。

② 对"理性事实"的详细文本分析，可参见［美］罗尔斯：《道德哲学史讲义》，顾肃、刘雪梅译，中国社会科学出版社 2013 年版，第 227－230 页。

的充分的实现，由此也是个体性的自由的实现。"伦理性的实体，它的法律和权力，对主体说来，不是一种**陌生的东西……主体感觉到自己的价值**，并且像在自己的，同自己没有区别的要素中一样地生活着。这是一种甚至比**信仰**和**信任**更加同一的直接关系。"（§147）尽管个体性自由需要以伦理实体为基础来实现，但黑格尔强调了伦理实体对于个体而言并非外在性的。尤为值得注意的是这里黑格尔指出自由与信仰和信任之间的区别。黑格尔认为，在信仰的关系中，自我意识仍然采取了一种表象的（或者说，对象化的）方式。他在该节"附释"中指出，信仰和信任是同"反思"一同出现的。由此来看，黑格尔理解的在伦理生活中的自由是超越了某种意义上的反思状态，同时又是一个"更同一"的状态。这看起来是一个令人费解的自由。既然这是一种超越了"反思"的状态，那么，它是一种非反思状态吗？答案必定是否定的，如果行动者在任何意义上都毫无反思，那么就很难说黑格尔仍然在谈论自由。

那么，何以存在一种更为同一的反思？我们可以从黑格尔对本真自由的批判性继承来找到答案。当我们为着某个我们所认同的理想事业、生活筹划或者人伦关系而行动时，我们是作为一个完整的行动者投身其中的，在这里并没有理性存在者与欲望持有者之间的内在斗争。在这个意义上，自由并不是与欲望激情或外在权威相对立，而是对自我的分裂状态的克服。正是在个体能够全心全意地认同自己的某个筹划或承诺而言，自由是一种同一或统一的状态。本真自由的这个统一状态已经是包含着反思了，这是一种对自己所认同的事业、筹划、承诺的反思性认可。当黑格尔说主体能够感受到自己价值的时候，他的意思是，主体在认同并参与到一个基于相互承认的事业或者筹划时，他并不是在实现一个自己在其中可有可无的伟大事业。主体反思性地意识到的是，"我"并不是对于我的"事业"可有可无的一个棋子，"我"是不可取代的。当我们说某个事业对于我来说具有重要意义的时候，我们的意思并不仅仅是说这个事业在客观的意义上是重要的、有价值的。"有意义"必定是对我而言的。由此，"有无意义"成为自我理解（以及自由）的一个规范性维度，这是现代个体自由之区别于黑格尔所理解的古代传统共同体生活的关键所在。进一步来说，尽管只有当"我"能感受到我的价值的时候，我的生活才是有意义的（并且，我才是自由的），但是，我的生活的意义也并不单纯取决于我自己的决定或主观确信。某个事业必须置于一个基于相互承认的伦理共同体中才能得以理解，因为并不存在一个"私人性"的事业。由此，我们可以看出个体性的自由与伦理实体之间的相互依赖关系。

从客观的视角我们诚然可以说伦理实体以"主观意志—个体"为中介实现自身，另一方面，我们也可以说，个体是以伦理实体为中介来实现自我——作为一个本真的个体的自由。只有当个体能将自己理解为他在其中能够确认生活意义的共同生活的参与者时，他才获得了一个体现着自由的自我理解。这种对自由和反思的理解不再预设个体在原初意义上是与其所处的生活方式、社会身份相疏离的，不再预设在那种情况下反思才是可能的。这些预设正是黑格尔通过其"善—良心—伦理"的辩证逻辑要克服的观点，辩证逻辑的某个起点并非某个演绎的前提。黑格尔通过诸多环节前后相继不断扬弃的辩证法得到的对于自我的理解恰恰是，个体必须在共同体中才能成其为个体。

黑格尔常被人引用的"合理的就是现实的"经常遭到误解，其实他所谓"现实的"并非现存的一切东西，而是指需要去"实现"。如上所述，自由的实现是经过了诸多环节（"善—良心—伦理"）才得以完成。自由最终在伦理生活中的实现并不是以抛弃之前的环节为代价的，而是将之前的环节纳入自身之中。自由的行动或生活就是按照理由或理性去行动或生活，它既是好的，又是有意义的。其实，按照《精神现象学》，这种自由的实现过程同时也可以被理解为自我意识的演进过程：自我一开始被理解为道德主体，继而被理解为空洞的本真性的个体，最终被理解为充实的寓居于伦理生活中的个体。这个过程是自我获得更充实理解的过程，也是纠正种种对自我的片面性误解的过程。黑格尔诚然对原子式的个人主义这样一种抽象理解提出了批评，但是，他认为应当实现的是作为个体性自我之自由。

　　黑格尔诚然坚持合理的必须是现实的，但是他的哲学并不是为其所处的普鲁士国家的一切现行制度来辩护。不过，黑格尔预设了一个和谐的符合理性的伦理生活方式，在其中人们可以反思性地认同于他的角色和位置。很多黑格尔的诠释者都意识到，黑格尔对于现代家庭—市民社会　国家这样的伦理生活足以提供一个实现自由的坚实地基恐怕是过于乐观了。黑格尔坚持自由是需要社会机制保障并且也必须落实在社会机制之中的。他的预设是，在他所处的欧洲现代文明中，诸伦理机制的分殊性的规范最终结合成为了一个合理的完整体系，这个体系能够为现代人提供实现其自由的地基。然而，今天大概有不少现代性的体验（文化冲突、资本主义造成贫富分化等）其实是与这种融贯的理性的社会图景相左的。其实黑格尔自己就是处于一个社会急剧变革的时代，尽管他敏锐地察觉到诸如工业化生产、城市化对于自由实现造成的威胁，他还没有预料到工业化以及资本主义以如此激烈的方式对这种伦理生活的冲击，他更无法预料的是，现代世界的政治变革以及科学技术以其措手不及的方式对人们的伦理生活结构造成的深刻影响。即便我们不得不接受黑格尔在《法哲学原理》中对具体的伦理生活机制结构描述的某些局限，然而他对于"抽象自由"以及片面的"本真性"的诊断仍然具有鲜活的时代意义，我们对现代生活理想的理解将仍然能够从黑格尔提供的思路中受益。

第八章 | 黑格尔良心论的两种逻辑构造

——主体间性的生成与对主观性的批判

周　阳

由于黑格尔哲学"臭名昭著"的体系性特征，人们总是无法抵制这样的诱惑，即建立单一的解释框架，将黑格尔不同著作中的思想都统摄入其中。有不少人试图用"认识的角度"（《精神现象学》）与"存在的角度"（《法哲学原理》）的殊途同归来解释黑格尔思想体系中道德与伦理的关系，而这种尝试常常不能顾及《精神现象学》与《法哲学原理》的文本细节差异，进而跳过两本著作在良心论上的分歧这样重大的理论问题，强行将《精神现象学》与《法哲学原理》的理路合二为一，这其实在很大程度上牺牲了这两部书、两种理论体系各自的独特性。①

有鉴于此，本章在批判地继承(1)日本一桥学派"黑格尔良心论＝相互承认论"②与(2)伊尔廷之《法哲学原理》法现象学解释的基础上，力图呈现出《精神现象学》与《法哲学原理》在良心论方面的不同面相。(1)《精神现象学》良心论的"主体间性的生成"逻辑：通过良心论，普遍性与个体性得以相互过渡、相互统一，这一相互过渡、相互统一正是道德主体相互承认的基础，而只有经由道德主体的主体间性，才能实现道德(主体与自身关系)向伦理共同体(主体与他人的关系)的过渡。(2)《法哲学原理》的"对主观性的批判逻辑"：黑格尔将作为内容与形式的统一体的伦理实体作为分析的前提、对象，析出作为伦理实体的形式构件的良心；同时以伦理实体本身为校准，批判形式本身的不足，因为良心是伦理实体的必要条件，但并非后者的充要条件，且更为重要的是，良心作为形式具有独立性，存在脱离伦理实体的危险。在《法哲学原理》时期的黑格尔看来，良心的这种独立性，即其主观任性的表现，是对于伦理实体最大的危险之一。

---

① 先刚：《试析黑格尔哲学中的"道德"和"伦理"问题》，《北京大学学报(哲学社会科学版)》，2015 年第 6 期。

② 片山善博：《自己の水脈——ヘーゲル「精神現象学」の方法と経験》；東京：創風社 2002 年版，pp. 168－197。大河内泰樹：《規範という暴力に対する倫理的な態度——バトラーにおける「批判」と「倫理」》，《現代思想》，2006 年第 34 巻 12 号。斎藤幸平：《『精神現象学』における「承認論」の新展開》，《ヘーゲル哲学研究》，2013 年第 19 期。

一、主体间性的生成逻辑——《精神现象学》的良心论

在《精神现象学》中，良心论的提出是为了克服道德主体的内在矛盾，即普遍性义务与其个别性行动之间的双重颠倒。而在良心论本论当中，黑格尔通过证成普遍性与个别性实现了相互过渡——即普遍性必然是个别性，个别性也必然是普遍性——克服了普遍性与个别性的矛盾。普遍性义务与个别性行动，（1）首先经由个别性—良心的中介得到统一，这是在道德主体自身的层面（道德本身即主体与自身的关系）；（2）进而经由普遍性忏悔—宽恕的中介得到了统一，这是道德主体与他者，与另一个道德主体之间的相互承认。由于道德处理的是主体与自身的关系，而伦理涉及的则是与他者的关系，因此，当道德主体真正将他者的要求引入与自身的关系中时，道德向伦理的过渡就实现了。

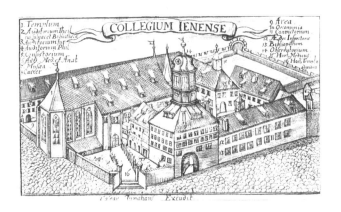

近代早期的耶拿大学

二、"道德世界观"的困境——普遍性与个别性的分裂

在"道德的世界观"一节中，道德的自我意识的对象是普遍客观的精神，在这个意义上，"道德的精神是自觉的精神……它自己内在的意志和思想是普遍理性唯一的现实化。这样的理性是以普遍义务的形式进入道德意识的。……它自己的意志——服从义务的道德意志——同样是所有道德行动者的意志。在这个意义上，它是一个真正普遍的意志"。但是，道德意识并没有消除意识与其对象之间的对立，这种对立以普遍性（义务）与个别性（行动，义务的履行情况）的分裂的形式呈现出来：

（a）道德意识在其个别性自身中发现了普遍义务的原则，但它把"现实的道德"或与普遍义务的符合，视为超出了它自己力所能及的范围，在这个意义上，义务的效准"落在现实意识以外了"，个别性与普遍性之间的矛盾被公开化。（b）同时，"它又把这个'超出'理解为自己的设定，因而本身缺乏任何真实性"，在这个意义上，个别性又将普遍性"封闭于自身内"了。黑格尔通过揭示道德意识的三个公设的矛盾以及对道德的"倒置"的揭示来说明上述问题。①

1. 义务与现实之间：个别性对普遍性的抵制

"义务与现实之间被设定的和谐"，即第一公设"道德与客观自然的和谐，这是世界的终极目的"和第二公设"道德与感性意志的和谐，这是

---

① ［英］霍尔盖特：《黑格尔导论：自由、真理与历史》，丁三东译，商务印书馆2013 年版，第 131—132 页。

自我意识本身的终极目的"①。

一方面，道德意识把普遍性义务理解为是由它自己的自觉理性加之于个别性自身之上的；它把这样的普遍义务视为不仅是一个沉思的对象，还是一个应该指引我们在世界之中行动的东西②，"自我意识像伦理意识那样，本身知道义务，履行着义务，并且以之为它自己的本性而隶属于这种义务"③。

但另一方面，由于意识"封闭"自身于个别性之中，所以其与自身的对象的关系也是完全自由而各不相干的，而且也正是由于这种关系，这一对象就成了"完全从自由意识中解放出来，因而只与自己发生关系的特定存在……对象就是一种在本身中完成了自己个体性的世界，是具有自己固有规律的一个独立整体，也是这些规律的一种独立进程和自由实现"，即"自然一般"，这就是第一公设中的"客观自然"、外在自然。这样的自然对于义务的要求"漠不关心"，也达不到义务的要求："自然也许让它幸福也许不让它幸福。"④

在《精神章》的论域中，与意识绝对不相干的客观自然是不存在的，对象之作为"自然一般"，更准确地说是就其与意识的否定关系而言："意识，就其自身而言，本质上是这样一种东西，即，是为它才存在着

---

① ［德］黑格尔：《精神现象学》下卷，贺麟、王玖兴译，商务印书馆1979年版，第130页。

② ［英］霍尔盖特：《黑格尔导论：自由、真理与历史》，丁三东译，商务印书馆2013年版，第132页。

③ ［德］黑格尔：《精神现象学》下卷，贺麟、王玖兴译，商务印书馆1979年版，第124页。

④ 同上书，第125—126页。

这另一种自由独立的现实，这就是说，它本身是一种偶然的和自然的东西"，即"意识的自然"，作为"冲动"和"情欲"而出现的"感性"①。这样，个别的道德的意识必定会以普遍义务的名义把自己理解为与自己自私的方面、个别的方面相敌对的。② 在黑格尔看来，由于"道德只是一种作为否定性本质的道德意识，对于道德意识的纯粹义务而言，感性只具有否定的意义，只是一种[与纯粹义务]不符合不一致的东西"③。

为克服普遍性与个别性之间的矛盾，道德意识竭力使个别性——客观自然以及意识的内在自然倾向——符合普遍义务的要求——"因为，道德并不力图保持自己为一个与行为相对立的意向，而毋宁力图有所行为，换句话说，力图实现自己"——从而带来"道德"和"现实"的和谐。④

然而，道德意识却发现，个别性的自然以及感性将会始终抵制那使它们变得道德（普遍性维度）的努力，因此，道德的行动者在其行动中永远都不能达致完全的满意或"幸福"："道德的完成是不能实际达到的，而毋宁是只可予以设想的一种绝对任务，即是说，一种渊源有待于完成的任务。同时，这种任务的内容，却又可以被设想为绝对不能不存在的"。就第一公设而言，道德意识当然可以直接设定道德和外在自然之

---

① [德]黑格尔：《精神现象学》下卷，贺麟、王玖兴译，商务印书馆1979年版，第128页。

② [英]霍尔盖特：《黑格尔导论：自由、真理与历史》，丁三东译，商务印书馆2013年版，第132页。

③ [德]黑格尔：《精神现象学》下卷，贺麟、王玖兴译，商务印书馆1979年版，第129页。

④ 同上书，第127—129页。

间的和谐，即所谓"自在存在的形式下的和谐"①，但如果这一设定直接成立，即外在自然本身是符合道德目的的，则道德行为本身就成了多余的了。而如果既要保留道德行为（与自然的区别），又要实现道德与（内在/外在）自然之间的和谐，后者即所谓"自为存在的形式下的和谐"②，这后一种和谐，就只能被道德的意识理解为"永远向前推进"，"推之于无限"，但永远不能达到的东西，它仅仅只是在道德的意识努力时，指引着道德的意识的一个"设想"或"想象"③。

2. 神圣立法者和不完全的道德意识之间：普遍性对个别性的"超越"

黑格尔对普遍性义务与个别性现实—行动之间的矛盾进行了总结："这种任务既应该是永远完成不了的，却又应该是已经完成了的；这也就是包含在一种道德里的矛盾，这种道德［作为一种现实的道德知识］应该不再是一种意识，不再是现实的。可是假如我们接受这种看法，承认完满实现了的道德中包含有一种矛盾，那么道德本质性的神圣性质就势必遭受玷污，而绝对义务势必显得好像是某种不现实的东西。"④为克服上述矛盾，道德意识"设定"了它自己之外的另一个意识，"或是构造了该意识的形象或表象（Vorstellung）"，这就是第三个道德公设，这是自在自为着的和谐，是"现实行为的运动本身"，是"自在而且自为存在着的和谐"⑤。

---

① ［德］黑格尔：《精神现象学》下卷，贺麟、王玖兴译，商务印书馆 1979 年版，第 130 页。
② 同上书，第 130 页。
③ 同上书，第 129 页。
④ 同上书，第 129—130 页。
⑤ 同上书，第 130 页。

　　道德意识不得不承认了义务与现实之间的矛盾不可避免。本来，普遍义务就不能等同于特殊义务，"在众多的义务方面，对于道德意识一般而言有效准的，只是众多义务中的纯粹义务；至于众多义务，既然是众多的，就只是些特定的义务，而既然是特定的义务，因此对道德意识说来就不是什么神圣的东西"。而在义务本身的观念中并没有规定，我们在特定的情形下被要求施行——而在别的情形下则不要求施行——的那些特殊义务是正当的。但是，个别性的行动、义务的履行却只能是对特殊义务而言的，"通过行为概念，这些众多的义务又必然地要被视为自在而且自为存在着的，因为行为本身包含着多种多样的现实从而包含着多种多样的关系"，"但在实际行为中，意识是把自己当作这个[特定的]自为，当作一种完全个别的意识的；它是针对着现实本身、并以现实为目的的；因为它盼望着实际上有所完成"。这就是说，作为行为的过程的必然结果，即便我们符合一系列特殊的、确定的义务的要求，也不能说我们就能符合普遍义务的要求。①

　　但是，道德意识仍然希望克服义务与现实的矛盾，于是它设定了另一个意识，一个超级—"普遍意识"，以保证各种特殊的、确定的义务的效准。"纯粹义务与一切特定的内容漠不相干，而且义务正就是对特定内容的这种漠不相干性"，正由于特定义务的这种不相干性，"它们只能存在于一个道德意识里，所以它们同时都在于与前一个道德意识不同的另外一个道德意识里，在这另一道德意识看来，只是纯粹义务作为纯粹

---

　　① [德]黑格尔：《精神现象学》下卷，贺麟、王玖兴译，商务印书馆1979年版，第131、132页。

的义务才是自在而自为的神圣的义务"。这另一个意识，就是特定义务与普遍义务（纯粹义务）之间的中介、保证："在纯粹义务的意识看来，特定义务不能直接是神圣的；但是特定义务，既然为了实际行动（实际行动也是一种特定的东西）的缘故，也同样是必要的，那么特定义务的必要性，就超出上述那个意识，落入了另外一种意识里，而这另一意识于是就是特定义务与纯粹义务的中介意识，就是特定义务所以能有效准的根据。"这另一个意识因而"成了一个世界的主人和统治者，它使道德与幸福达成的和谐，同时并将诸义务作为复多的义务而加以神圣化"①。

不过，在黑格尔看来，尽管现实意识设定了神圣意识作为中保，但普遍性与个别性却仍然处于分裂之中：道德的意识设定了一个"不同"于它、超出它之外的"神圣"意识来作为普遍义务与现实（特殊义务的履行）之间的保证，这一神圣意识成了"神圣立法者"。但在与神圣意识的关系当中，"现实意识（即现实中的道德意识——引者注），作为不完全的道德意识，就是只站在一方的，片面的"。一方面，"从其知识方面说，不完全的道德意识知道自己的知识和信心是不完善的和偶然的"，这就是说，就其对认知的一方面而言，现实中的道德意识是能认识到，相对于神圣意识而言自己仍然是不完善的。当另一方面，"从其意愿方面说，它也知道自己的目的是受感性所影响的"，也就是说，现实中的道德意识尽管知道自己行为有缺陷，却仍然受到感性因素的限制，是一种个别性的东西。②

---

① ［德］黑格尔：《精神现象学》下卷，贺麟、王玖兴译，商务印书馆 1979 年版，第131—132 页。

② 同上书，第 132 页。

　　所以，尽管神圣意识这一超级—普遍意识诚然超越了个别性，但这一超越却仅仅停留在了思想的层面上："尽管不完全的道德意识的现实是不完全的，它的纯粹的意志和知识却把义务当作本质；因此，在概念中，在与现实相对立的意义下的概念中，或者说，在思维中，它是完全的。但是，绝对本质正是这种被思维的东西，被设定于现实之彼岸的东西；因而它是这样一种思想，在这种思想中，道德上不完全的知识和意愿被当成完全的知识和意愿，而且在这种思想中，正因为这不完全的知识和意愿被当成是最重要的东西，所以它也就按照高尚的道德价值，也就是说，按照不完全的道德意识所应得的评价，给予幸福。"①也就是说，即使这样的意识把自己的行动理解为无可救药地不完善的、个别性的，它也依然可以认为，在思想中，它是完善的。此外，道德意识提供了进一步的证明：正是通过设定超出了它自己意志的一个"神圣意志"，"它就具有了一种真正道德的意志，在这个神圣的意志里，它不仅遭遇到了以法律的形式出现的它自己的义务，还看到了'完善的道德'以及与义务相符的体现，而这些是它在行动中再怎么努力都无法达到的。在这后一种感觉中，道德的意识发现，它自己——它自己真正道德的意志——反映在了它之外的另一个对象之中，虽然它知道，这个对象是它自己在思想和想象中设定的。因此，道德的意识被证明在自身中是分裂的：一方面，它相信自己的自然性情阻止了它完全地按照义务去行动；另一方面，它知道自己的纯粹意志依然是真正道德的。那现实地不道德

①　[德]黑格尔：《精神现象学》下卷，贺麟、王玖兴译，商务印书馆 1979 年版，第132 页。

的同样也是纯粹的思想，超出了它现实的实存，因此，它在想象中就是道德的，就被视为完全有效的。"①

如上所述，最初，道德的意识宣称，它普遍的义务可以在它的思想和纯粹意志中找到，应该由这样的普遍义务来指引我们的行动。但是现在，这样的意识已经显示出来，它现实地认为，它的道德只能完善于它的思想的纯粹性之中，仅仅呈现为普遍性单方面的超越，这种超越与个别性、现实性无涉，普遍性与个别性的分裂依然故我。②

3."倒置"：普遍性与个体性的三重颠倒

于是我们发现，道德意识并不像它起初所展现的那样严肃地对待道德，而本来它作为一个道德的意识的目标就是使它自己的个别性行动符合普遍性义务的要求。普遍性被颠倒为个别性，而在同一过程中，个别性也被颠倒为普遍性。在颠倒过程中，道德意识并不否认普遍性与个别性二者各自的独立价值以及两者之间的相互关联，甚至它的颠倒本身就是基于普遍性与个别性的相互反思、相互关联而展开的，但是，道德意识始终只是嬉戏于这种双重颠倒的中间状态中，两个端项之间的矛盾是为其所悬置的。③

第一重颠倒，即普遍性颠倒为个别性。三个公设既然说是公设，本

① ［英］霍尔盖特：《黑格尔导论：自由、真理与历史》，丁三东译，商务印书馆 2013 年版，第 135 页。
② ［德］黑格尔：《精神现象学》下卷，贺麟、王玖兴译，商务印书馆 1979 年版，第 134 页；［英］霍尔盖特：《黑格尔导论：自由、真理与历史》，丁三东译，商务印书馆 2013 年版，第 135—136 页。
③ ［德］黑格尔：《精神现象学》下卷，贺麟、王玖兴译，商务印书馆 1979 年版，第 136 页。

身就意味着现实并非如此，普遍性的道德之维虽然冠冕堂皇，但如果不能现实化，就是最空洞的东西，而一旦现实化，则必然落入个别性的外在/内在自然之中，因此，真理最初也就是在个别性一边。

第二重颠倒，即个别性颠倒为普遍性。但个别性终归不是普遍性，行为一旦现实化，就其概念而言就背离了普遍性的道德律令，因此，道德行动就成了不可能完成的任务。但道德的意识明知其不可能实现，还是宣称要完成这一不可能完成的任务。在这个意义上，个别性又颠倒为普遍性。

第三重颠倒，即个别性与普遍性的相互颠倒。但明知其不可为而为之本身事实上却导向了最不严肃的道德立场[1]：道德行动者明明知道这样的"和谐""超出"了它自己力所能及的范围，自己的行动无论如何都不可能是道德的，但还乐此不疲，甚至进而反倒满足于自己道德上的不完善，这一点清楚地表明，它对道德并不是严肃的，因为，道德行动者本来确定的目标是，严肃地致力于克服自己的不完善性，使现实性符合义务要求："意识并不是认真看待道德的完成，反倒认真看待中间状态亦即我们刚才讨论的那种非道德[状态]。"因而，"假定道德与幸福不相和谐的那一断言，也随同被扬弃了"，因为，既然上述"道德中间状态"才是本质性的，而道德是没有完成的东西，所以，"既然事实上没有道德，那么关于道德遭遇不幸这样的经验"，或者一般的道德经验都消解了。[2]

---

① ［英］霍尔盖特：《黑格尔导论：自由、真理与历史》，丁三东译，商务印书馆2013年版，第136页。

② ［德］黑格尔：《精神现象学》下卷，贺麟、王玖兴译，商务印书馆1979年版，第140—142页。

这种三重颠倒在现实意识与神圣意识的关系中得到了最充分的体现，"神圣的意识"表面上看克服了普遍性与个别性的分裂，而事实上却毋宁说是普遍性的自我颠倒：（a）道德意识知道，其实它是把自己享有的权威赋予那个被设定的意识，从而使后者能够给道德行动者施加律令，道德意识卸掉了自己履行普遍义务的责任；（b）这种推卸责任自然也是双重的，因为在这一过程中，道德意识也就将自身的无能也投射到了"神圣意识"中："道德自我意识是它自己的绝对，而义务则仅仅是它所知道的那种义务。可是它只知道纯粹义务是义务；它认为不神圣的东西，自在地就是不神圣，而自在地不神圣的东西，不能因神圣本质的缘故而神圣化。其实道德意识根本也不是认真地要让不神圣的东西通过它自己以外的另一种意识而得到神圣；因为它认为只有那种在他看来是通过自己本身并且即在其自身之内而神圣的东西才是神圣的。"①

三、良心论——普遍性与个别性的统一

1. 良心：普遍性与个别性的直接统一

通过对"道德世界观"的批判，意识发现，只有当义务和现实之间、思想与行动之间的对立被放弃了的时候，才能达致真正的道德。真正的道德意识不会令义务与现实陷于对立，不会去追求那个它认为不可能的

① ［德］黑格尔：《精神现象学》下卷，贺麟、王玖兴译，商务印书馆 1979 年版，第143 页。

任务，不会设定一个超越性的神圣意识——使它的行动符合义务——相反，真正的道德意识的行动"现实地"就符合义务，现实地就是道德。明确地认识到这一点，并把道德品格置于其行动和义务的现实的和谐之中的，就是良心（Gewissen）。①

(a)思想—行动：普遍性与个别性在个别性中的直接统一。 在良心这里，思想与行动是直接地统一的，即"道德地行动着"的，因为它认为自己是符合义务的真诚行动，"作为行为，它并不履行这一义务或那一义务，却在认知和实行具体的正义的事情"，在这个意义上，良心是"具体的道德精神"，它通过现实的、直接的行动履行自己的义务，因此，"具体的道德精神，在一种直接统一性中，是一种自身实现着的道德的本质，而行为，则直接是一种具体的道德的形态"②。普遍性与个别性于是在个别性意识的自觉行动中实现了。

"认知着的意识，作为良心[良知]，直接具体地认知这件行为，同时这件行为只于认知着的意识认知它时才存在着。"因此它并不认为，自己根本上是不完善的，因而把道德的完善投射到一个超出它自己之外的一个神圣意识上去："它不把纯粹义务的意识当成它自己的一种与现实意识相对立的空虚尺度。"也就是说，良心并不像道德意识那样，在自身之外设定效准，并通过这个外在的效准来保证自己是道德的；相反，良

① ［英］霍尔盖特：《黑格尔导论：自由、真理与历史》，丁三东译，商务印书馆2013年版，第137页。斋藤幸平：《『精神现象学』における「承認論」の新展開》，《ヘーゲル哲学研究》，2013年第19期。

② ［德］黑格尔：《精神现象学》下卷，贺麟、王玖兴译，商务印书馆1979年版，第149、150页。

心直接就知道它的行为符合义务，这并不需要外在的理由，仅仅只因为它直接地知道自己就是这样的：它在自身之中直接地就知道，在某个给定的情形下它的义务是什么。因此，良心是完全地自我证明着的(self-certifying)道德意识：它既直接地在自身之内就知道，怎么做才算是道德地行动；又直接地看到，它的行动在这个意义上是道德的。①良心完全地把它是道德的这一点等同于它对自己的直接知识或确定性。实际上，它把前者归约为后者：在良心看来，它确定它是(it is certain that it is)，正是在这一点上，并且只需要这一点，它就是道德的了。良心"对其自身之即是绝对真理和存在具有直接确信"，对于良心来说，道德的行动就是这样的行动，它适应个别的情形，其行动者确信，他们是在做着正当的事。"对其自身有确信的精神，作为良心，静止于其自身中，而它的实在的普遍性或它的义务，则存在于它对义务的纯粹信念之中。"②其实，无论它做什么，只要它严肃地确信是道德，这一行动就是道德的。

(b)信仰—语言：普遍性与个体性在普遍性中的直接统一。一方面，良心在自身之内直接确信自己的行动是道德的，在这个意义上，它并不依赖他人甚至外在的上帝的中保。但另一方面，良心仍然是道德的意识，它仍然是以普遍义务为对象的，"良心并没扬弃掉纯粹义务或抽象

---

① ［德］黑格尔：《精神现象学》下卷，贺麟、王玖兴译，商务印书馆1979年版，第149、158页；［英］霍尔盖特：《黑格尔导论：自由、真理与历史》，丁三东译，商务印书馆2013年版，第138、139页。

② ［德］黑格尔：《精神现象学》下卷，贺麟、王玖兴译，商务印书馆1979年版，第147、155页。

自在存在，而纯粹义务倒是本质性环节，在对待别的环节时是以普遍性自居的。良心是不同的自我意识的公共元素，而这个公共元素乃是行动在其中可以取得持续存在和现实性的实体；它也是被别人承认的那个环节"——它认为这一普遍义务"直接"体现在他自己的行动当中——且它需要确信它的行为对他人而言是显明的——"因为，行为的本质、义务，是由良心对义务的信念构成的；这种信念正是自在存在本身；所以行为的本质就是自在地普遍的自我意识，换句话说，就是得到承认从而就是现实"——在这个意义上，它需要被其他人所承认，承认它是出于确信而行动的："良心所具有的存在着的现实，则是这样一种现实，这种现实是一个自我，这就是说，它是对自己有所意识的特定存在，它是受到承认这一精神元素。行动因而只是一种翻译，只是把它的个别的内容翻译成对象性的元素，而在这种对象性元素中，个别的内容成了普遍的和得到承认的，而且，正是由于内容得到了承认，所以行为才成为现实。"①

良心需要他人"承认"它的信念，这种确信也是需要良心直接地向他人表现的，由于他人不能看见良心的灵魂，所以这种表现的工具就只能是语言。但这里的语言仅指良心的语言，表述信念（对他人的义务与行动的同一性）的语言："良心的语言所包含的内容，则是知道自己即是本质的那种自我。良心的语言仅只表述这一点，而这种表述乃是行动的真正实现和行为的实际效准。"这是一种信约、保证：我向所有人保证，我

---

① ［德］黑格尔：《精神现象学》下卷，贺麟、王玖兴译，商务印书馆 1979 年版，第152—153 页。

将如约而行；甚至保证本身即是面向他者的一种行动（这区别于道德世界观中的外在上帝设定—中保）。"意识表述它的信念；只有在这种信念中行为才是义务；行为之所以算得是义务，又只因为信念得到了表述。"①就其言与行的统一性而言，它是区别于分裂性的阿谀语言的。更重要的是，良心的这种行动—言说是面向他者的，是个别性向普遍性的过渡。"普遍的自我意识，跟那仅仅存在着的特定的行为，是独立无涉的；对于普遍的自我意识而言，这种行为，作为特定存在，是算不得什么东西的，只有认为这种行为即是义务的那种信念，才算得有效准的东西；而且这种信念在语言中是现实的。"②

良心在语言中把那内在物转变为这样的东西，即"对于意识之对义务深信无疑及其自主地认识到义务即是良心的那种深切保证，这种保证就在于保证意识已经深信它自己的信念是本质的东西"。良心在这个意义上被承认为一个"至高尊严"的意识。每一个良心都把自己理解为不可侵犯的：因为它在自身之中就确信，它是在做着正当的事情。因此，每一个良心都是一个"道德的天才，这种天才知道它自己的直接知识的内心声音即是上帝的神圣声音"。当然，这些道德的天才并不是孤立的，因为如前所述，它们是需要被承认的，但这种承认的前提是他也确信他人也有良心，因而必然会承认他自己，于是才能作出保证。保证之所以能生效有赖于信约双方的相互信赖，相信对方能履约，否则保证是不可能的；而良心的保证本身就是一种行动，本身就已经是对义务的履行，

---

① ［德］黑格尔：《精神现象学》下卷，贺麟、王玖兴译，商务印书馆 1979 年版，第 162 页。

② 同上书，第 162 页。

所以相互信赖是有根据的。"别人由于有了自身被表述和承认为本质这一言词,就承认行为是有效准的东西。"①由此,它们形成了一个良心社团(共同体),每个良心都向其他良心保证:它确信自己道德上的善;而它之所以是善的,正是由于它已经如此行动了。"别的人所赖以结合成为社团的那种精神的实体,就是他们之间对他们之本乎良心和怀有善意的相互保证,就是因相互之间这种目的的纯洁性而产生的喜悦。"②但良心保证既然是必要的,就说明良心语言仍然是不完善的:它之所以必要就是因为连良心自己也承认,良心保证作为一种履约行动毕竟只是一次性的,是直接的,下一次行动未必也能如约,否则又何必保证呢?

2."优美的灵魂":普遍性与个别性直接统一的分解

作为完成了的良心,在它那里,普遍性与个别性之间,意识的本质与意识对本质的认识之间的差别,就在直接性的意义上被扬弃了,这种对意识及其本质之间的统一性的认识就是宗教:"直接的关系则事实上意味着不是别的,只是关系者的统一。当意识超越了无思想性,即,当它不再把这些并非差别的差别当作差别时,它就认识到本质在它那里呈现时的直接性乃是本质与它的自我的统一,它因而就认识到它的自我乃是有生命的自在,并且认识到它的这种知识乃是宗教,而宗教作为直观的知识或实际存在着的知识,就是[宗教]社团对其自己的精神所作的语言表述。"③

---

① [德]黑格尔:《精神现象学》下卷,贺麟、王玖兴译,商务印书馆 1979 年版,第 164 页。

② 同上书,第 162—165 页。

③ 同上书,第 165 页。

　　由于意识及其本质的统一已然达成，(a)良心就退回到自我之中，或者说满足于自我与本质、普遍性与个别性的直接统一之中了：良心"返回到它自己的最深的内在本质中去了，它的一切外在现象作为外在的东西都消逝了，这就是说，自我意识已返回'我＝我'的直观中去了"。(b)由于良心沉溺于上述直接统一之中，一切外在的规定对于良心来说，都可以被取消了，甚至外在现实也似乎都被取消了：因为，良心"对其自己而言它所是的那种东西、以及它认为是自在存在的东西和它认为是客观存在的东西，统统都蒸发消散，成为对这种意识本身而言再也没有根据再也没有实体的一些抽象了……实体已消融为绝对的确定性，而这种绝对的确定性就是自行崩溃着的绝对非真理性；这就是意识沉没于其中的那种绝对自我意识"。(c)但意识与其对象(实体)的差别的取消只是"优美的灵魂"的自欺欺人，否则它也就不会沉溺于良心共同体的自我保证，甚至是自言自语，而不敢稍涉现实行动，因为它知道，外在现实并不能被良心单方面取消，而恰恰是由于外在现实的阻挠，良心事实上并不能保证每一次行动都符合道德规则。良心意识到自己"缺乏外化的力量，缺乏力量把自己变为事物并承受住存在。自我意识生活在恐惧中，生怕因实际行动和实际存在而玷污了自己的内在本心的光明磊落；并且为了确保内心的纯洁，它回避与现实接触，它坚持于无能为力之中"①。良心之所以恐惧，正因为它明白知道普遍性与个别性的直接统一并不是必然的，因而它的沉溺于自言自语，就是一种无力的自欺欺人了。

―――――――――――

　　① ［德］黑格尔：《精神现象学》下卷，贺麟、王玖兴译，商务印书馆 1979 年版，第 166－167 页。

3.“恶的意识”与判断意识：普遍性与个别性的间接统一

在“优美的灵魂”那里，普遍性与个体性之间的直接统一走向了直接的分解：坚持个别性的一维即“恶的意识”，坚持普遍性的一维即“判断意识”，但这两种意识各自都已经将普遍性与个别性的直接统一与对立这两个环节建立在自身之中，即它们每一个都是普遍性与个别性的矛盾统一体。但只有通过忏悔—宽恕，“恶的意识”与判断意识才得以相互过渡，普遍性与个别性的间接统一，即有条件、根据的相互统一才得以建立起来。

(a)“恶的意识”，个别性向普遍性的过渡。“优美的灵魂”的“对象性环节曾被规定为普遍的意识；对自己有所认识的知识，作为这个自我，是与别的自我有所区别的；语言（在其中一切自我都互相承认为凭良心而行为者），这种普遍的等同性，分解成个别的自为存在的不等同性，每个意识又都脱离其普遍性而完全返回于其自身；因此，就必然出现个别与个别以及个别与普遍的对立，而这种对立关系及其运动”，良心一旦意识到优美灵魂形式的自欺欺人，也就超越了优美灵魂的阶段，因为良心不能不行动，而一旦行动，就证明它并非无能为力的，这种意识到自身力量的意识就是行为的意识（“恶的意识”）。① “恶的意识”与“优美的灵魂”一样，认为行动始终是自私自利的。但不同于优美的灵魂，这样的意识公开地接纳、承认这样自私自利的行为，自觉地承认普遍性与

---

① ［德］黑格尔：《精神现象学》下卷，贺麟、王玖兴译，商务印书馆 1979 年版，第167 页。

个别性的差别，即将这一差别内在化。①

　　这一过程如下：（α）作为行为的意识（"恶的意识"）的良心最初是自觉地与纯粹义务相对立的："由于它最初只与这个特定的现成的义务保有否定的关系，所以它知道它自己是与义务独立无涉的"；（β）但在行动中，它认识到正是通过它的行动本身才构成了纯粹义务的内容，在这个意义上，它将个体自我与普遍义务之间的对立内在化了，即普遍性与个别性两环节事实上都是它自身的行动，但这样的行动之间是存在内在对立的："但是由于从它自身拿出一种特定的内容来充实了空虚的义务，它就肯定地意识到，是它自己，作为这个自我，在构成着它自己的内容；它的纯粹的自我，作为空虚的知识，是没有内容没有规定的。它给自己提供的内容，是从它的自我亦即从这个特定的自我中得来的，是从它作为自然的个体性那里得来的，并且当它述说它的行为之如何真诚如何本诸良心时，它所意识到的诚然是它的纯粹自我，但是在它的行为的目的中亦即在现实的内容中它所意识到的自己则是这个特殊的个别存在，则是这样的对立，即，它的自为存在和它的为他存在之间、普遍性或义务和它之离开义务而返回自身之间的对立。"②

　　一方面，作为良心共同体的一员，这样的意识仍然需要向他人宣称，这样的意识宣称自己是良善的；但另一方面，它却实在地把自己的利益置于他人之上，而只把普遍义务当作幌子——尽管它是有理由这样

────────────

① ［英］霍尔盖特：《黑格尔导论：自由、真理与历史》，丁三东译，商务印书馆2013年版，第145页。

② ［德］黑格尔：《精神现象学》下卷，贺麟、王玖兴译，商务印书馆1979年版，第168页。

做的，因为普遍性义务事实上也是由它的行动设定的，这里的对立是一种内在的对立。因此，公开的宣称不过是一个口头保证，对行动的良心而言是"纯粹义务作为普遍性只不过是游离于表面和转身而外向的普遍性；义务仅只是寄托于言词中的东西，只不过是一种为他的存在"①。

这样的良心装作在公共承认的意义上是尽职尽责的，但如上，它始终是"这样的对立，即，它的自为存在和它的为他存在之间、普遍性或义务和它之离开义务而返回自身之间的对立"。因此，它充分地觉察到，这是一种伪善的意识，它向自己承认了，它是恶的：事实上，它通过断言自己是根据自己内在的律法和良心——它们是与得到了承认的普遍者相对立的——而行动的，就承认了自己是邪恶的，尽管它得以公共义务的名义为自己的行为辩护。

(b)"判断意识"，普遍性向个别性的过渡。判断"恶的意识"为伪善的意识，即"判断意识"，是代表着普遍承认的公共道德的，代表普遍性之维的。与"恶的意识"的地位一样，"判断意识"也是普遍性与个别性的直接统一崩解出来的一个环节：既然"恶的意识"已经不尊重公共的承认，则此承认本身就不能说是普遍的，因而批判意识的良心所处的地位与"恶的意识"并无不同。②

"判断意识"不像"优美的灵魂"那样沉溺于自身之中，而是和"恶的意识"一样，走出了自身，走向了他者——它判断他人：它看穿了行动

---

① [德]黑格尔：《精神现象学》下卷，贺麟、王玖兴译，商务印书馆1979年版，第167页。

② [英]霍尔盖特：《黑格尔导论：自由、真理与历史》，丁三东译，商务印书馆2013年版，第147页。

者最初的意图其实在公共承认的意义上并不再真正地是良心了，而是恶的，并且，"由于它又宣称它的行动是与它自己的本心一致的，是出自义务感和本诸良心的，所以是伪善的"①。这是普遍性将个别性统摄入自身之中的判断行动。

但这一作为判断意识（普遍意识、义务意识）的良心，其伪善性并不比自我关切的良心（"恶的意识"）要小。一方面，判断意识支持有良心的活动，但它自己又满足于依据普遍性而对别人作判断，实际上它是在宣布，这样的判断本身就是真正有良心的行动。就它沉迷于判断，而不是行动这一点而言："普遍意识停留在思想的普遍性里，只限于进行理解，它的首要行为就只是判断而已。"判断意识也就仍然是某种意义上的优美的灵魂，它与优美的灵魂的区别是，后者只是简单地退回到自身的神圣性中去，而前者则将对他人的伪善的揭露、判断当作行动本身。作着判断的良心"很好地保全了纯洁性，因为它并不行动；它是这样一种伪善，这种伪善只想把判断当作实际行动，只以表述卓越心意的言词而不以行动来证明其正直性。因此义务意识就其实际情况来说，同人们指责其只把义务放在口头上的那种意识完完全全是一个样子"②。

但另一方面，判断意识的判断行动本身仍然有其积极意义。判断意识与"恶的意识"共享同一种认识，即个体以义务的名义所实施的行动不可避免地都是自私的，优美的灵魂因而拒绝一切行动，而判断意识的良心既然看穿了自我关切的良心，则它已经认识到了这种伪善，但它却仍

①　［德］黑格尔：《精神现象学》下卷，贺麟、王玖兴译，商务印书馆1979年版，第168页。

②　同上书，第170—171页。

然高标"普遍性"的牌坊，谴责他人的行为总是出于"自私动机"的①，并进而逐一地检讨这些"动机"的"特殊性"，审查这些"特殊性"与普遍性之间的关系，也就展现了个别性与普遍性在理论上必须一致的具体根据以及二者在现实中必然不一致的具体原因："正如每一个行为都能从它的义务性来考察那样，每一个行为也都能从另一个观点，从它的特殊性来考察，因为行为既然是行为，它就总是一个个人的现实。"②

(c)忏悔—宽恕：普遍性与个别性的相互过渡。判断意识未能扬弃"恶的意识""行动的意识"，但是判断意识对"恶的意识"动机的"特殊性"的具体考察为"恶的意识"的自我反思从而由个别性向着普遍性的过渡提供了契机：

第一，行动者承认自己是伪善的，它站在个体性的立场上，承认个体性与普遍性的内在差别；第二，在此意义上，行动者接受了判断意识的判断，即判断意识站在普遍性立场上对作为个别性意识的行动者意识的判断；第三，更准确地说，行动者意识并非被动接受这一判断，而是主动希求这样的判断，它主动地要求忏悔，要求改悔、自新，这是个别性自觉地向普遍性的过渡；第四，更为重要的是，行动者也知道这样的忏悔必然会被接受，因为接受其忏悔的判断意识在本质上也是和行动者一样的意识，判断意识也同"恶的意识"一样是伪善的，在它具体考察了"恶的意识"之所以不得不为恶的具体原因之后还坚持判断的姿态，这就

---

① ［英］霍尔盖特：《黑格尔导论：自由、真理与历史》，丁三东译，商务印书馆2013年版，第147页。

② ［德］黑格尔：《精神现象学》下卷，贺麟、王玖兴译，商务印书馆1979年版，第171页。

更凸显了其伪善性，于是，"由于它这样把自己同它所判断的那种行动意识放到同一个水平上，它就被行动意识认为是和其自己一样的东西"①，这是普遍性与个别性的间接统一。

正是通过这一承认，行动者建立了与他人的同等性，行动者的良心放弃了自己孤立的自为之有，从而明显地超越了它的特殊性、个别性，在这么做的时候，"放弃了孤立的自为存在，破除了它的特殊性，从而使自己与对方有了连续性，有了共同的东西"②。

我们再来看普遍性向个别性的过渡过程。判断意识在一开始可能会拒绝接受忏悔——或忏悔的要求，它意味着判断意识也当报以忏悔——它否认它与行动者的同等性，以示自己与行动者的不同，在这个意义上，"它拒绝承认在本性上的这种共同性，它是一副硬心肠，它是自为的，维护它自己而抛弃它与对方的连续性"，在这个意义上，判断意识再次表明自己是优美的灵魂。判断意识拒绝承认同等性的行动，既否认了自己的伪善，也否认了行动者是能够不伪善、不邪恶的。黑格尔认为，判断意识在这么做的时候，就否认了，人的精神具有改变和重塑自己的自由：判断意识"表明自己是一种既被精神遗弃又遗弃了精神的意识；因为它没认识到，精神在其绝对自身确定性中乃是凌驾于一切行动和一切现实之上的主宰，能够抛弃它们并且能使它们根本不发生"③。硬心肠的判断意识拒绝宽恕，拒绝给别人同时也是判断意识自己进行改

---

① ［德］黑格尔：《精神现象学》下卷，贺麟、王玖兴译，商务印书馆1979年版，第172—173页。

② 同上书，第172—174页。

③ 同上书，第173、174页。

变的自由，在这个意义上，判断意识的固执本身就是最大的邪恶。

判断意识承认存在恶，却不允许恶者的悔过自新，在这个意义上判断意识就无法真正消除恶，在这个意义上作为善的代表的判断意识反而成了最大的恶。意识到这种自相矛盾之后，判断意识不得不采取了宽恕的立场，即对（自身与"恶的意识"的）同等性的承认：我们都是邪恶的人，但是我们都能改过自新。第一，判断意识首先必须具备宽恕的资格，也就是说，它必须首先取消在自己一侧的普遍性与个别性之间的隔膜，承认自己其实是和行动者一样的会犯错误的人，这是普遍性对个别性的真正统摄；第二，普遍性所吸纳的个别性也不是坚执于自身的个别性，而是这样一种个别性，它能够主动地改悔自新，主动地向普遍性发展；第三，在此意义上，判断意识承认了个别性向普遍性的转化需要时间、条件，但这并不等于说我们就可以放弃掉普遍性的义务；第四，行动者的个别性也没有被取消，因为改悔的前提就是过犯（"恶"）的不可抹除，它作为一种必要的经历而存在着。

终于，在忏悔与宽恕的交互性当中，普遍性与个别性实现了相互过渡，所谓相互过渡，就是说普遍性是且必然是个别性，而个别性也是且必然是普遍性：普遍性义务与个别性行动，首先经由良心环节的直接统一，进而经由忏悔—宽恕环节的间接统一，得到了更高阶段的统一。只有在思想与行动相统一的个别性—良心当中，才能产生真正的道德主体，而也只有经过普遍性的忏悔—宽恕，道德主体与他者，即另一个道德主体，两者之间才能相互承认。伦理处理的就是与他者的关系，因此，只有当道德主体真正面向他者时，才能实现道德向伦理的过渡。①

四、对主观性的批判——《法哲学原理》中的良心论

尽管同样冠以"良心"的标题，但《法哲学原理》中的良心论的旨趣乃至逻辑结构却与《精神现象学》良心论迥异：《精神现象学》通过普遍性与个别性的相互过渡论，构建了道德主体的相互承认逻辑，而道德主体的相互承认，就是道德向伦理过渡的基础。《法哲学原理》当中并不存在过渡问题，伦理共同体是已然摆在我们面前的现实存在，这一内容与形式的统一体是我们研究的出发点、对象和衡量尺度。如果我们对伦理实体加以分析，就必然能发现作为其形式要件的良心，伦理实体中必然存在良心，但这并不等于说良心也会必然过渡到伦理实体，良心作为形式具有独立性，它可以纳入实体（内容与形式的统一），也可以不纳入伦理实体。良心相对于伦理实体的这种独立性，使其主观任性暴露无遗，为此《法哲学原理》时期的黑格尔不得不对其痛加批判。

---

① ［英］霍尔盖特：《黑格尔导论：自由、真理与历史》，丁三东译，商务印书馆 2013 年版，第 152 页；［德］黑格尔：《精神现象学》下卷，贺麟、王玖兴译，商务印书馆 1979 年版，第 175、176 页。

五、道德内容与形式的二分——善与良心

1. 形式与内容的相互独立论

《法哲学原理》的逻辑结构是相当独特的，它是一种形式—内容二分论，这一逻辑结构在其导论中就有明确的提示。在导论的一开始，即其第 5 至第 7 节中，黑格尔就从形式与内容的两个方面对意志概念加以分析：析出如下两个环节：(甲)意志的纯形式规定；(乙)意志的内容规定：

(甲)在第 5 节中，"纯无规定性或自我在自身中纯反思的要素。在这种反思中，所有出于本性、需要、欲望和冲动而直接存在的限制，或者不论通过什么方式而成为现成的和被规定的内容都消除了。这就是绝对抽象或普遍性的那无界限的无限性，对它自身的纯思维"(§5)。这就是意志的纯粹形式规定，是自我在自身中纯反思规定而言，在这个意义上，它是一种绝对的否定性、抽象的否定性，即对作为特殊性的内容本身的抽象否定，"即我从我在自身中所发现的或设定的每一个规定中能抽象出来的这种绝对可能性，即我从一切内容中犹之从界限中的越出逃遁"(§5 附释)。

(乙)意志的特殊化环节(第 6 节)："即从无差别的无规定性过渡到区分、规定，和设定一个规定性作为一种内容和对象……这种内容或者是自然所给予的，或者是从精神的概念中产生出来的。通过把它自身设定为一个特定的东西，自我进入到一般的定在。"(§6)这就是意志的内容规定。

诚然，形式与内容在现实(即伦理实体)当中是统一的，但在逻辑上，这两种规定是相互独立的，形式并不必然与内容统一，内容也并不

必然与形式统一。这种形式与内容的相互独立理论，在第 25 节有更为明确的印证："意志的自我意识的一面即个别性这一面（第 7 节）有别于自在地存在的意识概念""（甲）意志的纯形式，自我意识同自身的绝对统一（在这种统一中自我意识，作为自我＝自我，纯粹是内在的，而且抽象地停留在自己那里），对它本身的纯确信（这与真理有别）；（乙）意志的特殊性，即任性以及任意目的的偶然内容"（§25）。

内容与形式的相互独立关系与《逻辑学》内容—形式统一论的差异自不必说，这种相互独立论与《哲学全书·精神哲学》意志理论也有明显的区别，后者并没有将形式与内容作为相互独立的环节分析出来，在后者的意志理论当中也存在环节的区分，但在每一环节当中，形式与内容都是统一的（具体差异见下表）。

著作名	意志概念	区分标准	意志的诸环节				
			环节一	环节二			环节三
1817 年版《哲学全书》	§388		1）实践感觉（§389—391）	2）冲动（§392—395）"冲动"即"自然性的意志"。	3）幸福感（§396—399）		
					幸福感与任意（§396—398）	自由（§399）	
1821 年版《法哲学》	§4	§5—7	（甲）意志的纯形式规定（§5）	（乙）意志环节二：意志的特殊化（内容规定）			（丙）意志环节三：自由（形式与内容的统一）
				对意志的特殊化环节的界划（§8—9）			
				自然意志（§10—13）"冲动"即"自然意志"。	反思意志（§14—20）		自由（§21—28）
					任意（§14—19）	幸福（§20）	
1827 年版《哲学全书》	§469	§470	α．实践感觉（§471—473）	β．冲动（§474—477）"冲动"即"自然意志"。	γ．任意与幸福感（§478—481）		
					幸福感与任意（§478—480）	自由（§481）	

续表

著作名	意志概念	区分标准	意志的诸环节				
			环节一	环节二			环节三
1830 年版《哲学全书》	§469—470	§470	α) 实践感觉（§471—472）"实践感觉"即"感觉的意志"。	β)冲动和任意（§473—478）		γ)幸福（§479—480）	C. 自由精神（§481—482）
				"冲动"即"自然的意志"（§473—475）	"任意"即"反思的意志"（§476—478）	"幸福"（§479）	自由（§480）

以"实践感觉"为例：在这一环节，意志只是"形式上有其自我决定"，它只是"发现"自己为一个给定的东西所决定，"发现自己是在其内在本性中被决定的个体性"，在这一阶段，它只是"自在地是与理性简单同一的主体性"。就其形式而言，这一环节的意志"具有与自己本身简单同一性的形式"，它是"客观有效的自我决定，是一个自在自为地有规定的东西"。就其内容而言，在上述"同一性中已经有差异存在；因为实践感觉知道自己……是直接地或为外部所决定的，是从属于外部影响的异己规定性的"，这样的意志虽然具有理性的内容，但这个内容是"自然的、偶然的和主观的"，"这个内容既受到来自需要、意见等等的特殊性和来自自为地把自己与普遍东西对立起来的主观性的决定，它又同样可能是自在地适合于理性的"①。

实践的感觉，就是"感觉的意志是它的从外部来的、直接的被决定状态和它的由它自己的本性所设定的被决定状态的比较"，简单地说，它要求它为外来影响所决定的状态与它按其本性"应当"是的"自我决定"相一致的符合。但"由于两者在这种直接性中还缺乏客观的规定，所以

---

① ［德］黑格尔：《精神哲学》，杨祖陶译，人民出版社 2006 年版，第 299 页。

需要与定在的这种联系就是完全主观的和肤浅的感觉——适意或不适意"①。在这里，形式与内容始终是统一的。

2. 善与良心：内容与形式

《法哲学原理》形式—内容的相互独立论也鲜明地表现在其良心论上。黑格尔指出，良心论之所以是必要的，是因为：尽管"善"有其独立存在的价值，但对于作为内容—形式统一体的伦理实体来说，善的规定就不充分了，因为善终究只是一种内容规定，而作为另一必要条件的形式规定就是良心："由于善的抽象性状，所以理念的另一环节，即一般的特殊性，是属于主观性的，这一主观性当它达到了在自身中被反思着的普遍性时，就是它内部的绝对自我确信（Gewissheit），是特殊性的设定者、规定者和决定者，也就是他的良心（Gewissen）。"（§136）

(a)作为内容要件的善

对于黑格尔来说，善仅仅是一大堆未加以区分的义务内容，这种未加区分的特质——或者说混杂性、不确定性——就自然是抽象的、空洞的了："这种'空洞性'在于并没有充分地提供一个确定内容的道德义务"，即"不确定性"②。黑格尔所界定的"善"的准则包括两个构成要素：法与福利，而"善的抽象性状"也就表现在这两个方面。

法（抽象法）的不确定性。首先，"黑格尔把抽象法思维普遍的就如同它不确定的范围和限度（对比《法哲学原理》第49节）。它只有通过伦理生活的共同体，尤其是特殊市民社会中的特定法律规范才能获得确定

---

① ［德]黑格尔：《精神哲学》，杨祖陶译，人民出版社2006年版，第301页。
② ［美]伍德：《黑格尔对道德的批判》，李金鑫译，《世界哲学》，2013年第3期。

性"①。其次，在抽象法与福利位序上，也是混杂不堪的，参见"紧急避难权"（§127）。

福利的不确定性。这里的福利"仅是作为普遍福利的代表（对比《法哲学原理》第130、134节）"。首先，"这意味着谁的福利要受到怀疑是不确定的，而且普遍福利并不包含使我们能够提出关于某人的福利优于其他人的原则"②。其次，"甚至个体幸福的构成要素也仅是一个多重性的不同需要，他们自身并不包含一个能够相互比较的'评价标准'"③。

(b)作为形式要件的良心

正是由于善在内容规定上的这种混杂性，一种形式规定、一种区分因素的引入就是必要的了："善作为普遍物是抽象的，而作为抽象的东西就无法实现，为了能够实现，善还必须得到特殊化的规定。"（§134补充）而良心作为形式规定，即在其区分性："跟它的这种内容即真理有别，良心只不过是意志活动的形式方面，意志作为这种意志，并无特殊内容……这里在道德这一形式观点上，良心没有这种客观内容，所以它是自为的、无限的、形式的自我确信。"（§136）

在"道德篇"当中，作为概念的规定性的主观性、作为自在地存在的意志（普遍意志）与"外在的独立的世界"三者之间处于一种反思的关系当中（§118注释）；而"良心"则是三者直接的统一，或者更准确地说，是特殊性环节的自我反思，是形式—区分性本身，也正是在这个意义上，良心才可以说是自我确信的。也正是从这种绝对自我确信出发，良心才

---

① ［美］伍德：《黑格尔对道德的批判》，李金鑫译，《世界哲学》，2013年第3期。
② 同上。
③ 同上。

不受外在内容的决定，毋宁说外在内容、特殊性的决定者，因为从其规定性上说或从其内容上说它们任何一种义务都不是绝对的，所以只能通过良心在各式各样的义务中进行抉择，作出决定："这一主观性作为抽象的自我规定和纯粹的自我确信，在自身中把权利、义务和定在等一切规定性都蒸发了，因为它既是作出判断的力量，只根据自身来对内容规定什么是善。"(§138)

由于其自我规定性，黑格尔将良心视为近代思想的代表："人作为良心，已不再受特殊性的目的的束缚，所以这是更高的观点，是首次达到这种意识、这种在自身中深入的近代世界的观点。在过去意识是较感性的时代，有一种外在的和现在的东西，无论宗教或法都好，摆在面前。但是良心知道它本身就是思维，知道我的这种思维是唯一对我有拘束力的东西。"(§136 补充)

当然黑格尔这里所说的"近代世界"之良心论者到底指涉的是谁，研究者有不同的认识：1)伍德认为是指费希特①；2)邓晓芒认为是指费希特②；3)Knowles 认为是指卢梭等人③。但总而言之，都是指良心论者不再将外在目的(譬如宗教和法)视为自己行动的目的，而是将主体(思维)自身视为目的了。

---

① ［美］伍德：《黑格尔对道德的批判》，李金鑫译，《世界哲学》，2013 年第 3 期。
② 邓晓芒：《思辨的张力》，商务印书馆 2008 年版，第 276 页。
③ Dudley Knowles，*Routledge Philosophy GuideBook to Hegel and the Philosophy of Right*，London：Routledge，pp. 210-211.

六、形式自身的问题——主体的自我崇拜与良心

尽管即使在《法哲学原理》当中，黑格尔没有完全否定良心的价值，但在《法哲学原理》的设定中，良心仅仅是道德的纯粹形式要件，作为一种纯粹形式要件，它在逻辑上就是与内容相互外在的。

1. 主观性的神物：执着于形式自身的良心

良心既然是一种能够脱离内容要件而独立存在的形式要件，对内容的无视，退回自身，这毋宁说是良心的内在要求："人们可以用高尚的论调谈论义务，而且这种谈话是激励人心、开拓胸襟的，但是如果谈不出什么规定来，结果必致令人生厌。……良心是自己同自己相处的这种最深奥的内部孤独，在其中一切外在的东西和限制都消失了，它彻头彻尾地隐遁在自身之中。"（§136 补充）

而正是这种向自身的回撤，使得良心论导向了一种主体的自我崇拜、自我神化："良心表示着主观自我意识绝对有权知道在自身中和根据它自身什么是权利和义务，并且除了它这样地认识到是善的以外，对其余一切概不承认，同时它肯定，它这样地认识和希求的东西才真正是权利和义务。良心作为主观认识跟自在自为地存在的东西的统一，是一种神物，谁侵犯它就是亵渎……所以良心的意义是模棱两可的，它被假定为指主观认识和意志跟真实的善的同一而言，因而它主张和承认一种神圣的东西。"（§137 附释）

2. 偶然性的抉择：受限于外在内容的良心

尽管良心是一种在逻辑上与内容要件相独立的形式要件，（α）但由于现实当中的意志总是形式与内容的结合，因此作为形式要件的良心在

现实中就不得不接触内容—义务，这也是形式性作为一种纯粹区分性的题中之义；(β)而由于形式要件与内容要件在逻辑上并无结合的必然性，因此，在《法哲学原理》中，良心与内容规定的遭遇，就被黑格尔规定为出于偶然性的道德抉择：

(a)良心是超然于任何具体内容之外的，良心就其是纯形式而言，就必须否定任何内容："当我们更仔细地考察这一蒸发过程，看到一切规定都在这一简单概念中消失而必须从这里重新出发的时候，我们所发觉的是：这一过程首先在于，所有一切被认为权利或义务的东西，都会被思想指明为虚无的、局限的和完全不是绝对的东西。"(§138补充)

(b)就其是与特定内容相互对立的纯形式性而言，良心与纯粹义务是直接统一的，或者说良心蒸发了一切外在的义务规定(一切内容规定)，退回到自我(形式)本身，进而以自我(形式)本身作为一切义务的根据，而这一根据事实上很容易沦为良心的"任性"抉择："主观性既可把一切内容在自身中蒸发，又可使它重新从自身中发展起来。在伦理的领域所产生的一切，都是精神的这种活动创造出来的。但是另一方面，这种道德观点是有缺点的，因为它是纯粹抽象的。……如果我进而行动起来，并寻求据以行动的种种原则，那我就在捉摸各种规定，随后我要求把这些规定从自由意志的概念中引申出来。所以，即使权利和义务在主观性中蒸发是正当的，但是另一方面，如果不再使这种抽象基础发展起来，那是不正当的。"(§138补充)

(c)上述"任性"(即依据主体自身的特殊性的)抉择，即自由意志的选择问题，在黑格尔看来，这就是恶的起源："当自我意识把其他一切有效的规定都贬低为空虚，而把自己贬低为意志的纯内在性时，它就有可能或者把自在自为的普遍物作为它的原则，或者把任性即自己的特殊性提升到普遍物之上，而把这个作为它的原则，并通过行为来实现它，即有可能为非作歹。……良心如果仅仅是形式的主观性，那简直就是处于转向作恶的待发点上的东西，道德的东西和恶两者都在独立存在以及独自知道和决定的自我确信中有其共同根源。"(§139 及其附释)

自由意志的选择之所以必然导向"恶"，黑格尔则(α)仍然诉诸形式与内容之间的相互独立，即在意志当中始终存在的形式(内在性)与内容(自然性)的绝然二分："作为自我矛盾并在这个对立中同自己不两立而达到实存的，正是意志的这种自然性，而且正是意志本身的这种特殊性，随后把自己规定为恶。申言之，特殊性总是两面性的，这里就是意志的自然性和内在性的对立。"(β)也正是由于这种相互独立性，使得形式(内在性)并不能从自身中产生内容，而只能从既存内容(自然性)当中获取内容，而既存内容(自然性)本身就不可能是纯粹的："在这个对立中后者不过是相对的、形式的那种自为的存在，它只能从情欲、冲动和倾向等自然意志的规定中汲取其内容。现在谈起这种情欲和冲动等等，它们可能是善的，也可能是恶的。"(γ)更为糟糕的是，正是由于形式对既存内容的依赖，使得纯粹形式本身也沦为了某种特定的内容，即恶的东西了："但是因为意志拿来规定它的内容的，一方面是在偶然性规定中的冲动(冲动作为自然的冲动已具有的这种规定)，从而另一方面是意志在这一阶段所具有的形式，即特殊性本身，其结果，意志就被设定为与普遍物(作为内在客观物)、与善相对立，这种善，随着意志在自身中反思以及意识成为能认识的意识，就作为直接客观性、纯粹自然性的另一极端而出现；就在这种对立中，意志的这种内在性是恶的。所以它自在的即自然的状态跟他在自身中的反思之间的连接阶段上是恶的。"
（§139附释）总而言之，所谓"恶"，是且仅是意志固执于自身的"个别
性""特殊性"（不唯是"内容"，更是其"形式"），而以此"个别性"为中介
（"连接阶段"）的两端项，都不是恶的：一方面，自在的本性本身是无所
谓善恶的，另一方面，扬弃了"个别性"的、在自身中反思的人也不是
恶的。

七、形式良心与真实良心——道德与伦理的关系问题

　　同样，也只有从《法哲学原理》当中意志的形式要件与内容要件的相
互独立性出发，我们才能理解黑格尔何以在道德篇当中就提出形式良
心、真实良心的区分，并最终对《法哲学原理》中道德与伦理之间的关系
问题有更准确的认识。

1. 形式良心与真实良心区分的意义

　　在《法哲学原理》第137节当中，黑格尔指出："真实的良心是希求
自在自为地善的东西的心境，所以它具有固定的原则，而这些原则对它
说来是自为的客观规定和义务。跟它的这种内容即真理有别，良心只不
过是意志活动的形式方面，意志作为这种意志，并无特殊内容。但是这
些原则和义务的客观体系，以及主观认识和这一体系的结合，只有在以
后伦理观点上才会出现。"（§137）在这里，黑格尔区分出两种良心，即
"形式的良心"和"真实的良心"，而更为重要的是，而这两种良心都不同
于"宗教的良心"（与之相关的是《精神现象学》的良心论）。

(a)形式良心。(α)就"形式良心"而言，它的本质就是其形式，即自我意识与自身的纯然统一，即自我＝自我，具体地说，"权利和义务的东西，作为意志规定的自在自为的理性东西，本质上既不是个人的特殊所有物，而其形式也不是感觉的形式或其他个别的即感性的知识，相反，本质上它是普遍的、被思考的规定，即采取规律和原则的形式的"。(β)形式良心是一种纯形式，即与内容是相互独立的，所以主体可以通过"认识"和"希求"的主观性来对意志活动的内容进行区分，使自身区分并独立于"真实的内容"，并使后者——即"普遍的东西对于自己成为一个特殊的东西"——将之"降低为形式和假象"。(γ)同样，也正是由于这种形式与内容的相互独立，所以这种形式是否是正当的，仍必须取决于形式所适用的内容："特定个人的良心是否符合良心的这一理念，或良心所认为或称为善的东西是否确实是善的，只有根据它所企求实现的那善的东西的内容来认识。"(δ)因此，那种不参照内容，而纯然依据形式本身进行判断的良心，就违背了其本身的规定："所以良心是服从它是否真实的这一判断的，如果只乞灵于自身以求解决，那是直接有悖于它所希望成为的东西，即合乎理性的、绝对普遍有效的那种行为方式的规则。正因为如此，所以国家不能承认作为主观认识而具有它独特形式的良心，这跟在科学中一样，主观意见、专擅独断以及向主观意见乞灵都是没有价值的。"(§136－§138)

(b)真实良心。尽管黑格尔反复强调，良心论本论只涉及道德论，因此这里只讨论形式良心，而不会积极展开真实良心的论述："在本书中道德的观点和伦理的观点是有分别的，前者只涉及形式的良心；如果也提到真实的良心的话，那只是为了指明其与形式的良心的区别，并为了消除误会，否则在仅仅考察形式的良心的时候，可能误会以为在讨论真实的良心……真实的良心包含在下一章所讨论的伦理性的情绪中。"（§137 附释）

但事实上连黑格尔自己也不得不承认，如果没有真实良心作为参照物，我们是不能够真正理解形式良心的，因为区分形式良心与真实良心的标准，事实上只有到真实良心阶段才能给出，而如果不能区分形式良心与真实良心，则形式良心概念本身也就可能沦为不必要的规定了：

"特定个人的良心是否符合良心的这一理念，或良心所认为或称为善的东西是否确实是善的，只有根据它所企求实现的那善的东西的内容来认识"，形式是否必然是正当的，取决于形式所适用的内容，而判断形式与内容是否合宜的标准，即真正的区分标准，却在真实良心之中："在真实的良心中未被区分的东西，是可以区分的"（§137 附释），只有在真实良心这里，内容与形式是统一的，即可以自由区分的。

2. 道德与伦理的关系再思考

黑格尔将真实良心作为理解、把握形式良心的标准的做法，也为我们理解《法哲学原理》中道德与伦理之间的关系问题提供了参照：事实上，在《法哲学原理》中，伦理也是一个现实的标准，它是我们理解、把握道德的前提。

在《法哲学原理》中，通过将"宗教良心"论彻底排除在外（"至于宗教的良心根本不属于这个范围之内"（§137 附释），黑格尔明确地排除了《法哲学原理》良心论与《精神现象学》良心论的可类比性，因此，将《精神现象学》那种通过普遍性—个别性的相互过渡，使道德整体过渡到（宗教）伦理共同体的逻辑直接应用到《法哲学原理》当中的做法，就是值得商榷的了。

在此意义上，我们更有理由认真考虑《法哲学原理》理论体系本身的独特性：这里并不存在道德向伦理的过渡问题，毋宁说在《法哲学原理》当中，伦理实体作为内容与形式的统一体，它是一种现实存在的前提，它是我们分析的对象，也是我们进行分析时所依据的标准。通过这样一种分析方法，我们分析出了作为伦理实体的某一方面要件的道德，具体地说，在现实当中，伦理实体中必然包含道德因素，但在逻辑上，道德因素却具有其独立性，它并不必然导向伦理实体，而在黑格尔看来，道德相对于伦理实体的这种独立性是极为危险的，因此需要不遗余力地加以批判。

尽管像霍耐特这样的研究者已经指出黑格尔《法哲学原理》体系相对于黑格尔其他文本的独特性，但遗憾的是，霍耐特并没有认真地对待这一差异。较之霍耐特，伊尔廷试图"把《法哲学原理》解释成一种自由意识的现象学"的做法是更具有参考价值的。伊尔廷尝试从"法意识的现象学"的立场（即"始终区分观察者的立场及其对象（迈向自我意识的意识）的立场"）考察家庭、市民社会与国家的共时性结构关系："黑格尔同时预设了该历史发展的辩证法以及现代国家的存在，以便通过其论述结构来描绘特殊性与普遍性的关系如何一步步辩证地发展"。一方面，国家是既定的前提："国家乃是'家庭与市民社会的真根据'（第 256 节说明；691，参阅 11.16）。尽管在《法哲学原理》中，国家只是在家庭和市民社会之后出现的，但用黑格尔的话说，既然家庭只有在国家中才能发展为市民社会，则国家'在现实中'是居先的。"另一方面，市民社会中的诸个体，正是在根据现代国家这个现实存在的规定，不断调试自身，"达到分解的立场亦即界限和有限性的立场，但其立场的有限性恰恰驱使他们克服其初始条件的界限，将其主观利益进一步朝向'客观性'发展"，即趋向对客观性的适应。①

相较于伊尔廷的上述法现象学立场，我们的"分析路径"则更具优势：我们既保留了伊尔廷解释将国家作为既存前提这一更为现实主义的解释路径，又克服了伊尔廷法现象学解释无法区分《精神现象学》与"法现象学"视角的问题，譬如同为现象学，两者对良心论的处理就是完全不一样的，而这种差异却可以在我们的"分析路径"中得到解释：《精神现象学》意识与对象的关系当中，意识与其对象都是在不断发展的；而在《法哲学原理》中，黑格尔则认为研究者始终都要从伦理实体—国家这一现实对象出发来看问题。

八、结　语

综上所述，《精神现象学》良心论与《法哲学原理》良心论，二者的理论结构有着根本的差异。我们首先来看《精神现象学》中良心论的主体间性逻辑，在这里，通过良心论，普遍性与个别性实现了相互过渡，即普遍性必然是个别性，个别性也必然是普遍性：普遍性义务与个别性行动，首先经由个别性—良心的中介，进而经由普遍性忏悔—宽恕的中

---

① ［德］伊尔廷：《市民社会的辩证法》，选自吴彦编：《观念论法哲学及其批判：德意志法哲学文选（二）》，姚远、黄涛等译，知识产权出版社 2015 年版，第 145、151、158、160、156、152、157 页。

介，得到了统一。只有在思想与行动相统一的个别性—良心当中，才能产生真正的道德主体，而也只有经过普遍性的忏悔—宽恕，道德主体与他者，即另一个道德主体，两者之间才能相互承认。伦理处理的就是与他者的关系，因此，只有当道德主体真正面向他者时，才能实现道德向伦理的过渡。当然普遍性与个别性的相互过渡也仍然不是二者的真正统一，相互过渡意义上的统一其实仍然有赖于相互区分的个别性或普遍性的中介，而不是普遍性—个别性统一体自身的中介，而在《精神现象学》当中，这种自中介的结构也只有到"宗教"阶段才会出现。

与《精神现象学》不同，《法哲学原理》当中并不存在过渡问题，因为伦理共同体是已然摆在我们面前的现实存在。伦理实体—国家，这一内容与形式的统一体就是我们研究的出发点、对象和衡量尺度。在这个意义上，良心是我们对伦理实体进行分析之后所必然能得到的形式要素，它是构成伦理实体的必要条件，但这并不等于说良心是伦理实体的充要条件，良心作为形式具有独立性，它可以纳入实体（内容与形式的统一），也可以不纳入伦理实体。因此，良心相对于伦理实体的这种独立性，使其主观任性暴露无遗，为此《法哲学原理》时期的黑格尔不得不对其痛加批判。但由于在《法哲学原理》中，黑格尔需要在分析的各个环节都将伦理实体—国家作为参照系，因此，如何区分（1）关于国家—伦理实体作为一种参照系的论述与（2）对国家—伦理实体的论述，这对于黑格尔本人来说也是一个不轻的理论任务。

第三篇

伦理

第九章 ┃ 黑格尔：个体与共同体冲突的
成功和解者？

——基于市民社会中贫困问题的考察*

梁燕晓

　　黑格尔，于国内学界而言，是一个熟悉的陌生人。说其"熟悉"，是因为新中国成立后，关于黑格尔思想的研究，是仅次于马克思主义理论的显学，当然，这得益于其被看作马克思思想的三大来源之一，对其的研究焦点也集中于"合理内核"——辩证法等方面；说其"陌生"，是因为改革开放后，随着后现代时髦理论的涌入，黑格尔被贴上教条、保守的标签扔入故纸堆中，青年学人不屑翻阅，大多数中老年学者也纷纷转向，于是，一段时间里，黑格尔在中国成了名副其实的"死狗"。就个体与共同体的关系而言，此时的黑格尔被定位为替普鲁士专制制度辩护的保守分

---

　　* 本章已经刊登在《哲学分析》2018 年第 4 期上，在收入本书时，做了一定的修改和补充。

子，忽视个体自由，崇尚国家至上。其实，黑格尔的这种形象在国外由来已久。从海姆、罗素到波普尔，无一不把黑格尔当作开放自由社会的敌人，甚至第二次世界大战时法西斯主义的理论先驱。然而，20世纪下半叶以来，泰勒、阿维纳瑞、纽豪斯和霍耐特等人开始为黑格尔正名，强调黑格尔并非是个体自由主义的死敌，而是针对自由主义的现代性困境，致力于建构一种包含近代个体自由在内的理想共同体，以实现古今冲突的和解。受此思潮的影响，近年来国内学者对黑格尔社会政治哲学的研究也逐渐升温，这使得黑格尔的形象获得了在政治谱系中重新定位的机会。①

但是，一个关键性问题在于：黑格尔是如何调和个体与共同体之间的冲突，以及这一努力是否取得了令人满意的效果？本章试图以法哲学中的贫困问题为考察对象，将其看作检验黑格尔这一"和事佬"形象的试金石。众所周知，在古典自由经济学家斯密那里，贫困不会成为一个问题，因为他对市场经济充满了乐观情绪，认为发达的分工体系会创造出充裕的社会财富，进而"引起了一般的、普及于最低阶级人民的富裕"②。事实证明，斯密过于乐观了，在近代社会的进程中，与财富迅速积累如影随形的是贫困的爆发式累积。自由主义者如诺奇克，强调个体优先性，强调私人财产的重要性，否认共同体对贫困进行普遍救济的

---

① 参见韩立新：《从"人伦的悲剧"到"精神"的诞生——黑格尔耶拿〈精神哲学〉草稿中从个人到社会的演进逻辑》，《哲学动态》，2013年第11期；陈浩：《论共同体包容个体自由之限度——以黑格尔的"主观自由"概念为例》，《清华大学学报(哲学社会科学版)》，2015年第4期；郭大为：《黑格尔的"第三条道路"——〈法哲学原理〉的合理性与现实性》，《世界哲学》，2012年第5期。

② ［英］斯密：《国富论》(上)，郭大力、王亚南译，译林出版社2011年版，第6页。

合法性，"不要强迫我为别人做贡献，而且如果我处于贫困的状况，也不要通过这种义务制度为我提供保障"①，他们所能允许的最多只是个体基于自我意愿的主观慈善。与之相对，共同体主义者如柏拉图，强调共同体优先，提出在守卫阶层、统治阶层中实行财产共有，客观效果上避免了其成员陷入贫困之中。可见，面对贫困问题，个体自由主义者与共同体主义者表现出截然相反的态度。前者坚持个体原则优先，认为财产的积累与个人的能力、禀赋等息息相关，获得财产的多少应"自负盈亏"，因此他们极力推崇劳动所有权等原则②；后者坚持共同体原则优先，认为人类创造财富的目的是促进共同体的整体发展，保证共同体成员稳定的生活水平，因此，他们赞同共同体对内部贫困成员的社会性救济，如物质救助、就业援助等。然而，在黑格尔的《法哲学原理》③中，同时存在着对劳动所有权的尊重与对贫困的公共救济的支持这两种看似矛盾的观点，如此，便迫使我们必须进行追问，这两种不同的原则是如

① ［美］诺奇克：《无政府、国家和乌托邦》，姚大志译，中国社会科学出版社 2008 年版，第 207 页。

② 对于是否承认劳动所有权，自由主义阵营内部是存在分歧的。以洛克、斯密为代表的一派是劳动所有权理论的开创者和坚定支持者，以诺齐克等为代表的一派则坚持"资格所有权"，批评劳动所有权毫无现实操作性可言。对这一争论的评判，超出本章的范围，这里只取二者的一项共识：如若实行劳动所有权，那么体现的一定是个体优先原则。

③ 德文本为 Hegel, *Grundlinien der Philosophie des Rechts*, Frankfurt am Main: Suhrkamp Verlag, 1970；英译本参照了 Hegel, *Elements of the Philosophy of Right*, Allen Wood (ed.), translated by H. B. Nisbet, Cambridge: Cambridge University Press, 1991；中译本主要参考［德］黑格尔：《法哲学原理》，范扬、张企泰译，商务印书馆 1961 年版，并同时参照了［德］黑格尔：《法哲学原理》，邓安庆译，人民出版社 2016 年版；依据德文本和英译本，本章中所引用的中译译文略有改动。引用采取了在正文中直接标出节号的方式。

何达成和解的？

一、一桩公案——市民社会是否解决了贫困问题

黑格尔说，"怎样解决贫困，是推动现代社会并使它感到苦恼的一个重要问题"（§244）。其实，贫困问题，不仅是困扰近代社会的现实问题，也是困扰黑格尔哲学本身的理论问题。长期以来，人们一直在讨论黑格尔哲学体系内的一个斯芬克斯之谜：在黑格尔法哲学内，更确切地说，在市民社会中究竟有没有最终解决贫困问题？

针对市民社会中的贫困问题，学界目前大致提出了两种典型的观点。第一种观点认为，贫困必须被市民社会所容忍，它是市民社会乃至黑格尔的整个哲学体系都无法解决的难题，是对黑格尔自由体系的破坏，代表性人物有阿维纳瑞、艾伦·伍德等。阿维纳瑞直接指出，在黑格尔的体系中，贫困问题"是他唯一一次提出了一个问题并任其悬而未决"，"在其他任何地方，黑格尔都没有让一个问题这样悬而未解"①，不过这体现出，黑格尔在对待贫困问题时至少是一位诚实的思想家；伍德将阿维纳瑞的这种观点进一步概括为"作为社会分析家的黑格尔的远见和真诚针对作为思辨体系建造者和理论家的黑格尔的狂热和机巧取得

---

① ［以色列］阿维纳瑞：《黑格尔的现代国家理论》，朱学平等译，知识产权出版社2016年版，第195页。

的胜利"①。其重要的论据在于，自由的市场经济的运行必然导致贫困的发生（个体间禀赋、能力的差异性）②，而市民社会的基本原则（自食其力的劳动所有权原则）又阻止共同体采取措施避免或救助贫困，因此，为了维护市民社会的自由，贫困问题只能被搁置一旁。

　　另一种观点为杰弗·杰克逊、马特·S. 怀特等人③所持有，他们借助于黑格尔的"辩证法"概念，试图重新解读贫困这一难题。通过回顾《精神现象学》《逻辑学》等文本中意识、理性等如何自我否定、自我扬弃的辩证过程，他们强调，矛盾的存在是黑格尔推动体系发展时惯用的伎俩。例如抽象法以不法结尾，道德以伪善结尾，因此，类推之，市民社会以贫困结尾，正是推动伦理进入国家阶段的重要契机。也就是说，他们认为应该跳出"市民社会"的狭隘范围，进入整个"伦理辩证法"（家庭—市民社会—国家）的高度来审视贫困问题：贫困是黑格尔有意为之的问题，它不是对黑格尔自由体系的背叛，反而是推动体系发展的必要条件，贫困危机促使伦理共同体走向最高的发展阶段，而作为超越市民社会的更高阶段，国家有责任提供一种解决贫困的合理方案。

---

　　①　［美］伍德：《黑格尔的伦理思想》，黄涛译，知识产权出版社 2016 年版，第 409 页。

　　②　斯蒂芬·霍尔盖特对这一点曾总结道："在一个竞争的经济体中，有些个体总是会缺乏技能、智能或体能来与其他人竞争，因而就会陷入贫困"，"黑格尔与马克思同样主张，一个完全自由的商业经济体必然会产生贫困"。参见［英］霍尔盖特：《黑格尔导论：自由、真理与历史》，丁三东译，商务印书馆 2013 年版，第 319 页。

　　③　Matt S. Whitt, "The problem of Poverty and the Limits of Freedom in Hegel's Theory of the Ethical State", *Political Theory*, Vol. 41, No. 2, 2013, pp. 257-284; Jeff Jackson, "The Resolution of Poverty in Hegel's 'Actual' State", *Polity*, Vol. 46, No. 3, 2014, pp. 331-353.

显然，若以"市民社会能否解决贫困问题"为衡量标准的话，这两种观点可以被划归为同一阵营——否定市民社会解决贫困问题的可能性。不过，它们的区别是：第一种观点进一步认为整个法哲学体系都没有解决贫困问题，第二种观点则认为在伦理的最高阶段（国家）中能够解决贫困问题。前一种观点的要旨在于：市民社会坚持个体原则，救助贫困则体现共同体原则，二者不可相融。后一种观点属于近年来学界的新兴视角，事实上它"不自觉"地承认了阿维纳瑞等人所揭示的矛盾，只不过用"矛盾辩证法"的方式为黑格尔做了某种辩护。这种辩护的合法性依赖于两个论据，即贫困确实是市民社会过渡到国家的中介和国家阶段真的提供了解决贫困问题的有效措施。令人遗憾的是，这两个论据都是不成立的。一方面，"有关贫困的讨论不是对市民社会之讨论的结尾"①，而是对警察讨论的结尾，真正促使市民社会向国家过渡的推动力在于同业公会所追求目的的有限性，而非贫困问题；另一方面，诚如杰弗·杰克逊所言，黑格尔在法哲学"国家章"中确实提及了"货币""税收"（§299），但是其目的只是要强调个体对国家的权利与义务问题，根本不涉及对贫困问题的解决，至于杰弗·杰克逊构想的居民基本收入制度更是一种当今时代个别国家的"局部实验性"措施，与黑格尔本人没有关联。

事实上，尽管第二种观点所进行的辩护是无效的，但其使用的"矛盾推动力"方法却为我们理解阿维纳瑞等人的观点提供了一种新的视角。在阿维纳瑞那里，救助贫困一定体现的是共同体原则，而救助主体主要

---

① ［美］伍德：《黑格尔的伦理思想》，黄涛译，知识产权出版社 2016 年版，第410 页。

是指警察，但是，在法哲学的市民社会中，紧随警察之后同业公会出场了。依据"矛盾推动力"的新思路，可以提出如下问题：既然贫困不是同业公会过渡到国家阶段的"矛盾点/推动力"，那么它是警察过渡到同业公会的契机吗？进一步追问的是：同时被放在"市民社会"章的警察和同业公会存在本质性的区别吗？同业公会究竟具有怎样的优势才能使它处在应对贫困问题的辩证法链条的顶端？同业公会是否成功解决了个体原则与共同体原则的冲突？

　　为了回答上述诸问题，本章将回顾黑格尔耶拿时期和法哲学时期解决贫困问题的两种方案，考察警察和同业公会这两个机构的诞生历程，以此希望能够为理解二者在解决贫困问题中所担任的角色提供一种历史的、对比的新维度。

二、早期的国家救助方案

　　贫困，是始终贯彻在黑格尔著作中的一个问题。早在 1799 年，青年黑格尔在阅读詹姆斯·斯图亚特的《关于政治经济学原理的探究》时，就曾将自己对贫困问题的想法写入关于该书的评论中，只可惜此评注已佚失。[①] 耶拿时期（1801—1806），黑格尔关于贫困问题的观点散见于《伦理的体系》《1803/1804 年精神哲学草稿》《1805/1806 年精神哲学草

---

　　① ［英］普兰特：《黑格尔政治哲学中的经济和社会的整体性》，见中国社会科学院哲学研究所编：《国外黑格尔哲学新论》，中国社会科学出版社 1982 年版，第 303 页。

稿》之中。其中，对于该问题比较完整的论述主要出现在《1805/1806 年精神哲学草稿》中，因此，这一文献成为本部分的主要阐释对象。当时的黑格尔已经站在了近代国民经济学的肩膀上，认识到了近代社会中贫困问题的复杂性，不过，受限于当时的视野，黑格尔更多地直接诉诸国家来解决贫困问题。当然，这是一种典型的共同体原则的方案，也是阿维纳瑞等人最为反对的一种方案。

1. 劳动所有权与贫困

在《青年黑格尔》中，卢卡奇曾作过这样的判断："黑格尔不仅在德国人中对法国革命和拿破仑时代有最高和最正确的见解，而且他同时是曾认真研究了英国工业革命问题的唯一的德国思想家；只有他把英国的古典经济学问题与哲学问题、辩证法问题联系起来。"[1]耶拿时期的黑格尔已经充分阅读了斯密、斯图亚特等人的政治经济学著作，并从他们所描绘的相互依赖的"需要体系"中，读出了近代社会的本质特征——自由的个体性原则。"这是近代的更高的原则，一个柏拉图和古代人都不懂的原则……柏拉图的理想国，就像斯巴达一样，是自知的个体性完全消失了的。"[2]也就是说，是否承认个人独特的个体性、是否尊重个体的优先地位，是古今的分袂所在。而现代的贫困问题也只有站在个体性原则的角度才能获得理解。

在市民社会中，劳动所有权是个体性原则的直接体现，是近代个体

① ［匈］卢卡奇：《青年黑格尔》，王玖兴选译，商务印书馆 1963 年版，第 23 页。
② Hegel, *Hegel and the Human Spirit：A translation of the Jena Lectures on the Philosophy of Spirit(1805—1806) with commentary*，translated by Leu Rauch，Detroit：Wayne State University Press，1983，p. 160.

的立身之本。在黑格尔看来，当个人从家庭进入市民社会时，也就意味着他失去了家庭共有财产模式的呵护，意味着他必须通过个体的劳动为自己争取生存资料。"近代个体将自己呈现为这种形象，即以劳动作为其谋生的手段。在这里，他唯一遵守的法则是：那些他劳动和交换来的东西，才真正属于他。"①很明显，此处黑格尔将劳动所有权视为市民社会的基本原则，视为市民社会成员的行动指南。这种观点在《法哲学原理》中仍得到了延续，也成为伍德等人反对"市民社会能够解决贫困问题"的重要论据。

市场经济本身支持个体原则的恣意释放，但是在其运行中却产生了贫困问题。诚然市民社会尊重个体的劳动所有权，可是，近代的个体劳动却不是孤立劳动，而是抽象劳动。古代的劳动是一种"需要——劳动——享受"的闭环式状态，近代劳动却将他人的需要纳入进去，使之成为"自己的需要——他人的需要——为他人的劳动——他人的享受——自己的享受"的模式。因此，个体不再为自己的需要而直接生产，"他的劳动内容超出了他的需要；他为了很多人的需要劳动，人人皆然……他的很多特殊需要的满足就是许多其他人的劳动……他的劳动就是抽象劳动"②。抽象劳动所构建的发达的分工、交换体系，促使个人的需要和满足需要的手段变得日趋多样化和复杂化。此时，体现个体需要的繁复性的时尚（口味）的波动与体现满足需要的手段的多样性的机器的新发明，成为市民社会极大的不稳定因素，极易引发贫困问题。"由

---

① Hegel, *Hegel and the Human Spirit*, p. 138.
② Ibid., p. 121.

于时尚的变化、他国的新（机器）发明所导致的产品价格的下降等因素，养活一个庞大阶级的某工业部门会突然衰亡，进而大量的人口陷入无力自拔的贫困之中。"①

可见，人的创造性的个体意识所释放出来的力量已变成了人类自身的桎梏，"巨富与赤贫之间的对比赫然矗立着"②。财富将自身变为一种强大的力量，把周围的一切都吸引过来，黑格尔甚至用《圣经·马太福音》中的"凡有的，还要给他"来描述这种"富者更富，贫者更贫"的社会现象。除了物质的匮乏以外，黑格尔还指出了穷人的消极情绪，"财富与贫困之间的这种不平等——这种需要和必然性——变成了意志的最高的撕裂，变成了内心的反抗与仇恨"③。当然，这种不满情绪尚不属于法哲学时期的"贱民精神"。因为，第一，穷人对于贫富差距的不满，不一定意味着他不尊重劳动所有权，不一定意味着他喜欢过好逸恶劳的生活；第二，黑格尔此时并未将"维护自食其力的原则"纳入解决贫困问题的方案之内。

2. 以税收调节为核心的国家救助与初次现身的警察

一面是由个体原则（劳动所有权）支撑起来的发达需要体系，一面是贫困这个癌症在市民社会肌体内的蔓延，此时的黑格尔面临着艰难的抉择。尽管商业自由之于市民社会非常重要，"商业自由是必要的，国家干预一定要尽量的隐微，因为商业是任性的领域"，但是面对愈演愈烈的贫困问题，国家必须果断出手，"国家力量出现了，它必须照看每一

---

① Hegel, *Hegel and the Human Spirit*, pp. 139-140.

② Ibid. , p. 140.

③ Ibid. , p. 140.

个需要支持的领域。积极寻找各种救济手段"①。这意味着，在贫困问题面前，个体原则在黑格尔心中的天平上的位置发生了倾斜，它被迫让位于共同体原则——国家直接救助贫困。

耶拿时期的黑格尔为政府大致列举了三种解决方案。第一种方案是政府在其他国家寻找销售渠道，但是这种方式"由于会损害其他国家，因而也就更加困难"；第二种方案是国家提供一定的就业机会，"国家不要挽救无法挽救的，而是要用其他方式雇佣受苦的阶级"；第三种方案是直接救助，其核心包括贫困税和慈善机构，"与贫困的增加相伴随的，还有济贫税和慈善机构"，其中税收调节方案，最受黑格尔的青睐，"只有高额税被征收，财富的不平等才能被接受；如此行事，方能减轻嫉妒，方能避免对于贫困与抢劫的恐惧"②。概言之，黑格尔将解决贫困问题的重任直接交给了国家，把国家看作是一种规范和整合经济活动的力量，一种通过其自身的普遍性而超越市场离心力的力量。

事实上，黑格尔的这种干预经济的思想，主要有两个理论来源。其一是当时盛行的古希腊怀乡思潮。18 世纪后期的德国思想界倾向于将古希腊设定为理想化的图景，将古希腊看作是一个共同体原则得以高扬的时代：当时的人们对普遍的政治生活的参与热情远远高于对特殊的"家政学"的追求，个人与城邦是一种直接统一的和谐关系，"在古代，所有人的伦常构成了美好的公共生活——美是普遍与个体的直接统一体，（城邦）是一件个体离不开整体的艺术品"③。其二是斯图亚特的"政

---

① Hegel, *Hegel and the Human Spirit*, p. 140.

② Ibid., pp. 140，145.

③ Ibid., p. 160.

治家"理论。斯图亚特和斯密虽然都是英国古典经济学的先驱性人物，都对近代的商业社会进行了深入的剖析，但二人却有着不同的理论指向：斯密相信分工与市场的逻辑，相信"看不见的手"会自动促进社会繁荣与进步，认为政府应主要采取自由放任的经济政策；与之相反，斯图亚特则对近代商业社会怀有隐忧，他寄希望于拥有无穷智慧的爱国政治家随时准备为了国家利益而干预经济过程，"在处理每一个政治经济学问题时，我总是建议一个充当政府首脑的政治家要系统地指导政府的每一部分，以防止方法的变动和革新所引起的直接后果损害任何国家的利益"①。在 1802 年的《论自然法》一文中，黑格尔认为霍布斯所构想的自然状态本质上是作为"需要体系"的近代社会在理论上的一种体现，此类自然法高扬个体性原则、将共同体看作维护个体利益的工具。尽管自然法所表达的近代的主观性原则应受到尊重，但是当这种原则与国家利益发生冲突时，黑格尔仍不免要站在共同体原则一侧，用"绝对伦理""民族"等来统摄个体性。这种希腊式的整体优先原则，是贯穿于耶拿时期黑格尔政治哲学的主旋律。就具体如何救助贫困而言，此时的黑格尔采用了斯图亚特式的干预方案，由政府直接出面来救助穷人。因此，浓郁的古希腊情结和斯图亚特式的政府干预是耶拿时期黑格尔思想的底色。

此外，这里还要谈一下警察（Polizei）的角色定位问题。在《法哲学原理》中，警察具有救助贫困的职责。可是，鉴于警察出现的位置是在"市民社会"阶段，而非"国家"阶段，因此，如何划归警察的属性是一个

---

① 转引自［英］普兰特：《黑格尔政治哲学中的经济和社会的整体性》，见中国社会科学院哲学研究所编：《国外黑格尔哲学新论》，中国社会科学出版社 1982 年版，第 282 页。

有争议的话题——它究竟属于市民社会的自发组织，还是国家的直属机构呢？进一步，它对贫困的救助，究竟属于市民社会的"自救"，还是国家的"他救"呢？《1805/1806 年精神哲学草稿》，是黑格尔第一次提及"警察"的文本，可以为解答这个问题提供有益的帮助。黑格尔将整个社会分为低等等级和普遍等级，前者包含农民、手工业者和商人，后者包含公务员、学者和军人。其中，公务员等级的一项重要使命在于参与警察机构的运行。警察"来源于 politeia，是指（城邦的）公共生活，（城邦）整体自身的治理和行动……监管商业以防止欺骗、促使普遍信任的实现和商品交换中的诚信"①。显然，警察是隶属于国家层面的组织机构，它的主体是公务员而非工商业者，它的行为背后体现的是国家意志。虽然黑格尔在耶拿时期提及的是"政府救助"而非法哲学时期的"警察救助"，但是二者无疑都体现了国家救助的含义。

　　总的来看，耶拿时期的黑格尔固然意识到了以劳动所有权为代表的个体原则是近代社会发展过程中不可避免的趋势，可是，当这种无限扩张的市场机制一旦带来严重的贫困问题时，他会直接采取体现共同体原则的国家干预措施，而不会从市民社会内部着眼来寻求解决之道。与之相对，法哲学时期的黑格尔更倾向于市民社会自救方案而非国家救助方案，那么，促使这种转向得以发生的契机是什么呢？

---

① Hegel，*Hegel and the Human Spirit*，pp. 168-169.

三、晚期的市民社会自救方案

随着对贫困问题的深入研究，黑格尔逐渐意识到贫困不仅意味着外在物质财富的匮乏，还意味着内在贱民精神的产生。仅仅依靠国家税收救助并不能消除贱民精神，"问题不仅仅在于防止饿死而已，更远大的宗旨在于防止产生贱民"（§240），因此黑格尔开始放弃早期方案，转而系统地讨论个体、（国家）警察和同业公会三者援助贫困时成功的可能性。

1. 从贫困到贱民：自食其力精神的丧失

关于贫困问题的产生原因，《法哲学原理》的解释与《1805/1806 年精神哲学草稿》的思路是一贯的。市民社会包含了特殊性和形式普遍性两个原则，个体获得财富多寡及其是否陷入贫困之中主要与特殊性原则息息相关。市民社会中的个体在真真切切地追求特殊利益时，却"不自觉地"用"以私利为目的"的个体劳动创造了普遍的社会财富。"这是一种辩证的运动，其结果，每个人在为自己取得、生产和享受的同时，也正为了其他一切人的享受而生产和取得。在一切人相互依赖全面交织中所含有的必然性，现在对每个人说来，就是普遍而持久的财富。"（§199）但是，个人分享到的普遍财富却根据技能、禀赋等的差异而截然不同，并且市民社会是承认且鼓励这种差异的特殊性的。精神的特殊性的法"在市民社会中不但不扬弃人的自然不平等（自然就是不平等的始基），反而从精神中产生它，并把它提高到在技能和财富上，甚至在理智教养和道德教养上的不平等"（§200）。如此，现代社会如若按照市民社会的特殊性原则极速运行的话，必然产生两极分化与贫困问题。

不过，对于贫困的危害，黑格尔却有了一层更深的理解。"当广大群众的生活降到一定水平——作为社会成员所必需的自然而然得到调整的水平——之下，从而丧失了自食其力的这种正义、正直和自尊的感情时，就会产生贱民。"（§244）穷人与贱民的相同点在于物质生活水平低于社会的正常标准，不同点在于贱民产生了一种好逸恶劳的情感。也就是说，当"物质贫民"在精神上也贫穷时便升级为贱民，"它不以自食其力为荣，而以恳扰求乞为生并作为它的权利"（§244）。如前文所述，自食其力的特殊性原理是市民社会的基本原则，是每个市民社会成员必须烙进骨髓的行为圭臬。故而，贱民精神的本质就在于个体丧失了市民社会的气质，放弃了市民社会的入场券，将自己自绝于市民社会之外。

贱民丧失了自食其力的精神，这成为市民社会救助贫困时需要考量的新要素。在《1805/1806年精神哲学草稿》中，黑格尔注意到了贫民的不满情绪，但尚未理解到贱民精神的高度，因此，他当时采用了较为简单的政府征税调节措施。现在看来，国家的税收救济虽然能够直接给予穷人一定的物质帮助，但却是对他们自食其力能力的否定，甚至有可能"娇惯"出他们的贱民精神。所以，无论采取何种解决贫困问题的措施，都应当把握好救助与市民社会精神（自食其力）之间的平衡点，"不但照顾到他们的直接匮乏，而且照顾到他们嫌恶劳动的情绪"（§241）。

2. 个人的主观慈善与警察的系统援助

相较于耶拿时期"蜻蜓点水"式地描述救助措施，黑格尔在法哲学中较为系统全面地对此进行了阐述。

个人慈善充满了偶然性。个体出于自我的同情与怜悯，而对街头或身边的穷人主动施以援手，这是一种值得称赞的善举。这也是自由主义者诺齐克唯一容忍的救助贫困的方式，"国家不可以使用强制手段使某些公民援助其他公民"，如征税等，只有"自愿的途径依然保留着"①。但是，在黑格尔看来，这种建立在个人道德基础上的主观慈善其实充满了偶然性。偶然的布施、义捐和圣像前灯烛的捐助等慈善力量，在庞大的贫困群体面前无异于杯水车薪，所以，"社会竭力从贫困和它的救济中去找出普遍物，并把它举办起来，使那种主观援助越来越成为没有必要"（§242）。

近代早期的穷人乞讨与个人慈善

于是，警察的系统性援助便应运而生：第一，由公共机构实施直接的物质救济，把贫民的生活维持在社会基本水平线上；第二，实施就业救济，保证贫民充分的就业机会；第三，对外扩张，建立海外殖民地，既为过剩的产品找到了消费市场，也为过剩的工人提供了工作场所和生活资料。这三种措施，都是黑格尔煞费苦心构想出来的，下面我们对之

---

① ［美］诺奇克：《无政府、国家和乌托邦》，姚大志译，中国社会科学出版社 2008 年版，第 1 页。

进行逐一分析。

第一种方案被黑格尔直接否定掉。他之所以如此强烈反对对贫困的直接物质救济，是因为这种做法是赤裸裸地破坏市民社会的基本原则——"穷人用不着以劳动为中介就可保证得到生活资料；这与市民社会的原则以及社会上个人对他独立自尊的感情是相违背的"（§245）。这里可以很明显地看出，以劳动为中介获取生活资料（或者说劳动所有权），被黑格尔奉为市民社会的基本原则。市民社会可以救助贫困，但绝不能触碰劳动所有权这根红线。在1817/1818年法哲学讲义里，第二种方案是为黑格尔所赞赏的，"市民社会必须保持穷人劳动，用这种方式才能唤醒他们自食其力的情感"①。但是，到了1819/1820年法哲学讲义中，黑格尔开始关注穷人普遍就业后带来的后果：生产过剩问题。在1820年出版的《法哲学原理》中，黑格尔明确提出，穷人充分就业后，由于产品过剩与适当比例的消费者的缺乏，产品滞销现象会无可避免地产生。可以说，黑格尔敏锐地观察到了机器化所带来的巨大生产力的深刻影响——产品数量的增长远远大于大多数生产者可支配的收入的增长。在《法哲学原理》中，黑格尔对于第三种措施没有提出明确的反对意见。但是，一方面从反证的角度讲，黑格尔在接下来的同业公会一节里，大谈特谈对贫困的救助，这可以表明他对开拓海外殖民地的实际效果并不满意；另一方面，黑格尔对于这一措施的保留态度是可以得到《历史哲学》的文本支持的，他以北美殖民地为例，讲到"等到北美洲所

---

①　Hegel，*Lectures on Natural Right and Political Science*，translated by J. Michael Stewart and Peter C. Hodgson，Berkeley：University of California Press，1995，p. 210.

提供的无边无际的空间已经充塞无余"时，一种新的"市民社会的严密的系统"便产生了①，由此，贫困问题又会陷入循环无解的状态。也就是说，第三种方案的有效性必须建立在"始终存在未被市民社会化的原始大陆"的基础上，而黑格尔预见到，这只能是一种幻想。对此，伍德明确提出，警察无力解决贫困问题，"贫困的产生与警察权相关，后者有一项解决贫困问题的职责，却最终表明无法履行这一职责"②。

个人慈善与警察援助，都以失败告终。从现实效果来看，主观慈善充满偶然性，在近代大工业引起的社会性贫困面前是无能为力的；警察的系统援助无法克服生产过剩、殖民地不足等局限。从理论原则上看，个体慈善与警察的物质援助，都会违背市民社会的自食其力的基本原则，助长贱民精神的蔓延；警察的就业援助与系统殖民是否违背市民社会的个体原则呢？目前黑格尔尚未对此作出说明。

3. 同业公会的自我救助

当发现个体和国家警察对于解决贫困问题都无能为力时，黑格尔将眼光投向了市民社会内部的第二家庭——同业公会。整个市民社会的成员，被黑格尔分为三个等级：农业等级、普遍等级（公务员）和产业等级（手工业、工业和商业）。普遍等级，直接由国家供养；农业等级，主要依靠自然界的土地为生，收入相对稳定；唯独产业等级，由于成员之间存在激烈的竞争关系，因此其经济地位起伏不定，极易成为贫困泛滥的领域。不过，既然"同业公会也主要是这一等级（即产业等级，引者注）

---

① ［德］黑格尔：《历史哲学》，王造时译，上海书店出版社 2006 年版，第 80 页。
② ［美］伍德：《黑格尔的伦理思想》，黄涛译，知识产权出版社 2016 年版，第 409 页。

所特有的"(§250)，那么它一定肩负着黑格尔赋予它的特殊使命来处理这一等级所特有的贫困难题。

鲜为人知的是，同业公会在黑格尔构建的市民社会体系中曾经长期"失位"。如果把市民社会分为三个层面：需要的体系、司法体系、警察和同业公会，那么作为需要体系的市民社会在黑格尔刚接触政治经济学著作时，便已产生；作为司法和警察的市民社会，在《1805/1806 年精神哲学草稿》中也是存在的；唯独作为同业公会的市民社会迟迟没有现身。即使在 1817 年版《哲学全书》（黑格尔只是将《法哲学原理》看作是对该书更系统、更详尽的阐述）中同业公会也尚未出现，只有到了"1817/1818 年法哲学讲义"中它才现身。如此长期酝酿、精细打磨后诞生的同业公会，可能会在解决贫困问题方面给我们带来惊喜。

不过，废除同业公会是近代历史发展的趋势，黑格尔对此也是了然于胸的，"在近代，人们废除了同业公会，这意味着个人应各自照顾自身"(§255)，那么，他为什么要逆历史潮流而动呢？原因在于，黑格尔将市民社会的贫困与同业公会的消退紧密联系起来。在"1819/1820 年法哲学讲义"中记载着黑格尔的如下论述，"在英国，也存在着最可怕的贫困和贱民心理，这个癌症的很大一部分要归咎于同业公会的消亡"①。这就是说，旧行会在援助贫困问题时曾经发挥过重要作用。在《国富论》中，斯密曾描述过旧行会对贫困问题的解决方案，"强令本业课税以救济同业之贫者、病者及孤儿寡妇的规则，亦把一种共同利害关系给他们

---

① 转引自[英]霍尔盖特：《黑格尔导读：自由、真理与历史》，丁三东译，商务印书馆 2013 年版，第 327 页。

处理，使他们不时的集会成为必要"①。这意味着，旧行会在自身内部制定专门的救济税，对穷人进行定向援助。不过，这一措施与上文提到的政府的税收调节、警察的物质救济在本质上较为类似，直接与劳动所有权原则相违背，会助长贱民精神。而重建后的新同业公会必然要表现出与之不同的气质或原则。

在笔者看来，相较于旧行会，黑格尔意义上的同业公会具有以下几个特征。第一，尊重个体职业选择的自由，避免自身故步自封。旧行会具有明显排外的特征，它们"限制职业竞争，使愿加入者不能加入之"，严重妨碍了劳动者的自由流动。② 与之相反，同业公会为了防止自我僵化封闭，尊重个体"出于自己的决定并通过本身的活动、勤劳和技能，使自己成为市民社会中某一个环节的成员"（§207）。第二，实施就业救助，注重培养会员的技能，为会员提供充分的就业机会。"市民社会的成员则依据他的特殊技能成为同业公会的成员"，因此，同业公会负责会员的"教育培养，使其获得必要的能力"（§251，§252）。与直接的济贫税相比，培养成员的技能是一种尊重个体原则、尊重劳动所有权的措施，这与警察的就业救济措施具有相同的出发点。第三，培育会员的伦理精神。通常市民社会的成员会以不断追求财富、炫耀财富（奢侈）的方式来展示和证明自己的能力，如此便会使需要与满足需要的手段变得日趋复杂，最终加剧贫富差距的程度。而当个人加入同业公会后，他会以自己的技能获得他人的承认、获得本行业的等级尊严，从而"无须用

---

① ［英］斯密：《国富论》（上），郭大力、王亚南译，译林出版社 2011 年版，第 116 页。
② 同上书，第 116、122 页。

其他外部表示来证明他的技巧以及他的经常收入和生活，即证明他是某种人物"（§253），进而从埋头追逐私利的"小我"转变为关注行业普遍利益的"大我"。不过，也许有人还会提出这样的疑问：同业公会如何避免生产过剩问题？毕竟，当公会成员都掌握技能进而充分就业后，不是同样会面临产量过剩与消费不足的困境吗？由此，引出同业公会的第四个特征：适时调节本行业的商品生产规模，防止生产过剩。威廉姆斯认为，同业公会可以将生产和消费限制在适当而非过度的水平，从而防止奢侈与穷困的出现。① 如此一来，生产过剩的困境便可破解，也就没有过剩的商品和穷人需要被转运到有限的海外殖民地；同时，不同于国家的外在强制，这种对生产的调控，是由同业公会自主进行的。上述四大特征有力地确保了"在同业公会中，对贫困的救济丧失了它的偶然性，同时也不会使人感到不当的耻辱"（§253）。

因此，从理论逻辑上讲，黑格尔的同业公会是一种理想的模型。一方面，它主动为成员提供技能培训和就业机会，这体现了共同体原则；另一方面，它尊重成员的职业自由选择权和劳动所有权，鼓励个体依靠勤奋劳作获取生活资料，并且自主调节生产与消费的平衡关系，这体现了个体原则。可以说，在这种理想的共同体中，黑格尔确实完成了对贫困问题的解决，成功和解了个体原则与共同体原则之间的冲突。伍德等人忽视了同业公会的艰难诞生史，未注意到同业公会之于黑格尔的重大理论意义。

---

① Robert Williams，*Hegel's Ethics of Recognition*，Berkeley：University of California Press，1997，pp. 257-258.

当然，由他者提供就业机会究竟归属于个体原则，还是共同体原则？这在当代政治哲学语境中充满争议。一般而言，就业包含了两个过程：(1)获取就业机会；(2)从事具体的劳动。自由主义者坚持一种强势的个体原则，认为"获得就业机会"本身就是个人能力的体现，由第三方(无论政府、团体组织，还是单个的他人)向自己提供就业机会，是对个体原则的一种破坏；而黑格尔则坚持一种相对弱势的个体原则，认为自我劳动是最重要的，只要依靠自我的劳动来赚取生活资料，便是对个体原则的坚守，便不会使个体产生贱民精神。共同体主义者坚持一种强势的共同体原则，由国家直接提供就业机会；而黑格尔则坚持一种相对弱势的共同体原则，将同业公会设想为就业机会的提供者，同业公会由相同行业的个体自发组成，一方面它可被当作个体原则的延伸，另一方面它毕竟是不同于个人的联合组织，相对国家而言是一种弱势共同体。这也就可以理解，同样是就业援助，但因为实施机构不同，而使得两种措施性质的判定截然相反。在这个意义上，警察的就业援助，即使不会带来生产过剩的后果，也会因为实施主体是国家而被诟病为违背了个体原则。因此，黑格尔的同业公会自救方案体现了弱势个体原则与弱势共同体原则的统一。

四、结 语

事实上，国内外黑格尔研究的复兴，以及对黑格尔的自由化、和解化解释的盛行，很大程度上源于近代市民社会逐渐成熟后，日益膨胀的个体自由主义带来了诸多现代性问题。古代共同体是一种经济从属政治、个体隶属国家的稳定结构，遵循共同体优先的原则；而市民社会的出现，则使得经济脱离政治的挟制、个体摆脱共同体的束缚，进而私人领域的经济活动上升到比公共领域的政治活动更为优先的层面。因此，现代性危机的一个重要层面是，如何处理个体与共同体之间的紧张关系。或者说，古今冲突的实质是，个体原则与社会原则孰轻孰重。西方世界较早地开启了市民社会进程，同时也较早地感受到无限的个体原则所带来的阵痛，故而它能率先进行反思，重新发现共同体原则的意义，此时黑格尔的理论价值便凸显出来。反观中国，20 世纪 80 年代时正处于市民社会初步阶段，李泽厚当时提出的是"要康德不要黑格尔"的口号。无疑这一观点是具有前瞻性的，近三十年来康德与黑格尔在中国判若云泥的境遇也对此提供了佐证，因为随着市民社会的熏陶和市场经济的洗礼，独立个体和理性经济人被"千呼万唤"出来，而康德哲学所提倡的主体性、自律性是与这种趋势相适应的。但是，与日趋臻熟的市场经济相伴而来的还有个体的原子化、利己化、唯我化，这为中国学界重新审视黑格尔哲学提供了新的社会土壤。

贫困问题，便是近代市民社会的一大癌症。面对这一顽疾，黑格尔表现出巨大的理论勇气和现实担当感。不同于对分工生产的前景盲目乐观的斯密，也不同于始终坚持个体原则（私有财产）优先、拒斥任何个人和公共机构的非自愿援助的自由主义者，黑格尔看到了现代社会愈演愈烈的"财富过剩与贫困过度并存"的现象，并着力于解决这一"市民社会的辩证法"。他一方面赞同导致贫困的劳动所有权所体现的个体原则，另一方面又支持市民社会对贫困的救济所体现出的共同体原则，基于此，黑格尔直接拒绝了实施普遍救济的国家福利主义方案，而选择了在市民社会内部寻求这两种原则的和解。重建于旧行会基础上的同业公会被黑格尔寄予厚望，作为一种理论构想，它在逻辑上是成功的，因为同业公会既为会员提供了就业培训和就业机会，又充分尊重了劳动所有权，并且与国家不同，它是市民社会内部的自我管理的组织。尽管黑格尔的新同业公会在历史实践的潮流中遭遇了诸多挑战，但是这一构想所要彰显的精神气质——物质贫困与精神贫困的辩证法——却值得我们重视。近年来，我国的脱贫攻坚事业蒸蒸日上，方式由过去的大水漫灌式的简单"物质援助"转变为精准的"产业扶贫"，鼓励企业在贫困地区因地制宜发展特色产业，支持当地自主合作经济组织的发展，充分调动了当地人民群众的自食其力的劳动积极性，有效避免了过去"坐、等、靠"的黑格尔意义上的"贱民精神"的产生。可见，黑格尔的贫困思想在当代仍熠熠生辉！

第十章 | 《法哲学原理》中劳动的政治哲学内涵研究 *

王代月

阿伦特在《人的境况》中将人类活动分为劳动、工作与行动。在她看来，劳动是人的自然性生活领域，是前政治的，唯有行动以言说和实践体现了人的复数性，具有本真的政治含义。现代社会劳动地位的提升，以其必然性和同一性破坏了政治领域的自由。然而黑格尔在《法哲学原理》中对劳动问题的论述，揭示了现代社会劳动所具有的谋取生活必需品与实践的双重内涵，发现了现代劳动所具有的政治哲学内涵，使劳动从古希腊前政治的黑暗领域进入到现代社会的核心，完成了现代社会劳动地位提升后的哲学论证，为马克思后来超出纯经济学的视角研究劳动问题提供了

* 本章的主体部分发表在《山东社会科学》2020 年第 1 期，在收入本书时做了一定的修改。

基本的方法论启示和理论铺垫。

一、问题的提出——市民何以能生成为公民

黑格尔的国家观历来争议颇多，波普尔等人认为黑格尔的国家观具有极权主义性质，泯灭了个人的自由。这种理解只是停留在知性高度，仅仅把握到黑格尔国家观所具有的普遍性规定，并将这种普遍性简单等同于抽象的共同性。①

实际上，黑格尔的国家观不仅不排斥个体特殊性意志的存在，而且是以个体特殊性意志存在为条件的。"目的的普遍性如果没有特殊性自己的知识和意志——特殊性的权利必须予以保持，——就不能向前迈进。"②在他看来，柏拉图的国家观恰好缺少的就是个体特殊性的环节。"在柏拉图的理想国中，主观自由还没有被承认。"（§264补充）"正是这个缺陷使人们对他理想国的伟大的实体性的真理，发生误解，使他们把

---

① 在《法哲学原理》第24节"附释"中，黑格尔对普遍性进行了阐述。他认为至少有三种普遍性。一种是反思的普遍性，将普遍性等同于共同性或全体性；一种是外在于单一物，并与之对立的抽象普遍性；第三种则是他所提倡的普遍性，需要通过思辨的方法才能理解的自在自为地存在的普遍物，它既是具体的，又是自为地存在的，作为自由意志构成了自我意识的实体，它与其对象并非是截然两分，而是将自身渗透到对象中，并在对象中保持着与自己的同一。

② G. W. F. Hegel, *Grundlinien der Philosophie des RechtsoderNaturrecht und Staatswissenschaft im Grundrisse*，in：*Georg Wilhelm Friedrich Hegel Werke 7*，Suhrkamp，1986，S. 407. [德]黑格尔：《法哲学原理》，范扬、张企泰译，商务印书馆1961年版，第260节"补充"。

这个国家通常看成抽象思想的幻想，看成一般所惯称的理想。"（§185 附释）个体特殊性的独立发展，构成了古代国家衰亡的最后原因，同时又是国家的普遍性伦理实体得以实现的现实土壤。缺乏个体特殊意志的国家，黑格尔将其称为"不成熟的国家"，认为现代国家作为成熟的理性国家，普遍性不仅得到实现，而且特殊性也被发展到极端，个人的单一性及其特殊利益都得到了完全发展，其权利也得到了明白的承认。

黑格尔在强调个体特殊性对于国家存在的重要价值时，同时又对进入国家的人进行了规定。"普遍物既不能没有特殊利益、知识和意志而发生效力并最终完成，人也不仅作为私人和为了本身目的而生活，因为人没有不同时对普遍物和为普遍物而希求，没有不自觉地为达成这一普遍物的目的而活动。"（§260）卢梭开启了区分市民与公民的传统。黑格尔继承了这种传统，在耶拿时期，他就曾经明确地区分市民与公民。"个体照料他自己和他的家庭，劳动，签订契约，等等，但同时他也在为普遍性劳动，自身就具有目的。从第一方面看，他是市民，然而从第二方面看，他是公民。"①在《法哲学原理》中，黑格尔将进入到政治国家的人称为公民。公民与市民虽然可能是同一人，但当个体作为公民存在时，他已经是被提升到具有"普遍性的特殊自我意识"（§258）。

首先，公民具有普遍性，并自觉地参加普遍活动。特殊性与普遍性是黑格尔在规定是否被教化时所使用的一对重要范畴。"当我希求理性东西的时候，我不是作为特异的个人而是依据一般的伦理概念而行动的。在伦理性的行为中，我所实现的不是我自己而是事物。"（§15 补

---

① Hegel, *Gemammelte Werke* Ⅷ. Hamburg：Felix Meiner Verlag，1976，S. 249.

充)"有教养的人首先是指能做别人做的事而不表示自己特异性的人,至于没有教养的人正要表示这种特异性。"(§187 补充)公民是已经经受过教化的成熟人格,他意识到并自觉地希求自己的伦理性本质,不仅如此,公民的这种普遍性人格还借助于他的行为表现于外,将内在的普遍性客观化和现实化。"人作为伦理性的实体,除了他私人目的之外,有必要让其参加普遍活动。"(§255 补充)与卢梭主张人应该在遗世独立的环境中保持自然人的本然状态不同,黑格尔认为公民必须走出自我意识的任性,进入社会中,自觉地追求和参与到普遍性活动,为他人工作。

其次,公民养成了政治情绪。在《法哲学原理》第 268 节,黑格尔对政治情绪进行了规定:"这种政治情绪一般说来就是一种信任(它能转化为或多或少地发展了的见解),是这样一种意识:我的实体性的和特殊的利益包含和保存在把我当作单个的人来对待的他物(这里就是国家)的利益和目的中,因此这个他物对我来说就根本不是他物。"①(§268)政治情绪(Gesinnung),即爱国心不同于意见,意见是从主观观念和主观思想中自行产生出来的。然而爱国心需要教化,不仅能够在非常时刻做出牺牲,而且在日常生活中,习惯地把共同体看作实体性的基础和目的,能够守法依法。政治情绪的实质在于自觉地希求普遍物,以国家的普遍性为自身的目的。"认识和希求普遍物,甚至承认普遍物作为它们自己实体性的精神,并把普遍物作为它们的最终目的而进行活动。"(§260)这种对普遍物的希求最终使个人形成政治德行,即"对自在自为

---

① G. W. F. Hegel, *Grundlinien der Philosophie des Rechts oder Naturrecht und Staatswissenschaft im Grundrisse*, in: *Georg Wilhelm Friedrich Hegel Werke 7*, Suhrkamp, 1986, S. 413.

地存在的、被思考的目的的希求"（§257 附释）。

其三，公民是特定等级的成员。黑格尔反对个人以个体的形式参与到国家中，将那种认为一切人都是国家成员，因此都有权参与国家事务的观念称为是"肤浅的思维"，"具体的国家是分为各种特殊集团的整体；国家的成员是这种等级的成员；他只有具备这种客观规定才能在国家中受到重视。"（§308 附释）等级相对于个体而言，是一种普遍性，它能够克服市民社会人的原子式存在，但相对于国家而言，等级又是一种特殊性。公民无疑首先要克服孤立原子式的存在，然而黑格尔同时又指出，公民所具有的普遍性不能是抽象的普遍性，而是需要借助于特殊性现实化，摆脱其空疏抽象性。等级所具有的这种二重性，能够使公民在现实的土壤中实现自己的普遍性。

黑格尔对公民的三个基本规定，其实质在于要求公民具有现实的普遍性，不仅在行动中参加普遍性的活动，做出社会性的行为，而且在思想中自觉希求普遍物，以普遍物为自身目的和实体性根据。

然而在权利取代了义务的近代社会，个人成为社会的目的。弗格森在《文明社会史》中写道："对于古希腊人或罗马人而言，个人不名一文，公众至高无上。对于现代人而言，在欧洲的许多国家里，个人至高无上，公众不名一文。"①黑格尔对此有着清晰认识："具体的人作为特殊的人本身就是目的；作为各种需要的整体以及自然必然性与任性的混合来说，他是市民社会的一个原则。"（§182）"每个人都以自身为目的，其

---

① ［英］弗格森：《文明社会史论》，林本椿、王绍祥译，辽宁教育出版社 1999 年版，第 61 页。

他一切在他看来都是虚无。"(§182 附释)这就提出了一个问题：自我意志在市民社会化为任性，进入到特殊性的黑夜，它何以有可能走出这个黑夜，在国家中上升到普遍性的光天化日之下，即个别的自我意识何以具有普遍性。

二、由分走向合的劳动与实践

教化是破解上述难题的关键。"自我被理解为普遍的人，即跟一切人同一的，这是属于教养的问题，属于思维——采取普遍性的形式的个人意识——的问题。"(§209 附释)个人要从他作为私人的存在中获得现实的普遍性，就需要经历一系列教化的过程。① 教化首先是化性起伪，"在主体中，这种解放是一种艰苦的工作，这种工作反对举动的纯主观性，反对情欲的直接性，同样也反对感觉的主观虚无性与偏好的任性"(§187 附释)。通过教化的解放工作，意识从自我等于自我的纯主观性中以及纠缠于诸多欲望的自然意志中解放出来，个体的特殊性被磨平。

---

① 教化最初起源于中世纪的神秘主义，在启蒙运动中传入德国。与教化长期对应的词有：拉丁文的"formatio"，英文的 form(形式)和 formation(形成)以及德语的 Form-ierung(塑形)和 Formation(成型)。但最终教化这个词在竞争中胜出。伽达默尔认为这种胜出绝非偶然，"因为教化(Bildung)包含形象(Bild)，形象既可以指摹本(Nachbild)，又可以指范本(Vorbild)，而形式概念则不具有这种神秘莫测的双重关系"([德]伽达默尔：《真理与方法：哲学诠释学的基本特征》(上卷)，洪汉鼎译，上海译文出版社 2004 年版，第 11—14 页)。摹本和范本的这种双重关系意味着，人在自己的灵魂里就有着神性，并且必须在自身中去造就这种形象。因此，教化是一个持续不断的过程，个体在这个过程中清除外在影响，保存已经获得的东西不断走向一个更高的本质。

"他的原来天性转变为另一种天性，即精神的天性，也就是使这种精神的东西成为他的习惯。"（§187补充）其次，教化也是将内在的神性表现于外，即通过外化实现自身的过程。"但正是通过这种教育工作，主观意志才在它自身中获得客观性，只有在这种客观性中它才有价值和能力成为理念的现实性。"（§187附释）

关键是如何实现教化。布鲁姆在研究卢梭思想时，对市民的特性进行了描述，指出与公民相比较，市民生活的可能性在于对实现利益的可计算中，而非对良善生活的追求，他们"无诗、无爱、无英雄气，既非贵族，也非人民"。"他的每一个社会行为都要求回报。无论是自然的诚实还是政治的高贵，他都无力担当。"①由布鲁姆的这段表述可以看出，市民潜在地反政治，参与政治公共生活对他们而言不再是一种美德。在这种背景下，教化最恰当和最切近的场所不再是政治国家，而是市民社会。劳动构成了市民社会的核心因素之一，它的地位在近代被改观，与实践逐渐由截然两分走向融合，这为黑格尔后来发现市民被教化为公民的现实途径奠定了理论前提。

在古希腊，劳动与实践分属不同的领域。在希腊语中，劳动是"ponos"，意味着一种艰辛的活动，甚至是苦难、痛苦和疾病②，主要是由那些被剥夺了自由的奴隶承担。实践则意味着自由人的政治活动，他们的自由源于他们无需从事劳动。亚里士多德对 Poiêsis 和 praxis 的区分

---

① ［美］布鲁姆：《巨人与侏儒——布鲁姆文集》，张辉选编，华夏出版社2007年版，第236—237页。

② Nicholas Lobkowicz, *Theory and Practice：History of a Concept from Aristotle to Marx*, Notre Dame，1967，p. 17.

就体现了劳动与实践在古希腊的关系。在《大伦理学》中，亚里士多德写道："当东西被制造和做[poioumenôn kai prattomenôn]时，制造和做(to poiêtikon kai praktikon)并不相同。技艺上的制作有着超过了制作(para tên poiêsin)本身的目的；例如，超过了房子建造本身，既然是一种制造房屋的技艺，就会存在于一栋房子作为制作的目的，同样地，在木工和其他的制作(tônpoiêtikôn)技艺中也一样；但在做[tônpraktikôn]中，不存在着超出做本身的目的[outhentelosautêntênpraxin]，例如，弹奏竖琴本身就是目的，是行动和做的过程。实践智慧[phronêsis]与做以及被做出的事情有关，但技艺[tekhnê]与制作以及制作出来的东西有关。"①亚里士多德将生产(poiêsis)归入技艺(tekhnê)，将行动(实践)归入实践智慧(phronêsis)，两者的区别主要在于是否存在外在的目的。存在着外在的目的意味着受限制和不自由，自身就是目的则是一种外在必然性的缺失。

由亚里士多德的区分可见，劳动属于制作的领域，它低于实践，不能以自身为目的，受着外在材料以及目的的制约，它存在于家庭领域，是黑暗的必然性领域，奴隶和妇女属于这个领域。正是基于劳动的这种地位，亚里士多德在其著作中并没有太多地探讨劳动问题。在《1857－1858年经济学手稿》的"资本主义生产以前的各种形式"一节中，马克思对三种共同体存在形式的探讨从经济学根源上回答了劳动在古代世界地位不高的原因。在这三种共同体形式中，劳动并非是所有权的根源，财

---

① Aristotle, *The Works of Aristotle*, translated by W. D. Ross, London: the Larendon Press, 1915, p. 34.

产的获得是以共同体成员的身份为前提。"每一个单个的人，只有作为这个共同体的一个肢体，作为这个共同体的成员，才能把自己看成所有者或占有者。"①所有权所指向的对象主要是土地，它先于人类劳动而存在，"通过劳动过程而实现的实际占有是在这样一些前提下进行的，这些前提本身并不是劳动的产物，而是表现为劳动的自然的或神授的前提"②。

近代社会发生了巨大变化，最为突出地表现在经济地位提升，政治成为维护经济权利的重要手段。近代社会契约论反映了这种现实变化。虽然近代契约论思想家对自然状态的规定存在着一定的差异，然而他们都赞同实现和保护经济权利是人类由自然状态进入到文明状态的重要原因。

在霍布斯所假定的自然状态中，人具有无穷欲望，并追求欲望的满足，在对利益、安全和名誉的追求下，人人相互为敌，最后在理性的权衡下放弃自然权利进入国家状态。洛克的自然状态虽然是平等和自由的，然而自然状况缺乏法律，因此没有断定是非和裁判纠纷的尺度和标准，缺乏按照既定法律来裁判争执的裁判者，即使做出了裁判，也没有权力保证其执行。自然状态的这种很不安全、很不方便使人民让渡权利组建政府来保护他们自己、他们的自由和财产。其中所有权在洛克看来是政治权利建立的重要目的。"人们联合成为国家和置身于政府之下的重大的和主要的目的，是保护他们的财产。"③根据卢梭，在自然状态

---

① 《马克思恩格斯文集》第 8 卷，人民出版社 2009 年版，第 124 页。

② 同上书，第 124 页。

③ ［英］洛克：《政府论》下篇，叶启芳等译，商务印书馆 1996 年版，第 77 页。

中，人过着自由、闲散而孤单的生活，以橡树果充饥、溪水解渴，在橡树下悠然入睡。然而人在自我改善能力的推动下，逐渐进入社会，特别是随着冶炼技术的出现和铁具的使用，农业得到发展，由于个人自然能力以及勤劳程度的差异，逐渐使得社会出现财富占有的悬殊，穷人与富人、富人与富人之间出现了争斗，为了保护自己的生命和私有财产，在富人的推动下，政治法律制度得以确立。社会契约论以个人的自我保存本能为逻辑出发点，以私有财产为实现自我保存的重要手段，论证了政府建立的原因，颠倒了古希腊劳动与实践的关系，实践不再是与劳动截然两分，而是成为劳动的手段。

古典政治经济学则进一步论证了经济的优先地位。重农学派强调农业劳动创造了纯产品，遵循着自然规律。"杜蓬·德内穆尔甚至创造了'physiocratie'（重农学派）一词，其本义是尊重自然规律的支配。"[①]风调雨顺保障着农业的丰收，因此重农学派提倡政府要适应自然秩序，不对经济生活进行干预。迈尔希埃·德拉里维耶将人类历史区分为"诞生中的社会"与"业已形成的社会"，将政治归结为"诞生中的社会"阶段，认为人类居于野蛮状态时才需要政治，而一旦人类进入到"业已形成的社会"，政治就变得多余。重农学派由此激进地提出了经济对政治的优先性。

亚当·斯密则通过他的经济理论，论证了经济生活本身所具有的政治性质。他认为经济学上的"社会"是由人与人之间的劳动分工以及与此

---

① ［法］皮埃尔·罗桑瓦隆：《乌托邦资本主义——市场观念史》，杨祖功等译，社会科学文献出版社 2004 年版，第 55 页。

相关联的交换关系所构成的。劳动分工不仅是社会劳动的分割，推进了劳动者在生产过程中的协作，以及在社会领域中的交往，而且相应地使每个人对自己所从事的劳动都变得更加内行，提高了劳动效率，能够生产出除了满足自己需要之外的大量可供出卖的产品，实现了社会的普遍富裕。"他对他们的需要做出丰富的供应，他们也对他的需要作出同样丰富的供应，于是社会的所有不同阶级都变得普遍富裕起来。"①经济本身就能实现社会秩序的有序。在人与人的关系调节上，政府仅仅充当着守夜人的角色。在《国富论》中，斯密大篇幅地批判重商主义，提倡守夜人国家，认为非生产性劳动者所占比重越少，越有利于分工和生产力的发展。

近代社会契约论从自我所有权出发，论证了政府建立的原因在于对个人所有权的保护。古典经济学则进一步深入到经济领域，论证了经济本身所具有的政治权力。

近代社会的这种变化，使劳动与实践呈现出融合的趋向。黑格尔敏锐地把握到这种趋势。在 1799 年，黑格尔接触到重商主义者斯图亚特的《政治经济学原理探究》，对国家与经济

亚当·斯密（1723—1790）

的关系、从经济的视角把握历史的发展形成了初步的认识。在《耶拿手

---

① ［英］斯密：《国富论》（上），杨敬年译，陕西人民出版社 2001 年版，第 14 页。

稿》中，黑格尔对劳动工具目的性的论述，揭示了劳动本身就是有目的性的活动，从而改变了实践被动静观的特点，使劳动与实践融合，在斯密的影响下揭示出劳动所具有的政治含义。在《精神现象学》中，他对主奴辩证法的论述，以及现代分工劳动在理性发展体系中作用的分析，都揭示了现代社会劳动与实践合一的特点。在《法哲学原理》中，黑格尔从教化与劳动辩证法的角度，揭示了现代分工劳动所蕴含的政治哲学含义。

三、自由意志的现实化——劳动与社会个人的生成

《法哲学原理》中，自由意志经历抽象法、道德以及伦理三个阶段，其实质就在于通过这个过程，实现政治教化，生成公民。在这个过程中，劳动不仅仅是生产的概念，同时也是教化的重要手段和中介①，它一方面使主观意志客观化，另一方面则通过需要的体系使个人获得他人的承认，克服其私人性。

劳动使自然意志上升为自在自为的意志。虽然自由构成了意志的规定性，然而这种自由只是一种潜在的自由，在最初并不具有现实性。黑格尔在《法哲学原理》第 10 节以小孩为例说明这点。小孩是自在的大人，他拥有理性和自由的可能性，然而这种可能性仅仅是从概念上来说是自

---

① Wolfgang Kloötzig, "Arbeit，Fortschritt，Utopie. Zum Bergriff des Opfers in der Hegelschen Philosophie"，*Hegel-Jahrbuch*，2002(1)，S. 81.

由的，它是抽象的而不具有现实性。意志在最初阶段只是潜在地具有自由。"当我们说意志是普遍的，意志规定自己，这时已经表明，意志被假定为主体或基质。不过意志在自我规定之先，在这种规定被扬弃和理想化之先，不是某种完成的东西和普遍的东西。意志只有通过这种自我中介的活动和返回到自身才能成为意志。"（§7附释）意志要获得它的本质规定，实现为自由的意志，需要经历自然意志、任性和自在自为这样三个发展的阶段。在自然意志阶段，意志的内容表现为"直接现存的内容"，即"冲动、情欲、倾向"（§11）。这表明意志此时被自然所规定，它仅仅具有直接性的内容，而没有取得合理性的形式。在黑格尔看来，当人还处于自然冲动的阶段，他还不具有人的规定性。在《历史哲学》中，黑格尔给予东方和殖民地很低的地位，其根本原因是人在此阶段还没有摆脱他的自然欲望和冲动。自然欲望和冲动是对理性的一种贬低和伤害，处于自然状态意味着不自由和野蛮。然而在《法哲学原理》中，黑格尔比较了人的冲动与动物的冲动，认为人能够凌驾于冲动之上，从多重冲动中作出选择，给予自己规定性。这样自然意志就进入任性阶段。任性处于自然冲动所规定的意志和绝对的意志之间，能够借助于反思在多重可能性中作出选择。然而选择的内容是被偶然性地给予。人在这个阶段，依然被自然所规定，与自由和精神的概念相对立。一旦意志借助于思维，将普遍性的意志自身作为对象，扬弃掉自然的直接性以及反思所沾染上的自然的特异性，就发展为真实的意志，即自在自为地存在的意志。

劳动中，人首先将自己与物区别开来。黑格尔具体探讨了三种劳动形式，即身体的把握、给物以定形以及标志。在身体把握这种形式中，人将自己的意志直接体现在物之中，并且能够借助于机械力量、武器和工具扩大人的权力范围。在给某物以定形中，主观和客观被有机统一起来，虽然被定形的对象本身并非是人所创造出来的，但这些物却正是借助于人的能力获得现实性。标志显示出人对物的支配权，使它获得非其所是的意义。在这三种劳动过程中，人与物关联。由于人作为有意志的理性存在物，人给物赋形，物①的无我性被消灭，人的优越性和理性由此得以体现。人在劳动和消费中对外物的占有，在黑格尔看来，它的主要意义不在于满足人的物质需要，而是通过在对物的获得和外部占有中，人感受到自我意识的存在，并通过对物的形式的习惯和占有，使自己的身体受到训练，精神得到教养。人在其直接实存中也是一种自然的东西，然而通过对物的身体把握、定形，或是单纯的标志，人意识到物作为外在定在缺乏目的和意志，从而产生出不同于物的自我意识，并在物这种冷漠的异己性中，获得普遍性的教化。

劳动也体现了人与动物的区别。在耶拿时期，黑格尔通过对需要—劳动—享受三个环节的分析，说明了人在满足自己欲望时与动物的区别，人并非是在本能的驱使下直接破坏，而是通过消灭物的无我性，创造出满足自己需要的对象。《精神现象学》中的主奴辩证法中，人在劳动中延缓欲望的满足，并通过劳动获得满足需要的产品。这都体现了人对自然冲动的抑制与超越。在《法哲学原理》中，黑格尔再次强调了劳动的必要性。在自然意志阶段，意志被自然所规定，它仅仅具有直接性的形式，而没有取得合理性的形式。自然欲望和冲动是对理性的一种贬低和

---

① 黑格尔认为物是不自由的、无人格的以及无权的东西。

伤害，处于自然状态意味着不自由和野蛮。"纯粹自然的意志本身是对抗自在地存在的自由的理念的一种暴力"（§93 附释）。劳动使人超越自然冲动，以目的性活动扬弃了外在偶然性的影响，以精神和思维赋予自己存在的普遍性。

劳动同时使主观意志客观化。"意志只有通过这种自我中介的活动和返回到自身才成为意志。"（§7 附释）意志需要经历三个阶段的发展，才能使它的普遍性现实化，实现为具体的自由。对于这三个阶段的发展，黑格尔除了从内容与形式的层面来进行规定外，还从主观与客观关系的角度对其进行了规定。意志首先是守在自身的普遍物，即自我等于自我，然而这是抽象空洞的。于是这个普遍物规定自身，将自身设定为他物，特殊化，丧失其普遍性。在第三个环节则是自我在他物中认识到自身，实现"守在自己身边而又重新返回到普遍物"（§7 补充）。意志经历这三个阶段的发展，实现了由主观到客观，然后主客观的统一。

首先是意志的主观性阶段。黑格尔在第 25 节和第 26 节分别对意志的主观性和客观性进行了解释。"（甲）意志的纯形式，自我意识同自身的绝对统一（在这统一中自我意识，作为自我＝自我，纯粹是内在的，而且抽象地停留在自己那里），对它本身的纯确信（这与真理有别）；（乙）意志的特殊性，即任性以及任意目的的偶然内容；（丙）一般的说意志的片面形式（第 8 节），因为所希求的东西，不问其内容如何，还只是属于自我意识的内容，也是没有得到实现的目的。"（§25）意志的主观性主要是意志还停留于自身，没有获得自身普遍性的规定。虽然在任性阶段，似乎意志超出了自身，但实际上意志在这一阶段，受着种种外在偶然性的制约，依然处于直接性与自在自由的阶段。

在第 26 节，黑格尔对客观性也进行了解释。"意志（甲）当它以自身为它的规定，因而符合它的概念，并且是真实的意志时，才是完全客观的意志；（乙）但是客观意志由于欠缺自我意志的无限形式，乃是没入于它的客体或状态的意志（不问其内容如何），这是儿童的意志，伦理性的意志、奴隶的意志、迷信的意志，如此等等；（丙）最后，客观性是与主观的意志规定相对立的片面形式，从而它是作为外部实存的那定在的直接性；在这个意义上，意志只有通过实现它的目的，才成为客观的。"（§26）黑格尔区分了客观性的三种情况，第一种情况是真实的客观性，第二种则是外在的客观性，第三种则指出了意志由主观性实现为真实客观性的道路，即超出自身，进入对立的形式中，借助于他物回归自身。

人作为追求自由的存在物，它既不是停留于抽象自我等于自我的主观意志，也不能停留于自然实存，像动物一样沉沦到外部客体直接消灭客体，而是要扬弃主观性和客观性之间的矛盾，使自身内在的主观性外化出去，然后占有客观性，回复到自身。这是通过劳动实现的。"这种占有，就是人把他在概念上存在的东西（即可能性、能力、素质）转变为现实。"（§57）因此黑格尔甚至认为："主体就等于它的一连串行为。如果这些行为是一连串无价值的作品，那末他的意识的主观性也同样是无价值的；反之，如果他的一连串的行为是具有实体性质的，那末个人的内部意志也是具有实体性质的。"（§124）

劳动的过程是自由意志的外化过程，所有权由此生成。与通常认为所有权的合理性在于满足人的需要不同，黑格尔认为所有权的合乎理性在于扬弃人格的纯粹主观性。所有权作为人劳动的结果，外化了人的主观意识和能力。正是在这个意义上，黑格尔认为并非所有的财产都是可以转让的，"如果我把在劳动中获得具体化的全部时间以及我的全部作品都转让了，那就等于我把这些东西中实体性的东西、我的普遍活动和现实性、我的人格，都转给他人所有了"（§67）。财产具有双重作用，它作为一面镜子，反映着劳动者的主观意志，由财产能够对劳动者内在本性进行认识；而同时财产还是抽象主观意志得以客观化和现实化的载体。如果劳动者失去他所有的财产，就意味着劳动者变成一个抽象的无。

根据洛克，所有权奠定了政治权力存在的合法性基础和限度。"人们联合成为国家和置身于政府之下的重大的和主要的目的，是保护他们的财产。"①黑格尔将抽象法作为自由意志发展的第一个环节，意味着他批判性地继承了洛克的思想，承认了所有权所具有的政治含义，这表现在所有权构成了个体自由的载体和保障，是抽象法成立的外在根据，构成了现代政治的起点。

通过劳动，人超越自然的直接存在和任性的偶然性，获得客观的普遍性。因此马克思在《1844 年经济学哲学手稿》中高度评价黑格尔的劳动观，认为黑格尔"抓住了劳动的本质，把对象性的人、现实的因而是真正的人理解为人自己的劳动的结果"②。

《法哲学原理》中的劳动是现代工业社会中的分工劳动，它不仅仅能够实现主观意志的客观化，而且也能实现私人的社会化。

黑格尔是在斯密的影响下接触到劳动问题的。斯密处于工场手工业

---

① ［英］洛克：《政府论》下篇，叶启芳等译，商务印书馆 1996 年版，第 77 页。
② 《马克思恩格斯文集》第 1 卷，人民出版社 2009 年版，第 205 页。

时期，企业内部存在发达的分工是这个时期最为显著的特征。黑格尔在耶拿时期阅读了斯密的著作，并多次引用斯密所列举的别针厂例子，关注劳动分工。与斯密相比，分工吸引他的不是提高生产力，而在于借助于分工，个人得以进入普遍化的交往体系中。

分工劳动意味着劳动的分割，在具体的劳动过程中，人与人相互协作和配合，这不同于自然经济状态下单主体的农业劳动。不仅如此，现代分工劳动还是机械化劳动。在《耶拿实在哲学体系》中，黑格尔探讨了工具的社会化作用。工具外化了劳动主体内在能力，然而它一旦产生，就能够为他人所普遍使用。特别是工具发展到机器之后，劳动者的个人特性被消灭，机器取得了一种普遍的社会性存在。劳动者通过对机器的使用，获得了普遍性的类能力。

在分工劳动的背景下，每个人都被迫走进市场与他人达成交换契约来满足自己的需要。在《耶拿体系哲学》(三)中，黑格尔深入剖析了交换契约的内在机制。在交换中，"α)我没有给予和提供任何东西，仅仅在语言和言词之中表示了转让的意志，β)他人也是这样，我的交换物同样是他的意志，他也因为我允许了他的转让而满意，γ)这也是他的外化，它是普遍意志，我的外化因此通过他的意志而被中介，仅仅因为我外化我自己，同时他也外化他自己；他的否定性也是我的设定。所说明的这个交换，不再是事物之间的交换——虽然它也同样适用于物自身"①。可以看出，交换实现了相互的承认。它包括三个因素，一是与他人达成

---

① Hegel, *Gesammelte Werke* Ⅷ. Hamburg：Felix Meiner Verlag，1976，S. 228-229.

契约意向的外在表述；二是作为载体的所有物的存在，它承载着交换主体内在的意志、需要和能力；三是通过对物的承认实现对主观意志的相互承认，生成为普遍意志。交换对于黑格尔，它最重要的不在于彼此需要的满足，而在于借助于交换，每个特定主体在实现自己目的的同时，为他人目的实现提供了条件。最后无数特定主体的作品在交换中相互交织，生成普遍性的交往体系，即"需要的体系"。所有权构成了个体进入这个体系的凭证，个体凭借所有权进入这个体系，就意味着个体获得了他人和社会的承认，得以实现私人存在向社会存在的转变。因此"需要的体系"同时又是相互承认的体系。

然而这个普遍化的需要体系最终以物象的形式表现出来，它不仅具有自身存在的客观性，而且还颠倒表现出相对于个人的先在性和决定性。"对多样化劳动的需要作为物就必须将它的概念实现出来：它们普遍性的概念必须作为物象存在。"①个体要参与到这个体系中，就需要克服自身的特异性和主观性，考虑和适应别人的需要和任性。②"我必须配合着别人而行动，普遍性的形式就是由此而来的。我既从别人那里取得满足的手段，我就得接受别人的意见，而同时我也不得不生产满足别人的手段。"（§192 附释）劳动在这个过程中被抽象化，整个劳动过程是在理智指导下有目的进行的，个人在这个过程中超越自己的私人存在。

---

① Hegel，*Gesammelte Werke* Ⅵ. Hamburg：Felix Meiner Verlag，1975，S. 324.

② 在《耶拿手稿》中，黑格尔认为现代社会劳动最为突出的特点之一是抽象。它要求个人必须超越自己特殊性的存在，考虑到他人的需要，劳动因此是在理性指导下进行的，而不是在本能驱使下进行的。马克思后来在《资本论》中对蹩脚建筑师和高明蜜蜂的比较就说明了这点。劳动过程本身就具有目的。这意味着劳动已经超出了亚里士多德对它的规定，获得了实践所具有的本质内涵，即自身的目的性。

这体现了现代分工劳动对个体的教化作用。

虽然需要依然是驱动因素，然而需要已经为社会风尚所中介，并不纯全是自然需要。"社会需要是直接的或自然的需要同观念的精神需要之间的联系，由于后一种需要作为普遍物在社会需要中占着优势，所以这一社会环节就含有解放的一面，这就是说，需要的严格的自然必然性被隐蔽了。"（§194）作为推动因素的需要不再是纯粹的自然需要，而是社会需要和精神需要，因此满足这种需要的劳动也不再如阿伦特所言的是束缚于自然必然性的劳动，而是内含着交往关系的社会化劳动。①

通过劳动，自然意志的无我性和直接性被超越，自我由特殊性上升到普遍性。同时，主观意志在所有权和需要的体系中被客观化，形式的普遍性进一步获得伦理性的内容，个体由此经历抽象的人格到特殊的市民，再到普遍的公民的发展。

---

① 与哈贝马斯将劳动当成过时的生产范式不同，马尔库塞认为生产范式并不能与交往范式截然两分，"生产范式的关键优点在于允许人们思考'这个二元过程的统一性'，即把社会实践同时理解为'劳动和社会关系的再生产'"（参见［德］哈贝马斯：《现代性的哲学话语》，译林出版社 2011 年版，第 93 页）。在劳动中，技术领域和社会领域只能通过严格的科学分析才能区分开来。黑格尔对劳动分工和需要体系的分析揭示了劳动所具有的交往属性。

四、劳动辩证法[①]与国家的经济属性

劳动不仅实现了个体的教化，同时也为个体参与到政治创造了现实的客观条件。这具体表现为等级的形成。然而在劳动辩证法的作用下，穷人形成，甚至贱民产生，他们被排斥在等级之外，这就迫使国家必须下降到市民社会。

在黑格尔对公民的规定中，个体并非是以原子式单子参与到国家政治生活中去，而是以等级的形成进入国家政治生活。根据劳动的方式，社会群体被区分为三个等级。[②] 首先是实体性或直接的等级。实体性的等级包括地主和农民，以土地为劳动对象，劳动及其成果与自然季节的变化有关。按照黑格尔的划分，这种不以满足他人需要为目的，而是对个人自我照料的劳动是"具体的劳动"，区别于满足他人需要、以营利为

---

① 卢卡奇在《青年黑格尔和资本主义社会的问题》一书中从劳动过程中主体和客体、以及作为中介的工具三者之间的关系，特别是劳动主体的异化和外化的角度来探讨了黑格尔的劳动辩证法。此处所谓黑格尔的劳动辩证法更强调劳动结果对劳动主体的一种疏远化和异化，以及财富积累与贫困积累的悖反性。

② 黑格尔在《耶拿手稿》中，根据不同的劳动方式以及由此所生成的不同意识，将社会区分为三个等级。农民等级是直接劳动的阶级，他们的具体劳动与劳动对象土地相关。他们缺乏个体性，他们的劳动不具有抽象的形式，他们所考虑的主要是他们自己的需要。市民等级和商人等级构成了第二个等级。市民等级主要是由手工业者组成，商人等级主要从事交换。法律原则和秩序构成了这个等级的伦理情绪。第三等级是普遍性的等级，他们为国家而工作，他们的情绪是执行他们的职责。第二个等级所具有的普遍性是市场交换的普遍性和货币的普遍性，然而这种普遍性是抽象的，第三等级作为普遍性的等级，他们将普遍性渗透到特殊性中，使普遍性现实化，构成了社会最高等级。这个等级主要由文官、教师、医生和律师所构成。对于黑格尔，等级不是利益冲突和社会分裂的标志，而是市民社会中个体联合起来，进入到公共政治生活领域的恰当方式。黑格尔《耶拿手稿》中对等级的区分与《法哲学原理》的区分相比较，第三等级的外延更宽，第二等级则缺少现代化大工业生产的视角。

目的的工业劳动的抽象形式。① 黑格尔同时也指出，农业在他的时代已经按照工厂的方式经营，丧失了直接的自然性。然而即使如此，第一等级的实体性情绪以及消耗一切现有东西的旧贵族情绪并没有改变。② 实体性的等级以家庭生活为基础，生活资料来自地产，摆脱了对国家的依赖，克服了自己的任性，职业稳定，不以利润为生产目的，因此具有必然性。长子继承制则将这种必然性表现为政治的确定性，由此黑格尔认为实体性等级构成了王位和社会的支柱。

产业等级是以对自然物的加工制造为职业的等级。黑格尔进一步将产业等级区分为手工业等级、工业等级以及商业等级。在耶拿手稿中，黑格尔仅仅关注到手工业等级和商业等级，在《法哲学原理》中，他关注到了工业等级的存在，认为工业等级是"为满足属于一种较普遍需求的个别需要所作出的较抽象而集体的劳动"（§204），这体现了西方现代工业社会的发展。产业等级依靠自己，从自己的劳动中获得它的生活资料。产业等级的这种自尊感使法治状态得以确立，并产生出自由和秩序的感觉。由于产业等级以营利为目的，依赖他人的需要，因此是不稳定的。然而黑格尔认为这并不影响他们对政治的参与。因为一旦议员从这个等级中被选出来，他就已经不是以抽象的单个人身份参与政治的，而是由有组织的协会、自治团体、同业公会为中介，参与到国家中，而且

---

① Hans-Christoph Schmidt am Busch, *Hegels Begriff der Arbeit*, Berlin: Akademie Verlag GmbH 2002, S. 132.

② Hans-Christoph Schmidt am Busch 在《黑格尔的劳动概念》一书中认为是否真的如黑格尔所认为的存在一个等级，他的劳动是独立于社会劳动，不受资本主义等级情绪影响是值得疑问的。(*Hegels Begriff der Arbeit*, Berlin: Akademie Verlag GmbH 2002, S. 141.)

他们之所以被选出，是因为他们具有处理普遍事务的品质、见解和意志。而且一旦他们参与国家事务的管理，他们就会在相应的职位和具体的工作中发展出与所履行职责相应的能力和知识。[①]

　　普遍等级主要由政府成员和国家官吏为主要组成部分。黑格尔认为这个等级免于参加直接的物质劳动，主要从事有利于国家普遍性的劳动。

等级		职业活动		情绪
私人(市民)等级	(1)实体性等级 (2)手工业等级 (3)工业等级 (4)商人等级	"具体劳动"		信任、屈从
		"抽象劳动"	手工 工业 交换	自由和秩序
普遍等级	(5)官僚 (6)学者(《耶拿手稿》) (7)士兵(同上)	行政活动 科学、研究 服务于防卫和战争		正直 精神的卓越 荣誉

　　与从出生血缘关系把握等级不同，黑格尔从劳动的层面来规定等级，不仅赋予了等级经济含义，而且将等级与政治直接关联。等级是人民与国家之间的中介。个人通过参与到等级，才能进入到国家的政治生活，而国家事务也通过等级，进入个人。[②] 假如不属于任何等级，这就意味着失去了与政治的任何关系。"人必须成为某种人物，这句话的意

[①] "他们在官府和国家的职位上实际管理事务时所获得的和受过实践检验的情绪、技能和关于国家和市民社会的设施和利益的知识，以及因此而发展起来并经过锻炼的官府和国家的智能。(SinndesStaats)"(G. W. F. Hegel, *Grundlinien der Philosophie des Rechts oder Naturrecht und Staatswissenschaft im Grundrisse*，in：*Georg Wilhelm Friedrich Hegel Werke* 7，Suhrkamp，1986，S. 479)

[②] 基于等级的这种中介地位，黑格尔在《法哲学原理》中认为应该公开等级会议的记录，有利于公民个人从等级会议中感受到国家公共性的存在，从而达到教化他们的作用。另一方面，国家官僚也可以借助于议员们的发言，了解更多市民社会的存在状况。

思就是说，他应隶属于某一特定阶级，因为这里所说的某种人物，就是某种实体性的东西。不属于任何等级的人是一个单纯的私人，他不处于现实的普遍性中。"（§207 补充）然而现代工业社会中劳动所具有的辩证法效应，造成了这样一个人群，最终失去了与劳动的任何关联，无法归属于任何等级。

在《法哲学原理》"需要的体系"部分，黑格尔从需要的无限扩张性以及现代分工劳动体系的角度分析了劳动所具有的辩证法特点。立足于当时落后的普鲁士，黑格尔将需要规定为劳动的逻辑起点，认为劳动的目的就在于满足需要。① 需要具体包括自然的需要、精神的需要和社会的需要，其特点是无穷扩展性。

首先，人作为理性的存在物，使需要殊多化。在第 190 节补充中，他将人的需要与动物的需要进行比较。动物作为一种特异的东西，在本能的驱使下满足自己的需要，它需要的范围和方式都是由本能所决定的，因此是受限制的。然而人在理智的作用下，能够做出区分，不仅将需要与动物的本能活动区分开，而且追求更高级的需要满足方式。这就

---

① 黑格尔将需要规定为劳动的目的，表明他仅仅在简单商品生产的角度来把握现代社会的生产。在《资本论》第 1 卷中，马克思揭示出资本主义生产劳动所具有的二重性。一方面，它是自然作用于自然物，生产出使用价值的过程，即一般的劳动过程，需要构成了生产的目的；但另一方面，劳动同时还是剩余价值生产的过程，这构成了资本主义生产的本质目的。从这个意义上说，黑格尔依然停留在斯密的高度，虽然他对现代劳动所具有的抽象性，以及市民社会是一个颠倒的物象世界的分析，具有超前性，但他并没有揭示为何会产生这种颠倒性。

使需要殊多化。① 其次，作为社会存在物，人的需要也具有扩张性。在第 193 节，黑格尔从两个方面进行了分析。"它还直接包含着同别人平等的要求。这种平等的需要和向别人看齐即摹仿，以及同样在这里存在着的另一个需要，即特殊性用某种突出标志肯定自己，——这两种需要本身就成为需要殊多化和扩张的现实泉源。"（§193）在近代社会，平等成为国民牢固的成见，这种与他人求得消费平等的心理，即攀比，取向趋同，与此相反的是试图通过消费来凸显消费者的特殊性，在同中求异。这种带有社会性的需要成为扩张的现实泉源。最后，在现代工业社会，资本成为需要扩张的重要推手。"需要并不是直接从具有需要的人那里产生出来的，它倒是那些企图从中获得利润的人所制造出来的。"（§191 附释）黑格尔这个观点非常有洞察力。在1844 年，马克思以讽刺的笔调对资本通过刺激人的各种需要获利的丑恶面孔进行了描述："工业的宦官迎合他人的最下流的念头，充当他和他的需要之间的牵线人，激起他的病态的欲望，默默地盯着他的每一个弱点，然后要求对这种殷勤服务付酬金。"②然而与马克思不同，黑格尔虽然提及资本在消费中的推手作用，但他并没有将资本作为需求扩展的第一驱动因素，与此相比，他更多地从伦理情绪的层次来探

---

① 马克思后来在《1844 年经济学哲学手稿》中提出动物的生产是片面的，人的生产是全面的，"动物只是按照它所属的那个种的尺度和需要来构造，而人却懂得按照任何一个种的尺度来进行生产，并且懂得处处都把固有的尺度运用于对象；因此，人也按照美的规律来构造"（《马克思恩格斯文集》第 1 卷，人民出版社 2009 年版，第 163 页）。

② 《马克思恩格斯文集》第 1 卷，人民出版社 2009 年版，第 224—245 页。

讨需求扩展的原因。①

在上述三个因素的推动下，需要变得殊多化，以致无穷。这推动了满足需要的手段的殊多化和细致化，从而推动了分工的进一步细化。分工细化和进一步的发展具有多重的后果。一是提高了劳动者的技能，使生产效率提高，生产总量增多。二是劳动被抽象化。在私有制和分工的背景下，私人劳动需要进入交换领域，才能实现其内涵的社会性。私人劳动向社会劳动转化的过程，是劳动被抽象化的过程。即劳动的具体目的、劳动者的技能、劳动的特殊形式都被抽象掉，最后变成抽象的劳动一般。价值是财富的社会内容，是一种抽象的存在，它在量上具有无限性，这就推动了劳动的进一步抽象化。② 抽象的劳动相互交织，在市场中表现为需要的体系。在《耶拿讲稿》和《精神现象学》中，黑格尔都曾交代过需要的体系最终表现为一个物象的体系，以货币的形式体现出它对人的外在性和支配性。个体的生存和发展完全依赖于这个物象化的体系。假如他的劳动产品能够卖出去，他就能够进入需要的体系中，否则他就被排斥在需要的体系之外，停留于他的私人存在，无法从社会普遍的财富中分享一份。黑格尔指出在这个不受个体控制的交往体系中，依

---

① 他对同业公会作用的分析，就体现了他对伦理性情绪的强调。在法权社会，以物为中介追求他人的承认，最终导致了消费的扩张，以致陷入坏无限。

② 虽然黑格尔把握到了劳动所具有的抽象性，然而这并不意味着黑格尔形成了科学的劳动价值论。黑格尔所谓的抽象劳动，主要强调市场交换中，劳动被抽象化为满足社会一般需要的活动，而不再具有个体特殊性，这虽然已经非常接近马克思后来从脑力和体力的消耗上来把握抽象劳动，然而黑格尔囿于市场交换的视角，最多达到了交换价值和价格，而没有真正进入活劳动的消耗构成价值的层面，没有真正形成劳动创造价值的思想，更没有把握到劳动者在历史中的主体地位。

赖性和贫困无限增长。① 三是机器生产被引入。在对价值的无限追求中，机器生产作为提高生产效率的重要手段被引入。机器生产进一步取消了劳动的特殊性因素，使劳动者的技能变得不重要，最终机器取代人。

上述三个后果实际上就是马克思后来所总结的资本积累的规律，即财富积累的同时是贫困的积累。一方面是巨额财富被生产出来，形成了普遍而持久的财富。但另一方面，却由于劳动的抽象化和机器化导致一部分无法从这个普遍的财富体系中分享一份，沦为穷人，"没有能力感受和享受更广泛的自由，特别是市民社会的精神利益"（§243）。更为严重的是贱民产生。"贱民之产生同时使不平均的财富更容易集中在少数人手中。"（§244）

对于巨富与巨贫的这种悖论式存在，黑格尔逐一分析了可能的解决路径。一是富有者阶级或是财团、医院等采取一定的方式，使穷人不用劳动就能得到生活资料。然而这种慈善事业与市民社会的原则以及个人的自尊感情相违背。二是创造就业机会，使穷人就业，推动生产的发展。其结果却只是加剧了生产过剩问题。三是让穷人听天由命。穷人由此沦落为行乞为生。行乞为生的实质是以自然为原则向社会主张权利，破坏了劳动产权原则，构成了"不法"。此外，黑格尔还分析了同业公会。同业公会是市民社会中的家庭，个体通过他的劳动技巧进入特定的同业公会，在同业公会中获得他的等级尊严，得到他人的承认，从而建

---

① 马克思后来在《德意志意识形态》中将这种受市场偶然性支配的人格称为偶然性的个人，这种偶然性的个人与真正的个人不同。

立起一种普遍的生活方式,由此就杜绝了那种以盈利自私来获得他人承认的现象,避免工商业阶级变得奢侈浪费,贫困在同业公会中也获得了稳定而有尊严的救济。然而黑格尔此处对同业公会作用的论述,存在一个内在的矛盾,即同业公会本身是特定劳动部门的伦理组织。当穷人,特别是贱民失去了工作机会,不再劳动,他也就不属于任何劳动部门,在这种情况下他如何加入特定的同业公会就成为问题。① 虽然同业公会能够防止奢侈浪费和盈利自私,避免产生更多贱民,然而对于已经产生的穷人和贱民,同业公会似乎是无能为力的。

市民社会对于解决自身所存在的问题无能为力,"怎样解决贫困,是推动现代社会并使它感到苦恼的一个重要问题。"(§244 补充)市民社会虽然具有辩证法,然而它的辩证法似乎并不能使自身超越贫与富的悖论式存在。由此使国家在市民社会中的存在变得必要。这表现为行政权,"行政权包括审判权和警察权,它们和市民社会中的特殊物有更直接的关系,并通过这些特殊目的来实现普遍利益"(§287)。

首先是通过所有权的形式来保护私有财产。在"抽象法"阶段,黑格尔强调了劳动对于所有权的重要性,然而仅仅有劳动,所有权还无法被确立下来,特别是在现代工业社会中出现了一个劳而不获的阶级。这就需要有他人的承认。而他人的承认是通过司法的形式确定下来的。"有

---

① 对于同业公会组织,它同样具有韦伯所说的双重结构,即其内部过程以"共同态规制"为媒介维持下去,对于内部人奉行着友爱精神,外部则以"共同体"全体来防卫维持,形成排他性。对于失去与劳动任何关联的贱民而言,他们根本没有资格加入任何同业公会,因此也就无法在市民社会受到家庭的伦理关怀,无法产生出伦理性的情绪,从而进一步陷入奢侈浪费与好逸恶劳之中。

关所有权的取得和行动，必须采取和完成这种定在所赋予它们的形式。在市民社会中，所有权就是以契约和一定手续为根据的，这些手续使所有权具有证明能力和法律上效力。"（§217）由于法是被人民所"普遍承认的、被认识的和被希求的东西"（§209），所有权也因此获得普遍的承认，对一人所有权的侵犯就是所有权本身的侵犯，由此私有财产的安全性得到保障。

其次，政府需要关注财富的过剩与贫困的问题。就财富过剩的问题，"祸害又恰恰在于生产过多，而同时缺乏相应比数的消费者——他们本身是生产者"（§245）。黑格尔首先分析了海外贸易。海外贸易能够将多余产品倾销到其他国家，寻找到消费者，然而这种向海外扩张却是"流动性、危险和毁灭"（§247）的，而且遭到埃及人、印度人等的抵抗。① 虽然黑格尔对此没有深入论述，但显然他已经意识到海外贸易并非是有效的解决措施。

接着他分析了殖民。殖民分为两种，第一种是零散的殖民，这与国家没有直接联系。第二种则是由国家主持、有意识地加以推进的。通过这种方式，多余的劳动力被输出到其他国家，在新的土地上回复到家庭原则，重新获得基本的生活保障，得到伦理关怀，同时也为工业创造了新的市场和劳动机会。然而殖民地的存在本身就违背了市民社会的平等

① 黑格尔对海外贸易的看法，似乎是矛盾的。一方面，他在古典经济学家的影响下，认为海外贸易有利于推进文化的交流和世界的和平，另外他又认为海外贸易刺激了工业的盈利欲望，因此是危险和毁灭性的。但海外贸易并不能真正解决市民社会的问题。它只是将特定国家内的经济问题转移到新的领土上，这就意味着必须不断地海外扩张。卢森堡由此认为资本主义生产方式存在的条件是非资本主义生产方式的存在。

原则。宗主国和殖民地的不平等甚至导致战争，黑格尔由此认为殖民地的解放对于宗主国是有利的。

此外，政府还要对同业公会进行管理。同业公会构成了市民社会的伦理根源，然而黑格尔认为同业公会要真正发挥出它的伦理性作用，就需要在国家的监督下进行。"同业公会必须处在国家这种上级监督之下，否则它就会僵化，故步自封而衰退为可怜的行会制度。"（§255 补充）国家对同业公会的监督主要表现为对其日常运作的监督管理，对同业公会管理人员的批准和任命。

劳动在创造财富的同时，也创造了贫穷。这使劳动者阶级不归属于市民社会的任何等级，远离政治。黑格尔超前地把握到了这种悖论式的现象，然而他并没有意识到这是资本主义生产方式内在本性所导致的。由此使他将国家视为解决劳动问题的出路所在，认为通过国家对特殊利益的照顾，使国家的普遍性进入到特殊性中，解决贫困问题，并防止贱民产生，从而使市民承认国家的普遍性，产生出政治情绪。①

① 在《法哲学原理》第 31 节中，黑格尔对辩证法进行了阐述。"更高级的概念辩证法不仅在于产出作为界限和相反东西的规定，而且在于产生并把握这种规定的肯定内容和成果。只有这样，辩证法才是发展和内在的进展。"辩证法意味着自我扬弃。学界对黑格尔的劳动辩证法、市民社会辩证法多有分析，然而黑格尔缺乏对劳动作为价值实体以及劳动者阶级历史主体地位的认识，这使他虽然对等级、同业公会、警察福利、慈善事业、司法、海外贸易、殖民等逐一探讨，却无法真正解决市民社会的贫困问题，最终诉诸逻辑的自我扬弃，进入国家的环节，并将国家规定为市民社会的内在必然性和最终目的，实质上他的市民社会辩证法出现了断裂，无法由市民社会内在所蕴含的肯定因素和否定性力量实现自我的超越与扬弃，所以只能最终借助于外在力量。参见黄志军：《论马克思对黑格尔市民社会辩证法的批判》，《哲学研究》，2015 年第 5 期。

五、结　语

在近代社会，劳动不再是艰辛的代名词，而上升为财富的源泉。社会契约论揭示了劳动对于政治成立所具有的前提性作用，古典经济学则直接从劳动入手论证了经济生活本身所具有的政治含义。黑格尔从哲学上论证了劳动在现代社会与实践的融合。

这种融合通过两种方式实现。一是劳动本身获得了目的性价值，具有政治的含义。这不仅体现在现代工业社会，在分工劳动和需要的体系中，劳动获得了目的性价值，不再是实现外在于自身目的的手段。而且也表现为劳动的过程同时也是自然意志上升为自在自为的真实意志，主观性意识客观化，从而生成具有普遍性关怀的公民的过程。二是政治本身下降到经济生活领域，赋予劳动政治含义。劳动在现代社会的悖论式存在，即创造财富的同时，也为自己创造了贫困。国家通过行政权进入到劳动领域，以司法、警察和对同业公会的监督管理，试图将劳动拉回到政治领域，使私人回复到公民，在国家对特殊物的关怀中产生出政治情绪，自觉地希求政治。①

虽然黑格尔提及贫穷使劳动者阶级丧失了社会的一切好处，其中就包括参与到政治生活中的权利。然而他没有把握到劳动本身就构成了价

---

① Birger P. Priddat 在《作为经济学家的黑格尔》（Hegel als Ökonom）中认为黑格尔强调国家对市民社会的干预是受到了重商主义的影响，与斯密的经济学说有一定差异，但实际上，黑格尔在研究斯密经济理论后，依然诉诸国家解决市民社会问题，其重要的原因是他并没有真正坚持市民社会的辩证法，以市民社会的自我发展来实现自我否定。之所以如此，是因为黑格尔仅仅从教化和需要满足的意义上把握劳动，没有看到劳动是价值的实体以及劳动者作为历史主体的地位。

值的实体，在现代工业社会与资本构成了对抗性关系，以及资本对现代社会的决定性作用①，这使他所论证的劳动与实践融合的两种方式问题重重。一是在现代化机器生产体系下，劳动者的劳动虽然生成了普遍的交往体系，然而他们并不一定就能占有这种普遍的交往体系。而且劳动者的劳动在失去生产资料的前提下，满足肉体的需要具有首要的意义，相反，黑格尔所论证的教化功能仅仅是哲学家停留于手工业社会的一厢情愿。二是黑格尔试图以行政权使被社会所排斥的劳动者阶级回归政治，在资本主导的政治社会，这反而削弱了劳动者所具有的人类解放价值，将劳动者阶级所具有的革命政治价值掩盖，正是在这一点上，马克思实现了对黑格尔的超越。

----

① 海德格尔曾经认为马克思把握到现代社会异化的时候，深入历史的本质性维度。马克思之所以能够把握到现代社会的本质，源于马克思对构成现代社会决定性因素，即普照光本身的把握。在《哥达纲领批判》中，马克思指出现代社会就是资本主义社会，资本构成了现代社会的起点和重点，只有深入资本内在权力关系的分析，才能真正揭示出现代社会的本质。黑格尔也论及资本，然而他更多地看到了资本所具有的实物性质，将资本等同于资金，因此他无法将劳动由抽象的一般推进到特定生产关系中。从这个层面而言，马克思在 1844 年批判黑格尔的劳动是抽象的，并非言过其实。

究竟是霍布斯模型还是斯密模型

王俊博

市民社会一词的英译为 Civil Society，在我国有时又被译为"文明社会"①。市民社会的德文为 bürgerliche Gesellschaft，其中，bürgerlich 的词根是 Bürger，其本义是市民、公民(citizen)，而 bürgerlich 有两层意思：(1)婚姻(Ehe)，法律(Recht)，义务(Pflicht)；(2)中产阶层的(middle-class)。Gesellschaft 则是社会的意思。所以，bürgerliche Gesellschaft 是一个包含了各种民事关系的，由中产阶级或市民、公民所组成的社会。从这个角度来说，"文明社会"的译法过分凸显了超越原始社会、野蛮社会的

① 参见[英]亚当·弗格森：《文明社会史论》，林本椿、王绍祥译，浙江大学出版社 2010 年版。

现代特征，所以，如果用这个概念来理解黑格尔的市民社会，恐怕会产生误解。黑格尔显然不是谈论人类超越野蛮状态以进入现代状态的过程，他讨论的就是由实际的财产关系所构成的人的实际生活的世界。

在黑格尔的著作中，与市民社会相关的主要篇章包括《精神现象学》中的"法权状态"（Rechtszustand）①、《哲学全书》第三部分中的"客观精神"（objektive Geist）②、《海德堡 1817—1818 年自然法与政治学讲稿》③、《法哲学原理》④等。在《精神现象学》中，市民社会可以被理解为"普遍者分裂为无限多的个体化的原子"（Das Allgemeine，in die Atome der absolut vielen Individuen zersplittert）⑤；在《哲学全书》中，市民社会是自立个体的极端和特殊利益之间的联结（Zusammenhang）发展起来的总体（Totalität），也即"作为市民社会的国家或作为外部国家的国家"

———————————

① G. W. F. Hegel, *Pänomenologie des Geistes*, In: *Georg Wilhelm Friedrich Hegel Werke 3*, Suhrkamp, 1986, S. 355.

② G. W. F. Hegel, *Enzyklopädie der philosophischen Wissenschaften im Grundrisse 1830, Dritter Teil* In: *Georg Wilhelm Friedrich Hegel Werke 10*, Suhrkamp, 1986, S. 303.

③ G. W. F. Hegel, *Lectures on Natural Right and Political Science: The First Philosophy of Right*, translated and edited by J. Micheal Stewart and Peter C. Hodgson with an introduction by Otto Pöggeler, Oxford University Press, 2012.

④ G. W. F. Hegel, *Grundlinien der Philosophie des Rechts oder Naturrecht und Staatswissenschaft im Grundrisse*, In: *Georg Wilhelm Friedrich Hegel Werke 7*, Suhrkamp, 1986.

⑤ G. W. F. Hegel, *Pänomenologie des Geistes*, In: *Georg Wilhelm Friedrich Hegel Werke 3*, Suhrkamp, 1986, S. 355.

(der Staat als bürgerliche Gesellschaft oder als *äußerer Staat*)①；在《法哲学原理》中，“外部国家”又被解释为“需求的和理智的国家”(*Not-* und *Verstandesstaat*)(§183)。

　　总起来说，市民社会的概念包含三个环节：需求的体系(Das System der Bedürfnisse)、司法(Die Rechtspflege)、警察与同业公会(Die Polizei und die Korporation)。这是黑格尔自“海德堡法哲学讲义”以来确立的体系。

　　但是，对市民社会的概念的解读可以划分为两种对立的模型：(1)霍布斯模型。《法哲学原理》第289节：“市民社会是个人私利的战场，是一切人反对一切人的战场。”(§289附释)在霍布斯看来，自爱是人的天性，在两个人同争一物时，就会成为仇敌。(2)斯密模型。在《法哲学原理》第189节中，黑格尔指出市民社会成员的无数追求个体利益的事实，实际上是遵循一定规律的。在第192节中，他指出，市民社会成员在成为自为的存在的同时，必须以成为一种“为他人的存在”(Sein für andere)(§192)为前提和中介，这就使个体成为“相互倚赖”(allseitiger Abhängigkeit)(§183)的关系。斯密在《国富论》中就提到，自私自利的个体在商业社会中可以通过分工和交换连成一个共同体。那么，我们应当如何理解关于市民社会概念的两种相互对立的解读方式呢？

---

① G. W. F. Hegel，*Enzyklopädie der philosophischen Wissenschaften im Grundrisse* 1830，*Dritter Teil*，In：*Georg Wilhelm Friedrich Hegel Werke* 10，Suhrkamp，1986，S. 321.

一、市民社会的构成方式

根据植村邦彦的考证，"civil society"最早出自亚里士多德的《政治学》，它原来写作 ἡ κοινωνία ἡ πολιτικ ή。"'πολιτικ ή κοινωνία'这个词的含义是'国家＝城市（城邦）'或'共同体之一'。"①对于《政治学》，"已明确了城市（城邦）所由组成的各个部分，既然城邦的组成（基本上）包含着许多家庭，我们就应该先行考虑到'家务管理'。"②所以，国家是以家庭为基础的。由于"家政管理（＝经济）性质的（oeconomica），人们由于家庭内部的义务而相互协作"，而"国家（＝政治上）性质的（politica），人们由于自己是同一国度的国民（concives）而相互协作"，那么，国家实际上就包含了经济的含义。

植村邦彦指出，"'civil society'和'commonwealth'基本上是作为同义词来使用的"③，commonwealth 即指"共同福祉"或"共同财富"，所以，civil society 一直包含着"共同体福祉"的内涵。这就是说，市民社会（经济活动）与国家（共同体福祉）一直就是结合在一起的。但是，植村邦彦认为，与上述古典理解方式不同，近代市民社会实际上是经过启蒙思想改造过的概念。

启蒙思想在市民社会概念中的体现主要是特殊性原则。在《论公民》（*On the Citizen*）中，霍布斯一方面肯认了所有个体的人格统一之后能够

---

① ［日］植村邦彦：《何谓"市民社会"——基本概念的变迁史》，赵平等译，南京大学出版社 2014 年版，第 12 页。
② ［古希腊］亚里士多德：《政治学》，吴寿彭译，商务印书馆 1965 年版，第 10 页。
③ ［日］植村邦彦：《何谓"市民社会"——基本概念的变迁史》，赵平等译，南京大学出版社 2014 年版，第 21 页。

形成国家的整体人格，但另一方面又否定了人的群体天性的论断。他说："以往大多数的公共事务论者或者假设，或者试图证明，甚或断言：人是天生适合社会的动物，用希腊的术语来说，就是 ζωονΠολιτικόν。他们在此基础上搭起了公民原理（civil doctrine）的框架，好像除了人们同意某些协议和条件——这些论者不加深思地称之为'法律'——外，就没有别的什么是和平的维持和整个人类的秩序所必需的了。这条原理尽管广为人所接受，却是不能成立的，其错误在于它立足于对人的自然状态的浅薄之见。"①

正因为霍布斯否定了人在能力上的差别，所以，"人类天生平等，故不适宜社会性联合"②。每个人的能力和利益平等又互斥，所以人们才结成共同体以相互防范。但是，国家是对 civil society 这种天然状态的超越，它是 Commonwealth。可以说，civil society 在近代叙事中逐渐放弃了与国家合一的古典内涵，转化成了饱含着个体的物质生活内涵并最终指向商业社

托马斯·霍布斯(1588—1679)

会的概念。亚当·弗格森指出，"对于古希腊或罗马人而言，个人（the individual）不名一文，公众（the public）至高无上。对于现代人而言，在

---

①　[英]霍布斯：《论公民》，应星、冯克利译，贵州人民出版社 2003 年版，第 3—4 页。

②　[日]植村邦彦：《何谓"市民社会"——基本概念的变迁史》，赵平等译，南京大学出版社 2014 年版，第 25 页。

欧洲的许多国家里，个人至高无上，公众不名一文"①。所以，在弗格森的市民社会观中已经潜藏着古典与现代、共同体主义与个体主义之间的矛盾。

对黑格尔来说，市民社会是"伦理性东西的现象界(die Erscheinungswelt des Sittlichen)"(§181)。现象(Erscheinung)是康德在《纯粹理性批判》的"先验感性论"中提出的概念，它是"一个经验性的直观的未被规定的对象"②、"一切能在经验中向我们出现的事物"③，总而言之，它的本质是经验性。在经验中，对象通过刺激主体而产生表象(Vorstellung)，这些表象构成对于主体而言的现象，它体现着感性的外在性、特殊性，故而能够反映主体的源自感性的个体的、自然的、特殊的需要。这种外在的、自然的需要对于人的伦理本质来说，就是一种假象，它"显示为伦理的丧失"(§181)，这也规定了主体必然要超越这种假象而回归到自身的伦理本质。所以，市民社会就是对于伦理本质的否定环节，尽管只是一种表面上的否定，这体现在市民社会对家庭的否定中。

市民社会建立在家庭解体的基础之上，如果说建立在家庭这一伦理共同体基础上的个体之间是同侪互济的关系，犹如家庭成员之间的友爱相助，那么，市民社会就意味着个体必须要否定这些关系并成为独立个体。

———————

① ［英］亚当·弗格森：《文明社会史论》，林本椿、王绍祥译，浙江大学出版社2010年版，第63页。

② ［德］康德：《纯粹理性批判》，邓晓芒译，杨祖陶校，人民出版社2004年版，第25页。

③ 同上书，第37页。

从主观的共同性上来说，家庭以一种自身统一的感觉为基础，这种感觉就是"爱"。但是，这种爱是人的伦理天性，所以，黑格尔也把爱看作是"具有自然形式的伦理"（§158 补充）。无独有偶，斯密在《道德情操论》中也将自爱和互爱看成人的两种基本天性。[①] "爱"是伦理的初始的主观设定，这种在共同体中的基本情感失去了偶然性和任性，它是一种稳固的、根植于人的存在本身的情感。斯密将爱的情感看作是共同体存在的基本主观要素，他认为，自爱（Self-love）是个体生存的基础，互爱或同情心（Sympathy）则是家庭以及所有其他共同体存在的基石。人天然具有想象力（imagination），这使他具备了感知他人情感的通感。

黑格尔认为，爱包含了两个异己的个体之间的矛盾，它是两个"独立的、孤单的人"在主观方面的结合。斯密也认为，关于情感的判断是道德判断的基础，那么，判定一种情感是否道德的基础就是判断这种情感是否合宜（Propriety），而判断合宜与否则是判定一种情感是否与这种情感的对象相符合。那么，这种判定的基础就是——"无偏私的旁观者"（impartial spectator）机制。这个理论的具体内容是：当个体看到他人情感的反应时，他会想象自己面对同样对象时的反应，如果他人的实际反应与自己想象的反应相符，那么个体就判定他人的情感是合宜的。同理，当个体衡量自己的情感是否合宜时，他会想象他人在面对同样对象时的反应，如果自己的情感反应与这种想象中的他人的反应相符，个体

---

① 参见 Adam Smith, *The Theory of Moral Sentiments*, edited by D. D. Raphael and A. L. Macfie, Oxford: Clarendon Press, 1976, p. 9。

才会认为自己的情感是合宜的。这个"他人"就犹如时刻在自我身边的一个旁观者，使得个体超出自我来反观自己，就构成了"公正而无偏私的"（candid and impartial）旁观者。[1]

正是借助于"无偏私的旁观者"，独立个体之间才形成互相感知情感的能力，笔者认为，斯密这样就把共同体属性看作人的本质属性。在一切共同体之中，人都是相互感知、互相满足的，这种情感能力体现在家庭中就是"爱"。爱使得自我将与他人的差异性包含在自身之内，在家庭中达到了与另一个独立个体的统一。

但是，家庭不仅具有主观的共同性，也包含客观的共同性，这就是"共同财富（Vermögen）"。共同财富对教育家庭成员起着重要作用。"这里，在抽象所有物中单单一个人的特殊需要这一任性环节，以及欲望的自私心，就转变为对一种共同体的关怀和增益，就是说转变为一种伦理性的东西"（§170）。黑格尔的语境是近代社会，而近代社会的本质特征就是私有财产权的确立。私有财产权，即所有权，在《法哲学原理》的"抽象法"篇包含着三个环节：直接占有、使用和转让。"占有"停留在主观的自我确定性层次，是标示"物为我所有"，重点落在主体上；"使用"超出主体，达到了"物"那里，物构成了对主观的自我确定性的否定，使得主体成为特殊意志，也就是说，物只能满足主体的某种特殊意志、特殊需要，物的使用赋予了主体以具体的内涵和规定，"使用"的重点就在"物"上；"转让"则是所有权的完成，因为转让就是"我可以抛弃物而使

---

① 参见 Adam Smith, *The Theory of Moral Sentiments*, edited by D. D. Raphael and A. L. Macfie, Oxford: Clarendon Press, 1976, p. 22。

它成为无主物，或委由他人的意志去占有"（§65）。在转让中，我的意志对物的支配不仅在我自身得到确认，而且也得到了另一个特殊意志的承认，这使得以自我为主体的私人财产权真正在概念上得以确立。

按说，既然私有财产权是意志对物的关系的最为本质的规定，那么面对物的主体有且只有一个，即绝对的个体。那么，往下合理的推论也是物只能服务于一个个体。但显然这是无法形成共同体的。那么，私有财产权如何超出个体而迈向共同财富呢？这就是首先在家庭中实现的。

按照黑格尔的规定，一夫一妻作为两个异己个体在家庭中的统一是在子女身上实现的。尽管子女与父母之间并非平等关系，但是，子女在自己的兄弟姐妹之间则是培育"伦理性"的训练场。斯密也认为，爱的最原初的诞生地就是母子、兄弟、同胞、朋友的关系，而共同体中更大范围的爱的构筑源于上述关系中由近及远的推衍。正是在家庭中，个体才学会超出自身的利益，将之视为更大的共同体利益的一部分，从而把自我与他人视作利益相关者，由关注自私利益转化为关怀共同体的整体利益。

按照黑格尔的逻辑，后一环节尽管把前一环节已经扬弃，但前一环节的规定必然会以某种方式存留、体现在后一环节中。市民社会扬弃了家庭，同时也扬弃了家庭的伦理性，即共同体的属性。但是，这种扬弃仅仅是表面的、形式上的。实际上，市民社会以一种更深入的、更具体的方式实现了这种共同体属性，这一点需要我们对黑格尔的市民社会概念作更为深入的分析，从而证明市民社会是伦理理念发展的更高环节才能得以体现。

二、市民社会的演进逻辑

在"伦理篇"中，市民社会在伦理实体的演进中处于特殊性占主导的阶段。市民社会的特点在于关注人的经验生活，关注人特殊的经济需要，关注每一个个体的喜好、欲望、情感、理智等偶然性的因素，关注具体事务，结果却是将人的自然不平等提升为社会不平等，从而赋予人的有限性以及人与人之间的差别以正当性地位，所以，也可以说市民社会处于伦理理念的特殊性与普遍性的分裂状态。如果把伦理理念看作实体，那么市民社会毫无疑问地处于实体的异化状态，也就是说，私人的极端的特殊利益成为目的，个体保持为特殊的和自为的"原子式"的存在，本身就是伦理理念的异化。

因此，伦理理念总是要向自在的普遍物与主观特殊性的统一回归，个体的主观意识必须要与普遍物相一致，任何特殊的劳动都要得到普遍物的承认，任何特殊的需要都要在伦理的整体性中获得正当性。特殊性、主观性、经验性、偶然性的要素只是处于"现象界"的伦理理念的特征，而在市民社会中起主导作用、规定其发展方向的要素只能是普遍性、客观性、实体性、必然性的要素，说到底，就是伦理理念本身。

按照黑格尔的逻辑，市民社会是从伦理共同体（家庭）的解体中产生的，作为伦理共同体的异化，它最终还要向更高阶段的伦理共同体（国家）复归。处于市民社会中的个体，是从家庭中习得了伦理性，但是，此时的伦理性"还只是内部的基础"（§181）。正是以在家庭中习得的伦理习惯为立基，以个体为中心的市民社会才不至于在私人利益的各自为政中分崩离析，而这正是霍布斯模型的"市民社会"无法解释的。

归根究底，伦理的实体是在市民社会中起支配作用的。从家庭的解体来看，尽管伦理性的东西丧失了，但是，"在我信以为坚持着特殊物的时候，联系的必然性和普遍物依旧是最初的和本质的东西"（§181 补充），从这个角度来看，市民社会中的特殊性规定和利己的目的只是一种表面现象。

尽管斯密曾在《国富论》中举过一个使其获得现代商业理论奠基者的名声的例子："并非出自屠夫、酿酒师或面包师的仁慈（benevolence），以使我们期待餐宴，而是出自他们对他们自己利益的关切。我们并非向他们的人性而是向他们的自爱（self-love）表明自己，并且从不跟他们谈起我们自己的必需，而只是谈论他们能占的便宜"①，但是，这个由自爱、自利而形成的交换体系依旧不能离开伦理基础。因为，交换的根本中枢就是交换双方内在的"镜像效应"，即是说，个体必须在自己的内在中映现出他人的内在，同时在他人的内在中看出自己的内在。

如果屠夫、酿酒师、面包师不了解消费者或购买者的需要和心理，而将全副精力用于自私的利益，进而无法设身处地地为顾客提供最有效、最符合需要的产品，他们的自私利益就无法实现。所以，市民社会中的个体要想实现私人利益，则他必须要跳出个体的私人利益之外，借助"相互同情"（mutual Sympathy）认识到社会的普遍利益和他人利益。

---

① Adam Smith, *An Inquiry into the Nature and Cause of the Wealth of Nations*, edited by R. H. Campbell, A. S. Skinner and W. B. Todd, Volume 1, Oxford: Clarendon Press, 1976, p. 27.

也就是说，我必须要成为他人的工具，成为他人及其需要之间的中介，反过来也一样。从斯密的道德理论来看，"相互同情"只能来源于家庭的共同生活，没有家庭中同情心（Sympathy）的培育，个体将无法体贴他人的真正需要。对斯密来说，自爱心与同情心不是两种截然对立的情感，不能自爱的人，无法体会自己的需要，也就无法在他人的处境中以己之心体人之心，理解他人需要。自爱是同情的基础。

我的需要和手段，首先成为为他的存在，他人的需要和手段，就是每一个人彼此满足的条件。那么，需要和手段也就成为市民社会成员相互关系的规定。"我必须配合着别人而行动，普遍性的形式就是由此而来的。我既从别人那里取得满足的手段，我就得接受别人的意见，而同时我也不得不生产满足别人的手段。于是彼此配合，相互联系，一切个别的东西就这样成为社会的。"（§192 补充）在这个环节中，抽象个体的需要和手段就转化为具体的、社会的需要和手段，在第 192 节补充中，上述普遍、社会性就体现为个体遵照一定的习俗，而不必在社会的普遍习惯和风俗方面表现出自己的特异。正是借助于相互需要和互为中介，市民社会的需要的体系才具备普遍性。

所谓个体需要遵从社会习惯和风俗，并不是指个体的独立性和个性遭到抹杀，而是指个体要尽量将自身提升到普遍性的方面。个体需要将从家庭和邻里等小共同体中习得的习俗带入到市民社会中，更重要的是，在市民社会中继续保持共同体的属性，始终不将自己与伦理共同体的方面割裂开。

这种共同体属性在需要的体系方面是主导性的。在第 193 节，黑格尔指出习俗等社会的需要和手段是特殊目的的规定者。也就是说，个体的自私心需要得到市民社会成员的集体意识的陶冶。在第 194 节，黑格尔指出个体必须与"普遍的意见"发生关系，而在第 199 节，这种主观的普遍性转化为客观的普遍性，即从一种"普遍意见"转化为"普遍财富"，也就是说，"主观的利己心转化为对其他一切人的需要得到满足是有帮助的东西，即通过普遍物而转化为特殊物的中介。……其结果，每个人在为自己取得、生产和享受的同时，也正为了其他一切人的享受而生产和取得"（§199），那么，这种客观的普遍性（即相互依赖和需要的实际经济关系）就是"普遍财富"或共同财富。

这里的"普遍财富"毫无疑问地继承了"家庭财富"的属性（§170）。这种植根于家庭中、在个体身上培育起来的天然的共同体属性并没有在市民社会中消失，而是在超越家庭当中无个体的阶段和市民社会当中的个体囿于主观自私心的阶段之后，达到了客观的、外在的普遍性。在市民社会中，尽管从表面上"普遍性是以特殊性的独立性为出发点"，但是，"最初的东西、神的东西和义务的渊源，正是家庭的同一性"（§181补充）。市民社会成为特殊性不断向普遍性转换的机制，这个机制体现在等级、司法、警察和同业公会中。

等级（Stand）是维护共同利益的集团，它是市民社会制度的一部分。"国家的第一个基础是家庭，那末它的第二个基础就是等级。"（§212 补充）它是个体由特殊性上升到普遍性的关键环节，在等级中，利己心第一次上升为对普遍利益的关怀。农业等级是以家庭中的亲情和信任为前提的，它为共同体生活提供了稳固的基础。产业等级依赖于个体间的分工和交换，个体在职业中培养了自己的自觉勤奋意识和自尊感。普遍等级则直接以国家公共利益为对象，它们依赖于前两个等级，但却是前两个等级中的共同体属性的实际体现。个体通过归属特定等级，培养出正直情绪和等级荣誉感，同时获得他人的承认。所以，个体属于某一特定等级是对个体的肯定。

司法（Rechtspflege）是市民社会制度的另一个部分。市民社会成员必须把自己看作"普遍的人"（§209 附释），超出感性的自我确定性。法（Rechts）的意义在于消除市民社会的客观规律之外的感觉、私见、偶然性等要素，它从外在的方面适用于个体的特殊性，对应于个体性、个别性和偶然性。为了适应这些特殊性，司法包括一系列繁杂手续。教化（Bildung）将主观特殊性提升到普遍性环节。这种形式上的繁杂对市民社会中的契约来说是必要的，其中的一系列手续内在地包含着自我与他人意志的共同承认。通过繁杂的形式，"我和别人的主观性现在都必须消灭，意志必须达到确实性、固定性和客观性"，法也就从自在的状态转化到实定状态，个体则通过"长期艰苦的工作（langer und harter Abeit）"，完成教化的目标。除了司法之外，警察则是用来监督这些不能被司法规范的特殊利益，主动地实现其他公共利益，"警察必须负责照顾路灯、搭桥、日常必需品价格的规定和卫生保健"（§236 补充）。

市民社会是理念的分裂状态，它的内在方面是个体的自私的、主观的特殊利益，而他的外在方面则表现为客观的普遍利益。但是，市民社会必须回到伦理实体的概念，达到主观和客观、内在与外在、特殊性与普遍性的统一。这种具体的统一就是同业公会（Korporation）。在第 238节，黑格尔以"家庭"比喻同业公会。"市民社会又用它自己的土地来代替外部无机自然界和个人赖以生活的家长土地……这样，个人就成为市民社会的子女"(§238)。这种"普遍家庭"(§239)是一种植根于小团体的组织，它带有社会自治和教育团体成员的功能，照料个体的生活，在个体之间培育真正的同侪互济精神。只不过，其团体成员的身份并不出自出生，而是出自个体的技能和努力。

在伦理性在同业公会中真正实现内在和外在相统一的基础上，国家才有可能出现，人才能克服自身的个体性、主观性，达到主观与客观相统一的"普遍的人"，即承担国家秩序并拥有爱国心的公民。Andrew Buchwalter 甚至认为，在市民社会章的结尾处，个体已经提升到了公民（citoyens）的层次。[①]

从以上的分析可以看出，黑格尔的市民社会概念更近于斯密模型，而非霍布斯模型。当然，斯密的《国富论》主要是研究现代市场，但是，Terry Pinkard 认为，"黑格尔并不完全将市民社会看作市场社会，尽管他主张自由市场对市民社会的运行来说是必不可少的"[②]，市民社会却保持着"伦理性"（sittlich）以及一般的组织模式。而且，市场的结构作为一种外在的普遍性，即"外部国家"，具有强迫个体服从需要的体系和交换的客观力量，这都使得公共的力量（国家）的出现成为自由市场逻辑演进的必然。难怪斯密的理论尽管从商业社会的自利行为出发，最终却指向国家的财富问题。可以说，黑格尔的市民社会理论揭示了斯密的道德

---

① Andrew Buchwalter，'*The Ethicality in Civil Society*'：*Bifurcation*，*Bildung and Hegel's Supersessions of the Aporias of Social Modernity*，*Hegel's Elements of the Philosophy of Right*：*A Critical Guide*，edited by David James，Cambridge University Press，2017，p. 116.

② Terry Pinkard，*Hegel*：*A Biography*，Cambridge University Press，New York，2000，p. 483.

理论与经济理论之间隐秘而本质性的通道。

三、市民社会的普遍性本质

2010 年，J. M. Bernstein 在《纽约时报》上发表文章 *Hegel on Wall Street*（《华尔街上的黑格尔》），从《精神现象学》的 *Die Tugend und der Weltlauf*（"美德与世界进程"）的视角来分析 2008 年的金融危机。在 *Die Tugend und der Weltlauf* 一节中，黑格尔探讨的是个体和社会共同体分别如何理解自身。从共同体的角度，即从"美德意识(dem Bewußtsein der Tugend)"来看，"规律(Gesetz)是事关本质的东西，个体性应遭到扬弃，而且，既要在个体性的意识自身那里，也要在世界进程中遭到扬弃。在世界进程中，自主的个体性应该接受普遍者或自在存在着的真(Wahre)和善(Gute)的教化(die Zucht)"①。从个体的角度来看，"个体性的表现正好颠倒了美德意识的规定，也就是说，它在这里把自己当作本质，反而让自在存在着的真和善服从于它"②。

但是，一心求善、求真的美德意识的内容只是空洞的普遍性，它是一种夸夸其谈，主张牺牲个体性来实现普遍者——共同体的利益，它诉

---

① G. W. Hegel, *Phänomenologie des Geistes*, In: *Georg Wilhelm Friedrich Hegel Werke 3*, Suhrkamp, 1986, S. 283. ［德］黑格尔：《精神现象学》，先刚译，人民出版社 2013 年版，第 233 页。译文略有改动。

② G. W. Hegel, *Phänomenologie des Geistes*, In: *Georg Wilhelm Friedrich Hegel Werke 3*, Suhrkamp, 1986, S. 284. ［德］黑格尔：《精神现象学》，先刚译，人民出版社 2013 年版，第 233 页。译文略有改动。

诸高尚，但是现实——世界进程——却并不依照它的设想行进。然而，个体性要寻求享受和快乐，它却并不自知自己的行动最终服务于一个普遍者——共同体，离开这个普遍者，它就无法行动。尽管如此，仍然停留在主观精神环节的个体性依旧把普遍者的必然性看作空洞的、外在的必然性，因此，它想超越这种普遍性，"成为一个自在且自为的规律，并在这个想象的支配下干扰了持存着的秩序"①。只有个体性与外在普遍性的对立被真正超越之后，普遍性（规律）从而就转化为个体意识的规定，个体才会自觉按照规律和普遍性来行动。

所以，这里的个体性与普遍性的关系是一个"颠倒"（Verkehrung）：个体追求快乐和享受，但它却必须服从一个外在的普遍性、必然性；世界进程作为一个普遍者，它必须借助个体性原则才能获得生命和动力，成为"现实的善"（wirkliche Gute）。

J. M. Bernstein 认为，黑格尔在这一节中解决的是"现代个人主义与现代生活的本质性体系"的关系的问题。他的核心论点是，在自由市场中，个体受到自利的驱动而行动，但他却并不知道自己在做什么，换句话说，他并不了解自己与其他所有个体的自利行动的总和将导致的整体结果。但是，社会却只会将这些个体当作整体的一个成员。没有整体制度所提供的条件，个体的自利行动就会导致自由市场的崩溃。所以，自由市场的危机在很大程度上取决于个体如何理解自己与社会之间的关系。

---

① G. W. Hegel, *Phänomenologie des Geistes*, In: *Georg Wilhelm Friedrich Hegel Werke 3*, Suhrkamp, 1986, S. 284.［德］黑格尔：《精神现象学》，先刚译，人民出版社 2013 年版，第 233—234 页。

美德意识的倡导者主张人性本善，但市场社会要求这种天然的善的牺牲；但华尔街的银行家们却相信自私自利是达到成功的唯一动力。Bernstein 认为，从《精神现象学》的角度来看，这两类主张都失之片面：美德倡导者执着于意识层面的空洞普遍性，而这种普遍性由于缺乏实践的或制度化的介入（practical or institutional engagement）成为幻象；如果没有系统化的实践（system of practices）予以支持，纯粹个体的自利活动也没有效果，只有与之相呼应的世界整体为这些自利行动持续地提供支持和赋予意义，这些行动才会成功。

所以，Bernstein 将市场活动看作游戏，其中不仅包含着自利的玩家，而且也为他们提供一定的规则，也就是说，游戏本身就是一个整体。每个玩家在实现自身利益的时候必须扮演好自己在游戏团队中的角色，因为他的利益的实现与整体的利益紧密相连。

基于此，Bernstein 把 2008 年的金融危机归结为华尔街的银行家们与整个世界生产体系相隔绝，世界整体生产体系创造财富能力的阙如使得银行家们的个体自利的打算落空。

从上面的分析我们可以看出，Bernstein 的主要观点就是认为能够付诸行动的制度（practical institution）是市场社会的基础，因此，基于个体交换所建立的需要的体系与维护这个体系运行的制度共同构成了市民社会的整体。换句话说，市民社会不仅是一个人人自利的社会，更是一个包含着警察和同业公会等制度性力量的整体。黑格尔指出："市民社会必须保护它的成员，防卫他的权利；同样，个人也应尊重市民社会的权利，而受其约束。"（§238 补充）

从这个角度来看，黑格尔的"市民社会"显然更为靠近斯密。在《法哲学原理》中，他不止一次地引用斯密的理论：政治经济学"的发展是很有趣的，可以从中见到思想（见斯密、塞伊、李嘉图）是怎样从最初摆在它面前的无数个别事实中，找出事物简单的原理，即找出在事物中发生作用并调节着事物的理智"（§189 附释），又说，"从这样乱纷纷的任性中就产生出普遍规定。这种表面上分散的和混沌的局面是靠自然而然出现的一种必然性来维系的"（§189 补充），这也显然都是斯密在《国富论》中的理论。

根据植村邦彦的考证，黑格尔所参考的主要是 Christian Garve 翻译的德文版《国富论》。在《国富论》第四章中，斯密指出："Every man thus lives by exchanging, or becomes in some measure a merchant, and the society itself grows to be what is properly a commercial society."[①]这句话经 Christian Garve 翻译，就成为："Jeder Mensch lebt also vom Tausche, jeder wird auf gewisse Weise Kaufmann: und die bürgerliche Gesellschaft nähert sich, so wie sie erwächst, immer mehr und mehr der Natur einer handelnde Gesellschaft."[②]这段话翻译的最大特征，就是将原文的 society（社会）翻译成 bürgerliche Gesellschaft（市民社会）。

所以，黑格尔是在"市民社会"的意义上理解斯密的"社会"概念的。社会在斯密那里相对于"商业社会"具有原初的意义，我们也可以说，市

---

① Adam Smith, *An Inquiry into the Nature and Cause of the Wealth of Nations*, edited by R. H. Campbell, A. S. Skinner and W. B. Todd, Volume 1, Oxford: Clarendon Press, 1976, p. 37.

② Adam Smith, *Untersuchung über die Natur und die Ursachen des Nationalreichtums*, *Erster Band*, translated by Christian Garve, Frankfurt und Leipzig, 1796, S. 37.

民社会在黑格尔那里相对于纯粹的商业社会也具有原初意义，换句话说，它是建立在个体生产和自由交换基础上的近代社会本身的整体。"市民社会才是惊人的权力，它把人扯到它自身一边来，要求他替它工作，要求他的一切都通过它，并依赖他而活动。"(§238 补充)在这里，市民社会获得了存在论的意义，它是人的基本存在方式，换句话说，人在本质上是一个市民社会的存在。

黑格尔的市民社会观实质上描述的是现代伦理生活的整体画卷，他论证和说明了市民社会的整体性、系统性和基础性，在解决市民社会向国家过渡的问题时，他探讨了个体与国家之间的关系。建立在意志自由和个体主义基础上的自主、自觉是市民社会的起点，同时，他也把功利原则容纳进了现代社会的组织原则之中，这些突出了他的理论的近代性。在整个市民社会的逻辑演进中，他就谈到了偶然的、特殊的自我决定的意志如何提升到了必然性的、普遍的、客观的意志。

在最初的环节中，直接的或自然的意志转化为知性的、反思的意志，带有外在必然性的意志转化为特殊性的意志，它从不加区别地接受并肯定自然所给予它的一切，发展到在自然的给予物中作出选择。这种特殊的意志以为是自我决定的，但它只是一种抽象的、形式的东西，缺乏内容，所以要超越有限性的自身，达到更高的阶段，即普遍性与特殊性的统一。这是黑格尔在《法哲学原理》的第 5—7 节所完成的工作，这种普遍性与特殊性的统一就构成了个体性。个体不仅意欲着某物，而且是在社会关系中意欲着某物或意欲着社会中的某物。

但是，个体的这种特殊性在市民社会中还需要继续发展，它必须由自利的个体性转化为社会合作以及与其他个体的共在，这个转化的中介就是"辩证法"。也就是说，个体意识到并肯认着自己的利益，但他同时也意识到自己必须以满足他人需求为条件才能满足自己的需求，这就是需求的体系。需求的体系作为特殊性超越自身、过渡到普遍性的中间环节，包含着自我以及自我的外化或异化，最初，自我是自为的存在，但是，在需求的体系中，他必然过渡为为他的存在，建立与他人的相互倚赖关系。借助需求的体系，个体性发展成为外在的普遍性，也就是说，他必须遵从外在的、客观的经济交换行动与规则的束缚。但是，这种普遍性与个体的特殊性相分离的状态依旧要被超越，所以，只有在二者结合成为统一体即单一性的阶段，市民社会才能克服自身作为理念的分裂状态，进而过渡到国家。

这个过程具有深刻的近代含义。在市民社会的特殊性向普遍性过渡的过程中，普遍性愈益凸显，不仅人从自然存在物（动物）转向理性存在物（公民）的意涵得以展现，而且，平权思想也得以体现，例如，黑格尔在第 209 节中就提出市民社会成员要将自我和他人理解为"普遍的人"。这种近代原则的出现对后世的思想影响甚大。

反之，如果我们不能重视黑格尔的市民社会理论中的这些近代原则，不能抓住黑格尔所主张的建立一个更具普遍性、包含平等和交互对等原则的社会的思想，看不到黑格尔理论对于共同体及其制度的维护，而仅仅从社会达尔文主义的视角理解现代市场，不注意构建共同体成员对他人以及共同体整体的关切，那么，不仅会使自利行为走向自我毁灭，而且也会使共同体走向撕裂。我们在黑格尔的市民社会理论中发现，仅仅基于自利原则本身是无法解决个体与共同体相统一的问题，这需要"辩证地超越"，即自我必须要外化、异化，到他者那里，了解他者的需求，满足他者的需求。但是，意识到需求的体系和相互倚赖关系是自利原则或个体性发展的极限，普遍性必须在超越特殊性的前提上产生。这依赖于整个市场体系对于个体的教化或陶冶（Bildung），当个体意识到自身利益与社会整体利益实质上是统一的，那么，市民社会的整个体系才能运转如常。

从以上推理我们可以得出以下结论：世界的生产体系越成熟、越具整体性，个体就越是能够自觉地维护共同体及其制度。这个过程是个体意识的提升过程，具有此种意识，就会有相应的行动和结果；反之，无此意识，则无法维持共同体的存在。这是一个个体意志上升到普遍意志的问题。尽管这种意识的培育源于市民社会自身，但是，特殊性与普遍性的真正统一却无法在市民社会中完成，在黑格尔看来，解决特殊性与普遍性之间分裂的只能是国家的环节，这与斯密在《国富论》中的整体思路是一致的。在斯密看来，尽管私利是商业活动的动力，但是，整个现代社会却建立在国家财富及其管理的基础上，也正因如此，社会的商业活动的自身逻辑最终必然导向超越自身而上升到君主或国家的财富。

四、结　语

市民社会是标志黑格尔法哲学原理的现代特征的重要概念，它构成了马克思政治经济学批判的"底本"，简言之，它是现代个体生活的总和。对于这种个体生活的总和，人们产生了两种内在地对立的理解：人与人是仇敌和人与人是友邻，即霍布斯模型和斯密模型。在霍布斯模型中，自利与利他是冲突的，不同个体的自利行动是敌对的，所以人人必须限制自身的权益，以维护共同体的存在，这就导致了契约论的政治模型。在斯密模型中，自利以利他为条件，不同个体的自利行动具有互补性，所以每个人必须最大限度地发挥自身的能力以满足其他个体以及整个社会的需要，从而使自己的需要得到满足，这就诞生了黑格尔的有机国家观。在这种有机国家观中，个体必须要将自身从意识和行动上与共同体达到一致，但反过来，这种共同体又必须以个体最大限度地发展自身、实现自身为前提，后者才是赋予黑格尔法哲学体系现代特征的关键要素，其主要的体现就是他的市民社会观。

　　但黑格尔毕竟不是研究经济的专家，他也无意探讨市民社会将个体统合成为共同体的内在机制，实际上，他也不必再去重复斯密已经早他近半个世纪就已经研究过的问题：既然结成家庭、国家等共同体是人的伦理本性，那么人的伦理本性是如何与现代商业活动相结合的？斯密将这种结合的秘密放置在了家庭当中。尽管斯密没有直接谈到家庭是人的伦理本性的真正"发源地"，但是他从母子、亲属、朋友等分析同情这一最基本的伦理情感的思路可以看作上述论断的明证。而家庭在黑格尔那里又是"直接的或自然的伦理精神（der unmittelbare oder *natürliche* sittliche Geist）"（§157），即整个伦理体系的起点和基石。

　　正是借助家庭这一中介，个体的主观利己心被转化为对共同体福祉增益的关怀，也正是在家庭中，个体才形成了能够获取关于他人需求的知识和经验的机制，从而超越了自我为中心的局限视角，形成了从他人角度反观自我的视角，进而在自我的内在中构筑了一个客观中立的角色——"公正而无偏私的旁观者"。

这一"公正而无偏私的旁观者"在个体的交往中起着关键的作用，没有这一机制，社会分工无法发生，商品交换也无法进行，商业社会就不可能存在。在这一机制中，个体的自利心与同情心相互结合。由于这种机制，充满了各种个体利益和偶然性的市民社会没有分崩离析，反而经历一系列环节，最终促使了个体意志向共同体精神的提升。理解斯密将伦理精神与商业社会结合起来的思路，能够帮助我们更精准地理解现代社会。在现代社会中，市民社会与国家并不冲突，相反，前者是后者的基础，后者所需要的一系列共同体的主观和客观要素都是在市民社会中形成的。从这个角度来看，马克思所描述的共产主义不过是现代市民社会经历了与国家分裂状态之后而发展到更高的市民社会，即个体利益与共同体利益真正统一的社会。同时，从斯密模型来理解市民社会，也避免我们把当代社会看作社会达尔文主义意义上的纯生物学的"丛林社会"。

第十二章 物象化下的"普遍财富"和所有权原理

——黑格尔《法哲学》的新生

明石英人

　　根据黑格尔的《法哲学》，一旦生活在市民社会中的人们通过劳动而形成"需要的体系"，就会产生出"普遍财富"①。人们发挥各自的能力和特性从事现实劳动，通过商品交换，靠他人的劳动成果来维持自己的生存。此时，依劳动而来的自我实现和相互承认就成为人们获得自我认同的重要因素。但是，由于市场中偶然性占据统治地位，会出现严重的贫富分化。为防止这一点，就需要有保护人们生活的手段和制度。

　　那么，上述内容是不是有关保障自我劳动所有权

① G. W. F. Hegel, *Grundlinien der Philosophie des Rechts*, Suhrkamp, 1986。中文翻译参考[德]黑格尔：《法哲学原理》，范扬、张企泰译，商务印书馆1961年版。在引用时，为与日文译文相对应，译者参考原文对有的中文译文做了相应的改译。另外，对此的引用直接在中文中标出，德文原文直接标出页码，中文直接标出节序号。——译者注

的讨论？或者说是以此为前提的有关建设安全网络必要性的讨论？不是，黑格尔毋宁说是在考察超越近代所有权形式性和抽象性的人伦的可能性。"需要的体系"中人伦之物不仅跟贫富分化和贫穷问题相关，而且还跟物象化问题紧密相关。换句话说，自然形成的社会分工体系中所存在的意识活动的事后性、偶然性和任意性与抽象法的形式普遍性结合在一起，通过这一结合，自我劳动所有权这一近代统合原理变得强大无比。只要在此前提下，无论福利行政设施、职业团体的活动以及国家制度怎样努力，人伦都无法上升到它的最高阶段。

本章将《法哲学》市民社会章的"普遍财富"与《精神现象学》理性章的"事情自身"相对照，把两者都理解为社会分工中从事劳动的个人之间的关系总和。在此基础上说明，每个人经过陶冶将形成精神的或者物质的"财富"，尽管这些"财富"在抽象法中被贬低为形式普遍性，但是同时，它们又在市民社会中构成了潜在的人伦的基础（即作为潜在主语的"事情自身"），是向未来社会高度发达的人伦过渡的"关节点"。

一、对霍耐特尝试的批判性继承

首先，让我们批判地吸收一下阿克塞尔·霍耐特提出的"《法哲学》的新生"理论。① 霍耐特认为，在抽象法和道德中，每个人的自由都是

---

① Axel Honneth, *Leiden an Unbestimmtheit*: *Eine Reaktualisierung der Hegelschen Rechtsphilosophie*, Reclam, 2001.

片面的。在抽象法的水平上，虽然每个人作为以所有权为基础的权利主体，即作为人格在形式上得到了尊重，但是他们各自所拥有的实质性的社会背景却遭到了忽视；在道德的水平上，人们通过主观反省内部自由可以得到保障，但是他们与客观社会环境之间的联系却遭到轻视。这两个层次上的片面自由导致了社会在病理上的畸形。黑格尔曾试图通过三种人伦的相互行为模型来纠正这一畸形。在这个意义上，人伦是"交往关系的基本财（Grundgut）"①。为了突破抽象法和道德上的片面自由，必须要展开家庭、市民社会和国家水平上的交往关系。但是，由于黑格尔过度强调实定法和国家制度的后盾作用，结果推出了反民主主义的立宪君主制。以上是霍耐特对《法哲学》所作的解读。

霍耐特所关注的，是如何通过人伦这一社会实践来克服由片面自由产生的畸形问题。"适合人伦领域的东西必须由相互行为的实践所构成，因为只有它才能确保个人的自我实现、相互承认以及与此相适应的教养形成过程。"②笔者基本上赞成这一见解。但是，由于霍耐特只关注交往的相互行为，结果抽象掉了以劳动为中介的自我实现和相互承认。而恰好这一点才具有决定性意义，笔者与他的解释大相径庭。如果做一个对比的话，在如何定位人伦这一点上，霍耐特所重视的是"交往关系的基本财"，而笔者所重视的则是由每个人的劳动所创造出来的"普遍财富"和"事情自身"。

《法哲学》第181节认为，"特殊性规定"产生于由家庭向市民社会的

---

① Axel Honneth, ebenda, S. 30. "不如说黑格尔认为，交往关系属于仅仅由共同的实践所创作并保持的财的集合，他是从这一假说出发的。"（Axel Honneth, S. 46.）

② Axel Honneth, ebenda., S. 90.

转变过程之中。关于这一点，黑格尔这样写道：“诚然这种特殊性与普遍性有关，不过由于仅仅是有关，即使说是普遍性，还只能是特殊性内部的基础；因此，普遍性只是以形式的方式映现在特殊性当中。所以，这种反思关系首先显示为人伦的丧失，换句话说，由于人伦作为本质必然映现出来（scheiend），所以这一反思关系就构成了人伦性的东西的现象界，即市民社会。”(S. 338，§181)

这里，提请读者注意的是，在“人伦的丧失”之前黑格尔加上了“首先”这一限定。正如该节的“补充”所述，市民社会的普遍性是以特殊性的独立性为出发点的。在市民社会中，由于家庭同一性的瓦解，“人伦看来是丧失了”。“其实，这不过是我的错误，因为在我信以为坚持着特殊物的时候，联系的必然性和普遍物依旧是最初的和本质的东西。”(338f，§181 补充)也就是说，在每个从事劳动的个人通过社会关系来满足自己需要这一点上，市民社会中需要的体系意味着相互依赖，其中特殊性和普遍性存在着相互渗透。但是，这些相互渗透，在每个人的主观中，却“首先”表现为原子式个人的外在联系，表现为人伦的丧失。但“这不过是我的错误”，因为在上述相互渗透中，每个从事劳动的个人还同时掌握了普遍性的形式。在第 187 节，有如下论述：

“个别的人，作为这种国家（外部国家＝市民社会）的市民来说，就是私的人格（Privatpersonen），他们都把本身利益作为自己的目的。由于这个目的是以普遍物为中介的，从而在他们看来普遍物是一种手段，所以，如果他们要达到这个目的，就只能按普遍方式来规定他们的知识、意志和活动，并使自己成为社会联系的锁链中的一个环节。”(S. 418-419，§187)

每个人都从事有限的私人劳动，承担社会分工的一个环节。其中，私人利益是目的，普遍物永远是手段。乍一看尽管每个人都彼此分离，但是，他们为了满足各自的需要只能结成社会关系，以便得到来自他者的承认。在第 192 节有如下论述："当需要和手段的性质成为一种抽象时，抽象也就成为个人之间相互关系的规定。这种作为被承认（Anerka-ntsein）的普遍性，是使孤立的和抽象的个人之间的关系成为社会意义上的、具体的需要和手段以及满足的方法的一个环节。"（S. 349，§192）

这种相互承认，被规定为"使孤立的和抽象的个人之间的关系"成为社会性的物的一个环节。但是，这种相互承认说到底还是在形式上对拥有所有权的人格的承认，以及对缔结契约（如有违反则遭到处罚）的人格的承认。一方面，这意味着作为自由与平等的权利主体"无限自立的人格这一原理"（§185 附释）在社会中得到了贯彻执行。这一点也许可以成为反抗暴政的根据；但是另一方面，这也可能把个人与社会整体之间的关系贬低为人格与抽象的形式普遍性之间的关系。而在社会分工下形成的现实的相互承认，决不仅仅是抽象法层次上人格之间的相互承认。例如，就"普遍财富"而言，需要的体系中的人伦因素必然包含着通过职业技能而获得的"正直"和"荣誉"以及建立在此基础上的相互承认。在论述这一问题之前，让我们先来确认一下《精神现象学》中有关"事情自身"的讨论。因为，在那里存在着对物象化下的个别性、特殊性和普遍性之间相互渗透方式的丰富论述。

二、《精神现象学》理性章中的"事情自身(Sache selbst)"①

众所周知，在理性章 B 的导入部分，黑格尔在斯密理论的基础上，阐述了近代作为需要的体系的自然形成的社会分工。这一由从事劳动的个人所形成的联系构成了"精神"的"根底"②。

"个体满足它自己的需要的劳动，既是它自己的需要的满足，同样也是对其他个体的需要的一个满足……个别的人在他的个别的劳动里本就不自觉地或无意识地在完成着一种普遍的劳动，那么同样，他另外也还当作他自己的有意识的对象来完成着普遍的劳动"(S. 265，《精神现象学》上卷，第 234 页)。

理性章 C 所讨论的主题，是个别意识和整个社会关系如何出现在个别者的主观意识面前，以及如何来理解个别意识和整个社会的关系。在"需要的体系"中，个人基于自己的利己心而追求特殊利益，这一追求会以某种方式促进整个社会的利益，这一点对于个别意识而言也可以直观得到。但是，个别意识究竟怎样才能成为"需要的体系"的一员，获得他者的承认，来完成自我实现和进行社会认识呢？ 对这一问题的详细论证

---

① Georg Wilhelm Friedrich Hegel，*Phänomenologie des Geistes*，*Georg Wilhelm Friedrich Hegel Werke* 3，Suhrkamp，1986。[德]黑格尔：《精神现象学》，贺麟、王玖兴译，商务印书馆 1961 年版。以下直接在正文中标出原版页码，之后为商务版译本的页码。在引用时，为与日文译文相对应，译者参考原文对有的中文译文做了相应的改译。——译者注

② 小屋敷琢己认为，作为人伦实体的"事情自身""实际上的根基是构成近代社会的经济结构"，在理性章的叙述中，它还"只是自在地存在于社会的底部"([日]小屋敷琢己「『精神』の条件——ヘーゲル哲学と功利性原理」島崎隆・岩佐茂編『精神の哲学者ヘーゲル』創風社、2003 年、99～101 頁)。

出现在理性章 C 的 a 节"事情自身(Sache selbst)"当中。在那里，黑格尔描述了自我意识在近代社会自然形成的社会分工中的状态，以及自我意识参与社会分工的普遍要素的方式。①

在理性章 C 的开头部分，黑格尔确认了自我意识所到达的阶段，即自我意识在行动中认识到了个体性和普遍性的相互渗透。但是它的各个环节"还没有结合成统一实体"，还停留在"自我意识总坚定把捉住存在与自身两者的简单的统一"的水平(S. 293)。其实，也许它在与他者进行劳动之前，其行为的各个环节(目的、手段和结果等)至少在主观上是协调一致的，可以预想到自己的工作与社会之间的联系。但是，如 a 节所述，在现实中，一旦行为的结果(工作，Work)要由他本人或者由他者来评价时，当初的预想就崩溃了。原本在他那里相互协调的各个环节出现了分裂，表现为与自己相异己。②

本来，行为的各个环节是一种互为前提的圆圈关系。即，在行为开始之前，个体性往往不知道自己的才能和素质如何，以及为什么是它们和如何发挥它们。行为各种环节之间的关系，只有在事后才能弄清楚。从眼前的行为要素中所观察的现实只能是每个人技能和知识等的联系和积累。个体性所**偶然**具备的"原始本性"已经以"关心"的形式编织在现实当中。"关心"由社会所规定，但它不断规定行为的目的。这里，通过**偶**

---

①　关于"事情自身"的规定，据说有多少解释者，就有多少种解释。对此，片山善博做了整理(［日］片山善博「ヘーゲル精神現象学」における〈近代的主体性の意義と限界〉『一橋研究』第 20 巻第 2 号、1995 年、150～151 頁)。

②　滝口清栄认为，这种"对他"关系、不完全的"承认"关系，在理性章 C 中发挥着重要的作用(［日］滝口清栄「『精神現象学』の「相互承認」論—「精神の概念」の特異性と絡めて」『ヘーゲル哲学研究』第 13 号、2007 年、23～24 頁)。

然和任意选择的手段，技能和知识等社会积累被每个人以不同的方式所吸收，做了不同程度的展开。但是，最终完成的工作却必然转化为以"对他"关系为中介的异己的现实。从中我们可以解读出黑格尔意义上的物象化理论，这是笔者的立场。行为各个环节之间的联系被割断，作为行为结果的工作也表现为与自己相异己，从事劳动的每个人的社会关系表现为人们无法识别和无法控制的东西。①

但是，由于行为各个环节本身也构成了现实，自我意识从自己与社会联系的必然性出发还要重新把握偶然行为的各个环节。"这种消逝之消逝(Verschwinden des Verschwindens)，是包含在自身真实的个体性的概念本身的。"(S. 303)。也就是说，自我意识通过主观上对目的、手段、结果等偶然关系的重新解释，来确证作为"现存于意识面前的现实"的"事情自身"，即确证"现实性与个体性的统一"(S. 304)。这就是所谓的物象化条件下有限的自我确证。

在与他者的关系上，即使一切目标和手段等环节彼此分离，但在主观上是可以把它们和普遍性结合在一起的。也就是说，无论是何种工作，也无论是其中的何种环节，它们都以某种形式构成着由社会分工所

---

① 这种事态与马克思的物象化理论的第一方面，即人和人的关系表现为物象和物象之间的关系几乎是重合的。有很多试图从"事情自身"的讨论中发现物象化问题的研究，譬如卢卡奇的《青年黑格尔》以及［日］平子友长「ヘーゲル『精神現象学』における疎外論と物象化論(1)」(『北海道大学経済学研究』34巻2号)。两者也都从黑格尔的议论中发现了物象化的第二方面，即物象之间关系的社会性质与物的(自然)属性之间的愈合状态。对这种解释，我将找别的机会来阐明自己的观点。另外，马克思的物象化还包含着第三方面，即作为物象运动的承担者，每个人都不得不遵循物象运动的规律而行动(物象的人格化和人格的物象化)。当然，黑格尔和马克思的物象化论，在内容上有重合之处，也有相异之处。

带来的普遍联系。各个环节是主语，而"事情自身"是它们的谓语。这样一来，个人之间就不可避免地会形成相互欺骗和被欺骗的关系。一方面，在自己看来是普遍的、有利于社会整体的目标，在他者看来，实际上却不过是追逐特殊利益的东西；另一方面，自称是个别性的行为又包含着普遍性。追求特殊利益的结果反而增进了普遍利益，人们在将自己行为合法化的同时，无意中促进了普遍利益。

因此，由每个人的行为和劳动所创造出来的普遍联系，包含着偶然性和任意性，但又在事后被把握，并在"对他"关系中被主观地予以解释。在"事情自身"中，一旦自我意识到达了自己的实体意识，"自我意识，就它现在的情况而言，乃是对它的实体的一个刚才到达的，因而是直接的意识"(S. 304f)。之所以这样说，是因为它还仅仅意味着那种极为有限的个别意识对自我的认识和对社会的认识，它还没有完全理解个体性和普遍性的相互渗透，在看待自己与社会之间关系时还比较漠然。"事情自身"是由个人在社会分工中的能力、行为以及结果所形成的联系，个别意识被他者在与"事情自身"的关系中评价，并游走于行为的各个环节之间。

在理性章 C 的 a 节末尾，"事情自身"成为主语，这又是什么意思呢？这是指从事劳动的个人所创造出来的普遍性和劳动本身之间的关系性得到了具体的把握。所以，由近代分工所创造的普遍性在这里还只能是作为潜在主语的"事情自身"。之所以说它是潜在的主语，是因为人们还没有自觉地认识到个别性与普遍性的相互渗透，即使它们作为客观的社会条件已经出现在人们的面前。①

　　因此，在精神章的开头，"事情自身"作为"精神"的初始形式，黑格尔给了它如下定位："这种仍然是抽象的、却构成着事情自身的规定，才是精神性的本质，而关于精神本质的意识，则是关于精神本质的一种形式知识，尽管这种形式知识，也到处接触到精神本质的各种内容。事实上，这种意识，作为一种个别事物，与普遍实体还是有区别的……或者，如果再从实体这一方面来说，那么，实体就是还没有意识到其自身的那种自在而又自为地存在着的精神本质。"（S. 324f.）

　　在近代市民社会阶段，"精神"还处于萌芽时期，"还没有意识到其自身"。每个个别意识只能抽象地、直接地感知由社会分工所形成的普遍要素，还无法充分认识自己与整个社会之间的联系。因此在这一阶段，"事情自身"还无法成为主体，即实体的"精神"本身。在笔者看来，关于这一"事情自身"的讨论后来被《法哲学》以"普遍财富"的理论形式所继承。

三、《法哲学》市民社会章中的"普遍财富(allgemeines Vermögen)"

　　市民社会章 A"需要的体系"c"财富"的内容出现在第 199 至 208 节。

---

　　①　这种解释与下述黑格尔理解在相当程度上是重合的。在黑格尔的市民社会理论中，"仅就市民是私人所有的主体这一点而言，市民社会是潜在的共同体，或者说是异化了的共同体(Gemeinwesen)"（［日］寿福真美「ヘーゲルにおける市民的ゲマインヴェーゼンの論理」『思想』1977 年 2 月号、68 頁）。

首先，在第 199 节我们可以看到如下说法："在一切人相互依赖全面交织中所含有的必然性，现在对每个人说来，就是普遍持久的财富。这种财富对他说来包含着一种可能性，使他通过教育和技能分享到其中的一份，以保证他的生活。"这里所说的"全面交织"中的"必然性"是指"主观的利己心（die subjective Selbstsucht）转化为对其他一切人的需要得到满足是有帮助的东西"，即"通过普遍物而转化为特殊物的中介"（S. 353）。

近代早期的商品市场

但是，正如第 200 节所述，人们参与"普遍财富"的方式要受到每个人所处的家庭环境以及"禀赋和体质"的限制，并被各种各样的偶然性以及职业选择的任意性所左右，"产生了各个人的财富和技能的不平等为其必然后果"（S. 353，§ 200）。这种偶然性和任意性以及产生不平等的结构非常复杂，它们使社会关系物象化。需要的体系中的普遍性（＝事情自身）对个别意识来说，并不表现为与自身相结合的具体的社会关系。但是，在第 206 节，黑格尔这样说道："在这一领域中由于内在必然性而发生的一切，同时也以任性为中介的，并且对主观意识来说，具有他自己意志作品（Werk）的形态。"（S. 358，§206）正因为如此，普遍财富与自己相结合的主观根据，被认为是基于自我劳动的自我所有这一形式原理。在第 208 节黑格尔写道："这种需要体系的原则，作为知识和意志所特有的特殊性，在自身中含有自在自为地存在的普遍性，即自由的普遍性，但它还是抽象的，从而是所有的权利（Recht des Eigentums）。"（S. 360，§208）

这里被知道和意识到的"所有的权利"只是关于"普遍财富"或者"事情自身"的抽象的、形式的意识的一个方面。① 尽管"普遍财富"中包含着各式各样的人伦要素和环节，但每个人还是把"需要的体系"原理本身理解为"所有的权利"。

按照高柳良治的解释，"普遍财富"是资本主义生产方式生产的"社会总产品即国民总生产"，是"应该被物象地理解"的东西。② "所有的权利"保障自己与它之间的联系。高柳良治曾对普利达特的下述解释持怀

---

① 顺便说一下，在《精神现象学》精神章 A 的 c"法权状态"中有这样的叙述："所以正如怀疑主义那样，法权的形式主义，按其概念来说，也没有自己的特殊内容，它是把它所遇到的一种样态繁复的现成存在物，或者说占有物（Besitz），像怀疑主义那样给添加上使之能被称为所有权（Eigentum）的一种抽象普遍性，如此而已。……'我的'具体内容或者说'我的'的规定性无论是外在所有物也好或者是精神或品质上的内在富有或贫乏也好，并不是包含在这个空的形式里的，它与形式各不相干。内容显然类属于一个特殊的势力，这个势力是不同于形式的普遍物（das Formal-Allgemeine）的另一种东西，是偶然和武断。——因此，法权意识就在它自己被承认为有实际效准时，反而认识到它自己的实在性的丧失，认识到它是完全没有本质的东西，并且，把一个个体称为人格，实际上是一种轻蔑的表示。"（S. 357，《精神现象学》下卷，第 35—36 页）这里，"给添加上""抽象普遍性"，它不仅意味着对占有物法律上的认证，还意味着强制地将具有各种社会脉络的事物（内容）变成被法律保护的私有物的一种形式。在这个层面上，个人只不过是失去实在性的"人格"。

② ［日］高柳良治『ヘーゲルの社会経済思想』こぶし書房、2015 年、88、97 页。

疑态度。普利达特更重视德语"财富（Vermögen）"概念本身所具有的两重含义：即，"一方面，它指收益的结果；另一方面，是指能够获得收益的能力本身，即生产能力"①。我们在第 200 节曾看到，"分享普遍财富的可能性"可以换成每个人的"特殊财富"（S. 353，§200），因此普利达特对"财富"的解释是合理的。但是，普利达特存在着只从对"普遍财富"公平和公正地分配、劳动和消费的规范性关系角度来理解人伦的倾向。其结果，"普遍财富"中所包含的身份认同的形成以及相互承认等重要环节遭到了轻视。

以《精神现象学》中关于"事情自身"的讨论为基础，我们可以说，"普遍财富"在把由自己和他人评价的商品和服务的集合体当作自己的客观要素的同时，还指创造这些行为的各个环节，即包括第 207 节所提到的"活动、勤劳和技能"等环节。市民社会的人伦特征不仅在于，独立的个人为参与到"普遍财富"中来而相互承认对方的所有权，在此基础上缔结契约，还在于通过劳动来建立由陶冶、相互承认和自我实现所组成的社会秩序。但是，这些环节的结合，在物象化下却呈现为分离。即使如此，每个人也必须要保持自我认同，要求他者对自己的承认（失业者和贫民层的自我丧失与此为表里一体关系）。这就需要人保持一定的"人伦情绪"，这也就是第 207 节所提到的通过职业生活而获得的"正直"和"荣誉"。

"个人只有通过定在，成为特定的特殊性，从而把自己完全限制于

---

① ［德］ビルガー・P・プリッダート『経済学者ヘーゲル』高柳良治他訳、御茶の水書房、1999 年、160 頁。

需要的某一特殊领域，才能达到他的现实性。所以在这种等级制度中，人伦性的情绪(sittliche Gesinnung)就是正直(Rechtschaffenheit)和等级荣誉(Standes Ehre)，这就是说，出于自己的决定并通过本身的活动、勤劳和技能，使自己成为市民社会中某一个环节的成员，使自己保持这一成员的地位，并且只有通过普遍物的中介来照料自己的生活，以及通过同样的办法使他的意见和别人的意见都得到承认(anerkannt zu sein)。"(S. 359，§ 207)

也就是说，在自然形成的社会分工中，每个人通过偶然性和任意性从事某种职业，然后产生"正直"的情绪和获得"等级荣誉"。首先，关于"等级荣誉"，它是从事劳动的个人获得自我认同的核心要素，它是在个人与"普遍财富"的联系中获得的，因而也是对"使他的意见和别人的意见都得到承认"关系的自觉认识。显然，相互承认作为近代人伦的一个环节在这里占有重要的地位。

另一方面，关于"正直"，我们先前在市民社会章开头的第 150 节有所涉及。在那里黑格尔写道，"德"是反映在个人由本性规定的性格中的人伦性，"这种德，如果仅仅表现为个人单纯地适合其所应尽——按照其所处的地位——的义务，那就是正直"(S. 298，§ 150)。在这之前的第 149 节，还有如下记述："在义务中，个人得到解放"，只有在义务中个人才能获得"实体性的自由"，因此近代人伦最自然同时也是最基础的因素就是"个人单纯地适合其所应尽的义务"。这对形成稳定的自我认同和相互承认具有积极的作用。

在第 207 节的补充中，黑格尔阐述道，每个人在市民社会中从事各种职业，"属于某一特定的等级"，因此"必须成为某种人物(etwas)"。

同样，还是在第 207 节，黑格尔说道："在这一领域中，道德具有它独特的地位。"(S. 359，§ 207)因为，每个人通过自己的职业活动在满足自己和他人的需要和福利的同时，由于偶然性的介入，又不得不在主观上对具体的行为进行反省。虽然市民社会在表面上表现为"人伦的丧失"，但是在物象化下，它又是抽象法和道德实际上展开的场所，是人们通过对"普遍财富"的参与来养成职业伦理情绪的场所。

四、同业公会和等级的普遍性方面

《法哲学》认为需要的体系必然会产生贫困和两极分化，否定私人利益和公共利益会实现预定的协调。因为每个人都有无法参与到"普遍财富"的危险。这是市民社会这一人伦领域所具有的最大弱点。对此，黑格尔把普遍等级官吏、市民社会中的福利行政和同业公会视为实现普遍性的手段，以此来有意识地控制社会分工。如果用《精神现象学》来分析的话，就是为了能够使作为谓语的"事情自身"在现实中成为主语，必须要让这些官僚组织和中间团体等发挥作用，以公的方式进行干预。黑格尔试图通过这 干预来缓解人伦所面对的危机。神山伸弘特别重视同业公会，把它视为"内在于市民社会产业结构中的理性物"，或者"相互依赖关系的理性自觉"①。霍耐特在前面提到的书中也指出："从整体上

---

① ［日］神山伸弘「市民社会の人倫的再編：ヘーゲル『法の哲学』における「職業団体」導出論理」『一橋論叢』第 101 巻 2 号、1989 年、128～129 頁。

看，对黑格尔而言，不把'同业公会'这一中间领域放进'市民社会'，而是把它置于国家这一组织领域也许更为贤明。"①因为，按照霍耐特的意见，黑格尔认为在同业公会中，"对普遍物的感觉……是主体间拥有共同目的这一直接脉络中形成的"②。在《法哲学》的第251节有如下论述：

"市民社会的劳动组织，按照它特殊性的本性，得分为各种不同部门。特殊性的这种自在的相等，在同辈关系（Genossenschaft）中作为共同物而达到实存；因此，追求特殊利益的自私目的，同时也就被理解和被证明为普遍性目的，而市民社会的成员则依据他的特殊技能成为同业公会的成员。"(S. 394，§251)

在同业公会中，特殊目的同时也即是普遍目的，这一点"被理解和被证明"。显然，在需要的体系中对普遍性的直观把握，与通过人格这一抽象形式的把握，两者在层次上是不同的。③ 在各自的职业等级中出现的"同辈关系"虽然发挥着自觉把握特殊性和普遍性相互渗透的功能，但是在物象化状态下，同业公会真能做到吗？

关于这一点，第255节补充中的这段话显得尤为重要。"当然，同业公会必须处在国家这种上级监督之下，否则它就会僵化，故步自封而衰退为可怜的行会制度。但是，自在自为的同业公会决不是封闭的行会，它毋宁是孤立工商业的人伦化，这种工商业被提升到这样一个业界

---

① Honneth, ebenda, S. 122.

② Honneth, ebenda, S, 120.

③ 在第255节的补充中有这样的论述："在市民社会中个人在照顾自身的时候，也在为别人工作。但是这种不自觉的必然性是不够的，只有在同业公会中，这种必然性才达到了自觉的和能思考的人伦。"(S. 397，§255补充)。

圈子(Kreis)，在其中它获得了力量和尊严。"(S. 397，§255 补充)

在资本主义生产方式的前提下，同业公会"就会僵化，故步自封而衰退为可怜的行会制度"。因此，黑格尔主张，同业公会必须要由国家进行自上而下的监督。不过，在现实中，即使有政治国家的监督，要想充分把握"同辈关系"和它与普遍性的联系也是困难的。因为，在物象化下，整个社会关系表现为无法控制的、敌对的力量。故同业公会有陷入"固步自封"的危险。但是，同业公会本来不是"固步自封"的组织，由同业公会成员展开的相互帮助行为当然也对资本主义的规定性发挥着一定的限制作用。

黑格尔认为，同业公会与地方自治体的长官同样也要担当行政管理的职务，他们都隶属于行政权，借此特殊性和普遍性之间的中介得以保障。"因为在公会精神中，特殊物是直接包含在普遍物之内的。"(§289附释)所以，同业公会的长官，"一般采取有关人员的通常的选举和最高当局的批准任命相混合的方式"(S. 458，§288)。不仅如此，黑格尔还认为，在同业公会等级制度基础上所建立起来的议会，对于协调市民社会与政治国家之间的二元论也起到了重要的作用。

"私人等级在立法权的等级要素中获得政治意义和政治效能。所以，这种私人等级既不是简单的不可分的集合体，也不是分裂为许多原子的群体，而只能是它现在这个样子，就是说，它分为两个等级：一个等级建立在实体性的关系上；另一个等级则建立在特殊需要和以这些需要为中介的劳动上(第 201 节以下)。只有这样，存在于国家内部的特殊物才在这方面和普遍物真正联系起来。"(S. 473，§303)

对这一见解，马克思曾在《黑格尔法哲学批判》中予以了讨论。① 他指出："我们在这里找到了谜底"，对"私人等级在立法权的等级要素中获得了政治意义"这句话给予了特别的关注（S. 74、77，第 88—89 页）。他认为，黑格尔是从市民社会和政治国家的分离出发的，两者的同一性存在于中世纪的等级制社会当中。在近代国家中，两者的分离"实际上是存在的"（第 91 页）。因此，"只有市民等级和政治等级的分离才表现出现代市民社会和政治社会的真正的相互关系"（第 91 页）。但是，"他（黑格尔）认定立法权的等级要素是市民社会的纯粹政治上的形式主义。他认定它是市民社会对国家的反思关系（Reflectionsverhältniß），是不能改变国家本质的反思关系"（第 92 页）。在马克思看来，通过这一点，是不能消除国家和市民社会的二元论的。如何去把握两者的关系无疑是重要的。马克思写道："反思关系又是有本质差异的各环节之间的最高的同一。"（第 92 页）另一方面，黑格尔"又打算让市民社会在把自身构想为立法要素的时候既不表现为简单的未被分割的整体，也不表现为分裂为许多原子的群体。他的愿望是市民生活和政治生活不分离"（第 92—93 页）。在马克思看来，在这里黑格尔忘记了"反思关系"，而要使市民等级和政治等级同一化。这仍然只是从立法权方面来看而已。总之，"黑格尔知道市民社会和政治国家的分离，但他打算使国家的统一能表现在国家内部，而且要以这种形式实现：市民社会各等级本身同时构成立法

---

① Karl Marx, Zur Kritik der Hegelschen Rechtsphilosophie, *Marx Engels Gesamtausgabe*（MEGA），Ⅰ/2，Dietz，1982。［德］马克思：《黑格尔法哲学批判》，《马克思恩格斯全集》第 3 卷，人民出版社 2002 年版。对此的引用采取在正文中直接标出的形式。原文采取 S. 加页码的形式，译文采取第××页的方式。

社会的等级要素"(S. 80，第 93 页)。

黑格尔本人似乎预料到会有这样的批判。他在第 303 节的附释中提到，这种想法以"这种原子式的抽象观点"为基础，是"所谓的理论的表象"(S. 473，§303 附释)，它"把市民生活和政治生活彼此分隔开来，并使政治生活悬在空中"(§303 附释)。但是，市民社会等级和政治意义上的等级即议会，从 Stände 一词来看，"仍然保持了以前就存在的二者之间的结合"(S. 474，§303 附释)。对此，马克思予以了正面驳斥。他说道，黑格尔嘲笑的"所谓的理论"的主张其实不无理由。"因为这些理论以此表现现代社会的结果，在这里，政治上的等级要素不外是国家和市民社会的现实关系的实际表现，即它们的分离。"(S. 80f.，第 84 页)。

在黑格尔看来，国家是合乎理性的、有机的。也就是说，国家内部的各种制度和各种权力是一个整体，其各个环节不断分化，并相互中介（§272），议会作为其中的一个分支发挥着重要的中介作用。但是，马克思对上面《法哲学》第 303 节的观点予以了驳斥，认为"这种解决"市民社会和政治国家分离的办法只是"表面现象"(S. 80，第 94 页)。马克思断言道："作为同业公会等代表的议会，就不是'经验普遍性'，而是'经验特殊性'、'经验的特殊性'了！"(S. 100，第 113 页)

有一种观点认为，在《黑格尔法哲学批判》时期，马克思是通过"真正的民主制"来突破近代的市民社会和政治国家二元论的。即使事实的确如此，"选举改革就是在抽象的政治国家的范围内要求这个国家解体，但同时也要求市民社会解体"(S. 131，第 150 页)，即政治国家与市民

社会的变革是不可分割的。① 从这一见解出发，近代的二元论只有通过
市民社会的内在变革才能超越，而且只有市民社会才能为这一超越准备
条件。从黑格尔本人的讨论中，我们还可以找到市民社会内在变革的方
向性。例如，在《法哲学》的第 187 节，黑格尔有如下论述：

"因此，作为陶冶的教养的绝对规定就是解放以及达到更高解放的
劳动。这就是说，它是推移到人伦的无限主体的实体性的绝对的交叉
点，这种人伦的实体性不再是直接的、自然的，而是精神的、同时也是
提高到普遍性的形态的。……但正是通过这种作为陶冶的教养劳动，主
观意志才在它自身中获得客观性，只有在这种客观性中它才有价值和能
力成为理念的现实性。"(S. 344f.，§187 附释)

在走到这一"绝对的交叉点"之前，黑格尔并不是通过设定立宪君主
制国家，而是通过别的方法来达到"人伦的无限主体的实体性"，这一
点，正如滝口清荣所指出的，可以说是黑格尔左派关心的问题。② 此
外，这也是当代的课题，即与取代资本主义社会，建设未来社会相关。

五、结　语

我们知道，如果把《精神现象学》中的"事情自身"和《法哲学》中的

---

① 这也是判读马克思《黑格尔法哲学批判》时期理论水平很难的原因。参照［日］
渡辺憲正『近代批判とマルクス』青木書店、1989 年、43～44 頁。

② "黑格尔左派依据人伦理念去建构崭新的共同社会，从他们的做法来看，这毋宁
说是在恢复黑格尔最初的设想。"(［日］滝口清荣『ヘーゲル『法（権利）の哲学—形成と展
開—』御茶の水書房、2007 年、107 頁。

"普遍财富"，理解为由从事劳动的个人所形成的社会关系，那么自我劳动中就包含了很多环节，并且与人伦要素密切地结合在一起。但是，"普遍财富"在资本主义生产方式下却被物象化，被所有权原理贬低。因此，即使从外部引入福利行政，或者从内部通过同业公会来强化相互帮助，人伦的发展仍然会遇到很大的限制。这与今天社会国家（福利国家）所面临的诸多问题——特别是在新自由主义意识形态下社会保障的削减和工会力量的削弱等——相重合。

正如马克思在《黑格尔法哲学批判》中所述，来自公的干涉和中间团体并不能充分解决近代的二元论，即市民社会与政治国家的分裂问题。本来，在自然形成的社会分工的条件下，"事情自身"之所以无法成为现实的主语，是因为物象化发生的必然性，个别意识很难把握住自己与普遍性之间的关联。诚然，在黑格尔那里，通过市民社会的陶冶，职业等级以及同业公会具有政治功能，特殊性和普遍性会自觉地结合在一起。但是，如果从物象化理论的角度来看黑格尔的话，或者说以某种形式让黑格尔的《法哲学》与马克思的物象化理论进行对话的话，对问题的设定会出现新的可能性。譬如，在近代社会自然发生的社会分工中，要自我实现的个人如何来把握现实，诸如此类的问题有可能会得到详细的展开论证。以上，我们以极其有限的形式，对由从事劳动的人的行为而形成的普遍性与特殊性的相互渗透进行了主观把握，如何让"普遍财富"这一全面的精神基金和物质基金为建设未来社会发挥作用，要探求这一民主方法，需要让黑格尔与马克思对话。

（韩立新译）

第十三章 | 共同性存在和共产主义存在

——黑格尔与马克思论市民社会与政治国家

Günter Zöller

本章以黑格尔的《法哲学原理》(1820)和马克思的《〈黑格尔法哲学批判〉导言》(1844)两个文本为基础，对比了黑格尔和马克思各自对市民社会和政治国家的区分，重点考察近代政治社会中被作为整体考察的全体公民的地位和功能。文章共分为三个部分：第一部分将回溯市民—政治社会和市民—经济社会在英格兰和苏格兰启蒙运动中的诞生过程；第二部分以黑格尔对于市民社会和国家的原创性的划分为主题；第三部分则讨论马克思对黑格尔这一划分的批判性评价。

一、作为市民社会的国家

从语言学的度来看，英文"市民社会"(civil society)这一表述借助其拉丁词源①表达出了希腊哲学中"koinonia politike"概念的含义，即国家或城邦的共同体特征。确切地说，现代对于"市民社会"一词的使用延伸了其原有的含义，即由小规模的自治城市及其周边土地，延伸至包括大面积土地的市民社会，譬如领土国家这样的现代发明。

作为近代政治现实的命名，"市民社会"一词在语言上和语义学上吸收了古典政治哲学，尤其是古希腊关于市民自治的政治思想。近代关于形成中的中央集权和君主制政治体(国家)的讨论在借鉴自治("自律")和自足("autarky")的古代思想的基础上还包括了额外的一些特征，能够将现代市民—政治社会中生活的理论和实践与其希腊—罗马世界原型中生活的理论和实践区别开。尤其是霍布斯之后的近代政治思想都将市民社会，即国家，建立在一个明确的或默许的、实际的或假设的契约式的协议上(拉丁语 pactum civile，古英语 civil compact)，这一协议以在已经建立并运行的市民社会中由私有法律所规定的契约为模型。

经过审慎地选择，自由加入那个他将成为其中一员的协议，这就是市民社会的契约论或准契约论起源，这一起源概念将政治统治的合法性("政府")与起源的后一种含义关联起来。从近代的观点来看，政治权力并不是来自神的授意，或者是上天授权的，而是由人制的。并且，政治统治基于自由协议的正当起源勾勒出了政府权力的外延和界限。在本质

---

① "civil"来源于拉丁文"civis"，意思是"公民"；"society"来源于拉丁文"socius"，意思是"同志"。

上，近代观念中的政治统治是服务于作为整体考察的全体公民的，并且，至少在原则上，是由这一群体来决定的。

值得注意的是，由（虚拟的）原初的契约赋予市民的政治权力在现代政治哲学中有许多的变体。当霍布斯出于政府性的保护（"安全"）利益，让签订契约的市民们在很大程度上放弃他们原有的、"自然"的自由，洛克将保留对物质和非物质的东西（生命、自由和财产）的先契约的权利（自然权利）作为市民社会的本质和目的。类似地，德法契约论在18世纪的主要倡导者们，卢梭和康德，都将对自由的原则性保护和有效加强作为政治或市民社会的要点和目的。

市民社会在现代政治哲学中起重要作用的更深层的形式是由苏格兰启蒙思想家所引入的社会—经济视角。总体上而言，苏格兰启蒙运动的市民社会观并不是由严格的法律和包括权利和权力在内的狭义的政治考量塑造的，而是由一个与社会条件和市民生活形式相关的更广义的角度所塑造的。

和在争议性的社会问题和文化论题上（尤其关于政治和宗教）倾向于激进观点和革命性宣言的法国启蒙运动以及致力在学术上进行改革和改良的德国启蒙运动不同，苏格兰启蒙运动倾向于将学院式的严肃和常识结合起来。苏格兰启蒙运动的支持者们不受关于抽象的权利和社会风俗这些先入为主观念的约束考察近代社会的运行。他们始终对近代社会的运行与在之前的或其他社会形式的或明显或隐蔽的区别保持一个开放的态度。

亚当·弗格森的《市民社会史论》（1767年）对于获得一个对近代社会公正的、历史性的理解做出了尤为突出的贡献。弗格森阶段性（stadial)地描述了在不同的阶段和地区社会的运行方式，尤其将野蛮的、粗糙的与文明的、精致的社会形式区分开。相应地，市民社会的判断标准并非从本质的法律意义上反映出社会成员在共同体中的公民身份。相反，市民社会的决定性标志在于文化，甚至审美，强调通过文明进步所获得在举止和风俗上，用之后结构主义（列维-斯特劳斯）的话说，从粗鲁和"生食的"到"熟食的"和精致的改善。

值得一提的是，弗格森对人类社会的阶段性（stadial）描述不是历史性的思辨，如卢梭在大约同时代对"文明的野蛮"（bon sausage）的表述以及其对想象中的、没有被腐化的自然状态的崇拜那样。弗格森通过对苏格兰高地的调研对于所谓的原始的、前文明的，或者还没有完全完成文明进程的社会有着一手的经验。他能够说高地语言，即苏格兰盖尔语，并且通过个人的体验了解了他们以部族、部落为基础的生活。同时，他又属于颇具影响力的苏格兰低地知识分子精英。苏格兰早在18世纪初就通过和英格兰的政治联合失去了其自身的议会，在一个不由政府政治（远在伦敦被讨论和决定）主导的社会背景下，苏格兰低地是一个在当代欧洲由于其大学和其他文化机构，例如辩论社的数量和影响力而尤其独特的地区。

从社会—历史的角度来看，苏格兰低地城市中心的市民状态为弗格森以及苏格兰启蒙运动的其他学者提供了一个关于他们所致力于去理解和评价的近代市民社会的显著例子。尤其是他们得以去见证一个由公民—市民（citizen-burgers）构成的社会的发展，在这个社会中其成员并不是在狭义的政治意义上（即在政府中的位置和影响），而是通过在文化和商业领域中的公民生活来定义他们的公民地位。这一引人注目的发展，在 18 世纪中叶的苏格兰尤其明显，并逐渐成为西欧社会所独有的特色，有效地促使了公民与政客，或从广义上说，公民与政治的区分。"市民社会"，曾经作为在古典希腊和古代罗马中"政治共同体"（res publica，koinonia politike）的近义词，现在代表一个市民（civico）—社会生活方式，后者有别于特别的政治地位或者政府功能并且首先存在于文化和商业这些政治之外的范围层面中。

现代商业社会的主要理论家亚当·斯密，是除了弗格森和休谟之外苏格兰启蒙运动的另一个主要的倡导者。如果更进一步地在当代的语境中加以考察，那么斯密并不是市场资本主义激进的支持者，而是分析和了解市民社会的人。在市民社会中区分和划分等级并不是以世袭的特权和法律的不平等为基础，而是以社会动态的自身组织为基础，其中劳动、资本和商业共同构成了市民（civico）—商业社会中福利（"财富"）的创造和分配。在这个意义上，斯密最关注的并不是以营运资本为幌子的生产性私有财产，而是共同财富（"共同体"）或者整个市民社会"共同福利"（"wealth of nations"）的条件。

然而并不是苏格兰启蒙运动的所有人都和斯密一样对于近代市场社会（"看不见的手"）自我保存乃至自我增强的潜力抱有乐观的态度。尤其是弗格森针对人类社会阶段性（stadial）发展的历史性反思，在"文明进程"（Norbert Elias）的得失之间探寻平衡。相应地，弗格森努力让他的读者们意识到将社会融合替换为内在于近代生活方式中的个人的孤立所带来的威胁。值得一提的是，弗格森并没有试图去将现代个体化的公民生活恢复到前文明的状态。对于他而言，现代的、文明的和商业的社会为了其运行和繁荣最好能够保持一个好战和对抗的前文明精神，而不是沉浸在一个生活所有方面的文明的和解中，因为后者会摧毁现代生活复杂且竞争性的活动。

二、国家和市民社会

在理论和实践层面将近代作为司法—政治体制、中央统治的国家与近代作为一个社会—经济体制、以市民为基础、商业导向的社会区分开来的倾向在黑格尔那里得到了最清晰的概念上的表达。在柏林时期关于自然法（Naturrecht）和国家科学（Staatswissenschaft）纲要的讲演录中（1820），黑格尔将对国家（Staat）的哲学考察置于对市民社会（bürgerliche Gesellschaft）的考察之前，并在这一过程中将前者指派为内在的国家，即"政治国家"（der politische Staat），后者为外在的、表面的国家。

从逻辑上来说，黑格尔在政治的意义上将国家理解为市民社会的目的，而后者是属于前者的一个特征（"环节"）。表面上看，黑格尔《法哲学》中"市民社会"的论述首先出现，然后紧接着是对国家本身的论述。而且对市民社会的论述本身是在对作为社会生活自然，或者准自然的基础的家庭的表述之后的。弗格森，或者其他从历史的角度对社会生活的阶段性（stadial）描述是基于某个社会形态的效能和操作性对不同的时代和阶段的区分。与他们不同，黑格尔对家庭、市民社会和国家的三个等级的描述并不构成一个从古代到更近代社会生活方式的序列。相反，所有三个在系统中连续的社会形态分别对应近代在制度和文化上发达的社会的某一部分。

家庭、市民社会和国家在概念上相互区分，但在逻辑上又相互关联为国家的三个环节，这是对国家的全面把握；作为补充，黑格尔将这三种社会形式统合在一个共同的标题之下，表明他们除了功能性的差别之外还有根源上的统一性。黑格尔用"伦理"（Sittlichkeit）这个词来囊括、构成社会性组织当中被系统地加以区分的诸原则性形式，它在英语里有时写作"伦理生活"，有时写作"伦理实体"。在耶拿时期，黑格尔就已经用这个术语来指代那种我们默默持守的（tacit）、规范着社会生活的习惯和传统。早期黑格尔特别地吁求向这样一种默默持守的实践的复归，以此来抵消那些内在于现代社会之中的个人化、原子化倾向。

当在其柏林时期的《法哲学》中使用其早期，即耶拿时期的"伦理"概念时，黑格尔扩展了其内涵，使其蕴含甚至明确地指向近代生活在三个明确但相互关联的层面，即家庭、市民社会和国家，特有的形式和特征。相应地，伦理对于黑格尔而言不再指向一个过去的、遗失的并且期待的社会形态，而相反是近代生活特有的一个先进的、结构上复杂而功能上分化的社会。同时，将家庭、市民社会和国家分组并合并在一个共同的标题下，共同作为伦理说明，在为一个运行在一个显著不同于以往时代及其更简单生活的生活方式的条件下的社会提供统一性这点上，伦理在古代的作用，即保证社会融合，与其现代的版本（或者代替者）存在一定程度上的连续性。

黑格尔通过使用其原本怀旧的、甚至要回复到从前状态的伦理概念来指代和提升近代生活的后传统生活方式，这说明了在他所描述的近代市民和政治社会中古代和近代生活方式的连续性和分离。从一个描述性的、价值中立的角度出发，黑格尔指出了一个以既成的习俗为标志的、古代的传统社会与一个被解放的个人主义和作为其结果的社会—文化多元主义的近代生活方式之间决定性的不同。尽管就其规范而言，黑格尔对近代生活的着重论述试图（通过一个至少是功能性的方式）保存古代传统社会的某种融合和团结的特征。相应地，近代的伦理在黑格尔那里是一个附加了价值的术语，代表在近代生活中个体性和社会、个体性和伦理性，孤立和团结矛盾的共存。

在黑格尔的《法哲学》中被在近代的意义上重新解释的伦理（在逻辑和系统的意义上）之前的阶段分别是法权的领域，即被认为是与其社会活动分离的、形式的法权，亦即"抽象法权"（*abstraktes Recht*），以及"道德"的领域，即被认为是从社会—公民维度中被抽象出来的个体的道德规范（*Moralität*）。而将原本抽象的近代法与原本个体的近代道德整合进它们近代市民—社会性的语境中，则是在系统中作为后续领域出现的伦理的主要任务。

在本质上，黑格尔《法哲学》中的前公民权利和前社会道德分别代表在康德《道德形而上学》（1798）后两个部分中达到顶点的自然法和个体道德规范，它们构成了"法权论的形而上学初始根据"（Metaphysische Anfangsgründe der Rechtslehre)和"德性论的形而上学初始根据"（Metaphysische Anfangsgründe der Tugendlehre)。通过一个黑格尔特有的、把握他与之前的哲学家以及之后的哲学立场基本关系的方式，黑格尔并没有拒斥康德对于（司法的）法律和（个人的）道德片面的论述，而是将它们作为一个系统性的阶段或者逻辑上的环节整合进人类精神综合的发展过程中的社会—历史展现（"客观精神"）中。

根据黑格尔在《法哲学》中的论述，伦理领域中的核心阶段是系统上和逻辑上被置于前政治的家庭和政治的国家之间的市民社会（bürgerliche Gesellschaft）。这一阶段又包括了三个不同的系统阶段或者逻辑环节。在第一个环节中，市民社会包括了贸易和商业的社会—经济层面，这一层面在黑格尔看来构成了一个需要被满足的互动结构（"需要的体系"）。当黑格尔强调对于处在生产和交换的经济层面的个体而言内在的个人主义和社会的原子主义时，他同样坚持个体之间的经济上的相互联系，每一个个体的需求都被市场自身组织的子体系所中介，并在其中得到满足。

我们可以看到，黑格尔也同样意识到了社会—经济领域本身内在的不足。这一领域在生产个人和国家财富时也包含了社会—经济上的不平等，以至于产生并保持一个整体上贫穷的社会部分（贱民、"暴民"）尤其是黑格尔坚持由市民社会的社会—经济子层面（"需要的体系"）生产的财富永远无法充分地满足每个人的需求。

根据黑格尔的论述，市民社会的层面并没有被生产、交换物质和服务的社会—经济体系所穷尽。尤其是黑格尔紧接着在"需要的体系"之后提出了一个"司法"（Rechtspflege）概念。之前提出的法权的体系（"抽象的法权"）通过合法的机构和法律实践得到了社会意义上的具体的实现。在市民（civico）—社会伦理的进一步展开中，市民社会狭义的经济和特有的法律的子层面一起出现，并在这一意义上过渡到一个自组织的公民生活的层面。这个层面以法律的有效统治，黑格尔的"福利行政"（Polizei）为标志，他是在这一术语之前丰富的意涵上来使用它的，即作为法律和秩序的保持；而通过公民之间的合作建立的专业生活自组织进

入一个专业的、构成和支持专业市民群体的子社会（"同业公会"，Kor-
poration）。

　　与被引入黑格尔关于市民社会论述中原创性的、社会学的以及经济
学的特征相比，他在狭义上对国家的讨论在其总体态度上较为传统，而
在方向上较为保守。黑格尔民主的统治，而倾向于立宪君主制。他将市
民代表制与选举制区分开，并倾向于团体代表制的程序（procedures of
institutional delegation）。当他将市民群体的政治统一整合成一个公民
意义上的"人民"（Volk）或者"国家"（Nation），而将整个市民群体分离为
社会中在功能上分化的不同组成部分；其中每一个都有着共同的利益和
关注，而他们一起构成了有限数量的社会—公民核心群或者"等级"
（Stände）。在认可传统意义上所区分的生产和交易等级的同时，黑格尔
还指出了作为统一的元素以及政治社会起着整合作用的中项，它在本质
上由受到教育的专业人员和公务员构成。根据黑格尔的论述，他们的利
益和关注并不是像在其他等级中的成员的利益和兴趣一样是有局限的，
而是指向共同的善（共同体）并且在这个意义上是综合的和公民的。

三、作为国家的市民社会

　　在洛克和弗格森使近代早期国家在其规范和起源上偏离其在市民社
会中的起源和本质，以及黑格尔对市民社会和政治国家采取的一个更加
近代的分离之后，出现了一个（重新）定义市民社会与国家关系的第三种
路径：近代晚期将市民社会的批判性重构为在规范上与国家等同，并通

过政治国家获得其自身的、增强的政治功能的市民社会。在国家偏离市民社会以及市民社会与国家的分离之后，年轻的马克思在其对黑格尔的法哲学广泛但片段性地批判中选择了第三种进路。在 1844 年，马克思写作了两篇关于黑格尔成熟的市民——政治哲学的文本，一个针对黑格尔法哲学的序言，另一个关注其后面关于国家法或者国家法权的部分（Staatsrecht），即§261－313。后一个手稿直到马克思去世后的 1927 年才出版，可以用来将马克思的社会—经济思想的源头放在其对黑格尔的国家哲学的市民（civico）—政治批判上。

对于黑格尔《法哲学》序言的部分有着更加入门和方法论的特点（以及宣传的口吻），对于黑格尔国家部分详细但不完整的批判性讨论可以被视为推动马克思自身关于当前社会条件以及未来社会形态的观点的提出。尤其是马克思对《法哲学》导论的阅读也为马克思与德国法哲学和黑格尔《法哲学》实际和政治上的关联提供了佐证。相比之下，马克思对黑格尔关于国家的政治哲学（或黑格尔关于政治国家的哲学）相对详尽的批判旨在揭示黑格尔对后拿破仑时代对现存君主制的辩护背后不连贯的动向和动机。

马克思对黑格尔《法哲学》分析和辩论性的批判的主要模式是对费尔巴哈早期对于（基督教）宗教的批判的延续和发展。根据马克思的计划，之前所做的将一般认为的超验神学和宗教还原到费尔巴哈那里内在的人类学和人本主义是为了在政治上将国家绝对的权威（黑格尔所谓的"worldly absolute"）批判性地还原到它在一个由政治上有权利的公民构成的自由和平等社会中内在的、具体的、真正的人的基础。

值得一提的是，马克思早期的《〈黑格尔法哲学批判〉导言》并没有使

用社会主义政治、共产主义哲学和
唯物主义经济学的工具。相反，其
对黑格尔国家的批判性分析使用的
是 19 世纪早期民主自由主义的词
汇，这些词汇吁求赋予人们以政治
权力和人民统治的制度。在本质上，
马克思对于黑格尔国家的早期批判
为黑格尔定义和辩护的等级
(*Stände*)在近代政治国家中的特殊
地位和不同的功能提供了一个清晰
的历史视角。通过吸收等级在其原

马克思(1818—1883)

初和前近代作为真正的政治权力的角色在中世纪的根源，马克思得以揭
示黑格尔系统性地将市民社会前近代和近代早期参与性的活动从属于近
代晚期政治国家的绝对统治的尝试。相应地，早期马克思讨论了黑格尔
对市民社会和国家的严格区分，这一讨论的近代性在于质疑市民社会与
国家近代的分离的必然性和必要性。

从方法论的角度来看，马克思追随费尔巴哈指出了黑格尔《法哲学》
中的秘密和其哲学和政治上的神秘主义，这一神秘主义作为对市民社会
和国家关系过分的反转是黑格尔《法哲学》的核心。当黑格尔尝试将市民
社会同家庭一起归属于作为它们目的和原则的国家时，马克思坚持认为
市民社会连同家庭构成了国家现实的、"自然的"基础。进一步说，在马
克思看来，作为"政治国家"基础的并不是什么无名的、无固定形态的家
庭或者公民机构，而是具体和现实的人(Mensch)以及他们作为人民

(Volk)真正的社会存在(soziales Wesen)。

根据马克思的分析，黑格尔将国家变成一个(神秘的)逻辑主语和一个(晦涩的)本体论的实体(在其自身中的国家或者"作为理念"的国家)并且将市民社会降格为一个纯粹的逻辑谓词和本体论上的偶性，从而过分地反转了市民社会相对于国家在形式、逻辑以及内容、物质上的优先性。在马克思看来，在黑格尔的这一过程中，人及其它们在市民社会和家庭中的原初社会组织成为一个包罗万象的国家的功能性部分，是人相对于其真正社会本质的异化(一个在马克思著作中愈加明显的费尔巴哈宗教批判术语)。

马克思坚持认为，从政治的角度，市民社会对于政治国家的功能包括了国家作为"民主制"的存在和本质。对于早期马克思来说，民主制不是指代政府的一个特殊的、在功能上与其他统治形式类似的形式，例如君主制，而是用来承载政治权力在人民中唯一的合法依据，即不只是作为(假定的、契约论式的)国家唯一的来源，而且始终是其运行和未来形式的原则。

从历史的角度来说，马克思与之前和之后的民主政治哲学区分开来，因为他没有将平民明确的政治地位和功能追溯到雅典前 5 世纪发明的民主或罗马的共和制度。相反，马克思对比了黑格尔对近代市民社会和近代政治国家的严格分离，和在作为官方代表践行立法功能和执行行政任务的中世纪等级(Stände)制度中对于政治统治的期待。根据马克思的分析，中世纪或者近代早期的等级远不只是没有适当政治权力的市民社会的子层面，而曾是国家本身或者黑格尔所谓"政治国家"强有力的部分。事实上，对于马克思而言，中世纪世界中的等级，尤其是在神圣罗马帝国中的封建体制中，是相对独立的、自治的子单位，在国家中作为国家(imperium in imperio)，并构成了封建的帝国。

　　然而，马克思对中世纪市民(civico)—政治秩序中的等级历史考察的重点并不是想要回溯并恢复这一状态。相反，对于之前等级的回顾为马克思对在官僚管理和君主制的现代国家中出现的等级的去政治化和私有化，如黑格尔对市民社会和国家决定性的"分离"(Trennung)的批判提供了一个参照。马克思承认黑格尔在讨论(政治)国家中的合法化进程时利用了等级概念。然而，根据马克思的分析，这一等级不再是(中世纪的)等级国家(Ständestaat)中的组成部分，而是一个本质上更加政治化的私有本质的市民(civico)—社会体，通过它们在国家立法中的特殊利益得到认可("代表")。相应地，对于马克思而言，黑格尔那里的等级并不能践行政治权力，而是从外部将源自前政治、市民社会的社会自组织特征引入了自足地组织和独立地运行的政治国家的活动中。

　　但是马克思对黑格尔那里市民社会和国家之间断裂的批判性分析并不只限于对随着近代国家的出现产生的等级先前的政治潜力在政治上贬值的诊断。即使是在近代市民社会中，正如黑格尔所指出的，等级不再像它们之前那样发挥作用，即作为社会融合的形式和共同行动的功能。通过将市民社会从政治国家中分离出来，近代的(黑格尔的)国家在马克思看来同样将市民社会的公民精神替换为本质上个人主义的追求和在基础意义上竞争性的社会关系，后者偏离和背叛了人类生存(existence)中深刻的社会存在或者共同和共产主义存在(das kommunistische Wesen)。

　　值得一提的是，在《〈黑格尔法哲学批判〉导言》中的早期马克思还没有获得一个建构性的构想，与黑格尔学派和近代主义者对市民社会和政治社会("国家")的分离和从文明商业和文化的市民或者现代生活方式中去除在希腊民主和罗马共和国传统中公民（civic）或者承担公民义务的公民的公民权的去除相对立。在接下来的几年中，尽管马克思将按照计划进行旨在纠正在公民—政治上被异化的近代个人的政治批判，但并不像当代约翰·斯图亚特·密尔的经典自由主义那样通过对个人独立性的强化，而是寻求暴力的、革命的创造一个超越等级、行业和阶级的新社会。今天，在经过了一系列（大部分已经失败了的）社会主义革命以及作为前者替代方案的自由主义民主在世界上其他地区过于频繁的失败，一个致力于批判地继承黑格尔和马克思遗产的政治哲学必须面对的世界历史经验是：一个政治上较为无力的市民社会的出路并不是一个政治上较为强势的官僚国家，而是一个在政治上被赋予权力的、并与一个倾向于公民化的政治国家相融合的市民社会。

（洪凯源译）

第十四章 | 黑格尔伦理国家观的矛盾
及其解决
——个人在何种意义上能成为国家的
创建者*

韩立新

　　黑格尔的《法哲学原理》"是以国家学为内容的"
（序言）①，而"国家学"的根本使命就在于解决近代以
来国家与个人之间的矛盾问题。但是，在这一问题
上，黑格尔并没有采取社会契约论等近代自然法思想
家通常的做法，把个人看成是国家形成的前提，而是
把国家看作是实体性伦理理念在地上的实现，从而建
构了一个与近代自然法传统不同的伦理国家观。自

---

　　* 本章的底稿已经刊登在《河北学刊》2018 年第 6 期上，在收入本书时，做了一定
的修改和补充。
　　① 关于本章使用的《法哲学原理》文本，德文版是著作版全集第 7 卷：Georg Wil-
helm Friedrich Hegel，*Grundlinien der Philosophie des Rechts oder Naturrecht und Staat-*
swissenschaft im Grundrisse，*Georg Wilhelm Friedrich Hegel Werke* 7，Suhrkamp，1970。
中文对此有两个译本，即范扬、张企泰的商务版译本（［德］黑格尔：《法哲学原理》，范
扬、张企泰译，商务印书馆 1961 年版。简称商务版）和邓安庆的人民出版社版译本（［德］
黑格尔：《法哲学原理》，人民出版社 2016 年版。简称人民版）。本章的引用取自商务版
译本，但对有的译文做了更正。引用采取了在正文中直接标出节序号的方式。

1820 年《法哲学原理》出版以来，这一国家观就一直备受争议。之所以会出现这种情况，主要是因为他的国家观中的矛盾还没有得到根本性解决，即，尽管他本人试图把国家定义为实体性国家和个人的自我意识之间的统一，但是两者并没有真正地统一起来，结果导致他的国家在实际上只是实体性意志的反映，而与个人的个别意志无关，从而被诟病为复古的整体主义。第二次世界大战以后，随着黑格尔哲学的复兴，西方出现了许多为黑格尔国家学作自由主义辩护的著述，但是，这一根本性难题依然没有得到实质性解决。有鉴于此，本章拟做以下几项工作：(1)根据《精神现象学》中的"实体与自我意识的同一性"原理，来分析《法哲学原理》"国家章"中的伦理国家规定；(2)分析黑格尔伦理国家观的矛盾，以及对这一国家观的批评和辩护，建立本章解决这一问题的路径；(3)通过以主观性为中介对普遍意志和个别意志之间的关系的重构，证明由于黑格尔国家观中实体性原则包含着自我意识原则，他的伦理国家并非是复古的整体主义。

一、伦理国家的基本规定

黑格尔本人关于国家学的著述和讲义笔记颇多，从耶拿初期的《自然法论文》《伦理的体系》《精神哲学草稿（Ⅰ、Ⅱ）》，到成熟时期的《哲学全书》中的《精神哲学》；从 1817—1818 年冬季学期开始的 7 次"自然法和国家学"讲义到其正式出版物《法哲学原理》。尽管在不同的时期，他用以指称国家的词语有所差别，譬如有"民族(Volk)"、"民族精神(Geist eines Volks)"(§257 附释)、"精神"等说法，但使用最频繁的无疑是"伦理(Sittlichkeit)"或者"伦理实体(die sittliche Substanz)"。由此出发，我们也可以把他的国家称为"伦理国家"。但是实际上，这样称谓它决不仅仅是出于语词的使用频率，更根本的原因是，他的国家规定是由伦理概念所决定的。

黑格尔的伦理概念与他的精神概念密切相关，甚至可以说，伦理其实就是精神概念本身。众所周知，精神概念诞生于耶拿后期，在《耶拿精神哲学Ⅱ》当中，黑格尔曾把精神定义为"在个别者完全的自由和自立性基础上的普遍性(Allgemeinheit in der vollkommenen Freiheit und Selbständigkeit der Einzelnen)"①。从内容上说，它是由改造过了的费希特的自我和斯宾诺莎的实体，或者说自我意识和实体的结合体。如果说自我意识属于个人的主观性，实体属于客观性的话，那么两者的结合就意味着主观性与客观性的结合，即人的内部的主观世界与外部的理性规律的结合；如果说自我意识是个别性，而实体是普遍性的话，那么两者的结合又意味着个别性与普遍性的结合。这种结合不同于古代的共同体主义，它是在近代主体性原埋的基础上所实现的高层次的统一。

在这一点上，伦理与精神相同。所谓"伦理是在它概念中的意志和单个人的意志即主观意志的统一"(§33)。所谓"概念中的意志"是客观意志，属于伦理的客观性环节；而"单个人的意志即主观意志"属于人的主观性环节。伦理的客观性环节表现为两个方面：一方面是指伦理的理

---

① Georg Wilhelm Friedrich Hegel, *Jenaer Systementwürfe III*, In: *Gesammelte Werke*, Bd. 8, Felix Meiner Verlag Hamburg, 1976, S. 254.

念、概念或者实体；另一方面是指现实中存在的法律和规范等。伦理的主观性环节则指人内在的"道德性（Moralität）""情绪（Gesinnung）""知识和意志（Wissen und Wollen）"等。伦理概念就是"**现存世界和自我意识本性**"（§142）的统一，或者说就是客观意志和主观意志的统一。《法哲学原理》的三篇结构即"抽象法""道德"和"伦理"其实就是按照这种两者统一的逻辑来排列的。如果说"抽象法"指规范的客观性的话，那么"道德"则主要与人的目的、对规范的判断等主观性有关。"抽象法"与"道德"在更高层次上的结合即"伦理"，它作为主观性与客观性的统一体在现实中表现为家庭、市民社会和国家。

对黑格尔而言，构成精神的两个要素即实体和自我意识的统一不是静态的，而是一个动态的结合过程。在《精神现象学》中，他把这一结合过程归结为"实体即主体"命题。① "活生生的实体是一个存在，这个存在就其真理而言是一个主体，或者换个同样的说法，这个存在就其真理而言是一个现实的东西，只不过在这种情况下，实体是一个自己设定自己的运动，或者说一个以自身为中介而转变为另一个东西的活动。"② 这个命题，如果细分的话，可包含三个环节：（1）实体是运动的主体，自我意识是实体为了实现自身所设定的一个环节，在这个意义上，实体相对于自我意识而言具有优先性，是自我意识追求的目标；（2）实体必须借助于自我意识才能完成自身，自我意识是实体自我实现必不可少的中

---

① Georg Wilhelm Friedrich Hegel，In：*Phännomenologie des Geistes*，*Gesammelte Werke*，Bd. 9，Hamburg，1980，S. 18。[德]黑格尔：《精神现象学》，先刚译，人民出版社 2013 年版，第 11 页。

② 同上书，第 12 页。

介。因此，自我意识对实体而言又不是被动的、可有可无的环节；
(3)实体与自我意识将在最终阶段实现完整的统一。这种统一，对精神
而言是"绝对精神"；对自我意识而言就是"绝对知"。两者在"绝对精神"
和"绝对知"的层面实现了完全的同一。这就是所谓的"自我意识和实体
的同一性"原理。

这一原理不仅构成了精神概念的具体内容，而且还是贯穿整个黑格
尔法哲学体系的基本原理。在《法哲学原理》中，无论是"导论"中对"法
哲学的概念，意志、自由和法的概念"的阐述(§1-33)，还是"伦理篇"
中对"伦理"(§142-157)和"国家"(§257-271)的说明，都可以看到这一
原理的贯彻和应用。在"伦理篇"开头，黑格尔写道：

"伦理是**自由的理念**。它是活的善(das lebendige Gute)，这活的善
在自我意识中具有它的知识和意志，通过自我意识的行动而达到它的现
实性；另一方面自我意识把伦理性的存在看作是它的绝对基础和起推动
作用的目的。因此，伦理就是**成为现存世界和自我意识本性的那种自由
的概念**。"(§142)

按照这一规定，伦理像生命那样有一个不断发育和成长的过程，即
"活的善"。"活的善"与"实体即主体"命题相一致。(1)如果说伦理是"**自
由的理念**"，即善的理念的话，那么它作为实体有其自己的目的。而自
我意识必须把"善"当作自己的"绝对基础"和"目的"，必须积极参与"善"
的实现过程；(2)这一目的又只有借助"知识和意志，通过自我意识的行
动"才能达成；(3)伦理是"善"的实体和人的自我意识的统一体。关于伦
理的这一规定几乎是上述"实体与自我意识的同一性"原理三个环节的
翻版。

伦理在现实中所达到的最高形式就是国家。按照《法哲学原理》的说法，国家是"个体独立性和普遍实体性在其中完成巨大统一的那种伦理和精神"（§33补充）。"国家是精神为自己所创造的世界。"（§272补充）因此，黑格尔的国家规定与他的精神规定和伦理规定相同，也遵循了"实体与自我意识的同一性"原理，可以分为下面三个命题：（1）与实体相对应，"国家是实体性**意志**的现实性"（§258）；（2）与自我意识相对应，"国家是具体自由的现实性"（§260）；（3）与实体和自我意识的统一相对应，"国家是伦理理念的现实性"（§257）。下面，让我们分别对这三条命题予以阐述。

在《法哲学原理》"伦理篇"的序言部分，黑格尔首先区分了考察国家的两种方式："在考察伦理时永远只有两种观点可能：或者从实体性出发，或者原子式地进行探讨，即以单个的人为基础而逐渐提高。"（§156补充）如果说前者的探讨方式可称作实体性优先的话，那么后者的探讨方式可称作自我意识优先。以前者为基础建立起来的国家观是实体性国家观，其特点在于认为国家的本质并非由单个人，或者由单个人的集合所决定，而是由超越性的实体性意志所决定。这种实体性国家观的代表是古代的整体主义，即柏拉图的《理想国》或者亚里士多德的《政治学》中的国家概念。以后者即自我意识优先为基础而建立起来的国家观是个体性国家观，这种国家观的特点在于认为国家的本质要由每一个自我意识所决定，国家的实质是由自我意识所构成的原子论体系。个体性国家观的代表莫过于近代以霍布斯、洛克、卢梭等人为代表的社会契约论和康德、费希特等人的自然法理论。近代以来，这种国家观一直占有主流地位，是自由主义国家观的代表。而黑格尔的立场，无疑属于前一种实体性优先的国家观，当然是经过改造的带有近代特征的实体性国家观。

那么，黑格尔实体性优先的基本立场是什么呢？首先，"国家是绝对自在自为的**理性**的东西，因为它是实体性**意志**的现实性"（§258）。伦理理念作为实体是自在自为的主体，它通过自己的运动产生出国家，在这个意义上，国家是伦理理念自我运动的结果。而自我意识，只是在伦理实体展现自身和完成自身的过程中，作为其中的一个环节来参与实体运动的。因此，伦理实体相对于单个人的自我意识而言，无论在时间上还是在逻辑上都是占先的，这也是实体性优先的本来含义。这样一来，国家就具有了某种超越个别的自我意识的特性，即"普遍性和神圣性"（§260补充），故在法哲学中有很多"国家是地上的精神"（§258补充）、"地上的神物"（§272补充）之类的说法。由于国家作为实体的优先性，对自我意识而言，"成为国家成员是单个人的**最高义务**"（§258）。

其次，国家所反映的意志是"实体性意志"，而非单个人组成的"共同意志"。黑格尔无时无刻不强调这一点。在他看来，社会契约论把整体分解为个体，让个体优先于整体；将个人的权利看成是国家形成的首要前提；结果使国家成为建立在契约基础上的原子论体系，这种国家观"是没精神的，因为它只能做到集合并列"（§156）。卢梭提出了"意志作为国家的原则"（§258）思想，在这一点上，他高于诉诸主观情感的哈勒的《国家学的复兴》。但是，由于他所理解的"普遍意志"仍然是从单个人中汇集起来的"共同意志"，在本质上并没有跳出"特定形式的单个人意志"（§258附释）的框架。因此，无论怎样强调契约是人民意志的反映，由于他们是以个人权利为前提来考虑国家的形成的，他们的国家都只能属于“**外部国家**”(§157、§183)、“**强制国家**(*Notstaat*)”①或者“**理智国家**(*Verstandesstaat*)”(§183)，其中看似具有国家功能的“司法”和“福利行政(Polizei)”也只能是市民社会内部的两个环节。

但是，黑格尔终究不是生活在古代的哲学家，他要建立的国家必须是一个近代国家。而近代国家的根本特点，就在于国家必须尊重“自我意识的权利”(§215)。那么，黑格尔是如何在实体性国家中安置自我意识的呢？黑格尔的国家可分为广义和狭义两种。广义的国家是指包括家庭、市民社会和国家这三个环节在内的“伦理”；狭义的国家则是指作为“伦理”最高阶段的国家。在广义国家规定中的市民社会层面，黑格尔与社会契约论者并无实质性区别。譬如，无论是对“私有权”和“需要的体系”的肯定，还是对司法陪审制度和司法公开的强调等，在承认个人的自由和权利这一点上，他决不输给任何自由主义者。当然，问题的关键并不在于市民社会层面，而在于在狭义的国家规定层面，他是不是也尊重了“自我意识的权利”。要弄清楚这一点，就需要研究他关于国家的第二条命题“国家是具体自由的现实性”(§260)，因为这条命题是从自我意识角度出发的国家规定。

那么，“国家是具体自由的现实性”命题又包含哪些内容呢？首先，国家理念的现实化过程与自我意识直接相关。国家作为伦理理念不能永远浮在天上，它还必须在地上实现出来，而要在地上实现，无论如何都要以自我意识为中介。在古代，由于人的自我意识还不够发达，“国家

---

① “Not”虽然具有需要、必须、短缺等含义，但是黑格尔用此词是指费希特《自然法的基础》中的国家，即强调这一国家对人的外在强制性，故在此将“Notstaat”翻译成“**强制国家**”。

的概念还被蒙蔽着"（§260 补充）；到了近代，随着自我意识的觉醒，国家的理念开始出现在自我意识之中，用黑格尔的说法，"它在被提升到普遍性的特殊**自我意识**中具有这种现实性"（§258）。这样一来，现实中的国家要以自我意识对它的承认为前提。如果国家得不到人民的承认，就像在法国大革命中所出现的那样，它将被市民革命所推翻。在这个意义上，个人的自我意识对近代国家的形成具有决定性作用。黑格尔充分看到了这一点，他高度肯定了"主观自由""具体自由"等自我意识因素的意义。

其次，国家不能仅仅把自我意识当作实现自身的手段，它还必须把实现个人的具体自由视为国家本身的目的和使命。在国家中，"**具体自由**在于，个人的单一性及其特殊利益不但获得它们的完全**发展**，以及**它们的权利**获得明白承认（如在家庭和市民社会的领域中那样）"（§260）。在这一点上，近代国家远比古代国家出色。在古代国家中，由于个人的个别性淹没于国家的普遍性之中，两者没有分离出来，个人无法真正地参与到国家中去。这样的国家因无自我意识的参与而表现得软弱无力，一遇到外敌入侵等不利因素就迅速瓦解。而在近代国家中，由于国家承认个人自由对国家的积极意义，并保障个人自由和为个人谋福利，从而得到人民的普遍拥护。同时，由于个人自由得到了充分的发展，个人得以真正地参与到国家的发展进程之中，个人与国家同命运共患难，保卫国家也就等于保卫自己，故它是牢不可摧的。黑格尔认为，只有这种实现了特殊利益与普遍利益完美结合的近代国家才是"一个肢体健全和真正有组织的国家"（§260）。

黑格尔很早就形成了这一认识，其雏形可以追溯到早期的《德意志

宪法》，当时他就已经拥有了"能够得到自己人民自由活跃精神支持的国
家权力是无限强大的"之类的想法。① 到了耶拿后期，随着对"物象本身
(die Sache selbst)"逻辑的发现，他已经找到了协调古代共同体主义和
近代的"绝对的个别性原理(Prinzip der absoluten Einzelnen)"②的中介，
开始对柏拉图的国家观表示不满，称"这些是**古代人、(就连)柏拉图也
不知道的、近代的更高级的原理**。……在他们那里，个别性'绝对地知
道自己自身'即这种'绝对地在自己内部存在'的事态是不存在的。柏拉
图的共和国和斯巴达国家一样，都是这一'知道自己本身的个体性'的消
失"③。在《法哲学原理》中，他对柏拉图的国家的批判达到了极致，认
为"柏拉图的理想国要把特殊性排除出去"(§185 补充)，不承认"**单个
人独立的本身无限的人格**这一原则，即主观自由的原则"(§185 附释)，
并宣称"一切国家制度的形式，如其不能在自身中容忍自由主观性的原
则，也不知道去适应成长着的理性，都是片面的"(§273 补充)。

最后，国家中具体自由的实现是有条件的。能够参与到国家中去的
个别意志决不是个人的主观任意；国家所予以保障的特殊利益也不是市
民社会意义上的私人利益。个人对主观自由的追求还必须符合国家的整
体利益。要做到这一点，个人需要把普遍性当作自己的"**实体性的精
神**"，当作自己的"**最终目的**而进行**活动**"(§260)，将自己的个别性提升

---

① [德]黑格尔：《黑格尔政治著作选》，薛华译，中国法制出版社 2008 年版，第 37
页。

② Georg Wilhelm Friedrich Hegel, *Jenaer Systementwürfe Ⅲ*, In: *Gesammelte Werke*, Bd. 8, Felix Meiner Verlag Hamburg, 1976, S. 263.

③ Hegel, ebenda., Bd. 8, S. 263.

到普遍性的高度。只有这样，个人才能实现自己的具体自由。离开国家，个人自由不仅失去前进的目标，而且根本就无法实现。"个人意志的规定通过国家达到了客观定在，而且通过国家初次达到它的真理和现实化。国家是达到特殊目的和福利的唯一条件。"（§261补充）

由此可见，尽管黑格尔将"个别性原理"提高到"绝对性"的高度，但是到最后还是没有忘掉给"主观自由的原则"设置一个限度。这个限度就是伦理实体所能容纳的限度，主观自由要统一于伦理实体，而不是相反。黑格尔说道："**个人主观地规定**为**自由**的权利，只有在个人属于伦理性的现实时，才能得到实现，因为只有在这种客观性中，个人对自己自由的**确信**才具有**真理性**，也只有在伦理中个人才**实际上**占有**他本身**的实质和他**内在的**普遍性。"（§153）由此看来，自我意识与伦理实体相统一的基础是伦理实体，而非自我意识。尽管这一点时常遭到激进的自由主义者的诟病，但是正如黑格尔所担心的，如果失去伦理实体对个人自由的限制，"**单个人本身的利益**就成为这些人结合的最后目的。由此产生的结果是，成为国家成员是任意的事"（§258附释）。总之，无论是国家要经过自我意识的承认，还是国家要保障个人的主观自由，个人只有将个别性纳入国家的普遍性中才能实现主观自由，"国家是具体自由的现实性"命题的三个方面，可以说都充分考虑到了近代自我意识要素对国家形成的意义，黑格尔对自我意识的安排基本上是符合近代国家的精神的。

既然个人的具体自由与伦理实体在国家中实现了真正的同一，那么从"抽象法"阶段以来就一直困扰人们的义务问题到这里也就得到了真正的解决。我们知道，在"抽象法"（无规定的意志）和"道德"（自然意志和反省意志)阶段，义务都是作为对个别意志的"**一种限制**"（§149）出现的，因为个人的主观自由（权利）与客观的普遍性（义务）并不具有真正的一致性。在这两个阶段，个人在主观上与法律、国家权力等是一种对抗关系，在这种对抗关系下，个人对国家的义务就只能是外在的，其结果对国家的义务就表现为对个人的约束。只有到了"国家"阶段，由于"义务和权利是结合在同一的关系中的"（§155，261），个人的权利与对国家的义务具有内在的一致性。这样一来，遵守法律和服务于国家对个人来说就不再是"具有拘束力的义务"（§148），相反"在义务中，个人得到解放而达到实体性的自由"（§149）。所以，对个人而言，"成为国家成员是单个人的最高义务"（§258）；反过来，"国家所要求于个人的义务，也直接就是个人的权利"（§261补充）。黑格尔的义务观显然也是与他的"实体和自我意识的同一性"原理相一致的。

从整体上看，国家一方面是"实体性意志的现实性"，另一方面又是"具体自由的现实性"，而两者的合题则是黑格尔关于国家的第三个命题，即"国家是伦理理念的现实性"（§257）。这一合题出现在"国家章"的开头。

"国家是伦理理念的现实性——是作为**显示出来的**、自知的实体性意志的伦理精神，这种伦理精神思考自身和知道自身，并完成一切它所知道的，而且只是完成它所知道的。国家直接存在于**风俗习惯**中，而间接存在于单个人的**自我意识**和他的知识和活动中。同样，单个人的自我意识由于它具有政治情绪而在国家中，即在它自己的实质中，在它自己活动的目的和成果中，获得了自己的**实体性的自由**。"（§257）

与"国家是伦理理念的现实性"相类似的说法还有国家是"显现在现

实性中的那理性的象形文字"(§279 补充)等。如果说"伦理理念"代表着伦理的实体方面,而"现实性"所强调的是自我意识的作用,那么这一命题所要表达的意思就是:国家是"实体性意志"和"单个人的自我意识"的统一,或者说是"客观自由(即普遍的实体性意志)与主观自由(即个人知识和他追求特殊目的的意志)两者的统一"(§258 附释)。

总之,一方面,国家是"实体性意志的现实性"。实体性意志优先于个人的自我意志及其集合形式,国家的本质体现在实体性意志当中;另一方面,国家并非与自我意识无关,"国家是具体自由的现实性";最后,国家是实体性意志和具体自由的统一,"国家是伦理理念的现实性"。从这三个命题可以看出,在黑格尔那里,精神、伦理和国家,虽然在外延上有差别——精神的外延要大于伦理,伦理的外延要大于国家——但是在基本构成上具有一致性,即,它们之中都贯穿着《精神现象学》中的"自我意识与实体的同一性"原理。尽管黑格尔本人曾表示过法哲学是其《逻辑学》的延伸,其中包含了"个别、特殊、普遍""形式与质料"等逻辑学范畴,黑格尔的研究者们也大多主张法哲学是《逻辑学》的具体运用,譬如马克思就从这一角度出发批评黑格尔的国家规定是"逻辑的、泛神论的神秘主义"①。但是,正如我们在上面所分析的,贯穿其法哲学,尤其是其国家学的基本原理,是《精神现象学》中的"自我意识与实体的同一性"。在这个意义上,在对黑格尔的法哲学及其国家观的解释上完全可以确立起一条从《精神现象学》出发的解释路径。而

———————

① 马克思:《黑格尔法哲学批判》,《马克思恩格斯全集》第 3 卷,人民出版社 2002 年版,第 10 页。

且，从下面可以看到，这条路径对于分析和解决黑格尔伦理国家观的矛盾问题可能更为妥当，也更为有效。

二、伦理国家观的矛盾分析

强调实体性意志和自我意识的统一是黑格尔国家观的最高原则。早在耶拿时期，黑格尔就看到了社会契约论的消极方面，以及个人主义泛滥对伦理、法律、宗教以及国家的危害，故在《费希特和谢林的哲学体系的差别》《论自然法的科学探讨方式，自然法在实践哲学中的地位及其与实证法学的关系》（简称《自然法论文》）和《伦理的体系》中，提出了"个人的自由与民族的共同"理想。即，一方面要最大限度地承认近代的"个别性原则""主观自由的原理"，当实体原则的立场有转化为整体主义的危险之时，用自我意识原则的立场对其进行限制和矫正，以保证国家必须是一个近代国家；同时，另一方面，也要继承古代共同体主义的积极内容，用"民族精神"或者"伦理"等实体性因素对个体性国家观进行纠正，以确保国家的超契约性。这种既能保持近代个人自由，同时又能实现高迈的共同体理想的伦理国家难道不是人类有关国家的最高认识吗？而且，这种完美的国家概念，既不是在近代的自然法思想家那里，也不是在古代的柏拉图和亚里士多德那里，而是在黑格尔的法哲学中完成的。从《法哲学原理》的"序言"等处表现出来的自信来看，至少他本人是这样认为的。

但是，事与愿违，自《法哲学原理》出版以来，他的国家观却一直成

为众矢之的，甚至被认为是其整个
哲学体系中最成问题的部分。从他
的同时代哲人开始，中经鲁道夫·
海姆和青年黑格尔派的鲍威尔、赫
斯、卢格、青年马克思等人①，再
到现代的罗素、波普尔，他们都认
为他的国家观非但没能将实体性意
志和自我意识统一起来，相反还因
为他缺少自我意识立场，结果在统
一两者时，只留下了实体的自我运
动，结果倒退到了古代的整体主义。

黑格尔

　　出现这种批判绝非是偶然的。因为，作为一个事实，在黑格尔的国
家观中，的确存在着许多可归结为整体主义的思想渊源。首先，是古代
的共同体主义。早在耶拿早期的《自然法论文》和《伦理的体系》中，黑格
尔就有意引入柏拉图的《理想国》和亚里士多德《政治学》中的国家观念。
譬如，"民族(Volk)在本性上先于个别者(Einzelne)。因为，如果孤立存
在的个别者根本不能自足，他就必须与一个统一的民族相关，正如部分

---

①　从学术史上看，黑格尔去世以后所出现的黑格尔左派与右派的区分，以及左派、
中派和右派这样的区分也都与对黑格尔国家观的态度密切相关。*Vgl.*，Henning Ott-
mann，*Individuum und Gemeinschaft bei Hegel*，Band I，Hegel im Spiegel der Interpreta-
tion(Quellen und Studien zur Philosophie.，Bd. 11，Berlin/New York 1977. SS. 1-32。

与其整体的关系一样"①。这里的"民族"所对应的就是"伦理",也即后来法哲学中的国家概念。在研究史上,阿克塞尔·霍耐特曾在《为承认而斗争》中将这一渊源夸大,并以此为基础来纠正耶拿晚期,特别是在《精神现象学》中形成的"意识哲学"倾向,试图以共同体主义为基础来重构黑格尔的承认理论。②

其次,与这一共同体主义相对应,为反对近代机械论式的国家理解,黑格尔把国家看作是一个像生命那样的有机体(Organismus)。在《伦理的体系》中,他就以有机体为模型解释了个人与国家的关系,提出国家"既不是缺少联系(beziehungslose)的群(Menge),也不是单纯的多数"③。真正的国家必须是一个有机整体,而非由"单纯的多数"组合成的"群"。到了《法哲学原理》阶段,这种有机体国家观念更为成熟。譬如,在对待近代的三权分立问题上,他反对孟德斯鸠和康德的那种三权彼此独立、互相牵制的分立式理解,而是将它们视为像身体器官那样的、彼此合作且共促统一的整体。离开整体的躯体,器官将失去意义,他用"观念性(Idealität)"或者"观念论(Idealismus)"概念来表达有机体的

---

① Georg Wilhelm Friedrich Hegel, *Über die wissenschaftlichen Behandlungsarten des Naturrechts, seine Stelle in der praktischen Philosophie und seinVerhältnis zu den positiven Rechtswissenschaften, Kritisches Journal der Philosophie*, Bd. II, Stück 2, 1802, und Stück 3, 1803, In: *Georg Wilhelm Friedrich Hegels Werke in zwanzig Bänden 2*, Theorie Werkausgabe, Suhrkamp, 1970, S. 505.

② [德]阿克塞尔·霍耐特:《为承认而斗争》,胡继华译,曹卫东校,上海世纪出版集团 2005 年版,第 64—68 页。

③ G. W. F. Hegel: *System der Sittlichkeit, Reinschriftentwurf (1802/03)*, In: Georg Wilhelm Friedrich Hegel, *Schriften und Entwürfe (1799 — 1808)*, *Gesammelte Werke*, Bd. 5, Felix Meiner Verlag Hamburg, 1998, S. 325.

这一性质。"构成主权的**观念论**是跟动物机体中的规定相同的，按照这个规定，所谓**部分**其实不是部分，而是肢体，是有机环节，它们的孤立和独立乃是病态。"（§278附释）通过有机体的比喻，黑格尔不仅强调了国家不能是原子论的体系；而且在个人、机构与国家的关系上，还强调了个人、机构必须依赖于国家，其作用依对整体的贡献来评定。显然，这种有机体国家观很容易导出整体主义的结论。

但是，仅凭这些思想要素并不能将黑格尔的国家观定罪为复古的整体主义，因为这仅仅是黑格尔为纠正个体性国家观的错误而借用的理论资源而已，并不代表他对自我意识或者个人自由的真实看法。判断他是不是复古的整体主义，最终还是取决于他如何处理实体性国家与自我意识之间的关系。我们知道，按照实体性优先原则，国家的存在先于个人的自我意识；但是，按照自我意识优先原则，自我意识的承认又是国家出现在世上的先决条件。这两个命题在个人与国家的关系上性质是相反的，其本身是一对矛盾。如何解决这一矛盾本身是一个棘手的任务。黑格尔与其他近代思想家一样，其国家学的目的无疑也是要实现国家和个人的统一，但是在选择统一的方式上，他不同于近代自然法思想家，而是以整体或者说国家为前提来实现两者的结合的。也就是说，在对国家的规定上，他的确采取了实体性优先的立场。

实体性优先并不直接就等于复古的整体主义。只有当他从这一立场出发彻底抛弃了自我意识的原则，将国家只视为伦理实体自我运动的结果，进而把国家看作是与自我意识无关的超越性存在；或者让个人彻底地淹没于国家当中，以牺牲个人为前提维持国家的整体性，只有到了这一步，我们才能说他的伦理国家观是复古的整体主义。因为，近代国家与古代国家的最大不同，就在于国家不再是神授式的超越性存在，而是建立在每个人自我意识的基础之上；而且，近代国家还必须以最大的限度肯定主体性原则，那种以否定个体的方式来实现与国家的统一只是古代国家的特征。

正是在这一点上，人们对黑格尔的国家观的判断存在着实质性的分歧。在第二次世界大战以前，以海姆为代表的批判者们认定黑格尔就是一个复古的整体主义者。因为，在《法哲学原理》中存在着很多符合上述标准的论述。譬如，"国家制度纵然随着时代而产生，却**不能视为一种制造的东西**"，它毋宁"应被视为神物，永世勿替的东西，因此，它也就超越了制造物的领域"（§273 附释）。再譬如，"为了反对单个人意志的原则，我们必须记住这一基本概念，即客观意志是在它**概念**中的自在的理性东西，不论它是否被单个人所认识或为其偏好所希求"（§258 附释）。这些论述仿佛在说，国家作为实体性意志的体现与每个人的个别意志无关！还有，在"伦理篇"的开头，黑格尔把个人与伦理之间的关系比作为"偶性对实体的关系"，"个人存在与否，对客观伦理说来是无所谓的，唯有客观伦理才是永恒的正义，是自在自为地存在的神，在这些神面前，个人的忙忙碌碌不过是玩跷跷板的游戏罢了"（§145 补充）。这又仿佛在说，个人自由相对于实体而言，其实是无所谓的。

也许是看到了上述论述，海姆提出，在《法哲学原理》中，同实体性伦理相比，道德这一主观性因素只具有从属的地位。"道德被置于抽象法和伦理的中间，因此它只能是自由和理性的东西生成的中转站。"①由于黑格

---

① R. Haym, *Hegel und seine Zeit*, Berlin 1857, Hildesheim/New York 1974, S. 375f.

尔没有承认自我意识的作用，他的伦理国家观，不仅使近代立宪主义遭到了破坏，还把古代国家神化和绝对化。"调和主义对个人主义的胜利，古代原理对近代原理的胜利……正是在《法哲学》中达到了顶点。"①海姆还从政治角度对黑格尔的国家观进行分析，认为他之所以要恢复古代的整体主义是出于为当时普鲁士政府进行辩护的需要。海姆的这一负面评价持续了一个世纪之久，到卡尔·波普尔那里，黑格尔还被看成是"开放社会的敌人"②。

　　与此相对，第二次世界大战以后，特别是进入 20 世纪 70 年代，人们开始纠正对黑格尔的负面评价。伊尔廷、希普、亨利希等人主要从文献学和传记学的角度，试图将黑格尔解释成一个近代自由主义者。譬如，伊尔廷从当时普鲁士的社会状况和政治状况出发，提出黑格尔因受到来自政治上的压力，在《法哲学原理》出版之前不得不对书稿进行了修改，结果使正式出版物与原本的法哲学讲义草稿之间出现了重大的差异，而在法哲学讲义草稿中，黑格尔的自由主义思想远比《法哲学原理》鲜明。由此出发，他还提出以往所谓黑格尔解释上的对立其实只是讲义草稿和正式出版物之间的对立，在黑格尔本人那里，这一对立是不存在的。③ 尽管这种解释颇具冲击力，但是由于它过于偏重文献学或者历史背景的说明，还无法构成理论上的证明。

_____

① R. Haym, ebenda. , S. 377.

② ［英］卡尔·波普尔：《开放社会及其敌人》第 2 卷，郑一明等译，中国社会科学出版社 1999 年版。

③ Vgl. K.-H. Ilting, *Einleitung：Die'Rechtsphilosophie'von 1820 und Hegels Vorlesungen über Rechtsphilosophie*，In：Hegel, *Vorlesungen über Rechtsphilosophie 1818－1831*. Edition und Kommentar in sechs Bänden von Vorlesungen über Rechtsphilosophie, Bd. 1，Stuttgart-Bad Cannstatt 1973.

　　与文献学家们不同，赫伯特·马尔库塞、卡尔·洛维特、阿维纳瑞、伍德、斯蒂芬·霍尔盖特等人则试图从理论上对《法哲学原理》的国家学说作出重新阐释。① 譬如，阿维纳瑞反驳了对黑格尔"所谓国家就是神在地上的行进（es ist der Gang Gottes in der welt，daß der Staat ist）"（§258 补充）的误解，认为这一命题只是在说国家"不仅仅是任意的人为之物"，因此根本构不成"权威主义内在于黑格尔的国家理论之中的不可辩驳的证据"②。他还从黑格尔的义务概念、对哈勒的《国家学的复兴》的批判等事实出发，回应了对黑格尔的"权威主义"批判，甚至提出了"黑格尔的国家观则赋予国家以积极的角色，即国家本身就是人的自我意识的体现"这样激进的命题③，但是，他没有回答国家究竟是怎样体现了自我意识这一关键问题。再譬如，洛维特指出了黑格尔"用来实施这一统一的手段则是市民社会的个人主义原则与国家的集权主义原则的调和、各自独有的特殊性与政治上的普遍性的调和"④，但是并没有给出黑格尔是怎样实施了"调和"。伍德也看到了"黑格尔的两难：主观自由还是伦理目标"，提出了黑格尔的做法在于通过使主观自由符合

---

① 参见［美］赫伯特·马尔库塞：《理性和革命——黑格尔和社会理论的兴起》，程志民等译，上海世纪出版集团 2007 年版。［以色列］阿维纳瑞：《黑格尔的现代国家理论》，朱学平、王兴赛译，知识产权出版社 2016 年版。［美］伍德：《黑格尔的伦理思想》，黄涛译，知识产权出版社 2016 年版。［英］霍尔盖特：《黑格尔导论：自由、真理与历史》，丁三东译，商务印书馆 2013 年版。

② ［以色列］阿维纳瑞：《黑格尔的现代国家理论》，朱学平、王兴赛译，知识产权出版社 2016 年版，第 225 页。

③ 同上书，第 231 页。

④ ［德］卡尔·洛维特：《从黑格尔到尼采》，李秋零译，生活·读书·新知三联书店 2006 年版，第 326 页。

伦理实体的方式来达到"实体性原则与反思性原则的和解"①。但是，这一通过"符合"的方式而达到的"和解"，难道不正是黑格尔伦理国家观遭人诟病的原因吗？他们中的一些人还大量罗列了黑格尔肯定自由主义，特别是在市民社会层面上肯定个人自由的说法，以回应对黑格尔国家学的批评，但是这种做法总给人以不得要领的感觉，因为即使把他肯定个人自由的论述抬得再高，那也只能是市民社会层面上对个人自由的态度，而不能代替他在国家层面上对自我意识的态度。

总之，迄今为止为黑格尔国家观所做的辩护，还不能令人满意。因为它没有触及问题的核心。即，要想真正回应海姆等人对黑格尔国家理论的批判，就必须从正面回应黑格尔的实体性国家是否与自我意识无关这一问题，或者说必须回答实体和自我意识这两个原则是否能实现统一的问题。对这一问题的回答，也决定了黑格尔的伦理国家观是否属于复古的整体主义的答案。

三、伦理国家观矛盾的解决

实体和自我意识这两个原则之间能否实现统一，取决于两者之间有没有连接它们的中介原理。因为两者是一种对立关系，在逻辑上需要统一对立项的中介。在市民社会中，连接个别性与普遍性的中介是"物象

———————

① ［美］伍德：《黑格尔的伦理思想》，知识产权出版社 2016 年版，第 402 页。

本身"①。由于"物象本身"指由价值和货币等构成的对象世界，故市民社会中的中介是客观的，与个人的主观意愿无关，在这个意义上，主观的个别性与客观的普遍性之间有可能存在着不一致。与此不同，在国家中个别性与普遍性必须保持一致关系，否则国家就不能称之为国家，还只能是伦理的"分裂"状态即市民社会。而这种关系能否保持一致主要取决于个别性一侧，即人的自我意识，取决于个人能否发自内心愿意与实体性国家保持一致。因此，连接个人与国家的是人的主观性因素。

把人的主观性作为统一国家与个人之间的中介，是符合黑格尔的精神规定的。按照《精神现象学》的规定，精神要在现实中出现必须要设立差别，并借助于这些差别来完成自身。而这一差别就是作为主观性的自我意识及其不同的发展形式，它不仅构成了意识、自我意识、理性、精神等精神发展的不同阶段的根据，而且还起到了使精神发展到绝对精神的中介作用。这就是前面提到的"自我意识和实体的同一性"的第二条原理："实体必须要借助于自我意识才能完成自身，自我意识是实体自我实现必不可少的中介。"根据这条原理，自我意识对实体具有一种制约作用。它不仅使实体不能离开自我意识而存在，使实体失去了超验性；同时，它还把自我意识提升为实体的构成要素，使实体性原则包含自我意识原则。显然，这是一种从自我意识出发来解释实体的思路。它与以往那种从实体本身出发来解释世界的思路不同，它强调自我意识创造世界，而非把世界仅仅看成是精神自我运动的结果。

---

① 参照韩立新：《〈巴黎手稿〉研究——马克思思想的转折点》，北京师范大学出版社 2014 年版，第 225—227 页。

　　这种从自我意识的角度来解释实体的做法在历史上是有先例的。青年黑格尔派的鲍威尔甚至曾根据"自我意识和实体的同一性"的第二条原理提出，既然实体只有通过自我意识才能实现自身，那么实体就可以归结为自我意识。结果，他在用自我意识消解实体（上帝）超验性的同时，也彻底剔除了黑格尔哲学中的斯宾诺莎的实体因素，把黑格尔解释成一个自我意识一元论者，创造了一个被称为"费希特主义"的"自我意识哲学"。当然，这种对黑格尔的歪曲解释是无法令人接受的，我曾撰文严厉批评了鲍威尔。① 不仅如此，从自我意识角度来解释普遍性和共同体的形成，事实上也是第二次世界大战以后《耶拿精神哲学》和《精神现象学》研究的主旋律。譬如，当代流行的哈贝马斯、路德维希·希普、阿克塞尔·霍耐特等人的"承认理论"②，以及日本黑格尔学界以高田纯、

---

　　① 对鲍威尔这一做法的批评，请参照韩立新：《鲍威尔、黑格尔和马克思——兼论马克思对鲍威尔批判的当代意义》，《哲学家（2015—2016）》，人民出版社 2016 年版；《客观性哲学的重建及其意义——以黑格尔、鲍威尔和马克思的思想发展为主线》，《哲学动态》，2017 年第 10 期。

　　② L. Siep，*Der Kampf um Anerkennung*，*Zu Hegels Auseinandersetzung mit Hobbes in den Jenaer Schriften*，*Hegel-Studien*，Bd. 9. 1974. *Anerkennung als Prinzip der praktischen Philosophie*，Freiburg：Alber，1979. *Moralischer und sittlicher Gesit in Hegels Phänomenologie*，In：*Hegels Phänomenologie des Gesites*，K. Vieweg und W. Welsch（Hg.），Frankfurt a. M.：Suhrkamp，2008. ［德］路德维希·希普：《"为承认而斗争"：从黑格尔到霍耐特》，罗亚玲译，《马克思主义与现实》，2010 年第 6 期。［德］哈贝马斯：《作为"意识形态"的技术与科学》，李黎、郭官义译，学林出版社 1999 年版；［德］阿克塞尔·霍耐特：《为承认而斗争》，胡继华译，曹卫东校，上海世纪出版集团 2005 年版。

滝口清荣、片山善博等人为代表的"良心理论"①都是如此。他们强调黑格尔哲学中的"承认""良心"之类的自我意识因素对于人类进入共同体以及达成普遍性的作用，这与过去那种把共同体和普遍性只当作精神自我运动结果的做法是不同的。

我认为，这种从自我意识出发来解释实体的思路完全适应于法哲学，尤其适应于对黑格尔国家学的解释，因为伦理国家规定的基础也是"实体与自我意识的同一性"原理。本章要做的就是用这一思路去解决黑格尔伦理国家观的矛盾问题。诚然，在法哲学中，相对于从伦理实体的角度来规定国家相比，从自我意识角度论述国家形成的内容并不明显，但是，这并不意味着《法哲学原理》中没有这一视角。作为一个事实，在《法哲学原理》中，构成客观的法或者伦理发展中介是"知识和意志"（§142，§258）。"知识和意志"与法或者伦理的发展相对应，形成了主观性的**"无限形式"**（§26，§144）。一开始，由于自我意识不够发达，故"法"停留在"抽象法"阶段；随着自我意识的发达，人有了"故意""意图"和"良心"等主观的"道德"；到了"伦理"阶段，主观性以"情绪"的方式与家庭、市民社会和国家等结合起来。对应家庭的情绪是"爱"，对应市民社会的情绪是"正直"，而对应"国家"的"政治情绪"是"爱国心"。国家与个人通过"爱国心"有了实质性关联。黑格尔关于主观性形式的这些论述为我们从自我意识出发去解释国家奠定了基础。

---

① ［日］高田純『現代に生きるフィヒテ』行路社、2017 年、241－242ページ；滝口清栄「ヘーゲル法哲学の基本構──公と私の脱構造」『思想』、岩波書店、2002 年第 3 号、35－38ページ；［日］片山善博『自己の水脈──ヘーゲル「精神現象学」の方法と経験』創風社、2002 年、168－191ページを参照。

从这一角度出发，必然会涉及个别意志与普遍意志的关系。因为，"所谓意志，作为存在于自身中的自由。是主观性本身"（§26）。即它首先是指人根据某种动机、选择某种目的、然后将其付诸实施的能力，即主体实现自由的能力，相当于上述分类中的自我意识因素。但是，正如法是"自由意志的定在"（§29）这一定义所示，黑格尔的"自由意志"并不仅仅指个人的主观意志，他还是指法的理念，这一法的理念相当于实体因素。黑格尔写道：在法哲学中，自由意志的形成分三个阶段，即"**直接的或自然的**意志"（§11-14）、"任性"（§15-20）、"自在自为地自由意志"（§21-28）。如果说前两种意志还主要指人的冲动、情欲、倾向，或者任性，属于人的"主观意志"或者"个别意志"的话，那么第三种形式"自在自为地自由意志"则属于实现了主观性和客观性、个别性与普遍性、有限性和无限性统一的"客观意志"（§26）或者说"普遍意志"（§258）。黑格尔还用"真实的理念"（§21、§24）、"无限的意志"（§13）、"伦理的意志"（§26）、"真理的意志"（§26）、"神的意志"（§26）等来表达这一"自在自为地自由意志"。国家就位于"自由意志"的这一最高阶段。

前面说过，解决黑格尔伦理国家观矛盾问题的关键是如何使实体性意志和个别的自我意识统一起来，从意志论的角度，问题也可以换成如何使普遍意志和个别意志统一起来。那么，按照我们预设的从自我意识出发的解释进路，结果如何呢？先给出我的结论，即黑格尔是通过"政治情绪"和"爱国心"这一主观性中介，让个别意志渗透到普遍意志当中，或者说让个别意志承担起普遍意志，以此完成了普遍意志与个别意志的统一论证，从而在事实上建立了一条连接个人和国家之间的隐秘隧道，使个人也成为国家的建立者。

我们知道，为了防止出现个人的主观任意决定国家命运这样的事态，也为了区别于卢梭的社会契约论，黑格尔无论如何都要区分个别意志和普遍意志，即普遍意志绝不是从个别意志中抽象出来的共同意志，而必须是与个别意志的利益相区别的实体性意志。在这个意义上，个别意志和普遍意志首先是分离的。但是，另一方面，普遍意志和个别意志又必须内在地统一起来。否则，国家就会变成远在彼岸的天国，或者变成近代自然法思想家所描述的契约国家，这两种国家都是黑格尔所不能接受的。因此，在法哲学中，他的主要工作是致力于两者的统一。具体来说，他是从"普遍意志内化为个别意志"和"个别意志内化为普遍意志"这两个角度来展开论证的。

首先，"普遍意志内化为个别意志"。普遍意志要在地上实现出来，必须要经过个别意志的承认。而要得到个别意志的承认，普遍意志就必须进入到个别意志的"意识和知识"中，成为在个别意志的主观世界中所实现了的普遍意志。黑格尔曾说："善就是实体，就是说在客观的东西中充满着主观性。"（§144补充）如果"善"这种实体不能进入个体的主观性中，或者说在个体中有限化，那它就只能是永远停留在天国的"恶无限"，而无法成为"真无限"。这是黑格尔对无限性的独特理解。与此相类似，作为普遍意志的"伦理世界、国家"也只有成了"在自我意识的要素中实现了的理性"①，也才具有现实性，成为真正的伦理世界和国家。

其次，"个别意志内化为普遍意志"。与普遍意志在个别意志中的现

---

① ［德］黑格尔：《法哲学原理》，范扬、张企泰译，商务印书馆1961年版，序言，页。

实化相对应，在国家中的个别意志也不再是纯粹的个别意志，而是普遍化了的个别意志。这是"国家章"中个别意志规定的独特之处，它虽然是个别的，但实际上是普遍的。这一点需要我们特别予以注意。前面说过，让个人来充当建立国家的主体，这是近代自然法思想家的共同命题。对于生活于近代的黑格尔来说，这一命题并非不能接受。但问题是，他对这一命题的接受是有条件的，这就是必须对这一主体的资格进行严格的审查和规定。因为，在他看来，并不是随便什么人都能成为建立国家的主体的。这一主体必定是"自在地必然的，并且超出主观意见和偏好而存在的"（§144），其行为所依据的不是主观的任意、情感等，而是伦理实体或者国家理念本身。"在伦理性的行为中，我所实现的不是我自己而是事物（Sache）"（§15 补充）。关于这一点，黑格尔在说明国家和宗教的区别时讲得非常清楚。宗教和国家虽然都以绝对精神、真理为目标和对象，但是人们在把握它们的方式上有所不同。对宗教，人们所采取的是一种主观信仰的方式；而对国家，人们所采取的则是理性、概念的方式（参照§269 附释）。能够成为建立国家主体的必须是后者，即以理性和概念的方式来行动的个人。而以理性和概念的方式行动的个人，如果借用《精神现象学》或者《精神哲学》中的说法，就不再是"个别的自我意识（das einzelne Selbstbewuβtsein）"，而是"普遍的自我意识（das allgemeine Selbstbewuβtsein）"①。

---

① G. W. F. Hegel, *Enzyklopädie der philosophischen Wissenschaften* (1830), *Dritter Teil*, *Die Philosophie des Geistes*, *Georg Wilhelm Friedrich Hegel Werke* 10, Suhrkamp, 1970, S. 214.［德］黑格尔:《精神哲学》，杨祖陶译，人民出版社 2006 年版，第 221、222 页。

只有拥有了"普遍的自我意识"，个人才能充当建立国家的主体。这样一来，国家能否被建立就与自我意识的成熟程度密切相关。当人们的知识和意识还没有达到国家所需要的程度时，即使伦理实体出于自我实现的需要从外部给他们一个国家也是徒劳的。黑格尔曾以苏格拉底和拿破仑为例说明过这一点。在历史上，尽管苏格拉底有很高的"道德原则和内心生活原则"，是他那个时代最杰出的代表，"但是要成为普遍的自我意识，那是需要时间的"（§274补充）。还有，拿破仑曾试图将法国的国家制度移植给西班牙，但是却以失败告终。移植之所以失败，并不是因为西班牙的国家制度好于法国，而是因为西班牙人民"还没有被教化到这样高的水平"（§274补充），其自我意识还无法接受先进的法国制度。

因此，对黑格尔而言，问题的关键就不在于个人是否可以成为国家的创建者，而在于如何将"个别的自我意识"提升为"普遍的自我意识"。这是《精神现象学》的主题。在《精神现象学》中，黑格尔通过"自我意识章"中的主奴辩证法以及"精神章"中的"良心"概念等，论述了这一自我意识的成熟过程。在《法哲学原理》中，尽管我们看不到以此为主题的章节，但不能否认的是，从"抽象法"开始，到"道德"和"伦理"，黑格尔一直都在为自我意识从个别性向普遍性的攀升设定阶梯。在经过了家庭和市民社会中的陶冶以及司法和同业公会的培育以后，自我意识终于在国家阶段拥有了建立国家所需要的"意识和知识"，即"政治**情绪**（politische Gesinnung）"（§267）或者"**爱国心**（Patriotismus）"（§268）。

那么，什么是"政治情绪"和"爱国心"呢？"Gesinnung"一词在《法哲学原理》中出现频率颇高，本义是指决定人的行为的意识和态度。在汉译本中，它一般被译为"情绪"（商务版）、"心意"（人民版）等，但其实它并不是指人的主观任意、偶然的情感等，而是指在自我意识中实现了的理性，即某种带有必然性的认识①，或者按照黑格尔本人的说法，是"作为从真理中获得的信念和已经成为**习惯**的意向"（§268）等。当人们把这样一种"情绪"投射给国家，就变成"政治情绪"。因此，所谓"政治情绪"无疑"是这样一种意识：我的实体性的和特殊的利益包含和保存在把我当作单个的人来对待的他物（这里就是国家）的利益和目的中，因此这个他物对我来说就根本不是他物"（§268）。按照这一规定，通俗地讲，"政治情绪"就是个人把国家看作是自己的实体本性的自觉态度，即通常所说的共同体精神，或者说是人在意识中对国家的绝对认同，即"爱国心"②，其特点是与作为外部实体的国家的完全同一。"政治情绪"和"爱国心"虽然采取了主观性的形式，但在内容上已经与客观的实体无异，故黑格尔称它们为"**主观的**实体性"（§267）。这种"主观的实体性"其实也就是《精神现象学》中的"普遍的自我意识"。这一"主观的实体性"对"客观的实体性"来说是至关重要的。如果没有公民"政治情绪"和"爱国心"的参与，宪法就只不过是贴在墙上的一纸空文；如果国家得不到国民的信任，那么国家将不可避免地异化为统治人民的国家机器，这种

---

① 如果考虑到黑格尔赋予"Gesinnung"以理性必然性认识这一特殊含义，也许把它译为"信念"或者"信条"为好，因为"情绪"总会给人以偶然的情感之类的印象。不过，考虑到"情绪"之翻译已经约定俗成，本章还是采用"情绪"这一译法。

② 有意思的是，黑格尔反对把"爱国心"看作人们通常所理解的那种自我牺牲的英雄精神，譬如卡尔·桑德去刺杀科策布那样的爱国热情，而把它看作是类似于"夜里在街上安全地行走"时常有的普通的信任感（§268补充），"这种情绪在通常情况和日常生活关系中，惯于把共同体看作实体性的基础和目的"（§268附释）。

国家自然会充斥着强权和混乱，因而也必然是脆弱的。黑格尔说道："个人的自信构成国家的现实性，个人目的与普遍目的这双方面的同一则构成国家的稳定性。"（§265 补充）

总之，一开始是普遍意志与个别意志的分离；然后是"普遍意志内化为个别意志"和"个别意志内化为普遍意志"；最后是普遍意志与个别意志实现了融合。黑格尔关于"普遍意志"和"个别意志"运动的三段论，实际上颇似《精神现象学》中关于精神与自我意识的设定。精神一开始并不包含个别性，它是通过自我意识的中介而上升为"绝对精神"，而"绝对精神"中已经包含了自我意识；同样，自我意识一开始也并不包含普遍性，它是在体验了精神的运动以后而到达"绝对知识"，所谓的"绝对知识"实际上就是对精神的知识。精神和自我意识在分别到达了"绝对精神"和"绝对知识"以后，实现了彻底的融合。在国家的问题上，普遍意志与个别意志一开始也是彼此分离的，在经过漫长的历练，当自我意识到达"政治情绪"和"爱国心"的高度时，它们彼此也实现了彻底的融合。此时，国家对个人而言已经不再具有他者的特征，伦理实体与个人主体之间已经没有什么分别："主观性本身是实体的绝对形式和实体的实存的现实性，主体同作为他的对象、目的和力量的实体之间的区别，仅仅是形式上的区别，而且这种区别也就同时消失。"（§152）

实现了这种融合的意志当然不可能是普通的意志，而是一种更高级的意志，黑格尔把它称为"精神的意志"（§151 补充）。这种"精神的意志"才是国家的本质。以往的黑格尔法哲学研究常常忽略这一点。有了这一前提，我们才可以理解黑格尔那段令人费解的话："每一个民族（Volk）的国家制度总是取决于该民族的自我意识的性质和形成；民族的自我意识包含着民族的主观自由，因而也包含着国家制度的现实性。"（§274）这里的"民族（Volk）"也可以翻译成"人民"。按照这一说法，每一个现存的国家政治制度，都是其人民依据自我意识而自主选择的结果。由于这一表述几乎跟近代自然法中的社会契约论者无异，通常被认为与他的实体性优先的国家规定相矛盾。但是，两者其实并不矛盾。因为，此处所说的人民并非是社会契约论意义上的原子论的体系，而是上升到"普遍的自我意识"的主体。日本学者神山伸弘曾经在《黑格尔国家学》中比较了黑格尔与卢梭的人民概念，认为黑格尔的人民实际上相当于他的精神概念。① 既然是精神，那么当然可以成为普遍意志的承担者。这样的主体，当然可以成为国家的创建者。因为，由他们所建立的国家与伦理实体的自我运动所产生出来的国家实际上是同一个国家。

在这样的人民面前，国家体制究竟采取何种统治形式，是君主立宪制还是民主制就变得没那么重要。同理，即使国家体制采取了君主制，他们中的哪一个自然人成为君主，以及这个君主是否通过选举产生等也变得无足轻重。因为，君主本人已经是"精神的意志"的反映，是精神性人民的化身，具有主观性所能企及的最高水准，即**国家的人格性（*die Persönlichkeit des Staats*）"**（§279 附释）。在历史上，尽管黑格尔的立宪君主制主张一直被当作复古主义而备受指责，但是，从君主等于精神的化身的角度来看，他所说的君主权绝非是专制君主的代名词，而是"人民的主权"的代表（§279 附释）。既然"人民的主权"被认为是近代自

---

① ［日］神山伸弘『ヘーゲルの国家学』法政大学出版局、2016 年、131ページを参照。

由主义和民主主义的基石，那么黑格尔的君主权也就不能被认为是反自由主义和民主主义的。由此可见，那种以主张君主制为由来否定黑格尔的国家观，用黑格尔的术语来说，充其量属于"知性"水平的批判（§279附释）。

总之，通过上述几个步骤，个别的自我意识与实体性国家结合在了一起。首先，由于这种结合是以"政治情绪"和"爱国心"等个人的主观性为中介实现的，两者的结合是内在的。其次，这种结合是以实体性原则中内化有或者说包含有自我意识原则的方式实现的。根据前述《精神现象学》中的"自我意识和实体的同一性"原理，实体必须吸纳自我意识因素，否则就无法实现；同理，自我意识亦须通过最高的主观性，成功地渗透到实体当中，成为实体的一部分。自我意识就是以这样的方式与实体性国家实现了统一。至此，我们完成了实体性国家与个别的自我意识之间的统一论证。

这一论证对于解决所谓黑格尔伦理国家观上的矛盾是有效的。首先，它从正面回应了海姆等人的质疑，而不同于伊尔廷、阿维纳瑞和伍德等人的做法。海姆等人质疑黑格尔的伦理国家规定中的实体和自我意识两个原则是分离的。但是，通过上述分析我们可以知道，由于自我意识与实体性国家之间存在着"知识和意志"的中介，两个原则之间不存在所谓的分离问题。此外，他们还指责黑格尔在规定国家时，事实上只采取了实体性优先的原则，排斥了自我意识原则。但是，正如上面所分析的，即使退一步讲，假定黑格尔的国家观中只有实体性优先这一条原则，但是由于实体性原则中已经包含了自我意识原则，因此不存在着所谓的自我意识原则不在的问题。

其次，黑格尔的批判者们还指责黑格尔事实上否认了个人对国家形成的作用，理由是黑格尔的国家是与个别意志无关的普遍意志、实体性意志、神的意志的反映。但是，由于普遍意志中融入了个别意志，这意味着每个人的个别意志都已经渗透到实体性意志当中，成为实体性意志的承担者。这样一来，国家就成了植根于个别意志基础之上的存在，反过来说，个人也就充当了国家建立的主体。也只有在这个意义上，黑格尔所谓国家是"自己活动的目的和成果"（§257）、国家存在于"单个人的**自我意识**和他的知识和活动中"（§257）之类的命题才能被理解。当然，正如前面所阐述的，让个人充当建立国家的主体是有条件的，这就是个人的主观性需要发达到"政治情绪"和"爱国心"的程度，只有这样的个人才能成为国家的建立者。一旦个人充当了国家建立的主体，那么国家也就不再是超越自我意识的彼岸存在。这是近代国家的基本特征。因此，黑格尔的国家观并非是一种整体主义的古代国家，而是一种符合自由主义基本价值观念的近代国家。

四、结　语

所谓黑格尔伦理国家观中的矛盾是靠黑格尔哲学体系本身的原则解决的。正像"自我意识和实体的同一性"原理所示，《精神现象学》中潜藏着从自我意识出发来解释实体的路径，在《法哲学原理》中也同样潜藏着从单个人的自我意识出发来解释实体性国家的路径，即以"知识和意志""政治情绪"和"爱国心"等主观性为中介来实现实体和自我意识这两个原则的统一。长期以来，黑格尔的伦理国家观之所以被视为矛盾，甚至被当作复古主义遭到批判，就在于没有看到自我意识的主观性在其国家规定中所起到的作用，而只看到了黑格尔法哲学中伦理实体自我运动的一面。当然，这种状况的出现也不能全怪黑格尔的批判者们。因为黑格尔为了强调自己与近代自然法传统的区别，在铺设这条逻辑线索时做得很隐蔽，类似于在高山底下挖掘了一条让自我意识连接实体的隧道。而本章的所做的就是将这条隧道彻底曝光，使它从隐形到显性，以证明他的伦理国家观的近代本质。

此外，这条隧道之所以被忽略，还跟当今社会契约论等近代自然法传统的自由观太过强势有关。近代自然法的自由认识把个人的权利和自由当作绝对的出发点，把国家的使命只看作是保护个人的权利和自由，把承认自我意识的优先性设定为自由主义的唯一标准。但是，在黑格尔看来，这种自由观只会把国家降低至市民社会的水平，其结果会是使自由无法实现。正是要避免出现这一状况，他才在国家的建构上引入了实体性优先原则，以保证国家拥有高于市民社会的国家性；同时提出，个人自由的实现必须在符合实体性意志的基础之上，否则无法实现。这种以整体为前提的自由认识有别于近代自然法传统。关于这一点，在自由世界中长大的欧美学者有着比较深刻的认识。豪斯特曼指出："自由概念应该只与近代自然法思想结合在一起。而黑格尔的自由概念是从近代自然法批判中得来的，以此为基础来证明他的政治哲学具有从根本上说具有自由主义的特征是困难的。"①的确，只要在这种近代自然法框架之下，黑格尔的自由观就很难得到认可。但问题是，我们对自由主义是不是只能拥有这一种理解？因篇幅所限，本章对这一点无法展开，只想做一点提示。如果黑格尔说的是有道理的，要改变的可能不是黑格尔对自由的理解，而是我们对自由的理解！

---

① R. P. Horstmann，*Ist Hegels Rechtsphilosophie das Produkt der politischen Anpassung eines Liberalen?*，*Hegel-Studien*，Bd. 9，1974，S. 244.

黑格尔年表

年份	黑格尔的著作与生平事件	相关大事件
1770	8月27日，生于斯图加特。	3月20日，弗里德里希·荷尔德林出生在劳芬。
1773	8月27日，就读于德语学校。	
1775		1月27日弗里德里希·威廉·约瑟夫·谢林出生在符腾堡。
1776		美国发布《独立宣言》。
1777	秋季，黑格尔就读于斯图加特文科中学。	
1781		康德的《纯粹理性批判》出版。
1788	9月离开斯图加特高级中学；与荷尔德林一起考取图宾根神学院。	
1789		7月14日，巴黎市民攻占巴士底狱，标志法国大革命开始。
1790	9月27日，哲学硕士论文通过答辩。	康德的《判断力批判》出版。
1790~1791	在图宾根神学院与荷尔德林、谢林合住一个宿舍。	
1792	开始撰写《人民宗教与基督教》。	费希特发表《试评一切天启》。
1793	6月，神学论文答辩；9月20日，从图宾根神学院毕业；10月，在瑞士伯尔尼的贵族卡尔·弗里德里希·冯·施泰格尔家当家庭教师。	路易十六被处决；康德的《纯然理性限度内的宗教》出版。

续表

年份	黑格尔的著作与生平事件	相关大事件
1794		罗伯斯庇尔倒台； 费希特的《全部知识学的基础》开始出版。
1795	撰写《耶稣传》； 撰写《基督教的实证性》。	席勒的《审美教育书简》出版。
1796	徒步穿越伯尔尼阿尔卑斯山； 秋季离开施泰格尔家，从伯尔尼回到斯图加特。	拿破仑发动意大利战役。
1797	1月，前往法兰克福，经荷尔德林介绍给法兰克福酒商戈格尔做家庭教师； 撰写关于宗教和爱的未完成稿。	
1798	从法文翻译的《关于瓦得州对伯尔尼城的旧国法关系的密信》出版（匿名），黑格尔的著述首次问世； 研究了康德的《道德形而上学》； 撰写《论符腾堡公国内政状况，特别是关于市议会之缺陷》。	拿破仑发动埃及战役； 谢林到耶拿大学任教，先后出版《关于世界灵魂》与《关于一种经验科学，特别是历史哲学是否可能的问题》。
1799	1月14日，黑格尔父亲去世； 2~3月，研究詹姆斯·斯图尔特的《政治经济学原理研究》（德文版）； 3月，回到斯图亚特； 撰写《基督教精神及其命运》。	
1800	9月，完成《体系残篇》。	谢林的《先验观念论体系》出版。
1801	1月，移居耶拿； 撰写《论德意志宪法》； 7月，黑格尔的第一部哲学著作《费希特哲学体系与谢林哲学体系的差异》出版； 8月，提交任职资格论文《论行星的轨道》，成为耶拿大学的编外讲师，讲授逻辑学与形而上学，与谢林共事； 10月21日，第一次会见歌德。	
1802	与谢林合编《哲学评论杂志》，直至1803年夏季谢林离开耶拿； 1月，《哲学批评杂志》第1期出版，刊载了黑格尔的《论哲学批判的本质》和《常识如何理解哲学》；	

年份	黑格尔的著作与生平事件	相关大事件
	3月，《哲学批评杂志》第1卷第2期出版，刊载了黑格尔的《怀疑论与哲学之关系》，黑格尔另在《埃尔兰根文学报》上发表了四篇评论； 夏季学期，讲授《自然法与国际公法》； 7月，《哲学批评杂志》第2卷第1期出版，刊载了黑格尔的《信仰与知识》； 冬季学期，讲授《逻辑与形而上学》和《自然法》； 12月，《哲学批评杂志》第2卷第2期出版，刊载了黑格尔的《论自然法的科学研究方法》； 冬季，撰写《论德意志宪法》与《伦理体系》。	
1803	春季，撰写《伦理体系》； 夏季学期，讲授《哲学全书》和《自然法》； 5月，《哲学批评杂志》第2卷第2期出版，《论自然法》续完； 冬季学期，讲授《思辨哲学体系》和《自然法》； 撰写《自然哲学与精神哲学》； 11—12月，会见歌德。	
1804	夏季学期，讲授《哲学的一般体系》； 夏季—秋季，撰写《逻辑·形而上学·自然哲学》； 冬季学期，讲授《逻辑形而上学》和《哲学全书》。	2月12日，康德逝世； 12月2日，拿破仑自封皇帝； 路德维希·费尔巴哈诞生于兰次胡特城； 谢森的《哲学和宗教》出版。
1805	在歌德的帮助下，任耶拿大学编外教授； 5月，黑格尔第一次提到在写《精神现象学》； 夏季学期，讲授《哲学全书》和《自然法》； 秋季，撰写《现实哲学》； 冬季学期，讲授《哲学史》《现实哲学》和《纯粹数学》。	5月9日，席勒去世。
1806	2月，《精神现象学》第一部分付印； 6月，领到了在耶拿大学的第一笔定期年俸100塔拉；	拿破仑通过耶拿战役战胜普鲁士军队。

续表

年份	黑格尔的著作与生平事件	相关大事件
	10月，《精神现象学》完稿； 冬季学期，讲授《自然哲学与精神哲学》《思辨哲学或逻辑》《精神现象学预讲》和《纯粹数学》。	
1807	1月，当选为海德堡物理学会名誉会员； 2月5日，克里斯蒂安娜·布克哈特（费舍尔小姐）为黑格尔产下了一个非婚生子路德维希·菲舍尔； 3月，迁居班堡，任《哲学评论杂志》主编和《班堡报》编辑； 4月，《精神现象学》出版。	普鲁士进行改革。
1808	11月，任纽伦堡高级文理中学的校长（直至1815年），为学生讲授思辨逻辑。	
1811	9月，与玛丽·冯·图赫尔结婚。	
1812	春季，《逻辑学》第一卷（是的逻辑）出版； 8月，黑格尔之女诞生但夭亡； 10月，谢林到访。	拿破仑发动对俄国的战役。
1813	《逻辑学》第二卷（本质的逻辑）出版； 6月9日，黑格尔之子卡尔诞生（死于1901年）。	克尔凯郭尔、瓦格纳、威尔第、格奥尔格·毕希纳出生。
1814	9月25日，黑格尔之子伊曼努尔诞生（死于1891年）。	费希特逝世。
1815	秋季，去慕尼黑。	拿破仑战败于滑铁卢。
1816	秋季，《逻辑学》第三卷（概念的逻辑）出版。 10月，迁居海德堡，成为海德堡大学哲学教授； 冬季学期，讲《哲学全书》和《哲学史》。	
1817	1月，《评F. 雅各比著作集第3卷》一文发表（《海德堡文献年鉴》第1、2期）； 夏季学期，讲授《逻辑形而上学（以即将出版的哲学全书为依据）》《美学》和《人种学与心理学》； 6月，《哲学全书》出版； 冬季学期，讲《自然法与国家学》《哲学史》和《人种学与心理学》；	

续表

年份	黑格尔的著作与生平事件	相关大事件
	11～12月，在《海德堡文献年鉴》上发表论著"评符腾堡邦议会会议辩论集（1815～1816）"。	
1818	3月，普鲁士国王任命黑格尔为柏林大学教授； 夏季学期，讲授《哲学全书》《在总体系范围内的哲学（以哲学全书课本和口头讲解为依据）》和《美学》； 9月18日，离开海德堡； 9月23日，在魏玛拜访歌德； 10月5日，移居柏林； 10月22日，在柏林大学发表就职演说； 冬季学期，讲授《自然法与国家学》和《哲学全书》。	5月5日，马克思出生于特里尔。
1819	3月，撰写《法哲学》； 夏季学期，讲授《逻辑与形而上学》和《哲学史（并详述近代哲学）》； 冬季学期，讲授《自然哲学》和《自然法与国家学或法哲学》。	卡尔斯巴德法案通过。
1820	夏季学期，讲授《逻辑与形而上学》和《人种学与心理学》； 10月，《法哲学原理》出版； 冬季学期，讲授《哲学史》和《美学或艺术哲学》。	
1821	黑格尔当上哲学系主任，任期一年； 夏季学期，讲授《宗教哲学》和《逻辑与形而上学》； 冬季学期，讲授《实用物理学或自然哲学》和《自然法与国家学或法哲学》。	5月5日，拿破仑逝世。
1822	夏季学期，讲授《人种学与心理学（全书）》和《逻辑与形而上学》； 冬季学期，讲授《历史哲学》和《自然法与国家法或法哲学》； 黑格尔为欣里希斯宗教哲学著作作序； 《哈勒文学总汇报》刊文攻击黑格尔，黑格尔试图让政府为他仲裁，但失败了； 黑格尔撰写高级中学哲学和其他学科教学备忘录。	

年份	黑格尔的著作与生平事件	相关大事件
1823	夏季学期,讲授《美学或艺术哲学》和《逻辑与形而上学(全书)》; 冬季学期,讲授《自然哲学或实用物理学》和《哲学史》。	
1824	夏季学期,讲授《宗教哲学》和《逻辑与形而上学》; 冬季学期,讲授《自然法与国家法或法哲学》和《历史哲学》。	
1825	夏季学期,讲授《逻辑与形而上学》和《人种学与心理学或精神哲学》; 冬季学期,讲述《哲学史》和《自然哲学或实用物理学》。	
1826	撰写"论对报道天主教公开诽谤的抱怨"一文; 为《柏林邮报》撰写一篇评劳帕赫剧作《改宗者》的文章; 夏季学期,讲授《逻辑与形而上学》和《美学或艺术哲学》; 7月,创办《科学批评年鉴》; 冬季学期,讲授《哲学全书》和《历史哲学》。	
1827	1月,《科学评论年鉴》出版;第7~8期和10月第181~188期发表了黑格尔评论W.V洪堡的《论〈摩诃波罗多〉的著名诗篇〈薄伽梵歌〉》的文章; 夏季学期,讲授《逻辑与形而上学》和《宗教哲学》; 7月,《哲学全书》第2版出版; 8~10月,去巴黎,归途经布鲁塞尔和魏玛,和歌德见面; 冬季学期,讲授《哲学史》和《心理学与人种学》。	
1828	《科学评论年鉴》第51~54和105~110期发表了黑格尔论佐尔格遗著的文章;第77~80和109~114期发表了黑格尔的《论哈曼的著作》; 夏季学期,讲授《逻辑与形而上学》和《自然哲学或实用物理学》;	

续表

年份	黑格尔的著作与生平事件	相关大事件
	冬季学期，讲授《美学或艺术哲学》和《历史哲学》 11月，费尔巴哈向黑格尔寄阅论文。	
1829	《科学评论年鉴》第10～11、第13～14、第37～40和第117～120期发表书评，评论《论黑格尔学说，或绝对知识与现代泛神论》和《泛论哲学并专论黑格尔哲学全书》二文； 《科学评论年鉴》第99～102和第105～106期发表书评，评论K.F.格舍尔的《与基督信仰认识相关的绝对知与无知片论》； 夏季学期，讲《论上帝存在的证据》和《逻辑与形而上学》； 9月，去布拉格旅行；参观卡尔施巴德温泉浴场，在这里邂逅谢林； 10月，在归途中于魏玛最后一次拜访歌德；当选为柏林大学校长。 冬季学期，讲授《哲学史》和《心理学与人种学或精神哲学》。	
1830	夏季学期，讲授《逻辑与形而上学》和《自然哲学或实用物理学》； 3月6日，与普鲁士皇室共进午餐，其间回忆荷尔德林； 6月25日，在纪念"奥格斯堡忏悔"三百周年大会上用拉丁文进行演说； 10月，《哲学全书》第3版出版。	7月，法国爆发革命
1831	被授予三级红鹰勋章； 4月，《论英国改革法案》部分章节刊载于《普鲁士总汇报》第115、第116和第118期； 夏季学期，讲授《逻辑》和《宗教哲学》； 夏季，修订《逻辑学》（修订本问世于1832年）； 6月，评A.奥勒特《理想实在论》一文第一部分刊载于《科学批评年鉴》第106～108期；	

续表

年份	黑格尔的著作与生平事件	相关大事件
	9 月，评 J. 格雷斯《论世界史分期与编年之基础》一文刊载于《科学批评年鉴》第 55～58 期； 11 月 14 日，黑格尔逝世于柏林。	
1833		《法哲学》作为甘斯主编的"故人之友协会"版《黑格尔全集》中的第 Ⅷ 卷出版。

黑格尔的主要著作目录

科学院版《黑格尔著作集》及其中文翻译：

Georg Wilhelm Friedrich Hegel：*Gesammelte Werke*，*hrsg. Von der Nordrhein-Westfälische Akademie der Wissenschaften und der Künste*，*Hamburg：Felix Meiner Verlag*，1968 *ff*.（＝GW）：

GW1：*Frühe Schriften I*，hrsg. von Friedhelm Nicolin und Gisela Schüler，1989.

GW2：*Frühe Schriften II*，hrsg. von Walter Jaeschke，2014.

GW3：*Frühe Exzerpte*（1785－1800），hrsg. von Friedhelm Nicolin，Unter Mitarbeit von Gisela Schüler，1991.

GW4：*Jenaer kritische Schriften*，hrsg. von Hartmut Buchner und Otto Pöggeler，1968.

GW5：*Schriften und Entwürfe*（1799－1808），hrsg. von Manfred Baum und Kurt Rainer Meist，Unter Mitarbeit von Theodor Ebert，1998.

GW6：*Jenaer Systementwürfe I*，hrsg. von Klaus Düsing und Heinz Kimmerle，1975。《黑格尔全集第 6 卷·耶拿体系草稿 I》（1803－

1804），郭大为、梁志学译，商务印书馆 2017 年版.

GW7：*Jenaer Systementwürfe II*，hrsg. von Rolf-Peter Horst-mann und Johann Heinrich Trede，1971.

GW8：*Jenaer Systementwürfe III*，hrsg. von Rolf-Peter Horst-mann，Unter Mitarbeit von Johann Heinrich Trede，1976.

GW9：*Phänomenologie des Geistes*，hrsg. von Wolfgang Bonsiepen und Reinhard Heede，1980.

GW10：*Nürnberger Gymnasialkurse und Gymnasialreden*（1808—1816）

—GW10/1：*Gymnasialkurse und Gymnasialreden*，hrsg. von Klaus Grotsch，2006。《黑格尔全集第 10 卷·纽伦堡高级中学教程和讲话》，张东辉、户晓辉译，商务印书馆 2012 年版.

— GW10/2：Beilagen und Anhang，hrsg. von Klaus Grotsch，2006.

GW11：*Wissenschaft der Logik. Erster Band. Die objektive Logik*（1812/13），hrsg. von Friedrich Hogemann und Walter Jaeschke，1978.

GW12：*Wissenschaft der Logik. Zweiter Band. Die subjektive Logik*（1816），hrsg. von Friedrich Hogemann und Walter Jaeschke，1981.

GW13：*Enzyklopädie der philosophischen Wissenschaften im Grundrisse*（1817），hrsg. von Wolfgang Bonsiepen und Klaus Grotsch，Unter Mitarbeit von Hans-Christian Lucas und Udo Rameil，2000.

GW14：*Grundlinien der Philosophie des Rechts.*

—GW14/1：*Naturrecht und Staatswissenschaft im Grundrisse*，hrsg. von Klaus Grotsch und Elisabeth Weisser-Lohmann，2009.

—GW14/2：*Beilagen*，hrsg. von Klaus Grotsch und Elisabeth Weisser-Lohmann，2010.

—GW14/3：*Anhang*，hrsg. von Klaus Grotsch und Elisabeth Weisser-Lohmann，2011.

GW15：*Schriften und Entwürfe I*（1817 — 1825），hrsg. von Friedrich Hogemann und Christoph Jamme，1990.

GW16：*Schriften und Entwürfe II*（1826 — 1831），hrsg. von Friedrich Hogemann，Unter Mitarbeit von Christoph Jamme，2001.

GW17：*Vorlesungsmanuskripte I*（1816—1831），hrsg. von Walter Jaeschke，1987。《黑格尔全集第 17 卷・讲演手稿 I(1816—1831)》，梁志学、李理译，商务印书馆 2012 年版.

GW18：*Vorlesungsmanuskripte II*（1816—1831），hrsg. von Walter Jaeschke，1995。《黑格尔全集第 18 卷・讲演手稿 II(1816—1831)》，沈真、张东辉译，商务印书馆 2019 年版.

GW19：*Enzyklopädie der philosophischen Wissenschaften im Grundrisse*（1827），hrsg. von Wolfgang Bonsiepen und Hans Christian Lucas，1989.

GW20：*Enzyklopädie der philosophischen Wissenschaften im Grundrisse*（1830），hrsg. von Wolfgang Bonsiepen und Hans Christian Lucas，Unter Mitarbeit von Udo Rameil，1992.

GW21：*Wissenschaft der Logik. Erster Band. Die Lehre vom Sein*（1832），hrsg. von Friedrich Hogemann und Walter Jaeschke，1985.

GW22：*Exzerpte und Notizen（1809 — 1831 ）*，hrsg. von Klaus

Grotsch，2013.

GW23：*Vorlesungen über die Wissenschaft der Logik*.

—GW23/1：*Nachschriften zu den Kollegien der Jahre 1801/02*，*1817*，*1823*，*1824*，*1825 und 1826*，hrsg. von Annette Sell，2013.

—GW23/2：*Nachschriften zu den Kollegien der Jahre 1828*，*1829 und 1831*，hrsg. von Annette Sell，2015.

—GW23/3：*Sekundäre Überlieferung Anhang*，hrsg. von Annette Sell，2017.

GW24：*Vorlesungen über die Philosophie der Natur*.

—GW24/1：*Nachschriften zu den Kollegien der Jahre 1819/20*，*1821/22 und 1823/24*，hrsg. von Wolfgang Bonsiepen，2012

—GW24/2：*Nachschriften zu den Kollegien der Jahre 1825/26 und 1828*，hrsg. von Niklas Hebing，Unter Mitarbeit von Wolfgang Bonsiepen，2014.

—GW24/3：Sekun*däre Überlieferung*，hrsg. von Niklas Hebing，2016.

—GW24/4：*Anhang*，hrsg. von Niklas Hebing，in Vorbereitung. （尚未出版）

GW25：*Vorlesungen über die Philosophie des subjektiven Geistes*.

—GW25/1：*Nachschriften zu den Kollegien der Jahre 1822 und 1825*，hrsg. von Christoph Johannes Bauer，2008.

—GW25/2：*Nachschriften zum Kolleg des Wintersemesters 1827/28 und sekundäre Überlieferung*，hrsg. von Christoph Johannes

Bauer，2011.

—GW25/3：*Anhang*，hrsg. von Christoph Johannes Bauer，2016.

GW26：*Vorlesungen über die Philosophie des Rechts*.

—GW26/1：*Nachschriften zu den Kollegien der Jahre 1817/18*，*1818/19 und 1819/20*，hrsg. von Dirk Felgenhauer，2013.

—GW26/2：*Nachschriften zu den Kollegien der Jahre 1821/22*，*1822/23*，hrsg. von Klaus Grotsch，2015.

—GW26/3：*Nachschriften zu den Kollegien der Jahre 1824/25 und 1831*，hrsg. von Klaus Grotsch，2015.

—GW26/4：*Anhang*，hrsg. von Klaus Grotsch，2019.

GW27：*Vorlesungen über die Philosophie der Weltgeschichte*.

—GW27/1：*Nachschriften zu dem Kolleg des Wintersemesters 1822/23*，hrsg. von Bernadette Collenberg-Plotnikov，2015。《黑格尔全集第 27 卷·第 I 分册·世界史哲学讲演录（1822－1823）》，刘立群、沈真、张东辉、姚燕译，商务印书馆 2014 年版.

—GW27/2：*Nachschriften zu dem Kolleg des Wintersemesters 1824/25*，hrsg. von Walter Jaeschke und Rebecca Paimann，2019.

—GW27/3：*Nachschriften zu dem Kolleg des Wintersemesters 1826/27*，hrsg. von Walter Jaeschke，Unter Mitarbeit von Christoph Johannes Bauer und Christiane Hackel，2019.

—GW27/4：*Nachschriften zu dem Kolleg des Wintersemesters 1830/31*，hrsg. von Walter Jaeschke，2020.

—GW27/5：*Anhang*，hrsg. von Christoph Johannes Bauer，in

Vorbereitung. （尚未出版）

GW28：*Vorlesungen über die Philosophie der Kunst*.

—GW28/1：*Nachschriften zu den Kollegien der Jahre 1820/21 und 1823*，hrsg. von Niklas Hebing，2015.

— GW28/2：*Nachschriften zu dem Kolleg des Jahres 1826*，hrsg. von Niklas Hebing und Walter Jaeschke，2018.

—GW28/3：*Nachschriften zu dem Kolleg des Wintersemesters 1828/1829*，hrsg. von Walter Jaeschke und Niklas Hebing，2020.

—GW28/4：*Anhang*，hrsg. von Niklas Hebing，in Vorbereitung. （尚未出版）

GW29：*Vorlesungen über die Philosophie der Religion und Vorlesungen über die Beweise vom Dasein Gottes*.

—GW29/1：*Nachschriften zu den Kollegien über Religionsphilosophie der Sommersemester 1821 und 1824*，hrsg. von Walter Jaeschke und Manuela Köppe，2017.

—GW29/2：*Nachschriften zu den Kollegien über Religionsphilosophie der Sommersemester 1827 und 1831 und Sekundäre Überlieferung. Nachschriften zum Kolleg über die Beweise vom Dasein Gottes des Sommersemesters 1829*，hrsg. von Walter Jaeschke，in Vorbereitung. （尚未出版）

—GW29/3：*Anhang Editorischer Bericht und Anmerkungen*，hrsg. von Walter Jaeschke，in Vorbereitung. （尚未出版）

GW30：*Vorlesungen über die Geschichte der Philosophie*.

—GW30/1：*Nachschriften zu den Kollegien der Jahre 1819 und 1820/21*，hrsg. von Klaus Grotsch，2016.

—GW30/2：*Nachschriften zu dem Kolleg des Wintersemesters 1823/24*，hrsg. von Klaus Grotsch，2019.

—GW30/3：*Nachschriften zu dem Kolleg des Wintersemesters 1825/26*，hrsg. von Klaus Grotsch，in Vorbereitung.（尚未出版）

—GW30/4：*Nachschriften zu dem Kolleg des Wintersemesters 1827/28*，hrsg. von Klaus Grotsch，in Vorbereitung.（尚未出版）

—GW30/5：*Nachschriften zu dem Kolleg des Wintersemesters 1829/30*，hrsg. von Klaus Grotsch，in Vorbereitung.（尚未出版）

—GW30/6：*Anhang Editorischer Bericht und Anmerkungen*，hrsg. von Klaus Grotsch，in Vorbereitung.（尚未出版）

GW31：*Die Bibliothek Georg Wilhelm Friedrich Hegels.*

—GW31/1：*Abteilungen I-III*，hrsg. von Manuela Köppe，2017.

—GW31/2：*Abteilungen IV-IX*，*Anhang*，hrsg. von Manuela Köppe，2017.

理论版《黑格尔全集》及其中文翻译：

Georg Wilhelm Friedrich Hegel：Werke in zwanzig Bänden（ed. Eva Moldenhauer and Karl Markus Michel)(Frankfurt a. M.：Suhrkamp Verlag，1971)(abbreviated as Werke and volume number)：

G. W. F. Hegel：*Frühe Schriften*，In：*Georg Wilhelm Friedrich Hegels Werke in zwanzig Bänden* 1，Theorie Werkausgabe,

Suhkamp，1986.

G. W. F. Hegel：*Jenaer Schriften 1801—1807*，In：*Georg Wilhelm Friedrich Hegels Werke in zwanzig Bänden* 2，Theorie Werkausgabe，Suhkamp，1986。《黑格尔著作集第 2 卷·耶拿时期著作（1801—1807）》，朱更生译，人民出版社，2017.

G. W. F. Hegel：*Phänomenologie des Geistes*，In：*Georg Wilhelm Friedrich Hegels Werke in zwanzig Bänden* 3，Theorie Werkausgabe，Suhkamp，1986。《黑格尔著作集第 3 卷·精神现象学》，先刚译，人民出版社，2015.

G. W. F. Hegel：*Nürnberger und Heidelberger Schriften 1808—1817*，In：*Georg Wilhelm Friedrich Hegels Werke in zwanzig Bänden* 4，Theorie Werkausgabe，Suhkamp，1986.

G. W. F. Hegel：*Wissenschaft der Logik I. Erster Teil. Die objektive Logik. Erstes Buch*，In：*Georg Wilhelm Friedrich Hegels Werke in zwanzig Bänden* 5，Theorie Werkausgabe，Suhkamp，1986。《黑格尔著作集第 5 卷·逻辑学Ⅰ》，先刚译，人民出版社，2019.

G. W. F. Hegel：*Wissenschaft der Logik II. Erster Teil. Die objektive Logik. Zweites Buch. Zweiter Teil. Die subjektive Logik*，In：*Georg Wilhelm Friedrich Hegels Werke in zwanzig Bänden* 6，Theorie Werkausgabe，Suhkamp，1986.

G. W. F. Hegel：*Grundlinien der Philosophie des Rechts oder Naturrecht und Staatswissenschaft im Grundrisse. Mit Hegels eigenhändigen Notizen und den mündlichen Zusätzen*，In：*Georg Wil-*

helm Friedrich Hegels Werke in zwanzig Bänden 7，Theorie Werkausgabe，Suhkamp，1986。《黑格尔著作集第 7 卷·法哲学原理》，邓安庆译，人民出版社，2017.

G. W. F. Hegel：*Enzyklopädie der philosophischen Wissenschaften im Grundrisse 1830. Erster Teil. Die Wissenschaft der Logik. Mit den mündlichen Zusätzen*，In：*Georg Wilhelm Friedrich Hegels Werke in zwanzig Bänden* 8，Theorie Werkausgabe，Suhkamp，1986.

G. W. F. Hegel：*Enzyklopädie der philosophischen Wissenschaften im Grundrisse 1830. Zweiter Teil. Die Naturphilosophie. Mit den mündlichen Zusätzen*，In：*Georg Wilhelm Friedrich Hegels Werke in zwanzig Bänden* 9，Theorie Werkausgabe，Suhkamp，1986.

G. W. F. Hegel：*Enzyklopädie der philosophischen Wissenschaften im Grundrisse 1830. Dritter Teil. Die Philosophie des Geistes. Mit den mündlichen Zusätzen*，In：*Georg Wilhelm Friedrich Hegels Werke in zwanzig Bänden* 10，Theorie Werkausgabe，Suhkamp，1986。《黑格尔著作集第 10 卷·精神哲学》，杨祖陶译，人民出版社，2015.

G. W. F. Hegel：*Berliner Schriften 1818—1831*，In：*Georg Wilhelm Friedrich Hegels Werke in zwanzig Bänden* 11，Theorie Werkausgabe，Suhkamp，1986.

G. W. F. Hegel：*Vorlesungen über die Philosophie der Geschichte*，In：*Georg Wilhelm Friedrich Hegels Werke in zwanzig Bänden* 12，Theorie Werkausgabe，Suhkamp，1986.

G. W. F. Hegel：*Vorlesungen über die Ästhetik I*，In：*Georg Wilhelm Friedrich Hegels Werke in zwanzig Bänden* 13，Theorie Werkausgabe，Suhkamp，1986.

G. W. F. Hegel：*Vorlesungen über die Ästhetik II*，In：*Georg Wilhelm Friedrich Hegels Werke in zwanzig Bänden* 14，Theorie Werkausgabe，Suhkamp，1986.

G. W. F. Hegel：*Vorlesungen über die Ästhetik III*，In：*Georg Wilhelm Friedrich Hegels Werke in zwanzig Bänden* 15，Theorie Werkausgabe，Suhkamp，1986.

G. W. F. Hegel：*Vorlesungen über die Philosophie der Religion I*，In：*Georg Wilhelm Friedrich Hegels Werke in zwanzig Bänden* 16，Theorie Werkausgabe，Suhkamp，1986。《黑格尔著作集第 16 卷·宗教哲学讲演录 1》，燕宏远、张国良译，人民出版社，2015.

G. W. F. Hegel：*Vorlesungen über die Philosophie der Religion II. Vorlesungen über die Beweise vom Dasein Gottes*，In：*Georg Wilhelm Friedrich Hegels Werke in zwanzig Bänden* 17，Theorie Werkausgabe，Suhkamp，1986。《黑格尔著作集第 17 卷·宗教哲学讲演录 2》，燕宏远、张松、郭成译，人民出版社，2015.

G. W. F. Hegel：*Vorlesungen über die Geschichte der Philosophie I*，In：*Georg Wilhelm Friedrich Hegels Werke in zwanzig Bänden* 18，Theorie Werkausgabe，Suhkamp，1986.

G. W. F. Hegel：*Vorlesungen über die Geschichte der Philosophie II*，In：*Georg Wilhelm Friedrich Hegels Werke in zwanzig Bänden*

19，Theorie Werkausgabe，Suhkamp，1986.

G. W. F. Hegel：*Vorlesungen über die Geschichte der Philosophie III*，In：*Georg Wilhelm Friedrich Hegels Werke in zwanzig Bänden* 20，Theorie Werkausgabe，Suhkamp，1986.

伊尔廷等人编《黑格尔法哲学讲义》：

Georg Wilhelm Friedrich Hegel：*Vorlesungen über Rechtsphilosophie (1818—1831)，Erster Band，Der objektive Geist (aus der Heidelberger Enzyklopädie 1817 mit Hegels Vorlesungsnotizen 1818—1819)，Naturrecht und Staatswissenschaft (nach der Vorlesungsnachschrift von C. G. Homeyer 1818/1819)，Zeitgenössische Rezensionen (der "Rechtsphilosophie")*. Edition und Kommentar in sechs Bänden von Karl-Heinz Ilting. Frommann-holzboog，1973.

Georg Wilhelm Friedrich Hegel：*Vorlesungen über Rechtsphilosophie (1818—1831)，Zweiter Band，Die "Rechtsphilosophie" von 1820，mit Hegels Vorlesungsnotizien (1821—1825)*. Edition und Kommentar in sechs Bänden von Karl-Heinz Ilting. Frommann-holzboog，1974.

Georg Wilhelm Friedrich Hegel：*Vorlesungen über Rechtsphilosophie (1818—1831)，Dritter Band，Philosophie des Rechts，Nach der Vorlesungsnachschrift von H. G. Hotho 1822/1823*. Edition und Kommentar in sechs Bänden von Karl-Heinz Ilting. Frommann-holzboog，1974.

Georg Wilhelm Friedrich Hegel：*Vorlesungen über Rechtsphiloso-*

phie（1818－1831），Vierter Band，Philosophie des Rechts（nach der Vorlesungsnachschrift K．G．v．Griesheims 1824/1825），Der objektive Geist（aus der Berliner Enzyklopädie zweite und dritte Auflage 1827 und 1830），Philosophie des Rechts（nach der Vorlesungsnachschrift von D．F．Strauß 1831 mit Hegels Vorlesungsnotizen）. Edition und Kommentar in sechs Bänden von Karl-Heinz Ilting. Frommannholzboog，1974.

Georg Wilhelm Friedrich Hegel：*Die Philosopie des Rechts．Die Mitschriften Wannnemann（Heidelberg 1817/1818）und Homeyer（Berlin 1818/1819）*，hrsg. von Karl-Heinz Ilting，Stuttgart：Klett-Cotta，1983.

G．W．F．Hegel：*Philosophie des Rechts，Die Vorlesung von 1819/20 in einer Nachschrift*，hrsg. von Dieter Henrich，Suhrkamp Verlag，1983.

G．W．F．Hegel：*Die Philosopie des Rechts．Vorlesung von 1821/22*，hrsg. von Hansgeorg Hoppe，Frankfurt a．M．2005.

G．W．F．Hegel：*Philosophie des Rechts，Nachschrift der Vorlesung von 1822/23 von Karl Wilhelm Ludwig Heyse*，hrsg. von Erich Shilbach，Frankfurt a．M．1999.

黑格尔其他主要著作的中文翻译：

［德］黑格尔：《精神现象学》，贺麟、王玖兴译，商务印书馆1979年版。

［德］黑格尔：《法哲学原理：或自然法和国家学纲要》，范扬、张企

泰译，商务印书馆 1961 年版。

［德］黑格尔：《小逻辑》，贺麟译，商务印书馆 1997 年版。

［德］黑格尔：《逻辑学：哲学全书·第一部分》，梁志学译，人民出版社 2002 年版。

［德］黑格尔：《耶拿体系 1804－1805：逻辑学和形而上学》，杨祖陶译，人民出版社 2012 年版。

［德］黑格尔：《哲学科学全书纲要(1817 年版)》，薛华译，北京大学出版社 2010 年版。

［德］黑格尔：《哲学科学全书纲要(1827 年版)》，薛华译，北京大学出版社 2010 年版。

［德］黑格尔：《哲学科学全书纲要(1830 年版)》，薛华译，北京大学出版社 2010 年版。

［德］黑格尔：《逻辑学：大逻辑》，杨一之译，商务印书馆 2001 年版。

［德］黑格尔：《自然哲学》，梁志学译，商务印书馆 1997 年版。

［德］黑格尔：《黑格尔政治著作选》，薛华译，中国法制出版社 2008 年版。

［德］黑格尔：《美学》(第一卷)，朱光潜译，商务印书馆 1997 年版。

《美学》(第二卷)，朱光潜译，商务印书馆 1979 年版。

《美学》(第三卷上册)，朱光潜译，商务印书馆 1979 年版。

《美学》(第三卷下册)，朱光潜译，商务印书馆 1981 年版。

［德］黑格尔：《哲学史讲演录》(第一卷)，贺麟、王太庆译，商务印书馆 1959 年版。

《哲学史讲演录》(第二卷),贺麟、王太庆译,商务印书馆 1960年版。

《哲学史讲演录》(第三卷),贺麟、王太庆译,商务印书馆 1959年版。

《哲学史讲演录》(第四卷),贺麟、王太庆译,商务印书馆 1978年版。

黑格尔法哲学的研究文献

西文文献

Avineri, Shlomo, *Hegel's Theory of the Modern State*, Cambridge: Cambridge University Press, 1972。[以]阿维纳瑞：《黑格尔的现代国家理论》，朱学平、王兴赛译，知识产权出版社 2016 年版。

Beiser, Frederick C., *Hegel*, London: Routledge and Kegan Paul, 2005.

——(ed.), *The Cambridge Companion to Hegel*, Cambridge: Cambridge University Press, 2008.

——(ed.), *The Cambridge Companion to Hegel and Nineteenth-Century Philosophy*, Cambridge: Cambridge University Press, 2008.

Brooks Thom, *Hegel's Political Philosophy: A Systematic Reading of the Philosophy of Right*, Edinburgh: Edinburgh University Press, 2007.

Brooks, Thom and Stein, Sebastian (eds.), *Hegel's Political Philosophy on the Normative Significance of Method and System*, Oxford: Oxford University Press, 2017.

Cullen, Bernard, *Hegel's Social and Political Thought*, New York: St Martin's, 1979.

Findlay J. N., *Hegel: a Re-Interpretation*, London: Harper Collins Publishers Ltd, 1958.

Foster, M. B., *The Political Philosophies of Plato and Hegel*, Oxford: Clarendon Press, 1935.

Franco, Paul, *Hegel's Philosophy of Freedom*, New Haven: Yale University Press, 1999.

Fulda, Hans-Friedrich, *Das Recht der Philosophie in Hegels Philosophie des Rechts*, Frankfurt: Klostermann, 1968.

Hardimon, Michael O., *Hegel's Social Philosophy: The Project of Reconciliation*, Cambridge: Cambridge University Press, 1994.

Haym, Rudolf, *Hegel und seine Zeit*, Berlin: Gaertner, 1857.

Henrich, Dieter, *Hegel im Kontext*, Frankfurt: Suhrkamp, 1971.

Henrich, Dieter und Horstmann, Rolf-Peter（Hg.）, *Hegels Philosophie des Rechts: Die Theorie der Rechtsformen und ihre Logik*, Stuttgart: Klett-Cotta, 1983.

Honneth, Axel, Kampf um Anerkennung, Frankfurt: Suhrkamp, 1994。[德]阿克塞尔·霍耐特:《为承认而斗争》, 胡继华译, 曹卫东校, 上海世纪出版集团 2005 年版。

——*Leiden an Unbestimmtheit: Eine Reaktualisierung der Hegelschen Rechtsphilosophie*, Stuttgart: Reclam Philipp, 2001。[德]阿

克塞尔·霍耐特：《不确定性之痛——黑格尔法哲学的再现实化》，王晓升译，华东师范大学出版社 2016 年版。

——*Das Recht der Freiheit：Grundriß einer demokratischen Sittlichkeit*，Frankfurt：Suhrkamp，2011。[德]阿克塞尔·霍耐特：《自由的权利》，王旭译，社会科学文献出版社 2013 年版。

Houlgate，Frederick Stephen，*An Introduction to Hegel：Freedom，Truth and History*，Oxford：Wiley-Blackwell，2005。[英]斯蒂芬·霍尔盖特：《黑格尔导论：自由、真理与历史》，丁三东译，商务印书馆 2013 年版。

Kaufmann，Walter（ed.），*Hegel's Political Philosophy*，New York：Atherton，1970.

Kelly，George Armstrong，*Idealism，Politics and History*，Cambridge：Cambridge University Press，1969.

Kervégan，Jean-François，*L'effectif Et Le Rationnel：Hegel Et L'esprit Objectif*，Paries：Librairie Philosophique J Vrin，2008。[法]让-弗朗索瓦·科维纲：《现实与理性：黑格尔与客观精神》，张大卫译，华夏出版社 2018 年版。

Knowles，Dudley，*Hegel and the Philosophy of Right*，London：Routledge and Kegan Paul，2002.

Losurdo Domenico，*Hegel and the Freedom of Moderns*，Durham：Duke University Press，2004。[意]洛苏尔多：《黑格尔与现代人的自由》，丁三东等译，吉林出版集团责任有限公司 2008 年版。

Marcuse，Herbert，*Reason and Revolution，Hegel and the Rise of*

Social Theory, Oxford: Oxford University Press, 1941。[美]赫伯特·马尔库塞:《理性和革命——黑格尔和社会理论的兴起》,程志民等译,上海世纪出版集团 2007 年版。

Neuhouser, Frederick, *Foundations of Hegel's Social Theory: Actualizing Freedom*, Cambridge, MA: Harvard University Press, 2000.

Patten, Alan, *Hegel's Idea of Freedom*, Oxford: Oxford University Press, 1999.

Pelczynski, Z. A. (ed.), *Hegel's Political Philosophy: Problems and Perspectives*, Cambridge: Cambridge University Press, 1971.

——(ed.), *The State and Civil Society*, Cambridge: Cambridge University Press, 1984.

Pinkard, Terry, *Hegel: A Biography*, Cambridge: Cambridge University Press, 2000.

Pippin, Robert B., *Hegel's Practical Philosophy*, Cambridge: Cambridge University Press, 2008.

Pippin, Robert B. and Höffe, Otfried (eds.), *Hegel on Ethics and Politics*, Cambridge: Cambridge University Press, 2004.

Plant, Raymond, *Hegel: An Introduction*, London: Routledge and Kegan Paul, 1973.

Popper, K. R., *The Open Society and its Enemies: The High Tide of Prophecy: Hegel, Marx and the Aftermath*, London: Routledge and Kegan Paul, 1957。[英]卡尔·波普尔:《开放社会及其敌人》,郑一明译,中国社会科学出版社 1999 年版。

Riedel, Manfred, *Studien zu Hegels Rechtsphilosophie*, Frankfurt: Suhrkamp, 1969.

——(Hg.), *Materialien zu Hegels Rechtsphilosophie*, Frankfurt: Suhrkamp, 1975.

——*Zwischen Tradition und Revolution : Studien zu Hegels Rechtsphilosophie*, Stuttgart: Klett-Cotta, 1982.

Riley, Patrick, *Will and Political Legitimacy: A Critical Exposition of Social Contract Theory in Hobbes, Locke, Rousseau, Kant and Hegel*, Cambridge, MA: Harvard University Press, 1982.

Ritter, Joachim, *Hegel und die französische Revolution*, Cologne: Suhrkamp, 1957.

Robert, Williams, *Hegel's Ethics of Recognition*, Berkeley, CA: University of California Press, 1997.

Rosenkranz, Karl, *Georg Wilhelm Friedrich Hegels Leben*, Berlin: Duncker und Humblot, 1844.

Rosenzweig, Franz, *Hegel und der Staat*, Berlin und München: Oldenbourg, 1920.

Quante, Michael, *Hegels Begriff der Handlung*, Stuttgart: Frommann, 1993.

Siep, Ludwig (Hg.), *G. W. F. Hegel, Grundlinien der Philosophie des Rechts*, Berlin: de Gruyter, 2017.

Smith, Steven B., *Hegel's Critique of Liberalism: Rights in Context*, Chicago: The University of Chicago Press, 1989.

Taylor，Charles，*Hegel and Modern Society*，Cambridge：Cambridge University Press，1979。［加］查尔斯·泰勒：《黑格尔与现代社会》，徐文瑞译，吉林出版集团有限责任公司 2009 年版。

Tunick，Mark，*Hegel's Political Philosophy*，Princeton：Princeton University Press，1992.

Wood，Allen W.，*Hegel's Ethical Thought*，Cambridge：Cambridge University Press，1990。［美］伍德：《黑格尔的伦理思想》，黄涛译，知识产权出版社 2016 年版。

日文文献

金子武蔵『ヘーゲルの国家観』岩波書店、1944 年。

金子武蔵編『ヘーゲル』以文社、1980 年。

柴田高好『ヘーゲルの国家理論』日本評論社、1986 年。

小林靖昌『ヘーゲルの人倫思想』以文社、1992 年。

島崎隆『ヘーゲル弁証法と近代認識』未来社、1993 年。

松富弘志『ヘーゲル政治思想研究序説』世界書院、1994 年。

高田純『承認と自由──ヘーゲルの実践哲学』未来社、1994 年。

寿福真美『批判的理性の社会哲学──カント派とヘーゲル左派』法政大学出版局、1996 年。

福吉勝男『市民社会の人間と倫理──ヘーゲル『法・権利の哲学』を読む』晃洋書房、1998 年。

永尾孝雄『ヘーゲルの近代自然法批判』九州大学出版会、1998 年。

福吉勝男『ヘーゲルに還る──市民社会から国家へ』中公新書、

1998 年。

加藤尚武『ヘーゲルの『法』哲学——増補新版』青土社、1999 年。

工藤豊『ヘーゲルにおける自由と近代性』新評論、2000 年。

高柳良治『ヘーゲルの社会理論の射程』御茶の水書房、2000 年。

福吉勝男『自由と権利の哲学』世界思想社、2002 年。

片山善博『自己の水脈——ヘーゲル「精神現象学」の方法と経験』創風社、2002 年。

藤井哲郎『ヘーゲルにける共和主義と市民社会』宝塚出版、2002 年。

岩佐茂、島崎隆編『精神の哲学者ヘーゲル』創風社、2002 年。

加藤尚武・滝口清栄編：『ヘーゲルの国家論』理想社、2006 年。

滝口清栄『ヘーゲル『法（権利）の哲学』形成と展開』御茶の水書房、2007 年。

権左武志『ヘーゲルにおける理性・国家・歴史』岩波書店、2010 年。

高柳良治『ヘーゲルの社会経済思想』こぶし書房、2015 年。

神山伸弘『ヘーゲルの国家学』法政大学出版局、2016 年。

寄川条路編『ヘーゲル講義録入門』法政大学出版局、2016 年。

佐藤康邦『教養のヘーゲル『法の哲学』』三元社、2016 年。

高田純『現代に生きるフィヒテ』行路社、2017 年。

后　记

本书起源于一种特殊的治学方式。

治人文科学，尤其是治哲学，是必须要以对经典的研读为基础的。这是由哲学本身的特点所决定的。哲学，按照黑格尔在《小逻辑》中的说法，有两个不同寻常的特点：其一，与其他学科不同，它不直接以表象为自己的研究对象；其二，它没有现成的方法可循。这意味着，要获得哲学知识就不能从经验的生活实践中去总结，也不能仅仅诉诸"哲学原理"之类的方法论教育。那些在其他学科中存在的"实践出真知""顿悟真理"等天才事例，在哲学领域很难出现。一般人只能通过对哲学经典的研读和吸收，来逐渐学习哲学，掌握哲学。这也是为什么哲学难学，且取得成果周期偏长的原因。

哲学是对思维的一种研究，它是通过概念推演进行的。通过对哲学经典的研读，首先，可以使我们掌握哲学概念的固有含义及其用法，譬如"自我意识""异化""理性的狡诈""精神"等，由于这些概念与我们的文化基因不同，要弄懂它们并非易事。最有效的办法莫过于深入它们出现的原始文本当中，通过对原始文本的研读来掌握它们。其次，可以使我们的大脑接受研读对象的思维方式，学会哲学的思维。从哲学史上看，德国古典哲学和马克思的哲学，代表着迄今为止人类哲学思想所能达到的最高峰。选择他们的著作来进行研读，至少一开始就将自己置于一个较高的起点上。因为，研读对象的高度，在某种意义上，也决定了研读者的哲学思维所能达到的高度。试想一下，如果我们也能够像康德、黑格尔和马克思那样思考，那将是怎样一番光景！对于一个哲学工作者而言，恐怕没有比这更幸福的事情了。

正是基于这一共识，我和我的同事陈浩一道，在清华大学组织了黑格尔《法哲学原理》的读书会。这一读书会沿袭了德国海德堡大学和日本的 Seminar 传统，每周 1 次或者两周 1 次对这一经典进行轮读，迄今已有 5 载，其中有记录的已达 97 次，于 2019 年 10 月 29 日正式结束。5 年来，《法哲学原理》读书会是"铁打的《法哲学》，流水的自我意识"，每年都有清华学子从读书会毕业，也都有新面孔加入进来。这种治学方式得到了学子们的认可，有的即使毕业离校也仍然乐于参与其中。读书会的成员中，除了清华大学的师生以外，还包含了首都其他高校的师生，像首都师范大学的黄志军副教授从读书会创立之初就参加进来，且没有间断过。因读书会而形成的"共同的精神生活"在每位成员身上发酵，还形成了一股重要的学术力量，支撑起了我们的学术活动。两次以黑格尔法哲学为主题的国际学术会议，在清华大学举办的 4 次"黑格尔和马克思研讨会"以及两次"黑格尔法哲学工作坊"，这股力量都是这些活动得以展开的基础。在大家的共同努力和呵护下，这一读书会的影响日益增大，目前已经成为京城读书的一道风景。现在研读《精神现象学》，计划 6～8 年读完。

　　近年来，读书会成员围绕着黑格尔的法哲学产生了一些初步的研究成果，我们想借《黑格尔与马克思思想研究丛书》出版之际，将它们编辑起来，作为该系列的第一册予以出版。此外，本书还得到了日本驹泽大学的滝口清荣先生和明石英人副教授、德国慕尼黑大学的 Günter Zöller 教授的支持，他们的论文为本书增色不少。此外，哲学系的博士生单森为本书制作了黑格尔法哲学的研究文献目录，硕士生何雨星制作了黑格尔的主要著作目录，吴振华制作了黑格尔年表。刚刚从海德堡留学归国的博士生梁燕晓通读了本书的校样，协助主编做了大量工作，在此一并感谢。

　　2016 年，我们还申请了清华大学研究生教育教学改革项目（2016 年特色专项）："'研讨课（Seminar）'对学生研读能力的培养"，希望通过这一读书会的尝试，为清华大学的人文学科研究生教育改革做出贡献。本书也是这一教改项目的结项成果。

韩立新

2019 年 5 月 8 日

图书在版编目（CIP）数据

黑格尔法哲学研究/韩立新，陈浩主编．—北京：北京师范大学出版社，2020.8

（黑格尔与马克思思想研究丛书）

ISBN 978-7-303-25503-0

Ⅰ.①黑… Ⅱ.①韩… ②陈… Ⅲ.①黑格尔（Hegel，Georg Wilhelm Friedrich 1770－1831）－法哲学－研究 Ⅳ.①B516.35 ②D90

中国版本图书馆 CIP 数据核字（2019）第 297374 号

营　销　中　心　电　话　010-58805385
北京师范大学出版社　http://xueda.bnup.com
主题出版与重大项目策划部

HEIGEER FAZHEXUE YANJIU

出版发行：北京师范大学出版社　www.bnup.com
　　　　　北京市西城区新街口外大街 12-3 号
　　　　　邮政编码：100088
印　　刷：北京盛通印刷股份有限公司
经　　销：全国新华书店
插　　页：2
开　　本：730 mm×980 mm　1/16
印　　张：28.75
字　　数：330 千字
版　　次：2020 年 8 月第 1 版
印　　次：2020 年 8 月第 1 次印刷
定　　价：108.00 元

策划编辑：祁传华　　　　　责任编辑：祁传华
美术编辑：王齐云　　　　　装帧设计：王齐云
责任校对：段立超　陈　民　责任印制：陈　涛